"博学而笃志,切问而近思。"
(《论语》)

博晓古今,可立一家之说;
学贯中西,或成经国之才。

复旦博学·复旦博学·复旦博学·复旦博学·复旦博学·复旦博学

作者简介

段建军，1983年毕业于西北大学中文系，1988年获西北大学文艺学专业硕士学位。现为西北大学文学院教授，中文系教授，文艺学学科带头人，省级精品课《文学概论》主持人，陕西省作协评论委员会主任。曾获陕西省人文社科优秀成果一等奖、三等奖各一次，陕西省教育厅人文社科优秀成果二等奖一次，陕西省最佳评论奖一次。

先后在《文学评论》、《光明日报》、《人文杂志》、《江汉论坛》、《小说评论》等报刊发表论文30余篇，论文曾被《新华文摘》、《中国社会科学文摘》、《中国人民大学报刊复印资料》转载。主要论著有：《〈白鹿原〉的文化阐释》（西北大学出版社）、《写作思维学导论》（合著，中国社会科学出版社）、《新散文思维》（合著，商务印书馆）、《文艺美学》（太白文艺出版社）、《文学与生命》（陕西教育出版社）等。

李　伟，1982年毕业于陕西师范大学中文系，现为咸阳师范学院中文系教授，学科带头人。主要从事写作思维学的教学与研究。

主要论著有：《突围与回归——新时期散文思维艺术》（陕西人民出版社）、《写作思维学导论》（合著，中国社会科学出版社）、《新散文思维》（合著，商务印书馆）、《毕业学术论文设计与写作》（合著，中国华侨出版社）等，发表有关写作思维的研究论文20余篇。

普通高等教育"十一五"国家级规划教材
新闻出版总署"十一五"国家重点图书

复旦博学·文/学/系/列·精华版

新编写作思维学教程

段建军 李 伟 / 主编

复旦大学 出版社
http://www.fudanpress.com.cn

内容提要

写作的秘密是什么？如何才能开展有效的、有针对性的写作训练？这是写作理论一直力图予以破解的难题。然而，由于我国的写作理论仅只着眼于对写作作技术操作层面的探究，从而，有意无意地遮蔽了写作的思维本质，没有意识到写作本身是思维的语言实践过程，写作能力主要就是思维能力，因而，写作训练主要是思维训练。

有鉴于此，本书作者经过二十多年的教学实践、思考与研究，尝试着从一个切合写作实际的视角——写作思维来破解写作之谜。全书共分为三编：写作思维概论、写作思维过程和文体写作思维，并突出强调从思维过程入手揭示写作的内在规律和方法，同时在每一章后都精心设计了训练及思考题，以帮助读者巩固和加深对思维理论的理解，从而根据自己的实际情况进行正确的写作思维训练，提高写作能力。

本书为普通高等教育"十一五"国家级规划教材。全书视角新颖，重点突出，实用性强，可作为中文系的专业教材，也可作为大学各科的选修课教材与素质教育的阅读材料使用。

目 录

前言 …………………………………………………………………… 1

第一编　写作思维学导论

第一章　走向实用的思维科学 ………………………………… 3
　第一节　思维与思维科学 ……………………………………… 3
　第二节　实践与思维 …………………………………………… 9
　第三节　认知与表现 …………………………………………… 18
　第四节　行为与创造 …………………………………………… 29
　本章思考与训练 ………………………………………………… 35

第二章　写作思维学体系的建立 ……………………………… 36
　第一节　写作思维概念的提出 ………………………………… 36
　第二节　写作思维的界定 ……………………………………… 47
　本章思考与训练 ………………………………………………… 55

第二编　写作思维过程

第三章　写作的触发思维过程 ………………………………… 59
　第一节　什么是触发思维 ……………………………………… 59
　第二节　触发思维过程的特点 ………………………………… 64
　第三节　触发思维过程的具体表现 …………………………… 67
　第四节　触发思维过程的局限性 ……………………………… 71
　本章思考与训练 ………………………………………………… 72

第四章　写作的继发思维过程 ………………………………… 73
　第一节　什么是继发思维 ……………………………………… 73
　第二节　继发思维的特点 ……………………………………… 76
　第三节　继发思维的场效应——客观环境与思维意志 ……… 82
　第四节　继发思维的方式及其局限性 ………………………… 86

本章思考与训练 ………………………………………………… 91
第五章　写作的完形思维过程 ……………………………………… 92
　第一节　什么是完形思维 ………………………………………… 92
　第二节　完形思维的特点 ………………………………………… 96
　第三节　完形思维图式与模式 …………………………………… 100
　第四节　文体与语言 ……………………………………………… 112
　第五节　完形思维训练与要求 …………………………………… 114
　　本章思考与训练 ………………………………………………… 117
第六章　写作思维状态 ……………………………………………… 120
　第一节　直觉思维状态 …………………………………………… 120
　第二节　灵感思维状态 …………………………………………… 125
　第三节　创造思维状态 …………………………………………… 134
　第四节　梦幻思维状态 …………………………………………… 139
　　本章思考与训练 ………………………………………………… 148

第三编　写作思维形式与文体思维训练

第七章　文学写作思维形式 ………………………………………… 151
　第一节　什么是文学写作思维 …………………………………… 151
　第二节　文学写作思维的完整过程 ……………………………… 160
　　本章思考与训练 ………………………………………………… 185
第八章　小说叙事思维 ……………………………………………… 186
　第一节　什么是小说叙事思维 …………………………………… 186
　第二节　小说叙事思维步骤 ……………………………………… 190
　　本章思考与训练 ………………………………………………… 197
第九章　散文相似思维 ……………………………………………… 198
　第一节　什么是散文思维 ………………………………………… 198
　第二节　散文思维的步骤 ………………………………………… 202
　　本章思考与训练 ………………………………………………… 207
第十章　诗歌情感思维 ……………………………………………… 209
　第一节　什么是诗歌情感思维 …………………………………… 209
　第二节　诗歌情感思维的步骤 …………………………………… 212
　　本章思考与训练 ………………………………………………… 223

第十一章　理论写作思维形式 …… 226
- 第一节　什么是理论写作思维 …… 226
- 第二节　理论写作思维的特点 …… 232
- 第三节　理论写作思维的方法 …… 242
- 本章思考与训练 …… 256

第十二章　学术论文写作思维 …… 258
- 第一节　什么是学术论文写作思维 …… 258
- 第二节　学术论文写作思维步骤 …… 264
- 本章思考与训练 …… 271

第十三章　调研报告写作思维 …… 273
- 第一节　什么是调研报告写作思维 …… 273
- 第二节　调研报告写作思维步骤 …… 275
- 本章思考与训练 …… 277

第十四章　评论写作思维 …… 278
- 第一节　什么是评论写作思维 …… 278
- 第二节　评论写作思维步骤 …… 280
- 第三节　评论写作思维训练 …… 282
- 本章思考与训练 …… 284

第十五章　实用写作思维形式 …… 285
- 第一节　什么是实用写作思维 …… 285
- 第二节　实用写作思维的特点 …… 286
- 第三节　实用写作思维的具体方法 …… 290
- 第四节　实用写作思维方式 …… 292
- 本章思考与训练 …… 295

第十六章　公文写作思维 …… 296
- 第一节　公文写作思维的含义和分类 …… 296
- 第二节　公务文书写作思维步骤 …… 299
- 本章思考与训练 …… 308

第十七章　新闻写作思维 …… 309
- 第一节　新闻写作思维的含义和分类 …… 309
- 第二节　新闻写作思维步骤 …… 312
- 本章思考与训练 …… 320

参考文献 …… 322

前　言

多少年来,我们一直希望能够找到一个切合写作实际的理论视角,破解写作之谜。20世纪80年代思维科学的兴起,为我们实现这一愿望提供了理论基础,于是,就有了写作思维学。

人是思维的动物,但是18世纪以前人们只是从哲学意义上探讨人的思维,因而对思维的认识只是停留在思维与物质孰先孰后的理论层次上。直到世界上第一个心理实验室建成,人们才开始以科学的手段研究人类思维,揭示思维与现实生活的关系及其规律,于是,思维理论成为指导人们生活实践的一种有力武器。思维科学研究发展到今天,已经成为与自然科学、社会科学三足鼎立的一门新兴的学科,其实用性更为突出。我们每个人都是通过思维决定自己做什么或者不做什么,而且思维让我们在做事之前,就对这件事情的物质构成、完整过程、最终结果及其意义都进行一番规划和设计,为行动的过程和结果绘制好蓝图,使自己的行动能够合乎目的。

我们正处在信息和知识经济时代,人们缺乏的不再是知识和信息,而是驾驭知识和信息的思维智慧。人才竞争的焦点不再是比谁的知识更多,而是比谁的思维更灵活,头脑更有创造力。早在20世纪40年代,西方发达国家就开始对大脑思维进行深入的研究,希望彻底揭示人的思维智慧本质,并引发了一场新智力革命。通过这场新智力革命,人们认识到,创造型人才和复合型人才的超常之处不在于他们比其他人知道更多的信息,拥有更多的知识,而是他们具有卓越的思维技能和创造型思维方式。他们比一般人更善于思考,更懂得如何提炼有用的信息,驾驭和运用知识去解决新问题,一句话,他们成功的根本是善于思维。

写作思维是驾驭知识和信息的活动,是人类智慧的体现。研究写作思维对于提高大学生驾驭知识的能力,对于开发大学生的智慧是很有意义的,也是高等院校课程建设的一种新尝试。

写作是思维的语言实践过程,写作训练主要是思维训练,所以,我们不揣冒昧尝试建立一种具有实践效应的写作思维理论体系。经过近二十年的教学实践、思考、研究,2004年,我们写出专著《写作思维学导论》,由中国社会科学出版社出版。该书出版后,受到很多同仁的关注,产生了一定影响。2006年经过专家组的评审,作为教育部"十一五"规划教材,要求重新编写,这给予我们极大鼓舞,也是对我们多年来研究工作的充分肯定。为了突出实用性,我们这次编写《新编写作思维学教程》把全书分为三编:写作思维概论、写作思维过程和文体写作思维。同时,为了让读者对我国目前写作思维学研究现状有一个全面地了解,我们增写了一章内容,介绍了我国写作思维理论的建构过程,比较之下,我们的写作思维学理论突出了写作活动过程。不同的理论观点,给我们提供了参照,只有百花齐放,才能真正促使写作思维学理论的繁荣发展。

在本次修订过程中,我们对原来的文体写作思维理论部分重新进行编写,增加了具体文体写作思维,例如文学写作思维,增写了小说思维、散文思维和诗歌思维;理论写作思维增写了学术论文写作思维、评论写作思维和调研报告写作思维;实用写作思维增写了新闻写作思维和公文写作思维,这样就能便于结合实际进行训练,同时每一章后,都设计了训练及思考题,可以加深对思维理论的理解和巩固。

写作思维的问题几乎涵盖所有的学科,尽管我们的愿望很好,但是能力、知识和时间都有限,错误和遗漏之处在所难免,敬请专家和读者批评指正。

段建军　李　伟
2007年1月22日

第一编　写作思维学导论

第一章 走向实用的思维科学

第一节 思维与思维科学

1. 什么是思维

我们今天所享受的高度文明,是一代又一代人类智慧的结晶。人类的智慧来自于思维,智慧是思维的结晶。人是会思维的动物,思维是人类区别于一般动物的标志。人类的思维观大致可以分为以下几种。

1.1. 建立在哲学基础上的思维观,认为思维是反映客观世界的活动

苏联《简明哲学词典》认为:"思维,是物质——脑——的最高产物,通过表象、概念、判断等等来反映客观现实的一种能动活动。"我国哲学界给思维下的定义也与此类似:"思维,人脑对现实世界能动地、概括地、间接地反映过程。包括逻辑思维和形象思维,通常是指逻辑思维。"[1]在这里,思维是对外部世界的反映,这种反映是概括的、间接的,而且全部解释都是对逻辑思维的解释。在此,思维等于逻辑思维,它的作用、功能是反映、认识。

1.2. 建立在脑科学基础上的思维观,认为思维是大脑物质的特殊功能

美国脑神经学家斯佩里提出大脑神经回路学说,揭示了人脑的神经网络,他的研究获得了1981年诺贝尔奖。他认为,人脑系统的基本构成是神经细胞或神经元,在重约1 350克的现代人脑中,拥有1 000亿个神经元,每个神经元与其他3万多个神经元联系,构成10^{14-15}个神经结点,分布在人脑皮层,形成庞大的神经网络。一种类似于谷维酸的化学反应形成的电传导,使网络之间接通,就是神经回路,每一回路可能与某思维内容相应,结合大脑区域分布理论,揭示出思维即神经回路的接通,实质上就是语言区、表象区、概念区、感情区的接通。这个庞大的神经网络足以使人适应任何

---

[1] 傅季重主编《哲学大辞典·逻辑学卷》,上海辞书出版社1988年版,第336页。

情况。

1.3. 建立在数学科学基础上的思维观,认为思维是对信息的加工过程

数学的新发展给思维主体提供了新的数学方法论工具,提高了研究思维的精确度。系统论、信息论、控制论成为分析、描述思维的有力工具。从这个角度研究思维,形成以下观点:

思维是人接受信息、存贮信息、加工信息以及输出信息的全部活动过程,而且是概括地反映客观现实的过程。思维又是人在同客观世界相互作用中的信息增值。

思维对客观存在进行能动反映的过程,是以信息为中介,从客观外界得到能量与信息,使系统从无序转向有序,从低有序度走向高有序度的过程;这个过程可以通过数学进行描述,形成一定的模式。在此基础上,人类创造了计算机技术。

1.4. 建立在心理学基础上的思维观,认为思维是解决问题的心理活动

在心理学界,一般认为"思维"都是指向性思维,它是指一组解决问题的内部活动。因此,有的心理学家把思维定义为"问题的解决"。似乎这个思维定义的内涵要丰富一些,但很不幸的是,心理学家们认为思维要解决的"问题",还是"认识"或"反映"。北京师范大学等四所高校编写的高校教材《普通心理学》认为:"思维是人脑借助于语言而实现的,以已有的知识为中介的,对客观解释的对象和现象的概括的、间接的反映。"[1]朱智贤、林崇德教授主编的《思维发展心理学》认为:"思维作为一种心理现象,也是一种反映;思维是心理这种能动反映的高级形式。"[2]汪圣安教授认为:"思维有三个基本特点:1. 思维是一种间接的、概括的认知。2. 思维是一种过程。3. 思维是解决问题行为中的指向,是指向解决问题的。"[3]

1.5. 建立在智慧操作应用基础上的思维观,认为思维是意识反映外部世界从而创造新世界的心理操作过程

马正平教授提出:"思维,就是人类在精神生产的过程中,反映客观现实世界、创构未来理想世界、应变现实环境的(秩序化)意识行为。"苏富忠运用心理学原理,结合控制论、创造论等新兴学科原理,提出了操作思维的观点:"思维是主体以其机体结构,特别是以其中的心理结构为依据,在整体整合和心理相对独立的整合作用下,在其他心理过程的参与下,在自体

---

[1] 北京师范大学等《普通心理学》,陕西人民出版社1982年版,第340页。
[2] 朱智贤、林崇德主编《思维发展心理学》,北京师范大学出版社1986年版,第7页。
[3] 汪圣安主编《思维心理学》,华东师范大学出版社1992年版,第7页。

内外矛盾的推动下,遵循特定的逻辑规律,运用多种思维方法,操作特定的心理工具、肢体或外物,拓通特定的思路,主动建构一定新成果的操作过程。"①

总括人类对于思维研究认识的过程和不同结论,我们可以形成以下认识:

从对思维认识的历史阶段考察中,我们可以看到思维具有自然和社会两重属性,国外多学科综合研究主要是对思维的内在生理属性进行揭示,侧重于自然属性的研究;而国内侧重于思维的社会联系,是对思维的社会属性进行研究。思维的自然属性由自然科学家去认识,思维的社会属性是社会科学的研究对象,我们关注思维的目的就是为了对思维的社会属性、特点、规律予以深入探索,正确理解,以指导我们的社会实践。

人类对思维的认识经历了由思辨到实验,由猜想到模拟的过程,逐渐把思维理论建立在科学的基础上。思维研究由单学科研究走向综合多学科研究,并成为科学的重要对象。从哲学高度讲,人类认识的主要对象是自然、社会和思维。思维是当代人关注的主要对象,也是人类未来科学研究所要揭示的神秘黑箱,一旦这一科学取得突破性成就,人类的历史将会重新谱写。思维理论将逐渐由抽象进入到具体和人的具体实践——问题联系起来。从社会心理学角度来说,思维就是人脑对问题的思考和求解的心理活动过程。现代思维科学就是为了使思维能够有效地指导人们进行实践,使人们面对现实生活的问题时能够准确地进行思维,找到正确的解决问题的途径和方法。

《美国哲学百科全书》对思维做了以下解释:思维作为本质的人类活动,以两种形式表现出来:第一,人们通过思维可以在实然、必然、或然三种水平上获得对事物的认识;第二,人通过思维以决定做或不做某事物。这两种思维形式分别产生了人类的理论理性和实践理性,其目的是为了求解理论问题和实践问题,问题是思维的动因。这样理解思维就突出了应用性,而舍弃了抽象性、专业术语性。

结论:思维是人脑的机能和产物,它借助于语言、符号与形象,抽象反映事物合目的性、合规律性的存在,创造性的应对生存问题的复杂生理与心理活动过程。

2. 思维科学的发展历程

多少年来,人类一直试图揭示思维之谜,但是18世纪以前,人们只是

---

① 苏富忠《思维科学》,黑龙江人民出版社2002年版,第53页。

从哲学意义上探讨人的思维,因而对思维的认识只是停留在思维与物质孰先孰后的理论层次上。哲学思辨阶段对思维的认识,是在天赋、神灵与实践、物质反映的唯心与唯物两种观念辩驳中形成的。马克思主义哲学讨论的重点是思维与存在的关系,解决谁是第一性的问题,强调实践对认识,即对思维的决定作用,并把思维提高到理性高度来认识。

马克思主义认为,思维是人脑这种物质的属性和运动形式。"运动,就最一般的意义来说,就它被理解为存在的形式,被理解为物质的固有属性来说,它包括宇宙中发生的一切变化和过程,从单纯的位置移动起直到思维。"①"我们的意识和思维,不论它看起来是多么超感觉的,总是物质的,肉体的器官即人脑的产物。"②"人的思维的最本质和最切近的基础,正是人所引起的自然界的变化,而不单独是自然界本身,人的智力是按照人如何学会改变自然而发展的。"③这一系列的论述,构成了唯物主义思维观。由于受当时条件的限制,马克思和恩格斯还未能对思维的实际应用进行研究,仍然处于思考与辩论的层次上,未能对思维科学的发展做出实质性的推动。

但是,马克思主义无疑是研究思维问题,建立思维科学的哲学基础,我们只有从人脑这个物质实体出发,才能真正揭示思维的本质规律。只有从唯物主义思想出发,才能把思维研究建立在实验的基础上,心理实验才具有物质对象。

1879年冯特在德国莱比锡成立第一个心理实验室,开始了心理学实验研究。冯特主要运用自我观察的方法,研究人的感觉、知觉、注意、反应、情感、意志等心理现象,形成了莱比锡学派。从此,人们才开始以科学的手段研究人类思维,揭示思维与现实生活的关系及其规律,于是,思维理论成为指导人们生活实践的一种有力武器。

运用心理学方法研究思维,贡献最大的首先是格式塔心理学派,他们主要是受康德哲学和胡塞尔现象学思想的影响,认为人只能认识现象,不能认识"物自身",现象反映在人的意识里只能是形式,所以,提出思维是心物同形的过程。

其次是俄国的巴甫洛夫,他在实验的基础上提出自己的刺激理论与条件反射学说:第一信号系统——感觉表象;第二信号系统——言语。他认为思维是一系列的信号刺激与反应过程,是有内容、有形式的反应过程。

---

① 恩格斯《运动的基本形式》,见《马克思恩格斯选集》第三卷,人民出版社1972年版,第491页。
②③ 恩格斯《自然辩证法》,见《马克思恩格斯选集》第三卷,第551页。

巴甫洛夫的贡献就在于揭示了思维内在的表象与言语要素,为后来的形象思维与抽象思维奠定了理论基础。

在此基础上,皮亚杰提出了适应理论。作为当代最有影响的发生认识论专家,他毕生研究儿童的思维活动,他把认知、智力、思维、心理视为同义语。1955年,在日内瓦建立了"发生认识论国际研究中心",开创了"日内瓦学派"。

皮亚杰认为,个体之所以能对刺激作出相应的反应,就在于个体具有能够同化这种刺激的某种图式。图式最初来自于先天遗传,一经与外界接触,在适应环境的过程中,图式就不断地变化、丰富和发展起来。图式包括:原始观念图式、实验图式、同化与顺应图式。由于图式、同化、顺应和平衡的相互作用,推动心理结构或智力活动结构的发展,也就是说,图式经过同化、顺应、平衡而逐步构成新的水平,如感觉动作图式内化以后就成为表象图式、直觉思维图式,以致到一定年龄阶段,就构成运算思维图式等。

同化就是把环境因素纳入机体已有的图式或结构之中,以加强和丰富主体的动作。顺应就是改变主体动作以适应客观变化。个体就是通过同化和顺应这两种形式来达到机体与环境的平衡与适应。

皮亚杰认为,智力或思维的本质就是适应,而适应又依赖于主体对于客体所产生的动作,认知是主客体相互作用的产物。思维是机体通过智慧和理性对环境做出的一种适应,是一种最高形式的适应。

后来,思维研究不断发展,特别值得一提的是苏联"维列鲁学派"的内化理论。这一理论认为,思维是人的活动内化的结果。维列鲁学派是以维果斯基、列昂节夫、鲁利亚为代表所形成的心理学派。这一学派认为,人的高级心理活动是在历史文化发展过程中形成的,借助于中介工具——语言和符号实现认识的。人的高级的社会历史的心理活动形式,首先是作为外部形式的活动而形成的,以后才"内化",转为内部活动,才能在头脑里"默默地进行"。

列昂节夫在《活动,意识,个性》(1975年)中指出"内化"是一种过渡,由于这种过渡的结果,操作外界物质对象的外部形式的过程转变为在智慧方面、意识方面进行的过程。

后来他们把这种"内化"过程划分为五个阶段:一是构成课题的外部表象;二是掌握物质化活动;三是形成大声言语(没有实物或事物的物质描述的依据);四是转为内部不出声的外部言语(言语动作转向智力方面);五是转化为内部言语,智力活动最终形成。这种思维理论符合马克思主义的唯物观,揭示了思维不是凭空产生的,而是建立在人的实践基础之上的,是由人的外部活动引起、发生、形成。

从心理学实验的历史来看,基本上已经认识到思维是人脑的机能,是人自身的一种智力,而不是唯心的神灵的启示。

20世纪以后,一大批世界著名的神经生理学家、心理学家、生物学家、脑物理学家、化学家、语言学家、信息系统论学者聚集在美国,形成了脑科学研究中心,开始从不同的角度研究人类的思维,取得了一系列突破性的研究成果。最突出的成就有大脑两半球学说、神经网络学说、信息控制理论、人工智能理论等等,特别是计算机三维模拟技术,在综合研究的基础上,利用计算机对人脑思维进行模拟,极大地推进了人对思维的理解和描述;现在主要是突破逻辑运算,而表象识图及语言运算功能正待突破描述。

随着科学技术的发展,多学科综合研究使人类的思维由玄虚思辨逐步走向实践,在人们的生活中发挥越来越重要的作用。

我国对于思维科学的研究是由形象思维的讨论开始的。1957年,霍松林先生在他的《文艺学概论》中提出形象思维是艺术思维的主要形式,首先从文艺理论的角度提出了有没有形象思维的问题。1959年,美学家李泽厚在《文学评论》第2期上发表了《试论形象思维》一文,从巴甫洛夫的两个信号系统理论出发,肯定了形象思维的存在,系统论述了形象思维的特点及与逻辑思维的关系,引起了国内学界异常激烈的争论。开始,纯粹是学术领域里的大鸣大放,可是后来却变成为政治争论,一度时间,形象思维论者成为批判的对象,似乎谁说形象思维,就是反对唯物主义。郑季翘在《红旗》杂志上发表文章,指出,形象思维论就是从认识论上修正马克思主义,它的作用就是要在文艺理论中挖掉马克思主义认识论的根基,使文艺成为非理性的神秘主义的东西。于是学术上的讨论,成为政治上的斗争,很多学者成为政治斗争的牺牲品。没有人再敢涉足思维这个禁区。

直到1978年毛泽东给陈毅的一封信公开发表,信中三处谈到"诗要用形象思维",形象思维理论才被重新开始研究。

1980年第6期《中国社会科学》发表钱学森《关于形象思维问题》一文。1981年第1期《自然杂志》又发表钱学森的文章《系统科学、思维科学与人体科学》,第一次正式提出了现代思维科学的理论体系结构。他在文章中指出:"逻辑学,形象思维学,灵感学都是属于思维科学这一科学技术大部门中的基础科学。至于诸如语言学、文字学、密码学、人工智能、计算机软件技术、图像识别技术等等,似乎都可以当作思维科学体系中的应用技术,属工程技术类。"

在此基础上,钱学森又陆续发表了《现代科学的结构》、《关于思维科学》等论文,论述了思维科学研究的方法、途径、应用以及思维科学研究人员队伍的组织等问题。由于钱学森的热心倡导,我国思维科学的研究出现了新的局面。1984年8月在北京召开了全国第一次思维科学讨论会。钱学森在会上指出,思维科学是发展第5代计算机(智能机)的重要理论基础,形象思维是目前思维科学研究的突破口。

目前,我国多学科合作研究现代思维科学的局面已初步形成,在形象思维、灵感思维和辩证思维等方面的研究已取得一定的成果。理论框架已经初步形成。钱学森先生把现代思维科学研究划分为三个层次:

思维基础科学

思维技术科学

思维工程技术①

这样,思维科学就有了一个系统的理论框架,成为科学发展的一个新突破。可以说,思维科学研究发展到今天,已经成为与自然科学、社会科学三足鼎立的一门新兴的学科,而且实用性更为突出。人们已经开始从实用的角度来认识思维了,思维科学研究的成果可以直接指导人们的社会实践了。

第二节 实 践 与 思 维

我国著名科学家钱学森先生首倡要建立思维科学之后,引起了国内各个学科的普遍关注。心理学、语言学、文艺学、美学等研究领域,都从不同角度对这一心理现象进行了描述、界说,形成了百家争鸣的可喜局面。随着对人的主体的再认识,人们对思维的研究越来越深入,对思维的认识视野也一天天拓宽了,但是,随着理论的深入,研究中存在的问题也越来越明显,最致命的问题就是思维理论与人的实践活动脱节。

我们认为,要使思维科学研究沿着正确的方向深入进行下去,使思维科学在人们的社会生活中占据不可忽视的重要地位,就必须坚持唯物主义实践观,使思维与人的实践活动联系起来,建立一种具有实践效应的科学的思维理论体系。

1. 研究思维不能脱离人的实践

思维是人脑的功能,这种功能的形成是人的各种社会实践的结果。从1879年德国的冯特在莱比锡建立第一个心理实验室开始,人们就把思维现

---

① 钱学森《系统科学、思维科学与人体科学》,见《自然科学》1981年第1期。

象的存在当作思维来认识。冯特最初认为思维是表象联想活动。后来,人们又发现了思维中有抽象的现象,并认为思维是人脑的抽象活动。其后,巴甫洛夫则在生理实验的基础上提出了第二信号系统的理论,从而确立了思维是语言的思维,是概念、判断、推理的抽象活动。这是根据思维伴随着语言活动这一思维现象而确定的理论,它一直影响到现在。

揭示思维现象的存在对科学研究是有益的,但是根据思维现象而确立思维科学体系却导致思维研究脱离人的实践。离开了人的社会实践,研究思维就会导致思维理论成为抽象的思辨,失去实践意义。

曾经有人试图归纳所有的思维现象,把它们排列起来,构成一个思维理论体系,例如下图就是一个具有代表性的理论构想:

基础理论	应用研究	技术工程
抽象思维学	理论总结	电子计算机
形象思维学		
灵感思维学	形象识记	
辩证思维学		智能机
社会思维学	形象创造	

这种以思维现象为依据构想的理论体系看起来非常系统、完善,但是只要稍加分析,就会发现它所排列的各种思维现象既缺乏一定的关系而不能并列(例如灵感思维既可以是抽象意念的获得过程,又可以是形象的突然萌生过程,它们是一种包孕关系而非并列关系),又缺乏这些思维现象之所以存在的客观基础,也就是说,这种思维理论完全脱离了人的实践活动,它不能说明为什么这些思维现象会产生。因而,尽管这种理论体系看起来多么全面、完整,实际上却难于深入进行系统研究。

苏联著名心理学家彼得罗夫斯基说过:"科学的心理学不能只限于描述心理现象,不管这些事实多么有趣,科学认识要求从现象的描述过渡到现象的说明。而后者则要求揭露这些现象所从属的规律。"[①]这就是说,我们不能依据思维现象的存在来建立思维科学体系,我们必须找出这些思维现象产生的原因及其规律,然后才能够建立科学的思维理论体系。

恩格斯在《自然辩证法》中指出:"自然科学和哲学一样,直到今天还完全忽视了人的活动对他的思维的影响;它们一方面只知道自然界,另一方面又只知道思想,但是,人的思维的最本质和最切近的基础,正是人所引起

---

① 〔苏联〕彼得罗夫斯基主编《普通心理学》(朱智贤等译),人民教育出版社1985年版,第5页。

的自然界的变化,而不单独是作为自然界的自然界;而人的智力是比例于人学会改变自然界的状况而发展的。"①恩格斯的这段话从唯物主义的观点出发,揭示了一切科学研究的基础都只能是人的实践活动,正是人的实践使自然界和人发生了相互作用的关系,不仅使自然界发生了变化,也使人本身发生了变化,而且使思维得以产生和实现,深入理解恩格斯的思想,我们可以形成以下几个指导思维理论研究的认识。

首先,思维作为意识的内容是第二性的,它的产生与形成只能依赖于人的实践活动,也就是说,人的实践活动是思维产生形成的基础。

其次,思维是在人的实践活动过程中逐步发展完善的。

再次,思维产生于人的实践,又作用于人的实践,是为人的实践活动服务的。它使人的实践活动具有更明确的目的性。

我们只能从个体思维的实际和过程来认识思维,避免从宏观角度认识思维,突出思维的实际应用,这样,与人的社会实践结合起来,才能针对性地揭示思维的功能与结构。

人的思维只有在应用过程中才能显示出自己的特点,离开了大脑对现实具体问题的反映过程,思维就会成为无法理解的内容。

毛泽东同志在《实践论》一文中强调:"实践的观点是辩证唯物主义的认识论之第一的和基本的观点。"②我们从这一基本的观点出发,结合现代心理学所取得的研究成果,推出这样的结论:思维是人脑的一种特殊机能,它必然伴随着人的实践活动而产生,并为促进人类更有效的实践而发挥作用。也就是说,思维现象在人脑中发生,它总是围绕着人的特定的实践活动而发挥作用,当人的实践活动需要形象类结果时,它可以是表象、联想、再现、创造、组合、重构过程;当人的实践活动需要认知事物,它可以是逻辑抽象——分析、综合、判断、推理过程。这一切思维现象的存在,与思维过程的进行都是根据人的特定的实践活动的需要而进行的。因此,思维的定性不能以思维现象存在为由来决定,而只能以人的特定的实践活动为依据,结合思维现象发生的原因及目的来决定。

由此可见,人的不同性质的实践活动是划分思维类型的基础,离开了人的实践活动就失去了划分思维类型的依据,也就无法评判思维存在的价值,从这个意义来说,如果脱离人的实践活动而孤立地依据思维现象的存在去建立思维科学理论体系,就势必把这门科学变为空中楼阁,就会失去

---

① 恩格斯《自然辩证法》,人民出版社1984年版,第99页。
② 毛泽东《实践论》,见《毛泽东选集》,人民出版社1964年版,第261页。

它应有的实践效应。

应该强调指出,人的外在实践活动与内在心理活动是一个完整的统一体,所以要研究人的思维,要确立一种科学的思维理论体系,它的出发点和终结点都只能是人的外在实践活动。我们研究思维的目的,并不是为思维而思维,而是为了更好地指导人们的实践活动,正像毛泽东所说:"马克思主义的哲学认为十分重要的问题,不在于懂得了客观世界的规律性,因而能够解释世界,而在于拿了这种对于客观规律性的认识去能动地改造世界。"①所以建立思维科学理论体系,就必须坚持存在决定意识,意识又作用于存在的辩证唯物主义原理,坚持实践既是研究思维的出发点,又是研究思维的目的的基本观点。

2. 思维是人的实践活动内化的结果

人的一切思维活动都是围绕着实践进行,在实践中展开的。它或者是在实践之前设计蓝图;或者是在实践之中思索解决问题的方法;或者是在实践之后进行总结。任何思维都是指向实践的对象性思维。这种思维都是建立在实践的基础之上的。比如,新的实践活动的蓝图往往都是旧的实践经验的结晶。人绝不能在思维领域建立空中楼阁,否则就会在实践中碰壁。巴甫洛夫的条件反射实验就揭示了外部活动与内在心理活动的关系,同时,他的第二信号系统的理论又使研究人的思维具备了物质基础,但是巴甫洛夫的实验局限于动物生理方面,没有对人的心理活动深入探索,同时对人的第二信号系统的发生也没有进一步阐述。因而,巴甫洛夫的理论又有很大的局限性。其后,美国行为主义心理学派把这种条件反射原理扩大化了。他们虽然也强调人的活动对思维的影响及作用,但是他们过于狭隘地把人的思维归结为人的机体的动作,这实际上就取消了思维的存在,从而导致了理论的机械僵化。

马克思指出:"劳动过程结束时得到的结果,在这个过程开始时就已经在劳动者的表象中存在着,即已经观念地存在着。"②这就是说,人的活动与人的思维是互相作用的两个方面,取消或忽视任何一方都是不科学的,都会犯理论的错误。给予人的活动与思维之间的关系以科学的唯物主义解释的是苏联 60 年代的"维列鲁"心理学派。他们创建的关于思维是人的外部活动内化之结果的理论,为我们的论点奠定了科学的依据和基础。"维列鲁"学派认为,作为人的新的高级的社会历史的心理活动形式,首先是作

---

① 毛泽东《实践论》,见《毛泽东选集》,人民出版社 1964 年版,第 268 页。
② 《马克思恩格斯全集》23 卷,人民出版社 1972 年版,第 202 页。

为外部形式的活动而出现的。当外部活动反复进行,在头脑中形成表象以后,才"内化"而成为内部活动,才能"默默地在头脑中进行"。在这种情况下,它们经受了特殊的转化——概括化、言语化、简缩化——过程。这就是说,首先是人的外部活动,其次是人把这些外部活动转化为各种符号,主要是表象与语言符号,最后,由这些符号概括简缩了人的外部活动形式,并在意识中记忆下来,这些符号便可以在人头脑中再现或重构外部活动形式,人的思维就产生了。由于"维列鲁"学派揭示了人的实践活动与心理活动的关系,他们的心理学观点已经得到唯物主义心理学的肯定。

但是,由于"维列鲁"学派对人的活动没有做出区分,没有注意到人的不同活动会形成不同的思维形式,这样,他们的理论又亟待进一步发展、完善。

我们认为,前人所发现的诸种思维现象或思维形式,一方面是由人的外部实践活动内化而形成的,另一方面总是围绕着人的外部活动而发生并展开的,也就是说,人脑中出现的思维现象(表象运动或词语概念活动)都与人所从事的活动有关。首先是人在天地自然与社会人生中要从事各种各样的活动,其次是人在各种活动中都面临诸多问题,在这些问题的求解中,思维就发生了。不同的实践活动会存在不同类型的问题,求解不同类型的问题就会形成不同的思维形式或出现不同的思维现象。基于这样的认识,我们要进一步认识思维,确立思维科学理论体系,就必须对人的外部实践活动进行深入地分析探讨,以之为依据划分思维类型和形式。

3. 对人类实践活动的再认识

很多现代心理学家都已经认识到人的活动对其思维的形成和发生具有十分重要的作用,但是却很少有人对人类的活动进行更深入一步地分析和分类,因而对不同类型思维形式或思维现象的说明难以令人满意。我们认为,人的思维之所以会存在不同的形式和现象,根本原因在于人的活动具有不同的形式和内容,因而,对人类活动类型的划分是最终解开思维现象之谜的唯一途径。

人的活动具有哪些类型呢?我们从个体活动的角度把它划分为三种类型:生产活动(包括生产活动、社交活动、阶级斗争、政治活动、体育活动等)、认知活动(日常生活认知和科学实验认知)、表现活动(包括社会行为表现、认知表现、文学艺术表现),作为一个社会的人,一个独立个体的人,都不可避免地要从事这三类活动,也可以说,这三类活动构成了人生的全部内容,也构成了社会生活的全部内容。

生产活动和认知活动在前人的论著中都已经得到充分的论证和说明，而表现活动作为一种在人的生产活动和认知活动基础上派生出来的独特的活动，至今还没有受到足够的重视。所以，本书只对表现活动进行说明与阐释，以便对人的活动能有一个较全面的认识。

表现活动是人类独有的一项活动。在自然界，各类动物都在不同程度地感知自然，以求适应自然而保持自身的生存，一些高智动物也会利用一些简单的工具去改变自然生存条件，但是，没有任何一类动物能够表现出自身和客观世界的形象，没有任何一类动物能够显示出自己感知世界的过程。只有人类具有表现活动，从而走出了动物群并且成为万物的主宰。鲁迅先生在《门外文谈》中说过这样一段话："我们的祖先的原始人，原是连话也不会说的，为了共同劳作，必须发表意见，才渐渐地练出复杂的声音来，假如那时大家抬木头，都觉得吃力了，却想不到发表，其中有一个叫道'杭育杭育'，那么，这就是创作；大家也要佩服，应用的，这就等于出版；倘若用什么记号留存了下来，这就是文学；他当然就是作家，也是文学家，是'杭育杭育'派。"鲁迅先生的这段话是论述文学起源的，但是，从心理学的角度看，它也可以看作是人的思维发生的形象化说明。首先，这"杭育"之声可以看作是原始人在劳动实践中对力的认识和对协作重要性的认识，标志着人的内在思维意识的产生；其次，这"杭育"之声也标志着人的表现活动发生，人终于能够用声音表现他的内在意识了，他发表的"杭育"，没有留存在书面上，而留存在了他的意识中，成为一种符号——思维的符号，于是，思维形成了。这一幅杭育劳作图，其最大的价值就是形象地显示了人的活动与思维的关系，从中我们可以看到人在活动中既感知、认识自己的活动及其规律，又总是力图把自己的认识成果表现出来，使之产生相应的实践效应。表现活动完成了人自身的创造。

从人类学家对原始人群的考察发掘来看，原始人的兽舞、原始洞穴中的动物画以及原始人的祭神活动表明，人类从一开始就不仅在认识、改造着自然，而且总是在表现着自己。这些表现活动一方面在显示人自身的力量，发挥提高人类自信的作用；另一方面这些表现活动通过再现人与自然之间的关系，起着教育子孙后代的作用。原始儿童正是通过其父兄对自然及人自身的表现过程，间接地认识了自然和自己，从而提高适应自然、改造自然的能力，同时，表现活动既是对人类认识活动与生产实践活动的模仿和再现，又是对人类未来的期望与设想，体现了人类的主体意识。可以说，原始人的表现活动就是人的主体意识对过去的识记与对未来的预测的物化形式。

我们今天所有的语言符号、艺术符号以及我们的一切文化、一切历史都来自于前人在生产与认识过程中所形成的表现活动。

既然表现活动在人类发展史上具有如此重要的地位和作用,为什么没有受到足够地重视呢?我们认为,这是因为人类长期困扰在物质生存环境之中,思想家从事于人类认识自然的工程,更注重认识成果与人类征服自然的物质成就,力图解决人类的物质生存需求,而对表现活动关注较少。另外,这也是因为人类在漫长地进化过程中,逐渐地形成了审美意识,大多数非审美的表现活动已经成为生活习惯,不再引人注意,而少数人掌握并创造的审美表现活动就升格为文学艺术活动,成为一种独特的表现活动,文艺理论家们又只注重艺术形式的美学效应与艺术家的审美创造,对人们普遍具有的非审美的表现活动不予重视。这样,表现活动的特点及其内在心理动力就很少有人研究。人类本身普遍具有的表现活动才能就被埋没了,而少数人却因独具审美表现特长而被誉为"天才"、"艺术家",这实在是人类一个很大的遗憾。

根据上述分析,人类的实践活动应该由以下三大部分构成:

一是改造客观社会的生产活动;

二是探索自然规律和社会规律的认知活动;

三是物化社会行为与认知过程及其成果的表现活动。

正是这三大活动构成了人类社会,也造就了人本身。生产活动为人类生存创造了必需的物质财富和生活环境,满足人类的生活需求;认知活动为人类进一步扩大再生产提供了可能和保证;而表现活动又创造了人类社会必需的精神财富,使人类从中看到希望,积累经验,增强信心,明确目标,协调行动,从而更努力地去生产、去认识。没有生产活动,就不会有人的认识活动,当然就没有表现的可能;只有生产活动,而没有认识,表现活动是盲目无序的;而只有认识没有生产活动,表现活动就会失去它应有的生动性、具体性和真实性;而没有人的表现活动,人的认知活动就不会形成现实的物化形式,人的生产实践活动也就失去审美的意义。因此,人类的三大活动互相联系,互相作用,从而促进了人类的进化,构成人类的文明史。特别是在今天物质需求的活动不再是唯一的活动,人的主体意识与日俱增,表现欲日益强烈的情况下,表现活动显得更加重要,而这个活动及其在人的内在意识中的作用必将引起人们的普遍重视。我们强调这一活动的存在正是要解开思维现象存在之谜。

4. 在三大活动基础上建立思维科学体系

前面,我们已经探讨了人类的三大实践活动,而这三大活动正是我们每个人在生活中必不可少的活动。因此,根据"维列鲁"心理学派的观点,我们认为,人的思维形式必然是以这三类活动为基础而产生的,由于每一类活动都具有其独特的形式与过程,所以,当这类活动的形式与过程逐步简编概括为某一类符号而"内化"为思维的时候,就必然形成一种区别于其他活动的内在思维形式、符号及其过程。这样,我们就看到:人类的三大活动基本上构成了人的三大思维形式,这就是:

生产活动——行为思维
认知活动——认知思维
表现活动——表现思维

我们认为,思维形式的界定命名,不应该单纯依据思维现象的特点,而应该结合思维的目的与性质来确定,而思维的目的与性质正是由人的活动本身来决定的,因而与人的实践活动结合起来界定和命名思维形式具有非常重要的现实意义。

由于人的生产活动包含着直接生产行为与间接生产行为,这些行为都构成了思维的符号与形式,因而用"行为"一词可以概括整个生产与非生产环节,生产行为简编为一些操作动作符号,当人们从事某一生产活动时,头脑中就会出现这些活动的动作与过程,因而这一思维形式是依据动作视觉图式和行为习惯模式进行的。

认知思维的形成正是人的认知活动过程的反映,它是由直接感知和抽象推理过程构成的。

表现思维是由人的表现活动的特点决定的,人的表现活动具有独立的品格,它虽然不产生直接的客观物质成果,但它通过再现或重构认知活动过程及生产行为过程而产生不可低估的精神效应,因而,当这类活动内化为特殊的思维形式时,就决定了这一思维是偏重于形式符号与表象组合过程,也决定了这一思维形式的产生与运用是在生产活动与认知活动基础之上的。

上述三种思维形式是由人的三大活动的特点决定的,它们各具区别于其他形式的符号、形式过程的特点,具有自身独立的品格。由于每一种思维形式都与人的特定的实践活动相联系,因而都具有明确的思维方向和目的。所以,研究思维就具有直接的实践效应。基于这样的认识去构造思维科学理论体系,就具备了坚实的客观实践基础。

我们看到,由于思维的两端都与人的实践活动紧密相连,因而,思维科学理论体系应该由四大部分构成,我们不妨也用图式列示如下:

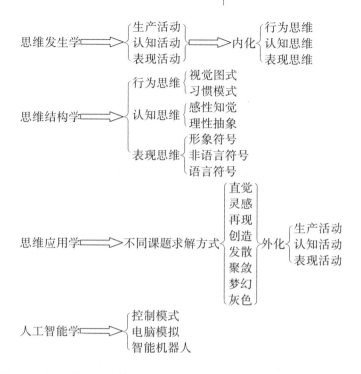

这样一个完整的体系体现了唯物主义的观点,即实践—认识—再实践。而人的思维形成及其发展与目的都是基于实践而应用于实践。只有和人的实践活动联系起来,才能使这门科学从空中回到地面,产生一定的实践效应。

我们每个人在生活中,都要进行特定的实践活动,即从事一定的生产,进行必要的认知,也必定要对实践和认知进行表现。正是这三类活动构成了我们的日常生活,也构成了我们的思维形式。而思维目的,正是为了提高和发展我们各项活动的能力,因而在思维的每一种形式中都有人的主观能动性在发挥着创造性的作用。因而在行为思维中,人可以打破习惯的行为模式而重构新的行为模式;在认知思维中,人不仅可以认识对象的本质,还可以产生符合客观规律的理论设想;在表现思维中,人可以突破传统的表现方式,创造全新的表现方式,组合全新的事物形象。总之,思维是为了更好的实践而发挥作用的。但是,任何一种思维,其创造性只有在思维与现实的关系中才能表现出来,也就是说,只有在现实问题的求解活动中思维的创造性才能发挥出来,脱离现实问题的思维是没有什么创造性可言的。这正如列宁所说:"自然界在人的思想中的反映,应当了解为不是'僵死的',不是'抽象的',不是没有运动的,不是没有矛盾的,而是处在运动的永恒过程中,处在矛盾的产生和解决的永恒过程中。"①

第三节 认知与表现

当我们把人的思维与人的活动结合起来进行考察时,就会发现,从认识到物质的过程中有一个非常重要的环节没有受到足够的重视,这就是当人在活动中经过认识思维获得认识成果之后,这认识成果是怎样显示为存在的内容呢?从认识的心理内容到存在的物化形式其间是否还存在一种思维?如果我们注意到这个问题,就会发现,从认识到存在的转化是人的一项特殊的活动,在这一活动中必然伴随与之相适应的思维过程。这个过程是不同于认知思维的,它具有独特性,或者可以这样说,人的思维并不是停留在认识过程之中,而是在认识过程完成后,又进入到物化表现的思维过程,没有这后一个表现思维过程,人的认识思维就成为虚无缥缈神秘莫测的东西。

近年来,美学界陆续翻译引进了大量的外国美学论著、心理学名著。国内一些美学、心理学专家也都先后著书立说,他们都从创作或创造的角度涉及思维外化的问题,有的还研究了思维外化的特点和一般规律。但是,还很少有人研究外化过程的内在思维,也就是说,还没有人把外化过程作为一种特殊的思维过程来认识。这就不可避免地在探讨外化问题时总是和认知思维纠缠在一起。20世纪末,文坛上关于逻辑思维与形象思维的论争实质上正是这方面的例证,由于没有把思维的外化过程从认识思维中独立出来作为特殊的思维过程加以研究,所以现行的一些美学、文艺创作理论尽管宏观上体系庞大,自圆其说,而在实践应用中却令人难以把握。

我们认为,思维是人脑的特殊机能,它适应于人的活动的各个领域,并为人的各种活动绘出心理蓝图。生产、认识与表现属于人的生命的不同的活动,因而也就产生了不同的内在思维方式和思维过程。

1. 表现思维与认识思维的分野

心理学家们明确指出,他们是把思维作为认识过程来进行研究的。那么,当我们提出表现思维是人的思维活动的一个重要形式和过程时,可能会有人怀疑是否真的存在表现思维活动。卡耐基在《语言的突破》一书中为了强调学习演讲的重要性,举了这样一个例子:一位名叫寇蒂斯的大夫,

---

① 列宁《哲学笔记》,见《列宁全集》第55卷,人民出版社1990年版,第165页。

他对体育运动与身体健康有充分的认识和极浓厚的兴趣,可是在一次棒球队举行的宴会上,人们要求他这个球迷谈谈棒球运动与队员的健康问题时,却使"他处在极为悲哀的情况中,他知道,如果他站起来演讲一定会失败,他将无法讲出完整的五六个句子。因此,他站起身来一句话也没说,转身背对着他的朋友,默默地走了出去,深感难堪,更觉得是莫大的耻辱。"

不能说这位大夫对这方面的问题没有自己的认识,只能说他不知道怎样把自己的认识表现出来,这就可以看出,人的思维很显然应该包含认识和表现这两个不同的过程。我们每个人都会出现无法把自己在生活中形成的思想认识或情感态度表现出来而感到极度困惑、悲哀的现象。这时,我们都会意识到认识和表现是两个不同的思维过程。而对人类来说,是否善于表现,在某些重要时刻往往会对自己的人生产生重大影响。

卡耐基在演讲训练班里除了鼓励学员应该大胆自信地表现自己的思想外,还反复强调,要对自己讲演的题目融会贯通,做到胸有成竹。他说:"所谓的'准备'就是把'你的'思想,'你的'念头,'你的'想法,'你的'原动力集合在一起,而且你真的拥有这种思想,这种原动力。"他还说:"准备就是思考、沉思、回忆及选择最吸引你注意力的事物,然后修饰它们,将它们整理出一个形态,是你思想的精工制造品。"①卡耐基说的这个准备讲题的过程,正好道出了人类表现思维的规律和过程,他正是掌握了讲演这种表现活动的特点及其内在的表现思维规律,并以之指导学生的演讲活动,才收到了显著的效果。

我们知道,人的认知思维是对外部世界的感知体验、分析综合、抽象概括的活动过程。通过从感性到理性的飞跃,人获得了对外部世界合目的合规律的认识。在认识过程中,人侧重于获取认识成果,只注意思想及伴随思想形成而产生的情感、态度,而对形成认识的原始感性材料则舍弃不顾。

但是,要把这些认识思维的产品变为客观存在,则需要与之相对的思维过程——表现思维,即由理性到感性,由抽象到具体的思维过程,这是实现精神到物质的一次飞跃。要实现这个飞跃,表现思维首先要寻求认识的形成过程,即如卡耐基所说的,构成一个形态。其次,要从认识思维所舍弃的原始感性材料中选取具有代表性的具体材料,充实、完善这个形态。最后,根据特定的表现活动确定相应的符号形式,物化这个形态。

所以,从整个过程来看,认知思维与表现思维是截然不同的两个过程。当然,在实际的表现思维过程中,由于对原材料的选择,必然会引起对其再

---

① 戴尔·卡耐基《语言的突破》(刘沅译),中国文联出版公司1987年版,第8、45页。

认识的思维活动，会从中发现一种新的思想，甚至会完全推翻原来的认识而形成一种相反的认识成果。所以在多数情况下，认识思维与表现思维交织在一起，相互作用，使认识成果更加准确，使表现形式更加完善。但是，只有掌握了认识思维与表现思维的不同特点及其规律，才能够正确运用认识思维和表现思维，使之服务于不同的活动领域。

从另一角度看，人的认识思维并不是合乎逻辑地进行，并非有系统有规则地推导，在多数情形下它是由感性直接抽象而产生出认知成果，并没有一个明晰可察的形成过程。阿基米得从浴缸中跳出来喊："我获得了，我获得了。"这个认识的获得只是一瞬间的闪现，可是要把获得的认识表现为人们都能理解的东西，那又是极不相同的思维过程，也是极不容易的事情。

认识可以通过直觉获得，但是，直觉有时候是不可解释的。因此，要把这种通过直觉获得的认识表现出来，需要一个非常艰难的探索过程。获得基因学诺贝尔奖的美国科学家巴巴拉·麦克·克林托克在1930年的一天，正和一群科学家站在康奈尔大学周围的玉米田里，思考着一个基因实验的结果。研究者预计一半的玉米会产生出不结果的花粉，但是，事实上只有三分之一是这样的。这个差别很大，麦克·克林托克觉得非常困扰，于是她离开玉米地，爬上山来到自己的实验室，独自坐在那里思考。

半个小时以后，她"跳起来跑到地里。在地的一头（所有其他人都在地的另一头）喊道：'尤里卡，我找到了！我找到答案了！我知道这30%的不结果率是什么了！'"她的同事自然说道："证明给我们看。"这时她发现自己并不知道怎样才能解释自己的洞见。

几十年后，麦克·克林托克说："当你突然看到问题时，你就有了答案——但你还不能用词语表达出来。所有的都是在潜意识里完成的。这在我身上发生了很多次，并且我知道什么时候能把它当真。我不会谈论它，我没有必要跟任何人讲，我只是确信这就是答案。"

觉得自己知道，却不能说明自己是怎样知道的，这种现象很普遍。法国哲学家和数学家布雷斯·帕斯卡的名言很著名："心灵有其原因，理性却无法知道。"19世纪的伟大数学家卡尔·弗里德利希·高斯承认，直觉常常让他得到一些自己无法立即证明的想法。现代生理学的奠基人克劳德·伯纳德写道，在科学中所有有目的的思考都起源于感觉。他写道："感觉独自引领着头脑。"画家毕加索对一位朋友坦白说："我在事前并不知道要在画布上画一些什么，我只是知道我在事先会决定使用什么颜色……每次我开始画画的时候，我都有一种跳入空间的感觉。我从来都不知道我会不会重新降落到地面。只是在后来，我才开始更加精确地估计我的作品的效果。"作曲家依戈尔·斯特拉文斯基也发现,想象活动开始于某种无法解释的原因,某种"对于不可知的,但却已经占有的无形实体直觉上的把握"。拉丁美洲作家依莎贝尔·艾尔兰德描述了一种类似的推进自己作品的感觉:"不知为什么,在我的体内——在写了五本书以后我可以这么说——我知道自己要去的地方。我知道我心里有书的结局,尽管我并不知道这个结局是什么。这很难解释。"

以这种不明确的、无法说清的方式知道结局,给我们提出了一个重要的问题。对此,麦克·克林托克是这么说的:"事情做得很快,答案出来了,我就得抓紧。现在我要一步一步地解决问题——实际上是一系列复杂的步骤——最终我得出了答案……结果和我画的草图完全一样。那么,我为什么能够不用在纸上写一个字就知道结果呢?为什么我能够这样确信,以至于我这么激动地告诉他们说'尤里卡,我找到了!'"麦克·克林托克的疑问正是理解创造性思维的关键,毕加索和高斯以及作曲家和生理学家们的经历也一样。突然地明白或者突然出现的洞见是哪里来的呢?我们是怎样知道我们没有办法说出、画出或者写出的东西的呢?在创造性思维中,直觉起了什么样的作用呢?我们是怎样把感觉转换成词语、把感情转换成数字的?最后,我们能不能理解创造性思维?如果能理解,我们能不能练习、训练和培养创造性思维①?

创造性思维非常重视直觉发现,但是,写作却需要研究有了创造性发现之后,应该怎样表现自己的发现,也就是说,证明自己发现的过程是一个完全不同的过程。

同时,人的认识思维常常会产生超前性的认知成果,甚至可以完全否定前人的一切认识,而表现思维只能在现存的秩序下进行,即使有创新,也只能在继承前人的一切成果的基础上进行,不存在对前人的完全否定。爱因斯坦曾经说过:"我从引力论中还学到了另外一些东西:经验事实不论收集得多么丰富,仍然不能引导到提出如此复杂的方程,一个理论可以用经验来检验,但是并没有从经验建立理论的道路。"②理论的建立是认识思维超前创造的结果,用经验验证的过程可以看作是表现思维的过程。这正如哥德巴赫猜想,猜想的认识只不过是一个假想,但是要证明它,把它表现为让人们能够理解的东西是多么不容易啊!从这里我们可看到在认识事物

---

① 朱亚宗《伟大的探索者——爱因斯坦》,北京出版社1995年版,第11页。
② 〔美〕罗伯特·鲁特-伯恩斯坦《天才的13个思维工具》(李国庆译),海南出版社2001年版,第2—3页。

的时候,人并不重视认识形成的过程,而表现它的时候却必须发现、寻找、组合这个认识的形成过程。从这个过程中,人们才可以看到认识、情感产生的合理性和必然性,从而才能接受它,从这一点上看,表现思维是比认识思维更严谨、更系统,更加符合现实逻辑的思维过程。

还应看到,认识思维具有一定的共同性,而表现思维却因个性的特点,具有明显的个人差异。由于人们所从事的表现活动的形式千姿百态,同一认识成果可以因表现思维的个性特点而表现出千差万别的形式,同时,表现思维也不只是对人的认识的表现思维,更重要的是对人的生活实践,以及由这种实践而产生的人的情感、态度、理想与追求等主观心理内容的表现思维。这样,表现思维既基于认识思维,又不完全依赖于认识思维,其思维范围大于认识思维。如果以认识思维取代表现思维,那么人类的许多表现活动,诸如舞蹈、戏剧、绘画、音乐等就失去其内在的思维基础,而只能归之于生命的本能意识,或者模仿的本能,或者性欲的升华等等。所以正确理解思维与人活动的关系,区分认识思维与表现思维,对于指导人们的实践活动具有非常重要的现实意义。

2. 表现活动与表现思维的关系

表现活动是人类普遍具有的三大实践活动之一。表现活动使人告别兽类而走向文明。虽然最初的表现活动是直观的、本能的、随意的,但是随着表现活动的发展,特别是语言产生之后,人类最初的直观表现活动便发生了质的飞跃。正是语言这一新的表现方式的产生,完成了从猿到人的转化。这一方面是由于语言的概括性内涵与具体性图式表象相联系而成为思维的工具,使人类的抽象思维形式得以在直观表象基础上产生,从而使人脑的思维机能得到高度的发展和完善;另一方面,语言又以其声音形式涵括了所有的人类实践活动形式,它既是思维认识推导的工具,又是表现活动的符号,因而把人类的表现活动复杂化了。标志就是表现活动分化为两大类:一是直观的物质符号表现活动,即舞蹈、绘画、雕塑和戏剧;二是间接的语言符号表现活动,即有声语言表现活动和书面写作表现活动。可见,直观的表现活动为表现思维提供了形象符号形式,间接的语言表现活动为表现思维提供了语言符号形式,这样,表现思维就具有了独立的品格。

我们知道,思维是人的外部活动内化的结果。所以可以说,语言符号的表现活动产生以后,表现思维就真正形成了。表现思维一旦内化形成,就对人的外部活动产生影响,它改变了人原初本能的、随意性的表现活动,使之成为自觉的、有目的的审美活动。这表现在以下几个方面:

其一,最初的表现活动具有条件反射的性质,是本能地表现。而表现思维产生后,表现活动受内在意识思维的支配,成为合目的性的选择活动。

其二,最初的表现活动表现出随意不完整性特点,而表现思维的形成,使得表现形式的创造与完善成为可能。同时,形式的完整追求又丰富了人的审美意识。

其三,最初的表现活动只是模仿,即再现或重构事物的发展过程,表现思维产生后,才使主体的创造性表现活动成为可能,这样,人类普遍具有的表现活动出现了两极分化:即一般的表现活动蜕化为人们的日常生活交际的习惯性活动,而特殊的创造性的表现活动就升华为文学艺术活动和科学创造等活动。

总之,人类的表现活动构成了人类的表现思维,而表现思维一旦形成,又丰富发展了人类的表现活动,同时,丰富和发展的表现活动势必又会促进表现思维的不断完善,趋于高级形态。正是这种相互作用,才使人类的精神产品日趋完美,才使人类文明日益提高。

3. 表现思维的特征

鲁道夫·阿恩海姆在《视觉思维》中写道:"思维所需要的东西绝不仅仅是形成概念和运用概念,它还涉及对某些关系的'接通'和对某些难以捉摸的结构的揭示。"他通过一幅"气球推销员"的儿童画来说明这一观点:"如果我们观察一个卖气球的人那日常的或自然的动作,就会看到一种令人眼花缭乱的景象……从这幅儿童画中可以看出,原型中的一切迷乱不清的东西都消失了……整个构图的安排,都是为了清晰明确,它不是这个儿童在某时某地看到的一幕真实景象,而是对某种等级结构的最可能清晰的再现,是知觉经由了长期琢磨和斟酌之后达到的最终结果。在这一期间,儿童的思维终于从所见的混乱一团中发现了秩序。"[①]阿恩海姆的这段话正好描述了表现思维过程,可惜的是,他把这一思维现象局限在视知觉的范围内,未能对其进行拓展研究。

当人类获得了感知和认识世界的能力之后,就有了强烈的表现意识。这种表现意识在个体身上存在是为了显示自身的力量、才能和价值,以获得人们对他的存在的认可和嘉奖,从而树立自己生活的勇气和信心。这种表现意识是人表现思维的内在心理动力。儿童绘画并非是视知觉的直接产物,严格地说,是儿童经视知觉认识世界之后,在表现意识的驱动下由表现思维活动所形成的产物。很多男孩子开始画画,只喜欢画一些刀枪、大力士等,这都是男孩对力量与才能的渴望的表现。

---

① 〔美〕阿恩海姆《视觉思维》(滕守尧译),光明日报出版社1986年版,第377页。

海尔德在《论语言的起源》中说:"当人类的心灵能够自由作用,从而使得他能够把所有的感觉汇集而成的整个感性海洋中的一个浪花区分出来(如果可以这样形容的话),并在它面前停留注视,同时又意识到自己的这种注视时便证明他已经有了反省能力,假如他能够在感官提供的所有飘忽不定的梦幻意象中保持片刻的镇定和清醒,有意地集中于其中一个意象,冷静地对它作出清晰地辨别,找到它的某些典型性质,从而向自己证明,只有这一个而不是其他,才是我要找的东西,便证明了他已经有了思维能力。"①如果我们把海尔德对人类心灵活动过程的描述进一步补充、完善,即可以继续说:如果人给自己找到的这个意象赋予一定的形式和结构,并用一定的物化符号把它表现为存在的东西,那么便证明他具有了表现思维的能力。儿童的绘画表明了儿童不仅具备了认识世界的能力,而且也显示出他具有了表现世界的能力。由此可以说,儿童画并不是无意识的直觉,或者视知觉的生存者,而是有一定目的,有一定用意的表现思维的生存者。

表现思维是由人的内在表现意识驱动的,而表现意识又基于人的外在活动在内在心理上的投射而形成。在这一点上,视知觉既是表现意识萌生的诱因,又是在表现意识的作用下参与表现思维活动,为表现思维提供视觉形式和各种关系的具体结构形态。离开视知觉,表现思维就无法发现形式和结构,而离开表现思维活动,纯粹的视知觉不会创造任何形式,也决不会"看出"任何一件艺术作品来。

既然表现思维不可由视知觉取代,那么,它具有怎样的特征呢?我们初步把表现思维的特征概括为以下几个方面。

第一,表现思维是为人的一切活动在心理上的反映——意象、观念以及伴随的情感、态度——寻求一种适于物化的形式和结构的思维活动。这是表现思维的基本特征。

我们知道,人的活动——实践、认识、表现——在人的心理上产生的印象、意象和观念情感,是复杂而无秩序的,是飘忽不定的"意识流"。正如乌尔夫所描述的那样:世界是在一连串万花筒般的印象中显示出来的。因此,需要我们的意识加以组织——这就是说,需要我们头脑中的语言系统去加以整理。乌尔夫坚持认为,语言是思维的唯一工具,因而,他认为赋予人的各种印象以一定形式秩序的任务只能由语言来实现。但是,现代心理学揭示出人的思维工具不只是语言,人还可以用意象符号进行思维。阿恩海姆说:"人能够紧紧依靠他自己的感觉为一切理论性的观念提供它们的

---

① 转引自阿恩海姆《视觉思维》,第348—349页。

知觉等同物(异质同构物),因为这些'观念'最初都是从感性经验中引申出来的,更确切点说,人类思维绝然超不出他的感官所能提供的形式。"①根据这一观点,我们认为,人在组织其心理印象及其所形成的思想认识与情感,以求得一定形式而进行物化的表现思维过程中,存在着两种主要的思维工具或者思维形式:语言形式与形象形式,这正是人们一直争论不休的两种思维现象——抽象思维与形象思维。如果在认识领域,那么表象的"蒸发"自然以抽象思维——语言概括推导为主,形象不起思维作用,只是作为抽象的材料;而在表现思维领域,这两种思维形式并没有主次之分,各自为特定的表现活动服务,它们都是赋予心理内容以一定形式的思维过程。

抽象观念在表现思维中由于概念、判断、推理的逻辑秩序与语言的内涵及语法规则具有对应的关系,因而语言就可以直接组织抽象过程的表现形式,从而实现抽象观念的外化,而艺术形象在表现思维过程中就比较复杂了,我们有必要加以探讨。

关于形象思维,文艺美学界虽然为它的存在争得了一席之地,但是对形象思维的认识还很不充分,也不很深入,存在问题有二:其一是把形象思维看作原始的思维形式,看作思维的低级形态;其二是把形象思维孤立起来,看作头脑中的表象活动,没有正确认识形象思维的地位和作用。这两个问题没有得到很好解决的原因就在于人们总是习惯于从认识思维的角度来评价形象思维,只是根据思维现象来研究它,而没有看到这些思维现象有内在的思维性质,即没有把形象思维看作是表现思维的特殊方式,这样就割裂了形象思维与人的意识的联系,因而,这些形象思维理论非但不能正确指导人们的表现活动,而且还使一般人陷入形象的迷宫,而不知形象思维的出路何在。我们认为,形象思维只是人的表现思维的一种方式,由于它是在人的表现意识支配下活动的,因而是有意识、有理性的思维活动。

S·阿瑞提在他的《创造的秘密》一书中说:"我必须一开始就得强调指出,就创造过程来说,这种不成熟的思维类型并不是仅仅运用在艺术和神话的创造里,而是运用在每一种创造过程中,包括科学的创造。荣格正确指出,伟大的艺术作品并非仅仅是艺术家生活体验的结果或者是正常思维方式的活动结果,而是要包括原始的过程。不过按我的观点来看,这种原始过程并非来源于荣格的集体无意识,它与内容并没关系,无论什么创造力领域都是运用的,它们涉及的是过程和形式。"②虽然阿瑞提把形象思维

---

① 阿恩海姆《视觉思维》,第343页。
② 〔美〕S·阿瑞提《创造的秘密》(钱岗南译),辽宁人民出版社1987年版,第84页。

也看作是原始的、不成熟的思维类型,但他有两点认识是非常正确的,一是认为这种思维并非无意识的,二是这种思维只涉及过程和形式。这两点正好揭示了形象思维在表现思维过程中的地位和作用。

　　罗曼·罗兰在《谈〈约翰·克利斯朵夫〉的创作》一文中描述了这本小说产生的形象构成过程。他想要表现约翰·克利斯朵夫生平的意识很早就产生了,但是只有在他感受了"姜尼克仑山上深沉的宁静,以及自由而特定的空间中的光明"之后,这个形象才"顿时涌出,起先那前额从地下冒起。接着是那双眼睛,克利斯朵夫的眼睛。其余的身体在以后的年月中逐渐而从容地涌现。可是我对他的幻象是从那一天开始的。我在法纳司古宫所记的笔记中曾写下这件事"①。这段话告诉我们,罗曼·罗兰创作的形象构成过程是在表现意识的明确支配下展开并完成的。这种现象,很多作家都有体验和论述。可见,形象思维的特点是大脑完整的知觉现实,不把现实分割成部分,而是把部分组合成完整的现实形态。当然,日常的形象思维是被动地复现表象,创造性的形象思维却是把表象重新组织安排,进行加工,创造出新的形象。被动的无意识的复现表象不是表现思维活动,表现思维中的形象运动重在创造形象、形式和结构,而这一思维的目的就在于发现并创造新的形式和结构。

　　作为表现思维过程中一种思维状态的形象思维,一方面可以以直观的、物质的形式外化内在形象结构,另一方面又可以用语言的形式实现外化。但是语言与形象不具有严密的对应关系,因而用语言表现形象,就会因人而异,千差万别。阿瑞提也发现,用逻辑思维的人在词的内涵、外延和言语表达之间就发生了变化。这种人在语言的运用上出现了两个重要改变:第一,赋予内涵的方式不一样了;第二,注重外延和言语表达而不注重内涵。这种人好像不能按通常方式给事物以含义,语词不再代表一个等级,而只是代表一个等级之内的一个特定事物,比如他可能就不会用"狗"这个词来概括犬类,而只能谈及一只具体的狗,比如"蹲在角落里的那只狗"等。

　　正是由于形象与语言的不对应关系,在文学语言表现活动中,表现思维就更为复杂,一方面它要通过内在形象运动创造出一定的形象形式和结构;另一方面它又要运用特殊的语言形式组织起一个描述形象形式与结构的语言篇章结构。这正是文学创作的困惑和难题。

　　表现思维的第二个特征是它的符号性。它与第一个特征紧密相联。

---

①　见《外国作家谈创作经验》,武汉大学中文系1973年编,第523页。

因为表现思维主要是寻求心理内容的形式和结构,而形式和结构只有通过特定的表现符号才能够实现外化和表现,所以,表现思维过程实质上又是运用特定的表现符号组织、重构、创造形式和结构的过程。阿恩海姆说:"思维需要形状,而形状又须从某种媒介中获取。"这里所说的"媒介"我们且称之为表现思维符号。我们说过,人的表现思维活动是在特定的表现活动中产生并作用于人的表现活动,那么特定的表现活动所形成的物化符号就成为表现思维所赖以进行的媒介物——表现符号。例如人们在绘画活动中产生的色彩、线条等符号,在音乐活动中形成的各种音响符号,舞蹈、戏剧中形成的各种动作符号等等,这些在人脑中形成表象或意象而成为表现思维的媒介。阿恩海姆还指出:"在思维活动中,视觉意象之所以是一种更加高级得多的媒介,主要是由于它能为物体、事件和关系的全部特征提供结构等同物(或同物体)。视觉形象在多样性和变化性方面堪与语言发展相比。然而,更重要的原因在于,它们能够按照某些极易确定的形式组织起来,各种几何形状就是最确凿的证据。"[1]阿恩海姆是从人的表象思维——视知觉思维研究媒介的,因而只是揭示了部分真理。我们知道,人的表现思维的范围包括人类活动的各个方面。而在人的不同的表现活动中,其内在思维媒介又是不同的。人类主要的表现活动是语言表现活动,因而,语言作为表现思维的媒介应该是主要的表现符号。这是因为,人类表现思维的两种主要形式都可以用语言符号组织、描述、物化表现出来。这一点前面已经说过,所要强调的是,语言在组织抽象思维的形式时,主要是发挥其内涵的符号功能,而在描述形象构成时,却是使用其外延的符号功能,因而不论是抽象不可捉摸的心理内容,还是视觉形象,听觉印象都可以用语言表现。可见阿恩海姆是过分夸大视觉意象的作用了。当我们读到"枯藤老树昏鸦,小桥流水人家,古道西风瘦马,夕阳西下,断肠人在天涯"这只散曲时,我们不仅看到语言符号所构成的完整和谐的散曲形式,更重要的是这些符号在我们头脑中唤起了一幅完整的形象结构图,正因为如此,我国古代文人雅士一直流行诗画不分家的说法。这进一步说明了语言作为表现思维符号,渗透在任何一类运用不同媒介的表现思维活动之中。对此阿恩海姆是这样说的:"思维是借助于一种更加合适的媒介——视觉意象进行的。而语言之所以对创造性思维有所帮助,就在于它能在思维展开时把这种意象提供出来。"[2] 这段话的确道出了表现思维的真谛。

表现思维的第三个特征是差异性。在认识思维领域,人类都遵循着感

---

[1][2] 阿恩海姆《视觉思维》,第341页。

知—概念—判断—推理的思维规律,因而人类的思维是一致的,这是人类各民族能够互相交流思想的基础。没有思维本质上的共同性,就没有人类社会。

但是,在表现思维领域,情况就不同了。由于各民族的生活习惯不同,表现活动的方式不同,便形成了表现思维的民族性差异和个体性差异。

法国的列维-布留尔在《原始思维》中说过:"在大多数原始社会中都并存着两种语言:一种是有声语言,一种是手势语言。应不应当这样假定,这两种语言并存,彼此不发生任何影响;或者相反,同一种思维由这两种语言来表现,而这种思维又是这两种语言的基础,后一种看法似乎更易于被接受,事实也确证了这个看法。"[1]这段话给我们的启示是,人的认识思维虽然同一,但是在表现过程中却可以不是一种形式,这一点既表现为个体差异,也表现为民族之间的差异。

首先,表现思维的民族性差异表现在每个民族的语言符号和形式具有不同的特点。这一点是显而易见的。所要指出的是:语言符号和形式的民族差异是否有高低优劣的区分呢?我们认为每一民族的语言符号与形式都是适应本民族的表现活动的,离开了语言的使用者而抽象地比较语言的优劣、高低是没有意义的。所以每一民族都可以运用本民族的语言符号和形式表情达意,创造出绚丽的民族文化,认识到这种差异,并掌握这个差异,才能够实现各民族之间的文化交流。

其次,表现思维的民族性差异还表现为形象符号的民族化特色。这种情况表现为两个方面:一是形象形式的审美创造差异;二是形象形式的象征寓意差异。

形象形式的创造,凝聚着一个民族的审美理想和审美意识,是一个民族在长期的社会生活中形成的,具有自己的特殊性。例如,同是绘画,我国人民长期探索形成了水墨画,而欧洲人却工于油画;欧洲常见裸体绘画和雕像,中国画里鲜见此类作品。每个民族都有自己独特的审美追求和审美创造,反映到表现思维中就形成了这种异彩纷呈的状况。特别是汉民族还有一种独特的形象表现形式,即书法艺术。由于汉字的独特形体与意义的联系,这种书法艺术把特定主体内在的心理内容融注在字体的笔画线条形式之中,使笔画和文字内涵浑然一体,产生了无穷的表现力,从而区别于其他民族的文字书写技巧。

另外,在形象寓意方面,我们常看到西方人向对方表示鼓励或赞赏是

---

[1] 〔法〕列维-布留尔《原始思维》(丁由译),商务印书馆1985年版,第153页。

伸出并揸开食指与中指(意味着"胜利"),而我们中国多数地区却把这个动作当做侮辱对方人格的表示。再如,同是狐狸这个形象,有的民族从中寓意聪明智慧,而我们更多的是从中看到狡猾欺诈。西方视龙为恶,中国却以龙为吉祥。所以,一个民族的文化正是由该民族区别于其他民族的表现思维创造出来的,没有表现思维的民族差异,就不会有异彩纷呈的世界文化。

综上所述,我们可以给表现思维下这样一个定义:表现思维是运用特定的表现符号为人的心理内容创造民族物化形式的思维过程。

这里要强调的是,要认识人类思维,必须正确地理解和区分人类的活动。人的思维正是产生于活动而应用于活动的,离开了人的活动,就不会有思维。只有坚持这个唯物主义的思维观才会发现表现思维的存在。而研究人的表现思维正是为了人们能够更好地从事表现活动。当然人们在日常生活中,一般的表现活动已经成为一种习惯,而在特殊的表现活动中由于考虑到社会的、民族的或者审美的需要,在形式上要求和谐、完整、有意味,这样就必须调动积极的表现思维活动,发挥思维的创造性以适应人类特殊的表现活动。与人的表现活动联系起来去探讨表现思维这个黑箱里的奥秘,这是唯一的途径。只有揭示出表现思维的规律,才能提高和丰富人们的表现活动,这一点对于人类来说具有非常普遍而深远的意义。

第四节 行为与创造

我们主要是从人类实践活动的角度来考察个体思维,人的不同行为决定了思维的不同类型,反过来,不同的思维类型指导人的不同行为。

1. 行为与行为思维

行为是人的有意识活动,涉及人类活动的各个方面,生产、认知、表现都属于人的有意识行为,所以,行为有广义和狭义之分。广义的行为是指人类所有的活动,而狭义的行为则是指人类的生产活动。我们这里用行为思维来表示人类生产实践活动的内化,以区别于认知思维和表现思维。

从心理学的角度讲,行为是一个含义非常复杂的词语,一般来说,人的行为是由内在意识支配的,通过动作表现出来的,是外观的,具有客观可证明性。美国心理学家约翰·B·华生创立的行为主义心理学派,通过归纳行为模式来推论人的意识活动,根据一个人做了什么来判断他的内心思想是什么。B·F·斯金纳把人的所有行为归纳为两种模式:应答性行为模式和操作性行为模式。斯金纳吸收了巴甫洛夫的刺激反映理论,把由已知的刺激引起的行为称作为应答性行为,例如,遇到高兴的事情就会欢呼雀跃,碰到不幸的事情就会痛哭流涕;有人叫你的名字,你就会答应,这些都是应答性行为。而把似乎由机体内发出的行为,不是由已知刺激引起的行为称作为操作性行为,例如,你正在看电视,突然想出去走走,这些行为属于操作性行为。实际上,这两种行为模式可以看作是人的被动性行为和主动性行为。应答性行为突出了人受到环境的影响而做出的反应,操作性行为突出了人的主观能动性,行为思维实际上就是人的操作性行为内在图式。由于行为思维主要涉及人的生产行为,而人的生产行为又是集体行为,有一定的条件限制,需要一定的刺激模式和动作模式,就像卓别林在《摩登时代》里扮演的工人,在机械流水作业线上,人的行为完全受机器的支配,动作机械化。但是,人的生产活动又是合目的性、合规律性的活动,充分体现了人的主观能动性,所以,人的生产活动既是应答性行为,又是操作性行为。

从社会学的角度讲,人的行为是个体因素和环境因素交互作用的结果,是社会发展的根本动力,人的行为决定着社会的安定或混乱,所以,每个社会都很重视对人的行为的研究。美国《管理百科全书》1982年版界定:"行为科学是包括一切研究自然和社会环境中人类(包括低级动物)行为的科学,它和其他自然科学一样采用实验和观察的方法。公认的行为科学包括心理学、社会学、社会人类学,以及其他与研究行为有关的学科组成的学科群。这些学科在过去二十年中越来越广泛的应用于研究工作环境中人的行为。"社会学研究人的行为,主要是探求人类行为的规律,揭示人的行为产生的原因和影响行为的因素,提高对人的行为的预测和控制能力,达到社会管理的目标。而从人的发展来看,人的行为首先是谋生,其次是谋求实现潜能,最后才是审美追求。所以,生产行为是第一位的。因此,有人认为:"所谓行为科学,就是对工人在生产中的行为以及这些行为产生的原因进行分析研究,以便调节企业中的人际关系,提高生产。"[1]

总括起来,人的行为是特定社会环境下有意识的社会生产实践活动,是谋求生存的智慧活动。而人类的生产实践活动可以分为三大范畴,即物质生产活动、精神生产活动和人口生产活动。

人类的物质生产活动的发生都是建立在人类认知基础上的,是在认知指引下的有意识的行为。物质生产活动需要人们掌握基本动作,而不同时期的物质生产需要掌握不同的生产技能和生产动作,这些内化为基本模式,成为

---

[1] 王加微编著《行为科学》,浙江教育出版社1986年版,第2页。

集体无意识,使人的行为既合目的性、又合规律性,使人成为社会人。

人类精神生产活动从内在构成来说,主要是认知和表现,但是随着精神转化为物质的条件越来越成熟,精神产品的生产行为也越来越突出。例如对于演员来说,主要应掌握表现思维艺术,但是,配合演员演出的灯光、布景、音响等也成为精神产品不可缺少的因素,也就是说,要把这些因素组合进表现思维艺术中,需要具体的行为技术和操作手段。所以,从精神产品的内涵来说,是表现思维的结果,但是,从精神产品的物质实现过程来说,需要行为思维,可以说,随着社会生活的高速发展,精神生产活动与物质生产活动越来越不可分开。写作,从内容构成来说,是属于表现思维,从物质实现过程来说,又属于行为思维。

人类的人口生产活动属于特殊的行为,这里既包含遗传本能,又包含人类的审美意识和追求;同时,围绕这种活动的进行,爱情这种内在精神支柱决定着人口生产的合理性。"关关雎鸠,在河之洲;窈窕淑女,君子好逑。"《诗经》给我们演示了人类人口生产的复杂性,这个过程可以概括为:示爱、求爱、配爱、做爱、成爱。人口生产行为是爱的结果。正因为人类的人口生产行为包含着很多社会意识和内在精神追求,给我们提供了无穷无尽的悲喜剧题材,给表现思维提供了模仿的对象。

任何一种行为都包含着开始到结束的过程,从思维的角度看,这就是行为思维的模式,即开始——发展——结束。也就是说,任何一种行为都应该有一个结果,而这种结果在行为开始前就已经存在于行为者的头脑之中了。

从另一个角度来讲,行为思维,就是人类在社会生产实践活动的过程中根据不同的行为模式反映客观现实世界、构想未来理想世界、应变现实环境的秩序化心理活动。

2. 创造,是思维的本质显现,只有通过生产行为才能成为现实

人类的思维是为了适应社会实践活动的需要而产生的意识活动,面对不同的实践对象和不同课题,就需要不同的思维性质、方式和形式,需要采取不同的行为。不同的行为又会产生不同的创造性成果。创造,只有在人的行为中才能变为现实。人的行为是由意识支配的,思维决定行为。因此,创造,从根本上说是思维的结果,或者说,思维的本质就在于创造。

在以往的各学科的思维定义中,人们主要把思维定义为一种反映活动,一种认识活动。苏联《简明哲学词典》认为,思维是物质——脑——的最高产物,是通过表象、概念、判断等等来反映客观现实的一种能动活动。

我国哲学界给思维下的定义也与此类似:"思维,人脑对现实世界能动地、概括地、间接地反映过程。包括逻辑思维和形象思维,通常是指逻辑思维。"①

在心理学界,一般认为"思维"都是指向性思维,它是指一组解决问题的内部活动。因此有的心理学家把思维定义为"问题的解决"。北京师范大学等四所高校编写的《普通心理学》认为,"思维是人脑借助于语言而实现的,以已有的知识为中介的,对客观解释的对象和现象的概括的、间接的反映。"②

我们认为,思维不仅反映现实世界,而且,能够创造世界,人的主观能动性就表现在对现实世界的创造上。这种创造一方面需要认识现实世界,另一方面需要创造新形式,这种新形式是人类创造才能的具体表现。如果只是反映,那么,人类就不会有辉煌的物质文明和精神文明。例如,在我们的艺术创作思维的过程中,大多数的思维活动就不是反映、认识,而是将已经获得的对现实的反映和认识及其载体(材料),构筑成艺术的"建筑物"、精神的"建筑物"、艺术的"文本"作品。在这里,艺术思维主要表现为一种创造行为③。

表现思维本身就是创造和构建一种表现形式,表现并不仅仅局限在文学艺术领域,人类的一切思维成果都需要表现,也都需要创造、构筑某种表现形式。其实,在所有的思维活动中,都存在着创造,创造是思维的基本性质。

朱智贤、林崇德先生在《思维发展心理学》中已经认识到思维具有概括性、间接性、逻辑性、目的性和问题性、层次性、生产性等六大特性。生产的产品可能有对现实生活的"反映",但是,生产行为过程本身,绝对不是"反映",而是按照我们的需要进行创造性思维。因为,人的生产行为是受思维指向的,生产的产品是思维创造的形式经过生产行为变成现实的,所以朱智贤、林崇德先生在阐述思维的"生产性"时说:"思维不仅能够使主体去深刻地认识客观现实,而且能够制作思想产品去能动地改造客观世界。""人们从认识客观现实到改造客观现实的每一阶段,都在依靠思维的作用生产着大量的思想产品。"④苏常浚先生在《普通心理学讲话》中也讲到思维的

---

① 傅季重主编《哲学大辞典·逻辑学卷》,第 336 页。
② 北京师范大学等《普通心理学》,第 340 页。
③ 马正平《从反映走向与创构、应对的结合——对人类思维概念和分类的当代思考》,见《哈尔滨学院学报》2002 年第 1 期。
④ 朱智贤、林崇德主编《思维发展心理学》,第 19 页。

"生产性"问题。他把思维所生产的思想产品分为四大类:认识性产品、表现性产品、指导性产品和创造性产品①。

思维的这种生产性,表现了思维不是消极地反映,而是积极地创造,这种创造是人为了表现自己的思维成果而进行的,所以,从本原上讲,创造是思维的本质显现。

创造,是一种思维意识,是人的意识的能动性体现。周农建先生认为:"长期以来,关于人的意识的理解是不大令人满意的,意识的本质和功能被定义为只是对于既成实在性的认同和复制,或者至多被看成一种阐释,一种知识性的整理。……这类见解不能解释:人的创造性是怎么来的。如果意识就是关于既成实在的复制与阐释,那么一切文明又是如何出现的呢?"②在他看来,人类的意识有两种功能,一是"认识",一是"设计"。"发现是一种认识,发明是一种设计;它不是为了去获得知识,而是为提出一张蓝图。这种设计活动,与认识活动是有本质的不同的,意识的能动性主要表现在这种设计上。"他甚至认为,人与动物的区别,主要不是表现在认识上,而是在设计上。因为动物也能认识,只有人才能进行设计。所以,人制造工具,动物则不能。进一步,周农建先生认为,传统的逻辑是建立在意识的唯认识论基础上的,是一种讲求真假的"判断逻辑"。考虑到意识的设计功能,周农建先生主张建立与这种新的意识论相适应的新的逻辑体系,建立讲求价值的"指令逻辑"。实际上,周农建先生所讲的意识问题,也就是思维问题。他对意识功能、逻辑体系的观念,也是对思维的一种理解。因为,设计就是构思,而"构思"就是创造性思维。

从上面的论证中,我们可以看出,思维作为人的高级意识活动,不仅仅复制、反映现实,更重要的是创造新的现实,这个创造活动,首先是"设计",即思维内在行为,然后是"制作",即生产外在行为。这设计、制作的过程,其实就是一个对反映、认识重新加工的过程,创造就是重新加工。这样理解思维的功能恰好与认知心理学对思维的本质理解相符。因为认知心理学认为思维是人脑的信息加工活动或过程,所以,丁润生先生主张从认知心理学的角度为思维定义。他认为"人们所说的思维,是一个多层次的复杂概念。思维是指客体的信息移入人脑并经过人脑信息加工改造的特殊物质运动过程。"③信息加工,既可包括思维认识功能,也可以包括思维的生

---

① 苏常浚《普通心理学讲话》,人民出版社 1982 年版。
② 周农建《摹本与蓝图——意识新论》,人民出版社 1988 年版,第 2、19、43 页。
③ 丁润生《现代思维科学》,重庆出版社 1992 年版,第 4 页。

产(设计、制作)功能。由此可见,这本身就体现了思维的创造性和建构性。所以,我们认为,创造作为思维突出的功能,渗透在所有思维活动之中,为人的行为、认知、表现创造和建构心理成果。

从心理学的角度看,人的思维是应变环境的心理活动,突出表现了人是智慧的动物。这种观点也符合我们对思维的界定,因为思维就是人在实践活动中遇到问题而产生的心理思考活动,而实践活动的问题不同,思维类型就不同,创造成果也就不同。

从社会学的角度看,人的行为和思维受具体的当下的情境、处境和环境的影响制约。思维环境对思维操作的影响有正反两方面:从正面来说,现成的传统的思维模式和思维方式、对象模式,不能适应新的时空背景下的时代精神、价值取向和行为规范。必须对旧有的思维模式、思维方式和对象模式进行变革、创新,使其适应于新的时代精神、价值取向、行为规范,这是一个思维文化的创造性问题;从反面来说,在现实的思维环境中,客观存在着许多阻碍我们的思维行为达到思维目的的现实禁忌、操作"红灯",而思维主体要在面对这些东西时,选择正确的思维战略、操作策略,最终达到我们的思维目的,解决我们思维的"问题"。

正是在这种意义上,赵仲牧给思维下了一个定义:"思维是程序化的意识活动。即运用符号媒体,依据一定的思维程序并通过描述和解释各种秩序去解惑释疑和解答问题的意识活动。"①

他的思维定义揭示了思维的两个本质属性:问题和秩序化。问题是一切思维的出发点,从本质上看,思维面对的是人的生存过程中的所有问题,按照我们的观点,在人的行为思维、认知思维和表现思维过程中都存在应对的问题,都需要一定的智慧去解决。所以,应对生存环境和问题是各种思维现象共同的本质属性。思维的秩序化即是对事物的现象与本质之间的联系、规律的发现;在设计、构思、制作阶段,思维的秩序化表现在对价值取向的确立,以及对价值世界(精神或物质生产的产品)的结构。创造活动本身就是对思想或物质材料的秩序建构行为。在应变策略的选择中,思维的秩序化体现为思维的操作与思维环境正反因素的协调、和谐问题。

总起来说,思维就是人类在对现实问题的求解过程中,运用不同媒介,反映客观现实世界、创造未来理想蓝图、应变现实环境、实现意识目的的(秩序化)心理活动。这种心理活动过程本身就是一种创造,这种心理的创

---

① 赵仲牧《思维的分类与思维的深化》,转引自邓启耀《中国神话思维结构》,重庆出版社1992年版,《序言》第2页。

造物只有通过人的外部行为才能变为现实,所以,创造是思维的本质,是由心理转化为外部行为的结果。

本章思考与训练

1. 什么是思维?
2. 人类对思维的认识经历了几个阶段?
3. 思维是个体人的心理意识活动,你认为人的思维从行为、认知、表现三个方面划分是否有道理?
4. 谈谈实践与思维的关系。
5. 认知和表现的区别在哪里?
6. 怎样认识行为和创造?
7. 谈谈你对思维的理解。
8. 分析一篇文章,看看你能否把握作者想表现什么思想和感情,是怎样表现的,形式是否有创新?

第二章　写作思维学体系的建立

第一节　写作思维概念的提出

1. 古代文论对写作思维的认识与描述

汉代王充《论衡》中说:"心思为谋,集札为文,情见于辞,意验于言。"心思为谋,就是对思维活动的认识。

刘勰《文心雕龙·神思》中对这种写作思维进行了细致的描述:"文之思也,其神远矣。故寂然凝虑,思接千载;悄焉动容,视通万里;吟咏之间,吐纳珠玉之声;眉睫之前,卷舒风云之色;其思理之致乎？故思理为妙,神与物游。神居胸臆,而志气统其关键;物沿耳目,而辞令管其枢机。枢机方通,则物无隐貌;关键将塞,则神有遁心。是以陶钧文思,贵在虚静,疏瀹五藏,澡雪精神。积学以储宝,酌理以富才,研阅以穷照,驯致以绎辞。然后使玄解之宰,寻声律而定墨;独照之匠,窥意象而运斤:此盖驭文之首术,谋篇之大端。"

后来,陆机《文赋》也进一步描述了写作思维现象的整个过程,"其始也,皆收视返听,耽思傍讯;精骛八极,心游万仞。其致也,情曈昽而弥鲜,物昭晰而互进;倾群言之沥液,漱六艺之芳润;浮天渊以安流,濯下泉而潜浸。于是沈辞怫悦,若游鱼衔钩而出重渊之深;浮藻联翩,若翰鸟缨缴而坠曾云之峻。收百世之阙文,采千载之遗韵;谢朝华于已披,启夕秀于未振;观古今于须臾,抚四海于一瞬。"

总之,古代人对写作思维的认识可以归纳为以下几点:

第一,认识到写作思维是内心对写作的一种谋划思考。

第二,认识到写作思维与写作者的情感、志向有密切的关系。

第三,认识到写作思维过程就是对物、意、言进行刻镂描述。

可以说,古代文论对写作思维的认识已经相当清楚,但是,没有系统化、理论化,只停留在感性描述的层次上,后世未能深入发展。

2. 现代写作思维学理论体系的建构过程

2.1. 写作思维概念的提出

最早提出写作与人的内心思维有关的是叶圣陶,他在《语文教学二十韵》中说:"作者思有路,遵路识斯真。"①后来写作理论界就沿用了"思路"这个术语。刘锡庆的《基础写作学》中解释说:"思路即思想前进的轨迹——在文章表述上的一个显现。"②这就把思路看作是思想活动,是思想活动的路线。直到吴伯威在《基础写作教程》一书中,才把思路和思维等同起来。他解释说:"思路是思维活动在不断推进中呈现的轨迹(路线)。它是一种有内容、有形式、有顺序、有趋向的运行轨迹。"③最后,朱伯石主编的《现代写作学》中指出:"从客观事物到一篇文章,中间有一个非常重要的步骤,这就是作者头脑中对客观事物进行加工时的思维活动。"④由此,他正式提出"写作是思维的艺术"。至此,写作思维的问题就被提到写作理论建设的显著位置而受到人们的普遍重视。它标志着写作理论研究由传统的对文章外部形式的总结转向对写作主体内在机制的探索。

2.2. 写作思维学理论体系建构过程

写作思维理论研究,直到全国思维科学在钱学森先生倡导下,形成系统的理论框架后才真正受到重视,全国各个高等院校的写作教学纷纷引进写作思维概念,并在教学实践中进行写作思维规律的探索,各种写作思维新观点不断出现,写作思维理论不断完善,到21世纪初,写作思维理论体系终于建立起来了。

自从20世纪80年代写作思维学概念提出以来,写作思维学理论建构经过了三个阶段,即探讨阶段、发展阶段、收获阶段。

第一阶段,属于写作思维学理论探讨时期。自从毛泽东给陈毅谈论诗歌的信里说诗要用形象思维的观点发表以后,在20世纪80年代,文学思维学、艺术思维学先后问世,但是写作思维学至今未有系统的理论面世。从刘锡庆先生的"双重转化"到朱伯石先生的"三级飞跃",再到金长民、林可夫的"三重转化",写作理论界一直在探讨写作思维存在现象,所提出的写作思维规律基本上是借鉴苏联的文学思维理论,这一时期写作理论界主要从事写作的静态思维规律描述的奠基性工作。

---

① 转引自刘锡庆《基础写作学》,中央广播电视大学出版社1985年版,第209页。
② 刘锡庆《基础写作学》,第208页。
③ 吴伯威《基础写作教程》,山西人民出版社1986年版,第108页。
④ 朱伯石《现代写作学》,人民日报出版社1986年版,第4页。

第二阶段,是写作思维学理论发展时期。从20世纪90年代开始到20世纪末,写作思维学的探索进入到了写作思维的动态规律的揭示,从颜纯钧先生的"写作行为"到马正平先生的"写作智慧",写作思维学探索进入到了一个更深的层次,获得了一种动态思维规律的理论奠基。正是这种有关于写作思维的静态规律和动态规律的整体性奠基,才迎来了写作思维学对写作的文化本质和人性规律的艰苦探索,这一探索方向和探索成果,所体现出来的积极意义与价值,已经大大的超过写作思维学本身,而具有了人文科学的整体性质。高楠先生的《写作思维三题》一文对"写作思维场"的研究,使写作思维研究进入到对写作的文化本质和人性规律的探索。思维场理论使人们意识到写作思维不仅是个体的独立现象,而且是社会整体因素的综合反映,需要对写作环境进行深入分析和理解。与此同时,张伟德先生随后展开了对写作的"书写本体论"的探索,引起对写作的人类起源的思考,从而把写作研究的笔触伸向了"人类生存书写与被书写"的领域,打开了写作与人类生存文化之间的秘密通道,展开了对人类生存行为动力的艰苦探索,这些研究,应该说是对人类写作的思维本质的哲学思考。于是,写作思维学研究终于迈出了狭隘的、浅表的探讨写作规律的思维模式,而发展到对写作生活环境和文化背景的深入研究,初步获得了真正意义上的写作思维学蓝图的描绘。

第三阶段,21世纪初是写作思维理论体系建构、收获成果的时期。经过了近二十年的探索、试验、教学,进入新世纪,写作思维学理论到了收获的时期,这一时期最具代表性的写作思维理论成果有马正平主编的《高等写作思维训练教程》(由中国人民大学出版社2002年出版),段建军、李伟的《写作思维学导论》(由中国社会科学出版社2004年出版),这是目前系统建构写作思维理论体系的两部专著,当然还有其他关于写作思维学的理论,特别是写作思维场的理论,也是值得我们关注和借鉴的。

2.3. 马正平的写作思维学理论

马正平自20世纪90年代初以来,先后提出了写作文化学、写作哲学、写作美学、写作思维学、写作措辞学概念和理论,形成了自己的写作学与写作教学的理论和训练体系。

在思维学领域,他对传统的思维概念和分类进行了反思,将思维的定义从反映认识拓展到认识、创构和应对,并揭示了艺术(形象)思维、逻辑思维的操作化原理和思维模型。

他按照这种理论,把写作思维看作是"以赋形思维(重复与对比)为目的、理想、动力,以策略思维(协调与对抗)为'调控器'的,以路径思维(分析与综合)到文本思维(渐进与平列)转换的书面言说过程。"①

什么是赋形思维？马先生认为，"所谓'赋形思维'，就是写作者对自己所要写的文章的主题、立意(思想、情感、氛围、性格、特征、信息)的渲染化造势化清晰化写作行为中所运用的思维操作技术。"②《高等写作思维训练教程》就是以赋形思维即重复与对比作为训练的目的、理想与动力。他举了一个例子。散曲名句"枯藤老树昏鸦，小桥流水人家"。前面一句有三个意象重复，而两句之间是一种对比关系，它们通过深层次的重复与对比，达到一个更高层面的深层结构，使审美的主题、立意、感觉、感受得以充分表达和外化。

经过深入思考和探索，他提出了好文章均遵循一个看似平淡、简单，实则效果惊人的"重复"、"对比"原则。他以此作解剖刀，破解古典文论中"起、承、转、合"章法理论的基因、奥秘，提出"起、承"是"重复"的思维操作模型，而"转"则是"对比"的思维操作，"合"又是对"起"和"承"的重复思维。

"策略思维就是所谓的'智能'或思维的智能。"写作是智慧的表达，这种智慧通过协调、对抗、戏仿三种应对方法，达到写作目的。

什么是路径思维？马先生认为，"路径思维是(分析与综合，尤其是分析)重复对比的具体化、途径化，亦即文章的思维展开、材料生成、构成生成、语言生成的操作技术。"③

总起来看，马先生的写作思维理论主要是从赋形、策略、路径三个方面展开的，对写作思维的探讨比较全面、系统，有利于人们对写作思维的认识和操作。

在提出写作思维的同时，马先生又提出了"非构思写作"理论，所谓"非构思写作"，"就是指运用一整套写作思维操作模型来控制生成性文章立意、文章结构、文章材料、文章语言的自觉化生长过程。"④这个定义有两个关键词"模型"与"自觉化生长"。这里，"模型"一方面是来自写作经验，另一方面来自古代写作理论的再阐释。"自觉化生长"则不仅神似于古代写作理论中的"凝虑"、"神思"、"运思"，更意味着一种现代人所渴求的自在的写作状态、生命状态。而后者的含义才是"非构思写作"的微言大义："非构思写作"就是让写者在思维的立体模型的隐在引导下，感受现代社会缺失

---

① 马正平《高等写作思维训练教程》，中国人民大学出版社 2002 年版，第 6 页。
② 同上书，第 18 页。
③ 同上书，第 78 页。
④ 马正平《高等写作学引论》，中国人民大学出版社 2002 年版，第 220 页。

的自由之境,并同时避免后现代主义的后果——放纵自由。说得更确切一些,"非构思写作"追求的是一种符合传统中国人理想人格的秩序自由即"自觉化生长"。"非构思写作"抓住了写作"立意——行文——修改"环节中,语言自组织、自生长、自纠缠、自参照的精神生命胚胎进程,展现、描绘、揭示了写作过程的自然生成规律。

由于"非构思写作"来自对写作思维模式的全方位模式化的演化,因此,他的理论追求强大秩序感的创造,指向写作者身心自由的语言运动。

马正平写作学从强调"写作即思维"、"写作即思维模式操作"——技术生成的层面,到他返还写作的"非构思预定"、"非思维预定"的"无目的的合目的性"。从毕加索的随机创作、尺度多变以来,绘画界出现了"非构思"绘画的开端人物——达达主义创始人杜尚,他用尿盆——这个现成品倒挂在法国画展大厅,惊动了人类整个艺术概念的不倦争吵,最终形成大量的人类行为艺术、环境艺术、装置艺术、观念艺术、大地艺术等等"非构思写作"的人类行为语言、物体语言、身体语言、精神语言等等突破。音乐中的"无调性",戏剧、电影中的无剧本即兴拍摄,演说中无底稿无准备的即兴慷慨,诗中的反诗,后现代雕塑建筑中的随机性与自然人工的一体化变奏,文学创作中的西方意识流、超现实,及中国"非非主义"诗歌等等,究其本质,都是"非构思写作"理论原创的意识背景和发生前奏。

马正平认为"构思论写作"的概念、理论,是20世纪冷战思维的意识形态,把我们汉语灵肉生成的形象本体和诗意本体深深压抑,使我们的精神、思想、观念、人格、教育理念、教育体制、教育标准等等萎缩在政治意识体制的局限之中,被动地勒紧了中国知识分子的思想疆域、思想范畴和意识空间。使整个中华民族的精神创造力和整个汉语写作的诗意存在力,深深被殖民文化消解、遮掩,很难出现创新思维和创新成果。实际上,他的"非构思写作"理论主要在于突破中国社会意识形态的束缚,要求写作者自由自在发展心灵世界,表现心灵世界。

马正平写作理论系统庞大,可以说包罗万象,但是,往往涉及的问题越多,也就越容易出现矛盾。像古人所说,"文足"的不足和"辞达"的不达一样,人类任何最精彩的个性理论原创的最精彩之处,恰恰不是它的天衣无缝和圆满无漏。马先生现代写作思维学的不足之处首先在于写作思维智慧与非构思写作的矛盾。写作思维本身就是人的思维理性的表现,是人类创造意识的表现、赋形,也可以理解为完形,这个过程需要思考,需要构思,需要理性。而马先生一方面认为写作思维需要策略,另一方面又认为非构思,顺其自然,这样就使自己陷入一个自己设置的矛盾之中。

其次,马先生对构思写作理论的批评,缺乏充足的理由。例如他把构思和表达归结为"反映论的过程观和方法论",显然有些简单化。因为,任何一个有过较长篇幅写作经历的人都知道,不论把写作看成反映还是表现,都需要通过构思来序化写作内容。写作不是自言自语,是向他人进行的对话活动,因此,不能随心所欲地讲话,必须讲的有头有序,让他人明白。要让他人明白,必须站在他人立场上对自己讲的东西进行一番反思,写作者如果不顾读者的感受随便乱写,读者完全可以由自己的性子撇开作品不看。写作思维本身就是构思,非构思实际上就是取消了写作思维。任何模式或模型思维都不是自然形成的,也不可能自然运用,都需要人的思维选择和判断。

马先生的写作理论本身是发展变化、不断扬弃的过程,从思维技术到思维艺术,从构思到非构思,从应用层面到哲学层面,他的研究趋势是越来越远离写作实践,理论越来越宏大,实践效应越来越微小。他的不足恰恰就是他前进太快,扬弃太快,他提出的每一个观点,还来不及全面展开和论述,就已经飞向下一步更先锋的概念和更大胆试验的阶段。其中有一种自我解构的现代性自悖品质和自我生成的矛盾限制。问题在于,作为教育理论原创则应有更大幅度的饱和试验,对写作当下状况应有更大幅度的介入、参与。

第三,马先生的写作思维学理论把完整的写作思维分解为赋形、策略和路径三个方面,破坏了写作整体思维过程。其实,这三个方面在思维实际上是相互联系、不可分割的整体性思维过程。马先生对于写作思维过程缺乏综合性阐释,就像传统写作学把写作割裂成"主题"、"结构"、"语言"等"八大块"一样,赋形、策略和路径把完整的写作思维过程割裂成各自独立的思维活动,难于让写作者整体把握。如果作为单项训练,这种理论适合于训练,但是,如果要完成整体写作任务,那么,这种思维理论就会使写作者无所适从,是赋形问题呢,还是策略问题?是文本问题呢,还是路径问题?

我们认为,不论是何种写作,文学的,还是实用的,都是人类理性智慧的活动,这种活动是一种综合智力由浅入深、由此及彼、由思维抽象到语言具体的过程,需要整体把握,分解只是为了更完整的阐释,而理论需要系统化,也就是说,需要展示思维的完整过程,按照写作思维实际运行的过程来建构写作思维理论,这样,才能让写作者正确理解写作思维的规律,从而通过正确的思维训练,提高思维能力,实现写作质的飞跃。

2.4. 高楠、杨文丰的写作思维场理论

20世纪90年代,辽宁大学的高楠教授在《写作思维三题》一文中,提出了写作思维场的概念。他认为,将写作思维场作为写作思维的心灵"整体性"即写作者的"心理生活空间"来理解,这种思维场以非直接的作用方式影响与制约着思维的展开。高先生的写作思维场理论在某种程度上弥补了马先生写作思维理论的不足,因为他意识到写作思维是一个整体精神生产行为,只有综合各种思维因素,整体阐释,才能解决写作思维的难题。

但是,高楠对此问题只是提出,没有详细展开论述,而其后,杨文丰的论文《"写作思维场"论》(《学术研究》,1998年第6期)对此进行了系统深入地探讨。

杨先生在论文中指出,"场"原是物理学概念,是指相互作用的客观存在。我们可以把思维确定为:人脑对现实的概括、间接地反映;这种反映借助词而实现,并以已有的知识为中介;这种反映是和人对世界的感性认识及其实践活动密切联系着的。写作是写作主体按照写作思维进行的系统活动,是写作主体各种思维相互作用及其定向运动的活动。我国知名的思维学学者陶同教授指出:主体大脑贮存的种种信息是通过生理的物质和能围绕统一的思维线索相互作用而形成的。脑中任何一种思维的闪现都是思维场中种种因素共时性运行的结果。具体来说,写作思维活动中主要存在四种相互作用:一是思维与知识、经验等之间的相互作用。写作是创造性活动,写作思维必然会涉及主体所掌握的知识及写作经验,也得考虑与当时已有的写作经验和理论有什么关系,用什么手法和途径去实现等等。二是写作思维与思维之间存在着相互作用。写作活动是多种创造性思维活动的结果,其间,至少有两种以上思维会发生相互作用。三是新信息进入思维领域之后,即使不是和所有思维起相互作用,也会与至少一种思维产生相互作用,如对其接纳或拒绝,限制或交流,左右或利用等。四是任何写作新思维都产生于或离不开各种相互依存的思维群整体,因为,正如格式塔心理学指出的:任何一种行为都产生于各种相互依存事实的整体,以及这些相互依存的事实具有一种动力场的特征,这就是场论的基本主张。写作思维场也有这些基本特征。首先,写作思维场存在于大脑这一空间区域;其次,写作思维场内各思维之间,思维与知识、经验之间也确实存在着互相影响、互相制约、互相排斥和交融等作用;再次,写作思维场也存在着能量、动量和质量,写成的文字是它们转化为实物的标志。写作思维场的能量,在一定程度上可通过写作主体的表现得到形象的昭示,如,诗人写诗时的迷狂、激动、速度及顺畅程度等,便是写作思维场能量大小的表现。物理场中的动量与速度有关,其方向就与运动的方向相同。写作思维场是具有思维流向和思维速度的场。写作思维场的流向,即是思维的指向,思维的速度则表现为写作思维的效率。写作思维场的质量,可看作是写作思维场效应的质量,它也可外化为写作的质量。

确立写作思维场,并不否认个体思维对写作活动的影响,而是将写作活动中的各种思维置于一个客观上存在相互作用的综合环境,即场之系统中去考察。在写作思维场这个系统中,若没有个体思维的作用,也就没有各个体思维之间的相互作用,因而也就没有了超个体的整体写作思维场了。

最后,他给写作思维场下了一个定义:写作思维场,是各种思维、信息以写作为目标指向,共时空性地产生相互作用、整合,从而产生出整体效应的动态功能系统。

写作思维场以场的形态存在,是由基础与信息场、发散思维场和收敛思维场三个子场构成的复合场。各子场由本身的构成因素相互作用而形成。各子场的内涵及与写作思维场的关系如下:

基础与信息场主要由写作主体的资质禀赋、观察力、兴趣、情绪、意志、气质、生活经历以及知识等要素构成。知识隶属于信息。其中知识又是一个由经验、理论和方法构成的综合化、整体化、系统化的体系。师承关系等也归入这一体系。写作主体的知识结构,作为中介,对写作思维场起着极大的制约作用。苏联心理学家捷普洛夫指出:一个空洞的头脑是不能进行思维的。缺乏与写作指向有关的知识,等于缺乏思维的原材料,"巧妇难为无米之炊",难以使思维继续进行;反之,知识越丰富,思路就越灵活,判断也就越准确。可见,知识又是使写作思维场有序性进行的基础和保证。情绪则可以通过智力因素间接地影响写作。"情绪是人对客观事物的态度的内心体验,是由客观事物引起的。"能够引起强烈情绪反应的事物,容易记住。情绪愈丰富,写作思维场中的想象就愈活跃。基础与信息场基于本身各构成因素的变化和相互作用,呈现动态变化性。写作主体在时间序列中因受时代氛围、教育等的影响,会推动基础与信息场的重塑。基础与信息场和写作思维场及其他子场之间,亦产生相互作用和影响,产生动态变化,在动态变化中影响着写作主体的写作活动。

基础与信息场对写作思维场的贡献主要是基础作用,而要使写作思维灵活,新思想层出不穷,则不得不依赖于发散思维场。发散思维又名辐射型思维,它围绕某个问题沿多个方向想开去,以求寻找尽量多的解决问题的新思路或新方案。发散思维的基本方法包括逆向思维、侧向思维、想象、联想、灵感、直觉、假说等,它们是发散思维场的构成因素,互相作用、影响、交融。一个写作题材进入写作思维场,写作主体为了确定是否值得写,它既可产生直觉判断,也可产生假说或想象活动;假说之中又同时有想象和直觉在相互作用。正是这些发散思维方法的相互作用、影响和交融,构成了发散思维场。发散思维场根据各构成因素的动态变化和运动,构成了自身的内部运动。发散思维场的能量、动量和质量,都体现在所产生的思路上。发散思维场最大的特点和功能在于善于冲破思维定势,能积极、主动地开拓出新思路。

收敛思维场由各收敛思维的相互作用、相互影响和相互交融产生。常见的收敛思维有分析与综合、比较与类比、抽象与概括、归纳与演绎、定性与定量等。收敛思维是纯理性思维,它的产生必须以发散思维为前提。有了发散思维提出的诸多新思想、思路,收敛思维场才可进行扬弃、评价、选择、提炼、组织和确认。

复合型的写作思维场中的三个子场,既相对独立,又互相联系、互相制约、互相配合、互相影响。其相互关系可由下图表示:

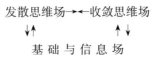

基础与信息场既为发散思维场提供基础信息,也为收敛思维场的决策预备了信息等水准和条件,起着基础场的作用;发散思维场既是收敛思维场的前提,也对其他两子场起到影响、促进等作用。发散思维场起着"思维发生器"的作用;收敛思维场既是写作思维场的"决策机关",也对其他两个子场起到影响、促进等作用。三个子场相互联系、影响和作用,不仅构成了写作思维场,也促进着写作思维场的演化,并产生出场效应。

杨义丰界定了写作思维场,并且概括出了写作思维场的五大特点和效应,即意向性、整体性、能动性、混沌性和跃迁性。可以看出,写作思维场给我们建立写作思维学理论提供了全新的视野,因为,思维不仅是个体的独立现象,而且是整个社会场的相互影响、相互作用,只有在思维场中,才能正确理解思维的合目的、合规律性。

但是,写作思维场是一个动态的过程,是在不断发展变化中完成信息的组合和改造,场效应也是不断发展变化的,只有在写作行为过程中,不断根据新的情况进行分析、综合,才能解释场效应。同时,思维场也不是一个孤立的个体思维现象,而是社会思维场与个体思维场交互作用的现象,在写作思维过程中,各种因素都在发挥作用,只有在动态思维发展过程中,揭示出相互联系的规律,才能使写作思维场理论在写作思维学建构中产生特定的作用。

2.5. 写作思维过程理论

我们看到,写作思维场理论克服了把写作思维割裂成不同部分或方面的弊病,从思维运行整体来考察写作思维现象,这样,就能够把写作思维的复杂性、综合性、创造性凸显出来,系统展开,完整把握,有利于写作者全面理解和掌握。但是,写作思维不是一个静态场,而是一个动态发展的系统过程,需要综合把握其由开始到结束、由浅入深、由触发到完形的系统过程,每一过程都是一个思维场,都是多种因素综合发生作用。汪圣安教授认为"思维有三个基本特点:其一思维是一种间接的、概括的认知。其二思维是一种过程。其三思维是解决问题行为中的指向,是指向解决问题的"[①]。我们正是从这一思路出发,探索写作思维系统过程,把写作思维过程分为触发、继发、完形三个阶段,并且把这一过程不同阶段的特点揭示出来,从而能够全面准确地阐释写作思维活动。

我们认为,思维是人的实践的产物,又是为人的实践服务的人脑的机能,这种机能随着人的实践的不同而不同。所以,认识人的思维必须结合人的实践活动。所有的理论只有建立在实践的基础上,才具有一定的价值和意义。思维的理论也只有和人的具体的实践结合起来,才能产生自己的价值和意义。

写作是人类的一种表现活动,也是体现并且提升人类思维智能的一项非常重要的活动。在这种活动的历史中形成了人类写作表现思维的特点。掌握这种思维规律和特点,才能正确从事写作活动。从社会发展的角度看,写作是现代社会生活中每个人必须具备的一项适应信息时代的能力。过去,我们对写作总是从形式方面进行研究讨论,没有意识到写作本身就是思维的运动过程,所以,指导写作的理论未能发挥应有的效应。人是智慧的动物,人的智慧就在于人不仅能够认识社会生活,改造社会生活,而且还会描述自己的社会生活。在这个描述过程中,人的思维就发挥出一定的能动作用,不仅单纯地再现社会生活,而且对社会生活进行想象变形,使其打上人类趣味、理想的烙印,合乎主体人的生存目的,这种描述给人类指出一种希望,带来一种鼓舞,赋予人类生活一定的意义,于是人生追求就变成一种价值追求。所以,写作就是一种诗意的生存方式,就是通过思维运用语言建构人类精神家园的活动。

写作是思维的艺术,但是,对这门艺术的研究一直没有取得令人满意

[①] 汪圣安主编《思维心理学》,第7页。

的成果。主要原因就在于我们把思维理论教条地当作知识来传授,没有结合写作实际过程来运用思维学理论,因而没有形成系统的具有实践效应的写作思维理论。这样,就导致有些人认为写作思维研究是没有出路的,而且已经过时了。其实,这种浅尝辄止、见异思迁的做法,显然是不利于写作思维科学研究的发展与创造的。

我们只知道写作需要训练,却很少有人知道这种训练实际上就是思维过程的训练。人的思维是在实践中形成的,也只有通过自己所从事的实践活动才能使思维系统化和规律化,在写作这个过程中,写作思维需要训练,只有在训练过程中,写作思维理论知识才能转化为实际的写作能力。

从写作思维的角度看,写作思维加工的对象就是信息,而且这个过程就是运用知识,生成知识,传播知识。知道写什么?需要思维者认识这些信息的内在规律性及相互联系;知道为什么写?不仅仅是知道这些信息的形成,而且要知道这些信息能够发生什么作用;知道怎样写?这既需要训练写作的基本技能,也需要训练思维的基本技能和方法;从什么地方获得我们写作需要的信息?这就涉及现代意识和信息意识以及情报意识,需要动脑筋思维。写作思维过程显示了知识的完整形成过程和价值取向。

今天,几乎在全球的各个角落都能听到知识经济这个概念,它是指建立在知识和信息的生产、分配和使用之上的经济。知识经济是和农业经济、工业经济相对应的一个概念,用以指当今世界一种新类型的,且富有生命力的经济。写作既是生产新的知识和信息,也是重新分配和使用知识和信息。从这个角度讲,写作就是运用知识、创造知识的过程,也是创造价值的过程,所以,写作是知识经济的一种表现形式。正如《第三次浪潮》的作者说的,在信息社会里,我们每个人都必须掌握读写的规则和能力,以适应知识经济的到来。

写作思维的触发、继发、完形的基本过程,体现了思维的有序发展和完形构想的规律,也体现了知识生产的过程,可以概括所有的写作活动。

写作思维过程,涉及写作思维的内在品质与个人人格修养以及与社会的关系。写作思维是非常复杂的,不仅涉及思维的外在对象,而且涉及主体内在个性心理、人格意志、情感世界、语言、人生观、审美理想等等问题。只有深入系统地研究这些问题,并且结合自己的亲身体验和反思,综合运用各个方面的知识,才能对写作思维的规律和过程做出比较切合实际的描述。

纵观上述问题,我们可以看出写作思维理论体系之所以难以产生相应的社会效应,其根本原因就是写作思维理论脱离写作实践,没有意识到写作思维是在写作活动过程中产生、发展并逐步丰富完善的,没有写作活动过程,就不会有写作思维,而写作思维的形成,又丰富发展了人类的写作活动过程,使之更严密,更准确,更符合美的规律。因而,要研究写作思维,只有从写作实际出发,在写作整体活动过程中把握写作思维的规律,在动态思维场中把握写作思维过程的变化,把个体行为和社会环境联系起来,把个体思维与社会思维结合起来,才能最终揭示写作思维的奥秘。

第二节　写作思维的界定

1. 什么是写作思维

从思维的社会属性理解思维,可以把思维看作是人在社会生活中遇到问题的内心求解活动。写作面对的是人们在现实生活中必须解决的问题,写什么？需要认识;怎样写？需要方法。这些问题都需要通过思维来解决,所以,写作实际上首先是一种思维活动,是运用语言文字表现写作者思想与认识的思维活动。

在写作活动中,思维的主要功能是由写作活动的性质决定的,它服从于这一活动的需要并为这一课题的解决发挥能动的作用。不论是写作材料的搜集,还是写作主题的提炼;不论是写作篇章形式的谋划,表现技法的选择,还是语言风格的确定,整个写作过程都是在写作思维的引导下为了特定的写作任务和课题而展开的。可见,思维在写作中的运用不是片断、零碎、临时的,而是系统、完整的,思维始终贯穿于写作过程之中。由此我们可以看到写作思维虽然也要起到认识的作用,但是主要的还是一个组织、物化纷乱思绪的过程,是寻求发现并创造语言文字表现心理内容的形式和方式的过程。

在这一过程中,写作活动的性质,人的表现意识决定了思维的方向和性质。所以,我们可以这样来认识写作思维:

写作思维是在写作活动中逐渐形成的,适应写作活动需要的一种表现思维,是为人的心理内容寻求、发现或创造内在语言物化形式的思维过程。

理解写作思维与其他思维的区别,我们应该从以下两个方面思考:

1.1. 写作思维不同于一般的艺术思维

思维是人的理性认识的高级形式,涉及人的生活的各个方面,决定人的行为、言语、态度等等。思维外化的方式也是丰富多样的,如直接行动、绘画、制造各种形态的物品等。写作只是思维外化的一种途径和形式,是以语言文字形式把思维成果外化出来的表现活动。这就决定了写作思维是语言文字符号表现人的心理内容的思维活动,语言文字是写作思维的核心符号。写作思维不同于一般所说的艺术思维,因为一般所说的艺术思维,运用迥异于写作的各类艺术符号,例如绘画就要使用色彩符号与线条符号,音乐就要用音响符号进行思维。这些运用不同符号进行思维的艺术之间也有差异。

1.2. 一般思维是一种心理活动形式,而写作思维则是心理活动与实践活动的统一

从心理活动的特点来讲,思维可以"心游万仞"、"思接千载"。可以凭借任何符号进行思维;写作实践性的特点决定了只能凭借语言文字这种工具,按照实践的形式要求来实现心理活动的物化转移。所以,人人都会思维,却并不是人人都会写作。写作的实践性决定了只有掌握语言文字的人,才能用文字转化思维成果。这就决定了写作思维必然都要受到语言文字深广度的限制和实践能力的限制。写作思维是写作的内在设计和构想;写作是思维的物质实现。离开思维,写作就是痴人说梦;离开写作,思维成果就成为空中楼阁,就无法传播、继承、发扬,人类的文明也就会停滞不前。只有通过思维,写作内容才能实现有序化,才能突出明确的中心,才能形成明确的主题,才能构想出完美的形式;只有通过写作实践,这一切思维过程才能外化为文字篇章。

总起来说,写作的主要问题就在于思维,而人的思维围绕写作活动展开,又须服从于写作的目的和任务,这样就又形成了思维特殊的规律和特点,思维与写作互相依存,在实践中结合,构成了写作思维。

当我们意识到写作活动是一种"思维的艺术",也随即发现这一思维过程有别于一般认知思维。正如毛泽东同志曾经指出的:"任何运动形式,其内部都包含着本身特殊的矛盾。这种特殊的矛盾,就构成一事物区别于他事物的特殊的本质。"[①]

表现思维是运用特定的表现符号为人的心理内容创造民族的物化形式的思维过程。由于人的表现活动方式种类繁多,每一种表现活动都有自身独特的表现符号和形式,因而其内在表现思维又各具特点。音乐、美术、舞蹈、戏曲、影视、书法、写作都是人类独具的表现活动,它们都具有表现思维的共同特征,但是由于各自特定的表现符号以及特定的物化形式又决定了各自区别于其他活动方式的内在表现思维特点。例如音乐,这一表现活

---

① 《毛泽东选集》,人民出版社 1964 年版,第 283 页。

动是运用音响符号表现心理内容,组织成具有节奏和旋律的音响形式,其内在表现思维必然是在音响与情感交融同化过程中展开并完成的。写作是一项特殊的表现活动,它的特殊性就在于它所运用的表现符号——语言文字比所有其他的表现符号都更为丰富复杂。因为,"言语,包括内部言语,决不仅仅是思想的表现形式,它还是思想的产生方式;不仅是思想的物质外壳,还是构成思想的操作手段……"①所以,运用语言文字符号进行表现活动的写作思维比一般表现思维更加复杂,特点也更加突出。

2. 写作思维的特点

在写作过程中,思维的运用是为了实现写作目的,思维的主要功能是由写作活动的性质决定的,它不同于其他领域中的思维活动,而具有自己的独特性。苏联学者 A·科瓦廖夫在《文学创作心理学》一书中说:"任何创作过程都包括两个方面,这就是:第一,个性在反映现实的过程中积累生活印象,舍此,任何创作都是不可思议的。第二,对这些印象进行创造性加工和把这项工作的成果用语言表现的形式透射出来。"换句话说,创作过程不是别的,而是双重的变换过程,不论是材料的搜集,还是写作主题的提炼;不论是写作篇章形式的谋划,表现技法的选择,还是语言风格的确定,整个写作过程都是在写作思维的引导下为了特定的写作任务和课题而展开的,并不仅仅是在主题的认识与提炼时才会运用思维。

具体地讲,写作思维是在写作活动中逐渐形成的,适应写作活动需要的一种表现思维,也是整合、序化人的心理内容并为其寻求、发现或创造内在语言物化形式的思维过程。

这个定义首先把写作思维定性为表现思维,因为写作这一活动的性质或目的就是表现活动,思维必然以这一性质或目的为内容。

其次,写作思维就是把人的心理活动由繁杂的混乱无序状态加工改造成完整有序的心理内容,形成明确的表现对象和表现意愿。

再次,写作思维具体的任务就是发现——创造语言物化形式,就是用语言文字同化心理内容的过程,因此,写作思维本质上就是语言文字思维。

从皮亚杰的认知心理学理论来说,语言文字作为内在图式决定着人的外在及内心的同化范围和内容。所以掌握语言文字越多的人,其写作思维的领域就越宽阔,他同化心理内容的能力就越强。

概括起来,我们把写作思维的特点归结为三级过程性、因体定向性、分割组合性、时空超越性和心理综合性这五大特点。这五大特点是从写作内

---

① 钱谷融、鲁枢元主编《文学心理学教程》,华东师范大学出版社 1987 年版,第 260 页。

在思维过程的不同角度总结出来的,在实际写作思维中它们是综合表现在思维过程中的。下面分别阐释。

2.1. 写作思维的三级过程性是指写作思维从萌生到完成要经历触发、扩展、定形三个过程

这三级过程是写作思维的完整系统,是在表现思维目的的引导下展开的,整个三级过程实质上是发现和明确表现对象并且创造表现形式的过程。

S·阿瑞提关于创造过程的论述对写作思维来讲极为恰当。他说:"原发过程给艺术家提供了想象力——也就是提供了表象的能力。它能提供基本素材和松散的组织结构,比如像相似形、暗示、不完全的局部呈现。继发过程对言语、图像或者其他形式当中的许多暗示和局部呈现进行筛选和淘汰。最后,第三级过程参与进来。它作为原发过程与继发过程之间的一个'门闩'或者协调配合,产生同意接受的表示,成了!新的统一体创造出来了!"①写作思维的触发、扩展与定形三级过程与阿瑞提的创造三级过程具有相似性。所以,也可以把写作思维三级过程看作是原发思维过程、继发思维过程和完形思维过程。

写作思维是由思维触发引起原初感受开始的。原初感受就是写作主体为了写作的需要在观察、采访、采集过程中对对象产生的初级情感、态度和认识,或者叫"第一印象"、"第一感觉"。没有原初感受,就不会产生要表现对象的欲望,也就不会有写作思维的发生。艾青观海时忽然产生了这样的感受:"终有一天,海水会变成甜甜的!"这成为他创作《海水和泪》一诗的原初感受,没有这一原初感受,就不会有《海水和泪》一诗的文学创作活动。文学创作的原初感受产生于生活中,而实用文写作的原初感受产生于对写作材料的采集与分析之中。原初感受是粗疏、不完整而且没有明确目标和针对性的,但是却极有价值。正如阿瑞提所言,其中包含着"相似形、暗示、不完全的局部"因素,只有经过第二级过程——扩展,才能使之集中明了,产生鲜明的针对性和表现目的。这个过程可能在瞬间完成,也可能完成得艰难而又漫长。刘勰在《文心雕龙》中指出:"人之禀才,迟速异分,文之制体,大小殊功。相如含笔而腐毫,扬雄辍翰而惊梦,桓谭疾感于苦思,王充气竭于思虑,张衡研《京》以十年,左思练《都》以一纪:虽有巨文,亦思之缓也。淮南崇朝而赋《骚》,枚皋应诏而成赋,子建援牍如口诵,仲宣举笔似宿构,阮瑀据案而制书,祢衡当食而草奏:虽有短篇,亦思之速也。"不论这一思维过程是快还是慢,都要通过具体的思维方法揭示原初所暗示的生活内

---

① S·阿瑞提《创造的秘密》,第 243—244 页。

容,找出原初感受与某一生活内容的相似性,达到豁然开朗,现出庐山真面目的效果。于是,表现内容明确了,表现形式的寻求与创造便开始了。一般来讲,表现内容与表现形式的产生基本上是同步完成的。因为形式是内容的形式,内容是形式显现的内容,没有纯粹的形式,也没有不具形式的内容。但是,语言不可能自然地构成完整的形式来表现内容,语言符号在头脑中是零碎、散乱的,因而需要思维的头脑加以组织,使之从无序到有序,从零散到完整,这样,语言文字篇章形式的构造意义就显得十分重要。由此可见,不经过明确的表现内容与完整的语言形式融合的思维过程,写作任务就难以完成。所以,整个第三级思维过程是一定的表现内容被化作一定的语言形式之中的过程,也就是西方美学界所谓形式消灭内容的过程。由于语言形式具有明显的个性特点,因而同一表现内容在不同个体思维作用下就产生了各具特色的语言文字篇章。由此也可知,写作风格正是产生于写作思维寻找并创造语言形式的过程之中。

2.2. 写作思维的因体定向性特点是在写作表现活动的历史过程中形成的

由于写作应用于不同的对象和不同的社会领域,就形成了约定俗成的形式体裁,这些体裁是社会需要和社会习惯规定了的,它要求写作个体遵循这种形式规定,违反了体裁规定,社会就会拒绝接受。刘锡庆先生说过:"世界上第一个写'文章'的人,他的头脑里大约并没有什么'文体'的概念。他提笔为'文',不过是想写下他最想说的话,最急切告诉别人的思想或感情而已。但是,他一旦把这些话写出来了,一旦把这些思想、感情传达出来并使之清楚、完整了,那么,这些'话',这些'思想'、'感情'也就同时具有了'形体',获得了自己的表现'形式'。所以,只要有'文章'那文章就必有自己的体裁。"[①]这就是说,在写作活动的历史发展过程中,人们已经根据写作表现对象的特点和写作的文章性质总结归纳出了一定的写作文体,这些文体形式在主体写作时就约束和规范着写作思维的形式和方向。

当写作思维进入到第三级过程时,以何种语言形式组织表现内容就是首要的问题。因为,特定的文体是由特定的语言形式构成的,而特定的语言形式又是由特定的语言功能应用的结果。所以,写作思维要寻求表现形式就必须首先确定文体,即根据表现内容的特点选择运用相应的语言功能来表现,可以这样说,不同的语言功能在写作思维中的选用就决定了思维的形式。现代语言学家认为,交际过程中的语言起码具有以下八个方面的

---

① 刘锡庆《基础写作学》,第150页。

主要功能,即:"表白功能"、"认识功能"、"人际功能"、"信息功能"、"指令功能"、"执行功能"、"情感功能"、"美感功能"。概括地说,前四种功能以认识功能为主就产生了抽象思维形式,后四种功能以指令功能为主就形成了形象思维的形式。写作思维进入语言形式构成过程中,语言的各种功能交织在一起,需要思维分辨选择。古文论中说:"……文思之来,苦多纷杂,应机立断,须定一途,若空倦品量,不能取舍,心非其决,功必难成。"①这里所谓"须定一途",即是要确定一种思维方式,应用一定的语言显现对象。确定运用以认识功能为主的语言就必然导致思维由具体上升为一般,沿着抽象性的方向发展,而确定运用以指令与美感功能为主的语言就会使思维沿着具体化的方向前进。所以,明陈洪谟曰:"文莫先于辩体,体正而后意以经之,气以贯之,词以饰之"。"故词人之作也,先看文之大体,随而有心。遵其所失,故能辞成炼窍,动合规矩。"②

辩证地看,写作思维一方面因体定向,以社会规范把思维约束在一定的形式之中,另一方面,写作思维又总是不断地因事定体,丰富、完善,或者创造新的表现形式。在思维的限制与创新的矛盾运动中写作文体不断更新、丰富,思维也不断完善,文体形式逐步周密。

2.3. 写作思维的分割组合性

客观事物反映进我们的意识是一个整体状态,囫囵一团,而语言则是一个一个的语词,是零星的,只能反映具体的部分。要使语言能够具体表现这个整体,就需要对这个整体事物进行分割,只有分割成为最小单位,与语词相对应,才能够实现对事物的具体表现。所以,写作思维是把头脑中的意象分解开来以具体化的言语来造形,把思想分割成最小概念用词来组合的过程。列宁说过:"如果不把不间断的东西割断,不使活生生的东西简单化、粗糙化,不加以割碎,不使之僵化,那么我们就不能想象、表达、测量、描述运动,思维对运动的描述,总是粗糙,僵化。不仅思维是这样,而且感觉也是这样,不仅对运动是这样,而且对任何概念也都是这样。"③列宁这段话非常准确地表述了人的思维特点,特别适应于写作思维。

第一,对形象的分解。写作主体在表现形象类的对象时,必须要在头脑中构成清晰、完整的形象形式,形象形式在内视觉上呈现出来,形象思维才得以展开。写作的形象思维形式不是单纯的形象运动,它始终伴随着语言描

---

① 日遍照金刚《文镜秘府论》,见《中国古代写作理论》,华中工学院出版社1982年版,第113页。
② (明)许师曾《文体明辨序》,同上书,第94页。
③ 列宁《哲学笔记》,人民出版社1956年版,第263页。

述。这样就产生了零碎的语词与整体的形象不相对应的矛盾。文学创作越是强调形象塑造的具体化、个性化,这种矛盾越突出。形象思维方式的突出特征不是展现完整的形象,而恰恰是对完整形象的分解,对形象分解的越细微,语言描述也才能越具体。所谓"细节描写"、"白描",都只能在细致入微的形象分解过程中产生。没有形象分解就难以捕捉到具有典型意义的人物特征,也就难以选用精确细微的语言进行描述。由此可知,形象思维作为写作思维的一种特殊的形式就是要在意识中唤起形象之后,对其进行分解,把视觉对象分解成细小的部分归入词语的概念外延之中,用词语定形为有声有色的言辞符号,这些符号按照接近律互相组合起来就构成了语言形象形式,这个语言形式外化出来又会在读者头脑中转化成相应的视觉形象。

比如:

这是一座规整的四合院。

磨砖对缝的灰色砖墙簇拥着悬山式的门楼,房脊的两端高耸着造型简洁的鸱吻。椽头之上,整齐地镶着一排三角形的滴水。檐下,便是漆成暗红色的大门。厚重的门扇上,镶着一对碗口大小的黄铜门钹,垂着门环。门扇的中心部位,是一幅双钩镌刻的金漆对联:"随珠和璧,明月清风"。门楣上伸出两个门角形的门簪,各嵌着一个字:"博"、"雅"。这些字样,都和人们常见的"长命富贵"、"向阳门第春长在,积善人家庆有余"之类不同,隐隐可见此院主人的志趣。大门两侧,是一对石鼓,高高的门槛,连着五级青石台阶[①]。

这是《穆斯林的葬礼》中一段对北京城里四合院的描写,四合院是一个整体形象,作者只有在思维中对整体形象进行分解,分解成一个部分一个部分,才能完成对形象的描述,因此,整个形象思维过程就是分解视觉形象,用语言使之定形的过程。如果没有分解,或者分解得不细,表现出的对象就是抽象的、概括的,因而,也是缺乏意味的。这正是文学家与一般人在形象思维方面的区别所在。

第二,对思想的分割。当我们在写作中要表现某种观点的时候,不能一句话把这个思想观点说出就算完事,因为,写作表现的目的是为了读者能够理解并接受,所以,就必须展示思想形成的过程和根据。这样,写作思维就要对形成的思想进行分割,逐层分割成一个个最小的概念,然后,从最小概念开始,按照一定的逻辑规则把它们组织起来,展示出思想的形成历程。

[①] 霍达《穆斯林的葬礼》,北京十月文艺出版社1988年版,第7页。

例如，马克思写作《资本论》就是要表现他对资本主义社会剥削性质的认识，而这一认识的表现就是逐层分割直到最小概念——商品。从商品开始逐层推导，展示出他的思想认识的形成过程。这一过程有理有据，显示出这种认识是历史的必然，因而具有强大的说服力和不可抗拒的魅力。

列宁说："从来造成困难的总是思维，因为思维把现实中连接在一起的一个对象的各个环节彼此分割开来考察。"①

由于概念与词语基本对应，所以，只有把笼统的思想分割成具体细小的概念，才能用相应的词语来指代或描述，实现语言对思想的外化。如果没有对思想进行分割，就不会有具体的言词对应表现，就难以把思想融入语言形式之中，即使表现出来，也只能成为空洞的说教。

只有在思维过程中善于分割思想，即逐层分割，直至最小单位，然后按逻辑规则重新组合，写作表现才会显示条理性和逻辑性，也才能有理有据的推导出自己的思想观点。

第三，对运动过程的割裂。从哲学的宏观角度讲，运动是物质的存在形式，无始无终。一方面，写作要表现客观对象，也只有在对象的运动过程中才能揭示或表现出对象的本质规律，这就需要人的思维对无始无终的运动过程割裂取舍，使物质运动在意识上显示出相对静止状态，构成一个阶段或一个过程，这样才能够描述表现。另一方面，由于写作表现的运动过程并不是模仿客观世界的运动过程，而是主观改造的运动过程，所以，不割断客观运动过程，人的主观的心理内容就难以表现；不打断客观运动过程，人们就难以创造出任何一件完整的表现形式。只有对原有过程的割裂、打碎，才会有创造，才会有新的形式产生，也才会写出独立完整的语言篇章形式。

2.4. 写作思维的时空超越性

这一特点古人早就注意到了。刘勰在《文心雕龙》中说："文之思也，其神远矣。故寂然凝虑，思接千载；悄焉动容，视通万里；吟咏之间，吐纳珠玉之声；眉睫之前，卷舒风云之色；其思理之致乎？"②这段话可谓写尽文思时空超越性的现象，但是，问题不在于对现象的描述，而应该明确写作思维超越时空运行的作用。我们不妨从以下几个方面认识时空超越在写作思维中的作用和意义。

首先，超越时空使人类走出了现实的局限，看到过去和未来，从而产生出人类的理想和虚构出未来的生活和形式，完成合目的性的写作表现。

---

① 列宁《哲学笔记》，人民出版社1956年版，第263页。
② 刘勰《文心雕龙》，上海古籍出版社1982年版，第229页。

其次,超越时空思维可以按照主体表现的需要随意组合生活内容,弥补现实材料的不足或缺陷,创造符合美的追求的表现形式。

再次,可以从人类文化和历史的深层意识角度透视写作对象的价值和意义,为孤立的、部分的生活现象寻求深刻的社会背景和历史联系。

总之,写作思维的时空超越性特点,体现了人的主观能动性,使人类的写作活动成为最高级的创造性表现活动,"人才变成有能力来进行更复杂的活动和达到更高的目的"①。

2.5. 写作思维的心理综合性

我们知道,在一般认知思维中,思维材料愈客观,思维结果就愈真实,愈准确;而且思维沿着抽象的目的上升,达到理性认识目的,就舍弃感性材料。而在写作思维中,却伴随着强烈的主观感情色彩,即使在科学论文的写作中也不能没有主观感情,可以说在写作思维中,主观的内容愈多,其创造性愈大;同时,写作思维自始至终都只能在感性材料基础上进行,离开了感性材料,写作思维就成为空空洞洞的一团模糊的理念,也可以说,就再不存在写作思维。显而易见,写作思维是不同于一般认知思维的,它包括了最大限度的心理内容。整个写作思维的运行过程实质上就是诸多心理内容相互作用,相互渗透,相互融合,趋于完整统一进入言语模式的过程。概括地说,写作思维包括以下心理内容:意识(包括意识、潜意识和无意识)、情感、感觉、知觉、联想、想象、记忆、表象、个性、气质、意志等等,当然,言语心理和一般思维心理就不一一列示了。

总括起来,我们从过程、形式、方法、内容等几个方面总结出写作思维的五大特点,用意只在揭示写作思维与一般认知思维的区别。只有意识到这种区别,我们才能在写作实践中遵循写作思维规律,有效地运思、完成作品。

本章思考与训练

1. 什么是写作思维?
2. 写作思维的特点是什么?
3. 如何理解非构思写作思维理论?
4. 如何理解写作思维场?
5. 如何理解写作思维过程?

---

① 恩格斯《劳动在从猿到人转变过程中的作用》,见《自然辩证法》,人民出版社 1957 年版,第 143 页。

第二编　写作思维过程

过程是事物运动在时间上的持续性和空间上的延伸性。写作思维是整合、序化人的心理内容,寻求发现或创造内在语言物化形式的思维过程,是有始有终,有其自身的内在规律性的过程。整个写作思维呈现出三个不同的递进过程,每个过程也表现为不同的状态。这就是触发思维、扩展思维、定形思维或者原发思维、继发思维、完形思维三级过程。

第三章 写作的触发思维过程

第一节 什么是触发思维

1. 触发思维过程的含义

所谓触发思维过程就是写作主体在社会生活中由观察、采访、阅读或接受信息的过程中,发现写作对象,形成写作的初始情感、态度、认识的思维过程。生活触发作者的思维,习惯上称为写作的"第一印象"、"第一感觉"。这是启动写作思维活动的原初过程。

写作是一种社会实践活动,在社会生活中,由于某种触动或者社会需要,引起主体写作意念的发生,随之引起主体的写作思考。写作主体通过初步的思维活动在头脑中确定一个写作对象,作为写作课题。写作课题的出现成为写作思维的目标,针对这一目标,主体会形成一个最初的思维构想,从而产生写作欲望或冲动。

2. 触发思维的意义

触发思维是写作思维的第一步,是主体思维接触写作实际的开始。

王蒙在《谈触发》一文中说:"一篇小说的诞生,触发是非常重要的。生活是创作的唯一源泉,这是不错的。生活往往能给人以触发,以提示,以暗示,告诉你:'快来写吧,这里正有一篇小说向你招手呢'!

并不是每个人都听得到生活的这种声音,并不是每个人都听得懂生活的这种暗示。"[①]王蒙的这段话揭示了在小说创作过程中触发的重要性。实际上,在所有的写作活动中,触发都是写作的前导。那么,触发是一种什么样的心理活动?需要我们进一步去探讨。

我们认为,触发就是引发写作思维的过程,也可以称为原发思维过程。这个原发思维与思维主体内在的情感储备、知识储备以及生活经验储备有

---

① 王蒙《王蒙谈创作》,中联出版社1985年版,第57—58页。

关,也与思维主体的志向及生活态度有关。同样一件事,对于敏感的作家就会形成一定的触动,引发他的思维;对于迟钝的平常人,也许连一点感觉也没有。作家非常注意聆听天地万物的声音,注意观察社会人生的变化,因此,自然的奥妙,社会的曲折,很容易被他们的灵眼觅到,被他们的灵手捉到,很容易对他们造成触动。换句话说,写作原发思维是在有心理准备的头脑中发生的,对于没有准备的头脑来说,就不会引发思维触动,也就不会出现原发思维。

作家冯骥才在火车上看到一个高个女人跟了一个矮个丈夫,大家都觉得不般配,但那对夫妻却很幸福,令人感动。同车的人都有所感,但却没有触动原发思维,只有冯骥才触动了原发思维活动,后来经过一系列创造性思维活动,写出了《高女人和她的矮丈夫》(《上海文学》1982年第5期)。面对生活世界,普通人与作者的态度有很大的不同,普通人一般只对眼前的生活进行初步地感受和识别,然后判断它对于自己的生活是否有用,有用就对其进一步关注,没用就将它搁置一旁。而作者面对生活,首先看它有无特征,而非有无作用,有特征就会产生触动,引发初感——定题——灰靶的原发思维,成为创作的引子,经过创造性思维过程,构思成一部作品。王蒙指出:"真正的触发应该有一种创造的激情,一种神圣的、崇高的心境,因为你是在缔造艺术世界。"

3. 触发思维的内在动力

3.1. 有强烈的写作欲望和自我实现欲望,就会受到生活特征的触动,引发原发思维

写作中的触发思维过程就是写作主体在社会生活中由观察、采访、阅读或接受信息的过程中发现有特征的写作对象,形成写作的原初情感、态度以及认识的思维过程。在这个过程中,写作主体的内在写作欲望发挥着主导作用,热爱写作、期望通过写作表现这个世界,达到自我实现的目的,那么风花雪月,丑石枯树,都会触发你的思维。没有写作的欲望,没有自我实现的欲望,那么,周围世界即使异彩纷呈也不会触发主体的思维活动,不会引起主体思考世界特征中的意味的兴趣。

自我实现,是戈尔德斯坦提出来的一个术语,人本主义心理学家马斯洛将其发展成为心理学理论的一个重要概念。他认为,自我实现是人的一种高级内在需要,"可以归入人对于自我发挥和完成的欲望,也就是一种使它的潜力得以实现的倾向。"他进一步说:"如果不考虑到人生最远大的抱负,便永远不会理解人生本身。成长、自我实现、追求健康、寻找自我和独立,渴望达到尽善尽美,这一切现在都应该被当作一种广泛的,也许还是普

遍的人类趋势而毫无疑问地接受下来。"①我们每个人都希望自己能够在社会中有所发明,有所创造,具有一定的地位,获得一定的荣誉,实现自己生命的价值,所以这是人在社会生活中产生出来的一种需要。而要实现这一点就要充分利用和开发天资、能力、潜能等,充分地表现自己,而表现自己的一个重要途径就是进行写作。

3.2. 写作是通过展示自己的生命活力,用开拓精神主动迎接现实困境,创造世界,更新自我的活动,这是写作触发思维的内在动力

马斯洛说:"为了使成长和自我实现成为可能,有必要认识到,智能、器官和器官系统极力要活动,表现自己和得到使用和锻炼;也必须认识到,这样的使用是令人满意的。强壮的人喜欢运用他们的肌肉,而且确实也使用了他们,以便感觉良好,并得到自我和谐的和无拘无束活动的(自发性),这些就是健康成长和心理健康的极为重要的一个方面。对于智力,对于子宫、眼睛、爱的能力来说,也同样如此。能力一直在呼喊。这就是说,智能也是需要,使用我们的智能,这不仅是乐趣,而且对成长来说也是必要的。不使用技能、智能和器官,可能成为疾病的中心,不然就衰退和消失,从而削弱这个人。"②

写作能力也需要使用,不使用就会消失,而使用写作能力就是满足人的一种自我实现的需要。通过写作进行自我实现的人,周围世界的任何特征都会引起他的触发思维,而每一次触发思维过程都是创造自我,更新自我的过程。

3.3. 写作主体在触发思维中不断丰富自己的人生,不断体验审美化的人生,情感越来越丰富,感悟越来越深刻,写作欲望越来越强烈

具体表现为:一、热爱现在、创造现在,充分享受现在,求得生命的充实与丰富。二、把生活当作一种由自身内力驱动的,其方向、路线和速度随心所欲,逍遥自在的自由过程,不为外在目的牵着鼻子走。"对于成熟的人来说,手段是比外在的合目的性更高的东西——锄头比锄头造成的作为目的的享受更尊贵些。"③"王子猷居山阴,夜大雪,眠觉,开室,命酌酒,四望皎然。因起彷徨,咏左思《招隐》诗,忽忆戴安道。时戴在剡,即便乘小船就之。经宿方至,造门不前而返。人问其故,王曰:'吾本乘兴而行,兴尽而返,何必见戴?'"④人的生命本是一种高级的自由运动,不应受外力强迫,假

---

① 马斯洛《动机与人格》(许金声等译),华夏出版社1987年版,第5页。
② 马斯洛《存在心理学探索》,云南人民出版社1987年版,第182页。
③ 列宁《哲学笔记》,人民出版社1956年版,第174—175页。
④ (南朝宋)刘义庆《世说新语·任诞》。

如生命活动成为机械的和强迫的活动,那就是一种否定自己而非肯定自己的活动,这种异化的生活状态是乏味无聊没有任何意思的。自我实现者是异化人生的反抗者。这种人最忠实于自我,最善于倾听生命的呼声,最了解"人的生活乃是人的最高本质"。而人的活动是人的本质的自我实现,其过程的自由性就是最大的满足。当活动不自由、自我无存在根基时,还奢谈什么正义、德行之类品行?桓温问殷浩:"卿何如我?"殷答曰:"我与我周旋久,宁作我。"这种敢于发现和肯定自我价值,敢于把生命运动表现为一种自由运动是自我实现者的又一特性。

3.4. 追求自我实现的写作主体是充分发挥触发思维作用的人

追求自我实现的主体在认识事物时,能依照其本来真面目而不涉及事物对观察者的价值和狭隘的功利欲望,他把满足需要或挫折需要的欲求超越了,因而,对事物进行存在认知的基础就产生了出来。在观察对象真实的、内在固有的完整性方面,自我实现者达到了无欲无惧的程度,他们不怕未知、神秘、使人困惑的东西,不急于组织乍看起来无序、混沌、模糊的状态,不强求明确、保险的蕴含。中国古代哲人对这方面的描述非常精致,《管子·心术篇》说:"无欲则大,大则静,静则精,精则独,独则明,明则神矣。"《庄子·知北游》说:"天地有大美而不言,四时有明法而不议,万物有成理而不说。圣人者,原天地之美而达于万物之理。是故圣人无为,大圣不作,观于天地之谓也。"《庄子·大宗师》更强调学道先要"外天下"、"外物"、"外生",然后才能"朝彻"、"见独"。外天下即排除尘世干扰;外物即摆脱物质欲望;外生即置生死于度外。也就是说,只有摆脱功利思想方能心境明彻,见到独立无待的道,游心于天地之大美。总之,在观察认识方面,追求自我实现的主体在继发思维的过程中没有戴功利色彩的眼镜,能见识具体、个别、新颖的东西。

追求自我实现的写作主体,触发感受世界时,具有强烈的个性创造的品格。他们不论写哪类文章,总喜欢打上自己个性的印记。"当人只是感觉到自然的时候,他是自然的奴隶,一旦他思考自然的时候,人就成了自然的立法者了,自然原来是作为一种力量支配着人,现在在人的眼前却成了一个对象。成为他的对象的东西就不再具有支配他的力量,因为对象要承受他的力量。……自然界中任何可怕的东西,只要人能赋予它以形式并把它变为自己的对象,人就能战胜它。"[1]人一旦从奴隶变成主人,在世界面前就以支撑者、主持者的面目出现,人本身所蕴含的潜力就犹如涓涓细流不断冒出。当他认清了事实真相,他就能从事物的源泉中汲取营养,然后用

---

[1] 席勒《审美教育书简》(冯至、范大灿译),北京大学出版社1985年版,第25封信。

自己理想的方式去重组生活,使生活浸透他本真的情趣。这种人即使文化程度有限,即使并非从事传统认为的创造性职业,如作曲、作诗、写小说、搞尖端科研或应用科学,而是一位平常的家庭主妇或职业运动员,他(她)都能把本职工作做得独到、新颖和精巧,并且具有创造性。马缨花用稗子闷的米饭比三流诗人的创作更具创造性,李宁全盛期的体操动作同优秀诗篇具有一样的创造精神。如果他(她)从事写作,就一定会用自由、勇敢、自我认可、自我成长的精神,为触发思维涂上独立和自由的色彩。

然而,我们切不可把自我实现想象得太浪漫,人每前进一步,都意味着放弃某种熟悉、完满的东西而进入陌生、危险的境地,这往往使人容易怀旧。西方人常怀念希腊文明,中国人常提先王世界。中国新文学的巨匠、文化革命的旗手鲁迅,于《旧事重提》的《小引》中写道:"我有一时,曾经屡次忆起儿时在故乡所吃的蔬果:菱角、罗汉豆、茭白、香瓜。凡这些,都是极其鲜美可口的;都曾是使我思乡的蛊惑。后来,我在久别之后尝到了,也不过如此,唯独在记忆上,还有旧时的意味留存。他们也许要哄我一生,使我时时反顾。"

自我实现是人的一种高级需要,是一种成长努力,它高于为了维持生存的生理需要。人在生理动机支配下所从事的一切活动仅仅是为了一个目的——填饱肚子,他只能想象一个丰衣足食的乌托邦,他没有高级需要,什么自由、爱、尊重、自尊、美等等都是无用的东西。生活的唯一寻求就是吃,吃饱就是幸福,是生存的极致状态,是人生价值的最高体现。对此,《绿化树》作了多么精妙、深刻的描绘啊。刚到农场的第一天,按规定每人四两饭,而章永璘却要了笼屉布,刮了一罐头筒馍馍渣,按分量,至少有一斤。于是他就在心中喊:"祖宗有灵。"然后想到"自由真好",因为"只有自由的人才能进伙房刮馍馍渣。"又一次,当章永璘用三斤土豆换了五斤大黄萝卜,占了卖萝卜老头的便宜之后,便觉得太阳是暖融融的,想到自己现在是独自一人自由地享受这美妙阳光,甚至连广大的空间中所有的空气都为自己所有,便得意地哼起了小调:

> 美丽的蔷薇脱落了花朵,
> 和多刺的荆棘也差不多,
> 我把荆棘当作铺满鲜花的原野,
> 人间便没有什么能把我折磨,
> 阴间即使派来牛头马面,
> 我还有五斤大黄萝卜!

这些描写从特定的角度看,正是马克思所谓"焦虑不堪的穷人甚至对最美的景色也没有感觉,珠宝商人,只看到珠宝的商业价值,却看不到它的美的物质,他根本没有欣赏珠宝的感官"①的最好脚注。

自我实现是人的一种成长努力,一种不断超越动物性生存及人的低级存在而向人性高峰不断攀登的努力。这种努力是一个过程而非一种静止状态,这个过程既可是人与动物性生存作斗争的活动,亦可是人类向自由状态的努力行动,但绝不是人类正在享受自由之果的圆满境界。这种努力状态对写作主体的触发思维有着极大的推动作用,促使他在文学创作、理论写作和实用写作中,才思勃发,文采斐然。

第二节 触发思维过程的特点

思维的特点就是解题,原发思维过程的发生就是在写作活动中主体为内在思维提出问题,即写什么?这个问题的出现,引发了写作主体的思维活动。

写作已经成为知识时代的一项重要内容,是摆在每个知识分子面前的一项必须完成的课题。虽然通过学习,我们可以掌握写作理论,掌握不同文体的格式,但是写作的根本问题是每个写作主体必须生成特定的写作内容,也就是说,必须通过特定的思维过程,生成属于自己的有意思的形式。因为任何一次写作思维,都是特定写作主体站在特定位置,为了特定目的所从事的一次有意思的活动,任何个体的位置都是别人无法替代的,任何个体在特定位置上的思维都是具有特殊性的,他思维的方式和路径以及思出的意思都是具有个体色彩的,是任何他人都不可替代的,当然,他所面对的问题也只有靠自己的思维来解决。

1. 现实问题性

问题是思维的出发点,我们每个人在生活世界中都会遇到一定的问题,这些问题是推动我们思考或者思维的内在动力。问题是一个宽泛的概念,涉及人生的各个方面。人生最基本的问题就是生存问题、发展问题、自我实现问题,作家首先思考的内容就是这些基本问题。原发思维是在个体需要和社会现实之间张力的刺激下产生的,是在写作主体对现实问题自觉感知的情况下展开的。

---

① 《马克思恩格斯论文艺》,人民文学出版社1963年版,第205页。

现实问题是在主体对生活的感知、体验、领悟的基础上产生的人生课题,这个课题的产生,使写作思维有了发挥作用的阵地。

问题是思维的目标,目标的确定,决定了思维的基本方向。但是,思维不是直接指向目标,而是发散开来,寻找达到目标的各种途径与手段,直到发现一种最直接、最新颖、最吸引人的途径与手段,思维又一次集中在这个方向开始思考,这时,第二次发散思维开始工作,寻找沿途的各种具体景点,丰富文章的内涵,这次发散就像风筝在空中翻飞,但是有一线牵引,不致迷失方向。

人类思维是在现实生活中形成、发展起来的,是在解决现实问题的过程中形成、发展、丰富、提高的。所以,思维具有四个基本要素,即问题、条件、材料、方式。原发思维是在这四个基本要素的基础上展开的,是在限定—发散、发散—限定的过程中完成其思维任务的。限定,就是把问题限定在具体的某个方面,思维能够集中起来,具有一个目标,思维就能够围绕目标进行;不限定,思维就失去针对性,就难以展开有效的工作。限定之后才能发散,这个发散是有目的的发散,是为了解决思维的对象问题才采取发散思维,调动大脑的信息储备,判断、认识思维对象。能否认清思维对象,这既与思维主体的条件有关,又与思维主体占有的材料多少有关,也与一定的思维方式有关。

2. 主体能动性

触发思维本身就体现为主体对外界事物的能动反应。生活世界的特征能否触动某一主体的思维活动,主要取决于该主体对外界事物的态度。如果该主体对任何东西都缺乏兴趣或者麻木不仁,那么外界的任何刺激都不会触发他的思维活动;相反,如果该主体对社会生活充满热情,充满爱心,那么周围的一草一木,他人的一举一动都会引发他相应的感受,促动他的思维进入兴奋状态。原发思维过程是写作主体与生活碰撞的产物,是生活世界的浪花在写作主体意识中的闪现,因而,是主体对生活世界的能动反映。

写作主体头脑中出现的原发思维不是凭空产生的,不是主观的产物,而是对生活世界某些特征的反映。我们认为,生活世界关系着写作主体的生存与发展,因而生活世界中的每件有特点的事都是主体关注的对象,必然会影响、刺激写作主体的思维,促动主体的写作欲望。前面提到作家冯骥才看到高女人与矮丈夫,他们的幸福是包括作者在内的每一个人都渴望得到的生存状态,因此,就引起了作家的关注和思考。

生活世界在一定程度上对写作主体提出某些问题,要求写作主体用有意思的形式对他们做出审美的回答。当社会把这些问题作为任务交给写作主体，那么这些问题也就成为写作主体意识中的问题，成为他如何审美生存的问题，也成为他写作思维的主题。

从主观的角度来讲，写作主体为了一定的目的，在社会需要与个体感触的基础上，通过写作实现个人的奋斗目标，必然会引起写作原发思维活动。生活世界不断为主体提出新的写作课题，主体为了适应生活世界，并在生活世界中活出意味来，就必须用诗性的方式去思考它，用诗意的途径去解决它，即使原发思维，也反映着主体对于生活的一种诗意追求。

只有追求上进，积极进取的人，才会不断涌现写作的触发或原发思维活动。

首先，生活世界关系着写作主体的生存与发展，因而生活世界中的每件有特征的事都会引起主体的关注，都会影响、刺激写作主体的思维，都会触动主体的写作欲望。

其次，生活世界又一定程度上要求写作主体用诗意的方式解决生活的一系列问题，要求写作主体把适宜地解决这些问题作为自己的人生使命，把回答如何诗意生存的问题作为自己的思维主题。

最后，写作主体为了一定的诗意生存目的，在社会需要与个体感触的基础上，通过写作实现个人奋斗目标，必然会引起原发思维活动。所以，原发思维是写作主体目的性与生活世界特征之间关系的直接反映。

3. 审美情感性

审美是一种高级心理需要，一般人对生活世界的反映停留在基本需要的层面上，是由基本需要决定其生活态度的。所以，他们对生活世界的反映是直观的行为。写作主体则超越了基本需要的满足，在更高层次上对生活世界进行审美思维。审美层次是一种超越物质、超越现实的精神活动，它能让人产生一种高级情感。生活世界对作家的触动是在高级审美层次上展开的，所以，原发思维过程伴随着丰富的主体审美情感，激发着写作主体的活力，提升着写作主体的信念和追求，保持着写作主体旺盛的创造力。

由于原发思维过程和社会生活保持着一定的同步关系，因而也伴随着主体的情感体验和审美判断活动。这种情感和审美判断就成为写作思维得以进行的内在动力。

没有特定的情感体验和审美判断，即使产生了写作问题，思维主体也会无动于衷。审美是一种高级精神需求，本身也是对世界的一种判断，体现着主体的能动性。审美情感具有两极特征，即仇恨和热爱。触发思维有可能从两极方向发展，一是对外界的满足快感，发出歌唱的声音，一是对外界不满足，发出反抗的呼声。从这个角度上看，我们赞成美是追求自由的形式,诗意的栖居就是走在追求自由之路上的生活。

原发思维过程标志着写作主体对生活的敏感与活力,也标志着写作主体的创造力。

中国古代一直流传着"江郎才尽"和"伤仲永"的故事。从思维角度来说,就是主体面对生活世界失去了追求的动力,缺乏一种站在生活之外审视生活的外位意识,缺乏一种站在生活之巅要求生活的自由意识,沉沦于生活之中,与生活一起机械的运动,被生活催眠和麻醉了自己的思维。思维麻木的主要原因就在于对生活世界没感觉,没体验。

对人生有所追求就会对生活充满热情,让自己保持生命活力,就会不断积极创新,就会不断在头脑里萌生各种各样的原发思维活动。

由此可见,原发思维活动与主体内在的人生理想、人生抱负、人生追求有密切的关系。一方面,人在生活世界中的内在追求会激励人对外界生活不断做出积极反应,使原发思维一直处于活跃状态。另一方面,原发思维的不断出现,给主体诗意的解决现实问题不断提供新方式新途径,又使主体对自己产生信心,激励主体进一步追求人生理想与抱负。

原发思维的出现标志着主体的创造力处于旺盛阶段,当主体对生活麻木不仁,对人生无所追求时,生活世界的任何特点都根本不会触动他。生活世界的特点对主体能够起到触发作用,说明主体渴望创造,处于思维的兴奋状态。

第三节 触发思维过程的具体表现

触发思维作为一种思维现象,需要我们进一步认识它的具体表现。

1. 第一印象或者初感

第一印象或初感就是最初的感觉和感受,是写作主体受到生活世界中因特定因素的刺激,引发思维,并产生最初的印象和认识。

冰心的散文《一只木屐》的写作过程恰好说明了触发思维的这一特征。冰心从日本返回祖国时,正在日本一个港口等船,突然看见海面上漂着一只木屐,这只木屐吸引了她的注意,漂流着的被弃的木屐和作者漂泊流浪的人生异质同构,一下子就引发了她的原初写作思维活动,激动之情难于言表。木屐的孤独、感伤,以及无根漂流的屈辱,刺激她产生最初感觉和感受,促动她产生了创作的原初思维念头。

初感是思维的第一印象、第一感觉。我们每个人在生活中都会经历很多事情,接触很多人,看见很多景象和景物,大部分都会如过眼烟云随风而散。但是,有些人、事、物、景却能让我们在一瞥之间怦然心动,意念萌生,浮想联翩。这都是因为触发思维在起作用。因为触发思维把主体内在的文化模式、人生信念、兴趣爱好、审美追求集中起来对外来的有特征的刺激物进行同化认识,符合主体需要的就会引起情感兴奋,留下深刻印象,不符合主体需要的就会视而不见,无动于衷。从这个层面来看,触发思维就是一种直觉判断。在写作活动中,这种直觉判断是主体对写作对象的一种价值判断,主体以此确定对象是否具有写作价值。

我们用"初感"一词,并不是讲感觉,而是思维对现实的最初判断,是思维主体对生活世界做出的一种有意思的选择,就是说,凡是能引发主体初感的对象,一定是主体认为有意思的写作材料。

2. 触发思维表现为思维定题

定题就是在初感的基础上,确定写作对象或写作课题。如前所述,冰心见到海面上漂浮的一只木屐,引发了一系列有意思的生活感触,驱使她要写一篇有关木屐的文章,这就是在初感基础上的写作定题。

在实际写作活动中,定题是一个极其复杂的现象,根据我们对写作的研究,写作思维的定题过程,一般会出现以下几个方面的情况:

2.1. 思维主动定题与思维被动定题

主动定题是写作主体在现实生活中感知、体验、认知的基础上,自觉形成的写作课题。这是写作主体在生活中自己给自己提出写作任务。例如,我在教学中对写作思维很感兴趣,就给自己确定了写关于写作思维的问题。这就是主动定题。主动定题体现了写作主体的能动性,也满足了主体的兴趣、爱好,有利于主体自由发挥其思维才能,有利于调动主体思维的积极性和创造性,有利于写出独特性的作品。

被动定题是写作主体在现实生活中接受他人限定内容的写作课题。这种情况一般是在学习阶段或者为了工作和生活而接受他人交给的写作任务。例如,高考时候的命题作文,工作中上级交给的写作任务,都是被动定题,被动定题也会产生触发思维。

被动定题,要求写作主体能够根据实际情况,接受他人的意见,并且认同他人的意见,这就需要克服自己的主观意志,尊重对方,服从对方,创造性的服务对方。即使是实用公文也不能把他写成单调刻板的八股文,也要写出个性,表现出作者在有限自由空间里的巨大创造性。

2.2. 思想触发思维定题与词语触发思维定题

思想定题是写作主体把自己在现实生活中形成的特定思想确定为写

作课题。写作是表现,任何表现一方面要有意思,另一方面要有深度。思想一般都有深度,但是有深度的东西一般难以被他人看到,难以和他人交流,要想和他人交流,就必须以有意思的方式表现出来,思想定题因此而形成。由于"文化大革命"中出现了一大批公式化、概念化的作品,所以,一提到思想定题,很多人就会联想到主题先行论,就会极力对其进行否定。其实,就像我们经常会看到一些从生活出发的作品写得很乏味无聊一样,我们经常也会看到一些从思想出发却写得很有味道的文章。文章是否有意思,定题仅仅是开头。

词语定题是写作主体在现实生活受到他人口中或者自己心中某个词语的刺激而萌生出的写作课题。《红楼梦》里贾宝玉给大观园题词,咏菊诗社的咏菊诗歌写作,都是语词定题。

语词是主体人说出来的,他带着主体特定的思想感情信息,我们读他人书籍、听他人说话的时候,就是通过他人的语词接受他人生命的信息,那些有特点、有冲击力的词语往往会触动我们的思想感情,引发我们的联想和想象,成为我们写作思维的课题。

2.3. 人物触发思维定题与事件触发思维定题

人物定题是写作主体在现实生活中接触到特定的人物形象引起写作定题。可以分为两大类,即实写人物定题和虚构人物定题。实写人物定题是写作主体受到生活中某个人物的感动,产生了写作的愿望,形成的人物定题。虚构人物定题是在实际生活强烈感受的基础上,幻化出一个人物形象,以此作为文学创造的基础,产生触发思维。

人物定题属于形象思维的内容,作者头脑里反复出现某个人物的形象信息,往往会引起作者的重视,驱使他发掘这个人物所蕴含的审美意味,促动它形成写作意图。

事件定题是指写作主体把自己深受感动的现实生活事件确定为写作课题。大到国际事件,小到个人生活琐事,近到当下发生的事,远到猿人所做的事,实到亲眼所见的事,虚到心中想象出的事,都可以定题写作。关键在于主体是否对其特点有所感动,是否从中感悟出一定的意思。写作思维所关心的全是有意思的事,没有意思的事,不论大小远近虚实一概不在定题之列。

2.4. 景物触发思维定题与情感触发思维定题

景物定题是指写作主体以现实生活中接触到的景物为写作定题。人都生活在特定的环境之中,环境中每一件合目的的事物都会引起人的注意,成为人思考的对象。环境同时也是主体的生存景观,其中自然景观间接透射着主体的生存精神,人文景观直接表现着主体的生存面貌。很看重天人合一的中国古代文人,以景物定题,写出了许多万古传颂的伟大篇章。

情感定题是写作主体以特定的情感激动引发写作思维确定写作课题。

人生在世,注定要与他人他事他物交往,必然要形成或顺或逆的感受,顺则悦心悦意,逆则伤情伤感。不论交流的结果是悦人还是伤人,只要程度深,都会对人产生大的影响,让人留下深的记忆,容易成为写作的对象和动机。

写作定题是触发思维过程中的主要任务,题目的确定就给写作主体树立了明确的目标,思维就有了解题的针对性。根据题目的不同,需要运用不同的思维形式和方法。定题就是思维确定以什么为对象来构思文章,就是说,准备写什么。是写人还是写事;是写思绪还是写情感。

3. 触发思维具体表现为灰色状态,定题只是给写作主体树立了一个"灰靶"

触发思维过程的定题只是给思维树立了一个大致的目标,这个思维对象还不很明确,有些模糊,具有灰色性质,是一个灰色的目标,即灰靶。

我们生活在一个充满信息的世界之中,通过自己所掌握的信息来了解世界,更通过自己掌握信息的多少来划分世界,按邓聚龙教授的说法,我们把自己掌握信息量充足的那部分称为白色世界;把自己掌握信息量很不充足的称为黑色世界;介于这两者之间的则称为灰色世界。"我们称信息完全明确的系统为白色系统,信息完全不明确的系统为黑色系统,信息部分明确,部分不明确的系统为灰色系统。"[①]例如,我们学校有多少学生,多少老师,这是一个白色系统;而学生与老师的大脑结构有什么不同,这是一个黑色系统;学生与老师都有什么想法,这是一个灰色系统。

灰色系统就是信息不完全明确的系统,我们说眼前这个年轻人大概十八岁,就是一个典型的灰色系统命题。因为我们是在没有这个人的具体出生日期的情况下,根据他的外表提供的不确定信息对他形成一个不确定的认识。整个写作活动就是由不确定逐渐走向确定的过程。写作主体是在掌握部分信息的情况下进入写作思维过程的。因为掌握的信息不完全,所以激发出了进行诗意探索,实现由灰色走向白色的激情。"人们处理问题,总是使系统由'灰'变'白'(其实也不尽然,只是大多数情况是这样,或者其外在形式是这样)。但是,从实质看,对抽象系统来说,分析过程却是由'白'到'灰'的过程。事实上,系统是白还是灰,往往与观测的层次有关。

[①] 邓聚龙《灰色控制系统》,华中理工大学出版社1985年版,第2页。

如果我们用高层次代表系统的宏观层次、系统的整体层次,认识的概括层次。用低层次代表系统的微观层次、系统的分部(深部、内部)层次,认识的深化层次。这样,同一个系统、同一个参数,在高层次时是白的,而到了低层次却可能是灰的。人的年龄,从'年'这个层次来看可以是白的,可是从微观层次,比如从'秒'、'微秒'等层次来看却是灰的,甚至是本征灰数。一个国家的粮食产量,从全国的年总产来看是白的,可是从各时刻的产量来看便是灰的。"①

写作触发思维只是从宏观层次上明确了一个写作目标,但是,微观层次上的信息还不是很清楚的,只能说是一个灰色的目标,是一个灰靶。

触发思维过程可以说是一个灰色思维过程,只有一个朦胧的大体构思,只确定了一个大体的定题目标,只给思维画了一个大致的范围。这个目标和范围只给写作主体立了一个灰色的靶子。我们针对这个目标,最终能够产生出什么样的思维结果,还是一个未知数。其实,写作思维的全部过程就是由灰色思维逐步到达白色思维的过程。我们写作任何一篇文章都是在似是而非的状态下进行的,是知道一点,又不全知道,写作主体就是在这种灰色状态下,把意识到的内容逐渐用语言明朗化,完成作品构思的。

所以,触发思维是不确定的思维,在思维发展的进程中将会逐步发生校正、完善和改变。

整个写作思维都可以看作是灰色思维系统。灰色使写作思维本身具有价值和意义。从本原上说,写作和阅读的动力都来源于对生活世界的诗意探索。黑色世界离我们太遥远,让探索者望而生畏,白色世界太熟悉,提不起我们探索的兴趣,只有灰色世界适合于我们进行诗意探索。这种探索既可以为我们提供一些诗意生存的信息,也可以为我们提供一些诗意生存的路径和方式。这样的文章也就具有让人去写、去读的价值。

第四节 触发思维过程的局限性

"处理问题,一般总是先解决前提、大局,然后再做更细的、更深入的分析处理。在做宏观处理时,认为可忽略的因素,在微观处理时,有时会变得重要。同一个问题,从宏观来分析,信息可能是充分的,而在微观分析时,

---

① 邓聚龙《灰色控制系统》,第4—5页。

却可能不充分。所以说事物由整体到局部,由粗到细,由宏到微,是从'白'到'灰'的过程。"①写作思维实际上就是要对写作材料进行从宏观到微观的深入思考,先从大体上做一个构想,这个构想是粗疏的,不完整的,信息是不充分的,这就决定了写作触发思维本身就具有一定的局限性,也就是说,仅有触发思维不足于写出文章。

首先,触发思维是处于无序状态的。触发思维只解决了写作思维的大致目标,而围绕目标的所有信息内容还处于无序状态,思维的中心任务即确立写作主题的任务还未完成。这时思维材料还是杂乱纷呈的,在写作主体的头脑中需要进一步思考、加工和整理。

其次,触发思维对外部对象还只具有一种表层认识,宏观的、笼统的认识。这种认识是建立在初感及第一印象之上的,是属于局部动态规律性的认识,带有明显的表层性、局限性、一般性。也就是平常所谓的就事论事层次,而且主体对细节还不是非常清楚,需要进一步补充细节材料。

再次,触发思维具有不稳定性。触发思维过程中,意念的萌生,情感的涌动,思想的产生,都带有不断发展变化的特点;同时,定题的灰色系统,也是不稳定的,这些都随着思维主体对信息的不断摄入而发生改变。

触发思维过程的局限性是明显的,写作主体拿起笔准备进行写作实践的时候,就会发现触发思维还有很多漏洞,很不完善,凭此进入写作过程还存在许多不足,要想真正进行写作就需要开始进入第二级思维过程,即写作的继发思维。

本章思考与训练

1. 什么是触发思维?
2. 触发思维的特点有哪些?
3. 如何理解思维定题?
4. 如何理解写作思维灰靶性质?
5. 尝试写出第一次见到陌生人的初感印象,分析初感的特点。

---

① 邓聚龙《灰色控制系统》,第5页。

第四章　写作的继发思维过程

第一节　什么是继发思维

1. 继发思维的含义

继发思维是现代心理学在研究创造过程时发现的一种心理现象。美国心理学家西尔瓦诺·阿瑞提说:"人在处理任何情况时,无论采取在刺激之后直接反应的办法,还是遵照一种复杂的符号与选择的办法,他都倾向于用正常的心理功能或者是采取由他的文化所形成的通常方式去进行。如果他的活动有认识过程的参与,那么它们一般都会遵循所谓的亚里士多德逻辑或正常的逻辑思维,用弗洛伊德精神分析学的说法就是遵循着继发过程的思维。"他进一步说:"原发过程的活动完全不同于继发过程,后者是思想处于清醒状态下使用正常逻辑时的活动方式。在创造过程里,原发过程也可以通过与继发过程奇妙而复杂的结合与综合当中再次体现出来,这种综合虽然无法预见,却可以得到心理学的解释。"[①]这种过程就是一种思维过程。

在写作过程中,我们常常会遇到这种情况:突然发现某件事情可以写出一篇文章,或者因为某件事情的触发心中萌生出写一篇文章的念头,可是,当你拿起笔来的时候,却发现原来的想法太简单了,实在不能完成写作计划。这种情况说明,仅仅对社会生活有触发思维还不足于进行写作,你还必须深入思维,进入写作思维的第二个阶段——继发思维。

清人黄宗羲在《论文管见》中说:"每一题,必有庸人思路共集之处缠绕笔端,剥去一层,方有至理名言。犹如玉在璞中,凿开顽璞,方始见玉,不可以璞为玉也。"[②]这里所说的"庸人思路",就是一般人所设想的解决问题的

[①]　S·阿瑞提《创造的秘密》,第4页。
[②]　《黄宗羲全集》,中华书局1987年版,第10册第3页。

思路,是一种最平面化、一般化的解决问题的思路。这里所谓的思想其实是不思不想,只是承袭前人的思路,或者对前人进行机械模仿,没有任何创新,显得非常平庸。触发思维常常是对事物表层或表面现象的感触,也是大家都能够感受到的内容。好文章必须具有一定深度,具有一定的新颖度,要剥去表层,揭示事物的内在本质,即透璞见玉;要转换角度,寻找新的透视点。继发思维所要达到的境界就是按照写作定题,伸开思维的触角,全方位的探求解决问题的新信息、新知识,从已知探求未知。

基于此,我们认为:继发思维过程是写作主体在触发思维的基础上,围绕写作灰靶最大幅度地展开思维扇面,不断丰富心理内容的思维过程。它既是在认识上比较、选择、深化的过程;又是在材料及信息方面扩展、改造、增殖的过程。

在观察人类思维活动时,我们常常可以发现有的人考虑问题非常深刻,有的人看问题则很肤浅。是什么原因造成这种思维层次上的差距呢?过去的人以为这是人的智力不同造成的,但随着思维科学的发展,人们逐渐认识到这完全是由于思维方式不同造成的。那种看问题比较肤浅的人常常将他们的注意力集中在事物的表面,而那些看问题比较深刻的人则将注意力集中于事物的本质上,思维着眼点的不同造成了思维深度的不同。对此,只要对比一下乐观主义者与悲观主义者的思维方式就不难明白。对于同样的情况,乐观主义者总是会向好的方面去想,即使是遇到了不幸和危险,也会从中找出有利的一面。而悲观主义者则凡事都向坏的一面去想,对任何事情都持悲观批评态度。思维着眼点和思维取向的不同,造成人们对同一现象截然相反的判断。

对事物追本溯源式的思考,是继发思维的精髓所在。这一阶段思维主体总是对事物刨根问底,力图究其本源。要培养继发思维,强化主体看问题的深度,必须研究不同专业领域的基本概念和基本思想,领会它们的核心内容。这些内容都是人类智慧对宇宙自然和社会人生深刻认识的高度浓缩,对它们的研究和理解过程实质上也是一种继发思维。

2. 继发思维的要求

继发思维实际上是思维对问题的深入思考过程,这个过程涉及很多方面的问题和要求,具体来说:

首先,继发思维是有针对性地展开思维活动。写作定题是思维有了解题的方向和目标,比如要写一篇人物定题的文章,主体的继发思维就以描写人物形象,传达人物智慧风貌为中心,展开认识和信息加工活动。

其次,继发思维是在两个层面上展开思维活动的。一方面探寻写作定题的所有内涵,比较所有的认识,从中做出选择,进而集中、深化;另一方面不断地进行扩展,围绕写作定题扩展材料范围,尽可能的增加定题的有关信息,并根据认识对其进行加工、改造、增殖。材料的扩展,既丰富了写作目标的内容,也会不断丰富、深化主体对写作定题的认识。这两个方面相互作用,共同促进,逐渐接近写作目标。

再次,继发思维过程是思维发散扩展的过程。主体意识中积累的信息得到充分的调动与激活,写作定题由原来初感产生的局部信息得到最大量化,逐渐使写作灰靶显现出来。

继发思维就是要剥去"庸人思路",转换观察角度,深化分析深度,最大可能扩展主体关于对象方面信息的丰富度、新颖度。作家玛拉沁夫谈自己的创作经验时这样说:"从纷繁的社会生活中,撷取到能够凝聚成为哲理的原料,在我的感受中,那是最费心力的了。譬如,我曾在《人民日报》上发表过一篇只有八百多字的散文《旅行家树》。旅行家树,是一种乔木,在非洲到处都可以看到。它长得修直、洒脱,像开屏的孔雀,漂亮极了;但它并不娇嫩,不论是在沃土,还是在荒漠上,它都能蔚然成荫。这是一种很普通的自然现象,我为了从这种树木的特殊性格中开掘一点人世哲理,并通过艺术描绘将它体现出来,这篇仅有八百多字的散文,用了好几个月的时间。"①

继发思维是从不同的角度,巡视对象的各个侧面及其与周围事物的联系,从多要素、多层次、多结构、多机制、多过程、多功能、多因果等联系或关系上分析和综合问题,进而深入地揭示事物的内在本质和必然性。比如,对"文化大革命"的深层动因进行考察,从不同层次、不同角度进行思维就可能得出不同的结果。既可分析出经济的、政治的、文化的动因,还可分析出个人的、历史的、国际的动因。有人从文化背景的角度进行思考,发现"文化大革命"实际上是无文化群对文化群的一种反动。这个认识既反映了"文化大革命"的本质,又体现了时代对文化的渴望,具有一定的积极意义。这种认识就比我们惯常从政治角度看问题,把"文化大革命"归结为一种权利之争、路线之争、阶级斗争等认识显得更为新颖、独特,对我们这个高科技时代更有启示意义。一个人继发思维的广度与他的知识范围的宽广、生活经验的多少有密切的关系。知识面广,经验丰富,信息量大,材料积累多,思维的参考系就多,思维必然就开阔,考察问题就全面,因而思维的变通性和创新性也就比较突出。

思维的广度和深度,是继发思维的发散和聚敛的结果。这两者相辅相

---

① 玛拉沁夫《哲理的探索》,见《散文创作艺术谈》,江苏人民出版社1984年版,第33页。

成影响着思维的创造性。发散的幅度宽,范围广,知识信息量就大就多,就能为思维聚敛提供丰富的材料。在这个基础上,思维才会深入,创造力才会凸现出来。而思维的深度一旦触及了事物合目的合规律的层面,就会打开主体的视野,使其由此及彼,进一步拓宽范围以至无限。

总之,继发思维是触发思维活动的继续深入,触发思维形成的写作目的制约着继发思维的方向,而写作主体的知识和人生经验,制约着继发思维的广度和深度。

第二节 继发思维的特点

继发思维是有针对性地思维活动,写作定题为思维确立了解题的方向和目标。假如要写一篇景物定题的文章,主体的继发思维就会在对景物触发感知认识的基础上,围绕景物合目的合规律性特征进行深入思考、认识,对有关信息进行加工改造。

继发思维过程是思维围绕定题有目的地发散扩展的过程。主体意识中积累的信息得到充分的调动与激活,写作定题由原来初感产生的局部信息得到最大量化,逐渐使写作灰靶显露出来。这就形成了继发思维过程区别于触发思维过程的特点。

1. 继发思维具有巨大的拓展性

继发思维在原发思维的基础上展开,它的突出特点就是突破触发或原发思维就事论事的束缚和局限,由此及彼,扩展思维空间,在相互关系中寻求更广更宽更深的内容。

首先,确认思维意向——全方位搜索各种意义,确定思维意向之后,才能拓宽思维空间。如上例"文化大革命"的意义,从文化角度认识,思维空间就一下子拓宽到整个社会的各个方面,跳出了狭隘的个人恩怨圈子。

其次,扩大思维范围——古今中外,天上地下,正所谓"上穷碧落下黄泉,两处茫茫皆不见"。继发思维阶段,主体不断地四处搜寻,拓展思维范围,寻找与思维定题有关的对象信息。托尔斯泰创作《复活》时,继发思维就经历了一个对对象范围的拓展过程。开始,只是一个普通的法院案件,孤立地看这个案件,思想就会受到限制,他就无法完成写作。继发思维驱动他把这个案件与整个社会联系起来,对整个俄国社会进行探索思考,于是,认识得到了深化,达到了当时最高水平,写出了具有启示意义的世界名著。

再次,拓展思维对象——由小到大,由不全面向全面,由局部向整体的拓展。比如阿Q形象的塑造,鲁迅从阿Q的名字开始,逐步深入,一点一点揭示阿Q的个性和命运,最后,一个完整的活生生的人物形象展现在人们面前。

2. 继发思维表现为思维的搜索与引申性

思维搜索是指思维主体调动一切心理能量在脑海里搜寻检索与思维对象有关的信息,充实、丰富思维对象的内容。思维搜索的心理活动方式就是联想,就是从某一事物联想到与之有内在联系的另一事物。诗人艾青说:"诗人的脑子里对世界永远发出一种磁力:它不息地把许多事物的意象、想象、象征、联想……集中起来,组织起来。"他进一步说:"联想是由事物唤起的类似记忆;联想是经验与经验的呼应。"①

联想是类似事物之间的横向联系、纵向拓宽的思维活动过程。

联想是一只有线的风筝,在思维的天空永远有一只理性的手操纵着。向着什么方向联想,能联想到什么内容,是由思维主体的意识——主观意图、目的、倾向、态度——决定的。

《社稷坛抒情》进行的是政治联想,想到的是古代帝王到今天平民生活等,以此思考社会变化。《我与地坛》进行的是生存联想,想到的是与我生活有关的种种人和事,以此思考人生的意义。

《文化苦旅》进行的是文化联想,想到的是文化人的悲苦命运,以此思考中国文化的命运。任何作者所联想到的内容都与他的写作意向相关。由此可见,在文章写作中,联想机制不是随意展开,而是有理性意味的,是服从于写作目的这一根本任务的,是思维为解决写作问题而运用的一种基本方式,所以,思维搜索是围绕触发思维的定题进行的,是有目的地展开联想。

具体的搜索过程包括以下几个方面:

一是搜索与思维对象相关的信息材料,尽可能地占有思维对象的全部材料。

二是搜索思维对象与其他事物之间的关系,找出与周围事物的各种关系,在相互关系中深化对思维对象的认识。

三是搜索与思维对象有关的理论观念材料,因为任何事物都有现成的观念附着于其上,只有理解了原有的各种观念,才能从新的维度创造性地理解思维对象。

---

① 艾青《诗论》,人民文学出版社1982年版,第199—200页。

通常所谓"苦思冥想",就是思维搜索。继发思维只有经过全面搜索之后,才能展现思维对象的丰富内涵和整体面貌。

思维引申是指思维主体对思维对象进行合理地引申发展,从而显示思维对象隐含的意味和潜在的意味。

思维引申具体表现为两个方面：

其一,扩大思维对象的范围、性质、内容,使思维对象隐含的意义得以凸现。例如龙泉明先生在研究郭沫若的创作时有一段话说得很好："'五四'时期,郭沫若主张抒写自我。他说：'诗底主要成分总要算是自我表现'……他认为,'个人的苦闷,社会的苦闷,全人类的苦闷,都是血泪的源泉,三者可以说是一根直线的三个分段,由个人的苦闷可以反射出社会的苦闷来,可以反射出全人类的苦闷来,不必定要精赤裸裸地描写社会的文字,然后才能算是满纸的血泪。'这就是说要通过抒写自我,达到表现社会的目的。"[1]从这段话我们可以看到,作者创作过程中的继发思维就是要从个人扩展到社会,从一个社会扩展到全人类,这样引申思考,就能够深化认识,思维对象隐含的意义就会凸现出来。

其二,合理引申发展材料的潜在意义。例如鲁迅写作的《阿Q正传》,对阿Q的描写就是对阿Q进行了合理引申发展,由阿Q头上的癞疮疤扩大范围到对"光"、"亮"的忌讳,从而把阿Q性格上的弱点充分暴露出来了。后来的评论家指出阿Q也是要革命的,就是从阿Q的种种行为表现中引申发展出来的认识。

人的思维的突出功能就是信息增殖,拓展就是信息增殖,就是由一个材料生出很多材料来。

3. 继发思维使认识不断深化

随着思维的不断拓展,主体认识的不断深化,主客之间相互交融的不断深入,逐步达到对思维对象合目的合规律性特征的认识。

继发思维一方面是对感知表象的联想、想象,另一方面是对其合目的合规律属性的认识,抽象是信息增殖的主要方式。材料经过抽象之后,就具有双重属性与蕴涵,即原来的内容加上了主体认识的内容。抽象一词源于拉丁文,原意指分离、排除或抽出。这里是指从许多具体事物中,舍弃没有达到合目的合规律的属性,抽出合目的合规律的属性,这是形成概念的必要手段。

概念的形成,就是进行思维推导,推导是根据已知推出未知结论的思

---

[1] 龙泉明《中国现代作家审美意识论》,武汉出版社1993年版,第24页。

维方式,也是信息增殖的主要方式。属于理性思维在继发思维过程中的表现。推导有归纳推导、演绎推导、类比推导等等不同形式,人的思维的突出特征就在于能由此及彼,由表及里,由已知推出未知。推导的关键是逻辑,在严密的逻辑规则下推导就能获知。不能凭空推导,更不能瞎想。

我们由此可以看到,随着继发思维的扩展,逐步深入到事物合目的合规律的认识领域,理性思维就会发生作用。为此必须做到:

首先,实现时代背景、理论背景和现实对象的结合,使认识得到深化。

继发思维为思维对象寻找、发现或者创造一定的背景,继续深入思考现实事件的深层意味。原发思维由于受具体的信息刺激,形成原初思维成果,这种认识一般是就事论事。继发思维不满足于认识事物的个别属性,不满足认识的表层意蕴,而要深入事物的历史之中考察其背景渊源,揭示事物的深层即合目的合规律的层面。对于任何事物,只有将之与其背景联系起来加以认识,才能突破原初认识的局限,获得更深刻地认识。

深入背景就是把写作对象放在特定的背景上来认识,从而发现对象单独出现时难以被人认识的特性,只有深刻地理解了对象的特性,才能更好地表现对象。阿恩海姆指出:"所谓理解力,就是从一种难以辨别的背景或前后关系中把一种隐蔽的性质或关系识别出来的能力,也是一种可以导致重大发现的能力。与此同时,背景对识别这种关系又会造成一定的困难,这样一来就又引出了一个较特殊的问题。这就是:不管怎样说,'永远不要离开背景去看待一件事物'这一警告,是有一定的道理的,因为离开背景或前后关系去看待事物,就会歪曲它们,篡改它们,甚至使它们变得面目全非,最起码也会使它们发生某些改变。"①背景是一个复杂的现象,从现象上看,有宏观背景与微观背景之分。从类别上分,有家庭背景、社会背景、自然背景、文化背景、历史背景、现实背景等,任何事物只要和特定的背景结合起来,就会显示出特定的社会意义。

背景的深入是一个人为的过程,是思维的结果。客观的背景是没有写作意义的,主观构想的背景是人赋予事物社会意义的过程。继发思维就是要使自己思维的对象在特定的背景上显示其内在的意义。

其次,融合思维对象与写作主体的主观意向,使认识得到深化。

客观事物的意义是认识的结果,主体在认识客观事物的过程中,同时也把自己主观的思想感情附加在客观事物之中,实现相互交融。思维生发就是由一点认识产生出多个认识的过程,即由一件事滋生演变出很多事,

---

① 阿恩海姆《视觉思维》,第128—129页。

由一点意思生发出很丰富的意思的思维过程。主客相互影响和融合是生发的基础和前提。

鲁迅先生在总结自己的创作经验时说过:"所写的事迹,大抵有一点见过或听到过的缘由,但决不全用这事实,只是采取一端,加以改造,或生发开去,到足以几乎完全发表我的意思为止。人物模特儿也一样,没有专用过一个人,往往嘴在浙江,脸在北京,衣服在山西,是一个拼凑起来的角色。"①人的思维的突出功能就在于此,由一个可以生出多个,由已知可以推出未知,由原发思维对象生发出新的思维内容,丰富了对象的内涵,拓宽了对象的天地。

在思维生发过程中,写作主体的主观情感态度起着非常重要的作用。由一个认识产生多个认识,是从不同角度认识对象的结果,同时主体也附加给对象以主观情感的意味。例如,陶铸对松树的认识,生发出多方面的特征意义,这意义又与主体自身的情感态度相融合,写作主体由自身对松树风格的认识,生发出对共产党人风格的赞美之情。经过主客观意义融合,就深化了继发思维的认识。

继发思维不断扩展思维对象的内容,提供丰富的思维材料,丰富的知识内容,在此基础上,从对事物个别属性的认识上升到整体属性的认识;从具体现实意义的认识上升到背景、历史、文化深层意味的认识;从事物普遍联系的规律扩展思维,逐渐深化事物的意境;进而实现对写作对象认识上的质的飞跃,由具体上升到抽象。例如《何以解忧》的作者从解忧开题,先谈到饮酒解忧,扩展到翻译解忧、读书解忧,进而扩展到旅游解忧,最后,升华为在梦中忘忧,把海外游子思乡的忧愁表达得非常充分感人。

4. 继发思维表现出主体能动性

继发思维是在两个层面上展开思维活动的:一方面探寻写作定题的所有内涵,比较所有的认识,从中做出选择,进而集中、深化;另一方面不断地进行扩展,围绕写作定题扩展材料范围,尽可能增加定题的有关信息,并根据认识加工、改造、增殖。材料的扩展,既丰富了写作目标的内容,也不断丰富、深化着主体对写作定题的认识。这两个方面相互作用,共同促进,逐渐接近写作目标。高尔基在《谈谈我怎样学习写作》一文中说:"在求生的斗争中,自卫的本能在人身上发展了两种强大的创造力:认识和想象。认识——这是观察、比较、研究自然现象和社会生活的事实的能力,简单地说,认识就是思维。想象在其本质上也是对于世界的思维,但它主要是用形象来思维,是'艺术的'思维,可以说,想象——这是赋予大自然的自发现

---

① 鲁迅《我怎么做起小说来》,见《鲁迅全集》,西藏人民出版社1998年版,第677页。

象与事物以人的品质、感觉,甚至还有意图的能力。"①

写作过程中,主体的能动性突出地表现为想象。

想象作为一种心理现象,是指通过对记忆表象的分析、综合和改造而进行的新形象的创造。它与记忆联想不同,关键在于改造。但想象要对表象选择、改造、重新组合,又需要知觉材料和记忆联想提供原料。改造是继发思维对原发思维对象不能适用于写作主体表现需要的某些方面进行改变加工,使之适合于主体的写作目的。例如鲁迅的《从百草园到三味书屋》中的长妈妈就是在原型的基础上对人物形象进行了加工和改造,很好地表现了鲁迅对劳动人民的感情。

法国美学家列斐伏尔早就认识到:想象能引导人们进入现实的最深处,发掘隐藏在现实深处的必然规律;同时,能够突破现实事物的外壳,超出主体现实的视域,促进人们认识五官感觉所不能直接感知的事物,使人高瞻远瞩预见未来,产生解决问题的新办法。写作是一项探索人类诗意生活方式的有意思活动,他正在探索的生活是现实中尚未存在的生活,是存在于作家想象中的生活。所以,美学家王朝闻说:"没有想象就没有创作,没有想象也没有艺术欣赏。"②写作活动中的想象思维可以突破原发思维对象的局限,使思维向纵深发展;同时,想象思维可以弥补现实思维对象材料的不足,把片断的信息按一定的关系连接起来。

继发思维中的想象变形是改变思维对象的外形,使事物原来的面貌发生一定的变化,产生出新形象。在继发思维过程中,作家为了达到一定的目的,就会调动想象力和创造力,以违反常规事理的方式对思维对象作合乎创作情理的变形处理。这种变形处理有很多种方法。

一是使用扩大法和缩小法,把思维对象变大或者变小,使某一方面的特征凸显出来。例如拉伯雷笔下的巨人,是把普通人的形象扩大;《尼尔斯骑鹅旅行记》是把尼尔斯缩小,它们都是为了以陌生化的方式突出创作主体对人生的理解。

二是运用黏合法,把不同的对象根据需要黏合在一起,构成一种奇特的形象。例如人面狮身像,半人半兽,既有人的属性,又有兽的属性,可以表现常规难以表现的内容和思想。

三是运用漫画法,突出思维对象的某一个特征,使之变形,给人留下深刻的印象。例如鲁迅创作阿Q就运用漫画法突出其性格上的缺陷。

---

① 庄志民《审美心理的奥秘》,上海人民出版社1983年版,第165页。
② 王朝闻《适应与征服》,江西人民出版社1983年版,第16页。

四是采取夸张法,有意夸大思维对象的某些方面特征,使之达到惊人或者可笑的效果。例如《儒林外史》里刻画的守财奴,临死还不忘记灯碗里点着两根灯芯,硬是伸着两根手指,不肯咽下最后一口气,不肯闭上那吝啬的眼睛。这种夸张达到了非常感人的效果。

五是通过幻事法,这种变形不改变人物而将世事变形,使常人在奇异的世事里旅行,给人奇特的感受和深刻的启迪。例如中国古典小说《镜花缘》,让主人公经历大人国、小人国、女人国等奇异的国家和世事,表现了古代中国人对外国的认识和看法。美国小说家写一个人在山上奇遇一些怪人玩九柱戏,给他喝了一杯酒之后,使他昏睡一觉,结果醒来后,世事大变,二十年过去,他已经不适应社会生活了,也属此列。

继发思维中的变形,是一种变态思维,即心理学上被称为幻视、幻听、幻触、幻味、幻本体等,是人的异常知觉,在文学创作思维中被作家运用来创造新形象。

继发思维主体的能动性还表现为通过类比,达到由此及彼的认识。类比是把思维对象和另一个事物联系起来,发现二者之间的相似之处,通过比较,获得新的认识和启迪,达到由此及彼的思维目的。

类比思维是拓宽思维空间的有效方法,特别是在写作活动中,类比思维成为象征手法使用的内在心理基础。没有类比,就不会产生象征。例如《松树的风格》、《海燕》等有名作品,都是在感知外界事物的基础上,通过继发思维的类比,发现了深层的象征意味,发现了这一事物与另一事物的共同点,从而创作出来的。

第三节 继发思维的场效应——客观环境与思维意志

1. 继发思维场——客观环境

客观环境是指一个人生存的背景,有微观和宏观的区分。微观环境是个体生存背景;宏观环境是群体生活背景。写作思维主体都是既置身于具体的家庭生活之中,又置身于群体的社会生活之中。他的思维必然要受到这两个方面的影响。

继发思维过程受社会环境的影响是明显的,这是由于继发思维过程是在原发思维激情过后的冷静思考,是进一步对思维对象深入认识,因而必然涉及思维对象的社会因素。王先霈先生认为:"在通常的情况下,一个人投身于文学创作活动的最初的推动力,来自文学以外的领域;最重要的创作情绪,是社会性的情绪,是由社会生活、社会的矛盾和斗争引起的情绪。"①陕西七八十年代成长起来的一批农裔城籍作家,当时的创作动机主要是农村生活的贫困压力,以及人们对于作家的敬重。换句话说,写作为作者带来一定的荣誉,又可以让他跳出农门,过上城市生活,甚至可以把老婆孩子的户口迁移到城市。精神上的荣誉和物质方面的实惠形成一种合力,驱动这批作家拿起笔来描述自己经历的挫折、困惑和理想。而他们的挫折、困惑和理想又代表着占人口大多数的广大农村有志青年的共同心声,因此,可以说他们的创作是由社会促动的,又反映了社会的心声。由此可见,社会客观环境的压力是继发思维得以进行的外部推动力。社会生活的感受是作家从个体的生存环境和过程中感知到的,也是在与其他生存者相比较中产生的。

贫困使个体的生存发生危机,当一个人处于非常艰难的生存境遇中时,他会激发起全身的力量为自己谋求新的出路,一方面,他会对自己的生存境遇提出抗议,会在力所能及的情况下改变或者跳出此种境遇;另一方面,他会在自己的心里幻想一种美好的生活,安慰自身现实生活的不足,想象着在他的生活中会出现一种奇迹。在前一种情况下会产生批判现实主义作品,在后一种情况下会产生浪漫主义作品。不管现实主义还是浪漫主义作品,都是生存压力的结晶,环境舒适,没有压力,继发思维就缺乏动力,就不会深入展开,写作主体就会沉溺于舒适的现实,对现实产生满足感,就没有非写不可的创作冲动。

客观环境的压抑、制约与主体内在的要求发生冲突,是继发思维深化的主要原因。司马迁在《史记·太史公自序》中这样总结了写作的基本规律:"夫《诗》、《书》隐约者,欲遂其志之思也。昔西伯拘羑里,演《周易》;孔子戹陈、蔡,作《春秋》;屈原放逐,著《离骚》;左丘失明,厥有《国语》;孙子膑脚,而论兵法;不韦迁蜀,世传《吕览》;韩非囚秦,《说难》、《孤愤》;《诗》三百篇,大抵贤圣发愤之所为作也。此人皆意有所郁结,不得通其道也,故述往事,思来者。"人是为尊严而生的,一旦受到欺凌、侮辱和迫害,剥夺了它应有的荣誉和尊严,他首先会在心里激起反抗情绪,由此演化成为创作情绪,生出写作的欲望、意志、力量和毅力。主体受压抑的程度越深,对现实的认识就越清楚,对事物的合目的合规律性特征或相反维度的特征的揭示就越深刻,深化并丰富原发思维对象的动力就越强大。

其次,社会环境是写作继发思维方向发生两极分化的基础。写作主体

---

① 王先霈《文学心理学概论》,华中师范大学出版社1988年版,第61页。

面对社会深入思考往往会受到两个相反方向作用力的影响：一是顺应社会环境的诱导和召唤，发出赞歌，适应客观环境以求生存；二是反抗客观环境的压迫，以愤怒的声音呐喊，以改变社会现实的不合理现象。

在现实生活中，有些人只看到社会生活中美好的一面，另一些人却只看到社会生活中丑恶的一面，有些同时看到了两个甚至更多的方面，这都是由于社会环境对其思维方向产生了诱导作用。由此，生活在不同社会环境中的人对社会生活就会形成不同的认识和态度，就会形成两极乃至多极思维对立现象。

再次，社会环境决定写作思维的内容和范围。一般写作者都是以个体思维活动的内容构成写作对象的，个体的思维内容必然受到个体生活环境的影响和限制。个体生活经历在写作主体身上留下了深深的烙印，他的生活环境是他思维的范围，一般人很难超出它自身的局限性。生活在优越环境中的人与生活在贫困环境中的人，他们的思维有着很大的差异。生活环境的局限，很自然地就会影响到思维者的思维内容和范围。从整个社会环境来讲，任何个体的思维必然会受到整个社会思维的影响。每个人都在特定的生活环境中生活，他的思想和认识问题的方法，都是社会环境教育的结果。每个社会的主流思想一般都是统治阶级的思想，特定社会中每个个体的思想都会带有一定的统治阶级思想的印痕，即使他是社会的被压迫者，如果没有外来思想的输入，他也不可能完全脱离既定社会的思维定势而去进行全新的思维。

一个个体思维者要想突破社会环境对他的束缚，需要付出极大的代价和努力。为了成就思维的个性，他必须具有明显的外位意识，站在既定生活世界之外，吸收来自另一个世界的新鲜空气，用另一种眼光看待既定生活世界。

2. 继发思维场中的思维意志——主体的内在心理素质

继发思维在特定的客观环境中，受到很多束缚和影响，或者顺应或者对抗，都需要写作主体具有顽强的思维意志，才能从表面现象深入到事物的内在属性，才能揭示真理，表现真理。在这个过程中，写作主体需要具备良好的心理素质。

首先，主体的情感态度是继发思维得以进行的内在推动力。刘鹗在《老残游记自序》中说："吾人生今之时，有身世之感情，有家国之感情，有社会之感情，有宗教之感情，其感情愈深者，其哭泣愈痛，此洪都百炼生所以有《老残游记》之作也。"主体的感情态度，是其主观能动性的表现。面对现实，人起欲望、生抱负、有追求，必然伴随情感体验。欲望得到满足，抱负得以施展，追求得到实现,就会快乐。反之,这些如果受到阻碍、压抑,则会感到痛苦、悲哀,不同的情感态度会激励主体采取相应的手段来使自己得到平衡。在写作中,能否对原发思维对象深入思考,扩展内容,与主体的感情态度的强烈程度是分不开的。唐代诗人韩愈说:"大凡物不得其平则鸣。草木之无声,风挠之鸣。水之无声,风荡之鸣。其跃也,或激之;其趋也,或梗之;其沸也,或炙之。金石之无声,或击之鸣。人之于言也亦然,有不得已者而后言,其歌也有思,其哭也有怀。凡出乎口而为声者,其皆有弗平者乎!"[①]

每个人在生活中都可能感受到触发思维,但是只有少数人在强烈情感的推动下,才能进入继发思维过程。这就涉及一个人对社会生活的情感态度究竟是积极的,还是消极的? 是入世的,还是出世的? 只有积极的关注现实、拥抱人生,才能激发出强大的情感动力,反之,思考消极被动、认识肤浅,就会使初期的触发随风而逝。

其次,主体的思维意志与信心是继发思维深入扩展的重要保证。

写作中的继发思维是辛苦而艰难的过程,只有冲破种种束缚与局限,才能不断拓宽思维空间,发现新的,深刻的,有价值的写作内容,这就要求主体付出很大的努力。古诗"两句三年得,一吟泪双流",非常逼真地形容了继发思维的艰难。写作主体是否具有顽强的思维意志,能不能坚持"苦思冥想",是思维能否扩展、深入的关键。

信心是主体对自身能力的肯定,在思维过程中,有信心,意志就会坚定,没有信心,就不会产生思维意志。同时,信心能够激活人的创造性思维,使思维处于良性活跃状态。在思维过程中,信心是建立在对能力的训练上的。平时注意对写作各方面能力的培养、训练,就会逐渐培养起思维信心。成功是对信心的鼓励,失败是对信心的考验。在写作思维中,信心又与人的抱负、追求、理想有密切的关系。毛泽东年轻时就极为自信:"自信人生二百年,会当水击三千里。"所以,信心不仅在思维中,在人生的任何方面都是极为重要的。

再次,毅力与恒心是继发思维克服困难、坚持到底的重要心理素质。

在继发思维过程中,主体的毅力表现为不达目的誓不罢休的决心。决不轻言放弃的人总会取得成功。

恒心表现为在思维过程中不急不躁,不急于求成,总是耐心地长久地进行思考,以求取得更加深刻的认识。写作思维是个体的一项寂寞的事业,耐得寂寞,方有恒心可言;同时,继发思维又是一件痛苦的事业,能吃得

[①] 韩愈《送孟东野序》,见王力《古代汉语》,中华书局1979年版,第961页。

苦,也才会有恒心。有毅力,有恒心,思维才会结出丰硕的成果。

第四节　继发思维的方式及其局限性

1. 联想,是想象的初级形态,它是从某一事物而联想到与之有联系的另一事物的一种心理活动

联想过程是一个神与物游的过程。主体把身之所历、文献所记、作品所写的一切都浮在目前。司马相如论赋的创作说:"赋家之心,包括宇宙,总揽人物。"(《西京杂论》)胡应麟论诗的创作说:"荡思八荒,神游万古。"讲的都是联想给主体带来宇宙的广度,当然,这个广度不是任意的、随机的,而是受到制约的。正如诗人艾青所说:"联想是由事物唤起的类似记忆;联想是经验与经验的呼应。"

联想是一种类似事物之间横向联系、纵向拓宽的思维活动过程。

联想是一只有线的风筝,在思维的天空是不自由的,他由一只理性的手操纵着,向着什么方向联想? 能联想到什么内容,是由思维主体的意向——主观意图、目的、倾向、态度——决定的。

唐诗"去年今日此门中,人面桃花相映红。人面不知何处去,桃花依旧笑春风。"①这是围绕一个痴情人情感失落后的情境进行的时空接近联想。作品通过时空本身不变中的变化所呈现出的张力,表现出一种物是人非而带来的主体情感失落所具有的生命审美张力。联想的机制是发掘宇宙自然和社会人生的相似点,在常人看来无关的人、事、物中发掘出常人看不出的相似点,这样无疑就拓宽了人的思维。在写作思维中,联想的目的是要展示思维主体的活力,表现出思维对象的张力,从而增加审美魅力。

余秋雨的《文化苦旅》始终围绕文化人的悲苦命运进行联想,在历史的长河里,联想到的所有内容都是为了表达作者这一意图的。由此可见,在文章写作中,联想机制不是随意展开,而是有理性意味的,是服从于写作目的这一根本任务的,是思维为解决写作问题而运用的一种基本方式。

2. 想象,是让虚无转化成为现实的活动

想象的现实基础是虚无,对于现有的呈现于眼前的东西我们不会去想象,我们只想象现在没有的不在眼前的东西。在虚无中想出一个存在,实际是对于现实的一种补充、丰富,对人生的一种拓展、完善。当一个小孩子

---

① 崔护《题都城南庄》,见《唐诗鉴赏辞典》,上海辞书出版社 1983 年版,第 746 页。

对他的爷爷说,"我要是能长出一对翅膀,一定带着爷爷到天涯海角去看南国的风光,到哈尔滨去看美丽的冰雕。"说明这两处胜景都不在他的跟前,看这两处风景是他人生的一大向往;他想象自己长出翅膀,是因为鸟儿飞翔的翅膀是他所缺少的,如果能长出鸟儿的翅膀,将对他的人生是一种补充和完善。他想象自己长一对鸟儿的翅膀而不是长一对人从没有见过听过的东西,说明想象虽然具有创造性,但是,是在一定的现实基础上进行创造的,不是凭空创造的。他对现实中的东西进行重新组合,让它具有一个新的面貌,一种新的意思。

想象作为一种心理现象与记忆联想不同,关键点就在于改造。但想象要对表象选择、改造、重新组合,又需要知觉材料和记忆联想提供原料。

法国美学家列斐伏尔说:"想象能引导人们进入现实的最深处,发掘隐藏在现实深处的必然规律;同时,能够突破现实事物的外壳,超出直接提出来的事物的范围。"① 想象是人类一切创造性活动的前提,促进人们认识五官感觉所不能直接感知的事物,使人预见未来,产生解决问题的新办法。写作是人类探索新的诗意生存方式和途径的活动,因此,它时时需要想象,离开想象,写作就不是探索而是重复生活。写作活动中的想象思维不仅可以突破原发思维对象的局限,使思维向纵深发展;同时,想象思维可以弥补现实思维对象材料的不足,把片断的信息按照合目的性的审美方式连接起来。

3. 抽象

抽象一词,源于拉丁文,原意指分离、排除或抽出。这里是指透过具体个别的事物产生的对某种结构关系和形式关系的认识,分为逻辑抽象和艺术抽象两种。逻辑抽象是通过展示概念与概念之间的逻辑关系来把握事物的本质。艺术抽象则通过展示连贯一致的形式结构,把我们带入别样的审美世界。按沃林格的说法,人的抽象冲动基于人的灵魂在自然中无法安居,从而远离自然形式去创造抽象形式,并在这种抽象形式中实现自身、肯定自身。所以,抽象是把客体自然形式瓦解以后,为了表现主体自身而构成的一个无对象世界,是对自然形式作系统变形的活动。

继发思维过程一方面是对感知表象的联想、想象,另一方面是对其合目的合规律属性的认识,抽象是信息增殖的主要方式。

过去我们对抽象的理解具有一定的片面性,认为抽象只在逻辑思维过程中应用,只是逻辑思维的主要形式。现在,人们进一步发现,抽象实际上在形象思维过程中也是主要形式,而且抽象贯穿于我们每个人的生活中,

---

① 转引自庄志民《审美心理的奥秘》,上海人民出版社1983年版,第165页。

是我们掌握世界的基本智力活动。毕加索的油画《艺术家和模特》就是对现实事物和人物的抽象。理解毕加索对玛丽-萨勒斯·沃尔特的抽象的关键是要意识到,抽象可能并不代表整体的事物,而只代表它们的一个或者几个并不容易看到的特征。毕加索决定把自己的注意力集中在模特所处的空间而不是模特本身。要理解这幅画,我们必须注意到,玛丽-萨勒斯·沃尔特并不像大多数模特那样是静止的。她的织针前后里外地摇摆,她必须要整理自己的线团,可能要在它掉到地上的时候弯腰把它捡起来。所以,毕加索是在画她的头、手、臂弯、肩膀划出的圆圈,而在它们运动的时候身体被擦掉了。就好像他在她身上挂上了发光的标记,它们会随着她的运动留下轨迹——这是很多其他对运动感兴趣的人都会想到的一个办法。就像我们在画中看到的,这个人物和这个人物的运动过程被高度抽象了,静止不动的人物形象不见了,只留下对人物形象运动过程的抽象。结果构成了一幅复杂的画。一方面,毕加索用自己本身和模特的现实表现说明,如果他愿意的话他可以把她画得很现实。但是他没有这样做。为什么呢?因为他要表现的不是现实,而是对现实的抽象和认识。这一认识为我们创造了一个新的事实,这个事实虽然出乎我们的意料之外,却很值得我们观赏玩味,因为它很有意思。毕加索用新的画面告诉我们,你也在看,但是你并没有看到这一维度。这一维度只有通过抽象才能发现,不要单是看更要通过抽象思维来发现!敏锐的写作主体能够找出在客体背后隐藏的让人惊奇的特征。他是用头脑看,而不只是用自己的眼睛看!

  诗歌是一种高度精练的艺术,它的最高境界是"言有尽而意无穷",这就需要高度有力的抽象。一方面在事物瞬间的运动中,表现出无限的运动意味,再一方面,用时间的运动方式表现出空间的画面。中国古代的田园山水诗人在这方面进行了成功的尝试,现代新诗也力求达到具体与抽象融合在一起的效果。例如,王家新的《第四十二个夏季》的一段:

    夏季即将过去。
    蟋蟀在夜里、在黑暗中唱它最后的歌。
    秋凉来到我的院子里,而在某处
    在一只已不属于我的耳朵里,
    蝉鸣仍在不懈地
    丈量一棵老榆树的高度[1]。

---

[1] 孙文波等编《语言:形式的命名》,人民文学出版社1999年版,第27页。

这首诗开头都是一般性的具体表述，但是，后半部分开始进入抽象表现，说"秋凉"是一种感觉，在这里诗人把它拟人化了，"我的院子"是具体的，而"秋凉"则是一种抽象的感觉，抽象与具象结合，造成诗的意境。在一只"不属于我的耳朵里"，"蝉鸣"在"丈量一棵老榆树的高度"，这就已经完全是抽象表现，然而，这里的抽象是把象抽出来，留在诗中，让它发挥造型功能，只是抽象出来的象，具有更大的绘画能量。所以，文学写作思维不仅仅是形象思维过程，而且必然要运用抽象思维。而优秀的诗人是那种能够迫使词语绘出图画的人。

语言本身也是抽象。很多语词，比如爱、真理、荣誉、责任，都代表了非常复杂的概念。为了简化表述，写作主体从很多可能的文本中抽象出这些词。但是文学的抽象比这个还要深刻。约塞缪尔·汉森认为，诗人的工作是审视物种而不是个体；是说出一般的特征和大的现象……为了做到这一点，他必须忽视不是群体才具有的那些小的特征[1]。一般来说，文学作品中的抽象都不去说明一些重要的事情，不把重要的东西指名道姓地写在纸上，而是通过抽象方式表现出那些重要的事情，引导读者自己去理解。我们说，凡是诗歌都是创造。因为始终要传达的，是没有指明的事物、无法解释的存在、是耳朵听到的弦外之音、是词语的心情，这些全都无法通过形象思维来独立完成，而是需要通过抽象思维来实现。正是抽象思维以简化的方式给了诗歌一种高雅的质素。真正的高级艺术创作必然要经历一个简化的过程，而要实现简化，就必须进行抽象。实际上，抽象几乎伴随着艺术创作的全部过程。在写作过程中我们必须找出那些可以忽略的形式和细节，而保留我们需要的细节和内容，只有这样，才能在作品中保留合目的性、合规律性的整体。

身体语言也是抽象的。它甚至能够像数学一样充当普遍运用的世界语。当词汇的语言不能起作用时，全世界的人都会转而使用哑语。我们做出面部表情、使用手势，表达出我们的愿望。我们发明了哑剧字谜之类的游戏来测验自己的模拟表演的能力。我们花很多钱来看日本的哑剧或者西方的芭蕾及现代舞蹈，为的就是观看纯粹的，其意义都被简化为动作或者运动的语言。在舞蹈和其他学科里面，抽象获得了本质和纯粹的概念，用亨利·穆尔的话来说，抽象能够产生"最大的直入主题和最多的张力"[2]。所有的舞蹈都是对人类具有表现力的形体动作的抽象，所有的音乐都是对具有情感表现力的音响节奏的抽象，所有的文学作品都是对具有表现力的话语的抽象。抽象能够

---

[1] 转引自罗伯特·鲁特-伯恩斯坦《天才的13个思维工具》，第93页。
[2] 同上书，第94页。

提高人对现实中各种存在的外部特征与内在表现力的敏感性。在写作思维中，抽象能够实现写作主体直接进入写作主题之中的目的。

我们学会了抽象，就为自己创造了方便实用的纯粹语言，有了这种语言，就为科学文化及艺术的交流减轻了许多负担，而没有这种语言，便没有哪个人能够发明新的数学、发现新的自然规律、设计表现感觉的新方式、发展新的手势语言或者描述关于人类感情的基本事实。毕加索不断地重复说，自己学会简单、直接地作画是多么的困难，他必须一步一步地学习这个过程。

实际上，抽象对每个领域中的人来讲都是需要付出长期的艰苦劳动的。提出著名的写作"冰山法则"的著名小说家欧内斯特·海明威，曾经给编辑写信说，很抱歉手稿有那么长，如果他有更多的时间，他的作品会只有一半的长度。据说温斯顿·丘吉尔曾经说过，他只需要准备五分钟就能讲一天，但是如果只有五分钟的讲话时间，他就必须准备一整天。诗人埃德温·阿灵顿·罗宾逊随着年龄的增长逐渐从写短诗转向写长诗，他说："我现在已经六十多岁了，而写短诗太累人了。"这就是说，写作的本质并不是把单词放在纸面上，而是要学会辨认和去除不必要的单词。当词汇的描述变得越来越抽象的时候，它常常会变成诗歌，因为每一个单词会有更多的指代和含义。不管我们是为文学的目的还是为科学的目的而写作，这都是正确的。抽象是从现实起步的过程，它用一些工具去除多余的东西，从而得出关键的，也常常是让人惊奇的本质特征。

选择自己的研究对象和进行抽象的工具；现实地对它们进行思考；看一看它们的各种各样的特征和特点；找到什么可能是最本质的东西；然后过一段时间或者换一个地方再重新考虑得出的结果。把你得到的东西用简洁的语言说出来，用哑剧表演出来，唱出来，用散文诗歌写出来，你就会用简单的方式创造出丰富的意义。

继发思维的突出表现就是对现实进行抽象，对世界进行抽象，这样才能发现别人没有发现的世界，才能进行创造性的写作思维。

4. 推导，是根据已知推出未知结论的思维方式，也是信息增殖的主要方式，属于理性思维在继发思维过程中的表现

推导有归纳推导、演绎推导、类比推导等等不同形式。人类思维的突出特征就在于能由此及彼，由表及里，由已知推出未知。推导，关键在逻辑，在严密的逻辑规则下推导就能获知。推导不是天马行空，为所欲为，更不能胡思乱想。

继发思维是对材料的发展和扩展，理性的推导过程是发展和扩展材料的主要途径。我们一般都能够根据眼前的事实推导出还没有发生的事实，例如，我们看见一个人学习不专心，就可以推导出他将来会上不了大学，无法获得较为高深的知识修养。由此可以进一步推导，他不可能有很好的学问，不可能在这个知识经济时代获得优雅的谋生方式，只能找到相对粗陋的谋生方式。

由此也可以看出，推导一方面是凭借经验进行的，一方面是通过逻辑进行的。在写作继发思维过程中，我们可以通过这两种方式对所思维的对象进行合理的推导，丰富思维的内容，扩展思维的范围，走出真实的局限，完成合目的性、合规律性的创造。

5. 继发思维的局限性

继发思维使主体对思维对象的认识不断深化，范围越来越广阔，想象信息越来越多，达到"思接千载，视通万里"的境界，然而，写作又不可能把所有的思维内容都写进文章中去，因而，继发思维就显得过于广阔而庞杂。

继发思维不断地拓宽思维空间，使思维对象具有广阔的活动背景，尽可能全方位地展示思维对象的各种属性，达到对思维对象的全面认识。但是，在写作过程中，这样庞大的思维背景和复杂的思维对象的内容，需要进一步取舍，使思维集中在某一点上，以点带面，取其一而反映全面，所以，继发思维还需要进一步发展，进入下一步思维过程。

同时，继发思维在写作主体头脑中展示了思维对象的丰富内容，但是，这些内容还处于不确定阶段，随着思维的深入发展将会不断地增加新的内容。这是因为思维在这一阶段还没有形成一个明确的中心，没有形成一个集中清晰的主题来统帅，因而处于不确定状态。

继发思维深化了原发思维的认识，但是这种认识还未形成明确的写作目的，同时，也没有明确的写作形式来确定这种认识，思维在这个阶段主要的任务是扩大思维空间，丰富思维对象的信息，还没有确定运用什么文体形式来物化思维内容，所以思维还得进一步进行。

本章思考与训练

1. 什么是继发思维？
2. 继发思维有什么特点？
3. 如何理解继发思维场？
4. 谈谈客观环境与主观意识对写作思维的影响。
5. 如何理解继发思维中的抽象？

第五章　写作的完形思维过程

第一节　什么是完形思维

1. 什么是完形

"完形"一词是中文翻译格式塔心理学派时创造的一个术语,是对"格式塔"的意译。我国文艺美学家滕守尧最早介绍这种心理学理论,并且运用到文艺理论研究之中,他在视觉思维前言中说:"'格式塔'是德文字 Gestalt 的译音。英文往往译成 form(形式)或 shape(形状)。其实,在格式塔心理学中,它既不是指一般人所说的外物的形状,也不是一般艺术理论中笼统指的形式。前一种偏指一种空间结构,后一种偏指各部分的排列关系,它们都不符合格式塔的确切含义。为了将它与上述二者区别开来,中文一般把格式塔译为'完形'。这个词比较接近'格式塔'的原义,因为格式塔心理学在谈到'形'时,的确非常强调它的'整体'性。"[①]

这里所说的整体性,包含了内容、形式、形状、结构、构造等等因素,是各种因素的综合。

形状是从外部空间结构来看的,例如一首诗的外部空间结构不同于散文的外部空间结构。例如我们把筱敏的诗歌《我的墙》排列出来,从空间结构上可以看出这是诗歌的结构形状:

　　我刷掉了我的
　　乳白色的墙。
　　我的手臂一上一下
　　奋力地刷着。
　　脚踩着木梯,微微地

[①] 滕守尧《视觉思维·译者前言》,光明日报出版社1986年版,第2页。

有点儿摇晃。

我刷掉了铅笔头画出的
会打架的小人。
刷掉了用一个半圆和几条射线
组成的升不起来的太阳。
刷掉了门背后
一道道长高的十八道横杠。
我刷掉了我的
乳白色的墙。

我要让我的墙重新变得纯洁,
就得付出我从前不曾有过的力量。
取代乳白的,
是淡淡的,叶芽儿般的绿,
不是浅灰,
不是暗黄。
我是那样的艰辛、劳累,
而这会成熟似的淡绿
就会在我手下顽强地
蔓延,生长。

哦——我的墙
是重新变得纯洁了!
我倚在门框上,
像一根强有力的柱子
庄严地
想……

1981 年 5 月

(选自《海韵》第六集)

我们可以把这首诗歌以另一种形状排列出来,就成为散文,这只是因为其内在的排列关系是相同的。

我刷掉了我的乳白色的墙。我的手臂一上一下奋力地刷着,脚踩着木梯,微微地有点儿摇晃。

我刷掉了铅笔头画出的会打架的小人,刷掉了用一个半圆和几条射线组成的升不起来的太阳,刷掉了门背后一道道长高的十八道横杠。

我刷掉了我的乳白色的墙。

我要让我的墙重新变得纯洁,就得付出我从前不曾有过的力量。取代乳白的,是淡淡的,叶芽儿般的绿,不是浅灰,不是暗黄。

我是那样的艰辛、劳累,而这会成熟似的淡绿就会在我手下顽强地蔓延,生长。

哦——我的墙是重新变得纯洁了!我倚在门框上,像一根强有力的柱子庄严地想……

从形式的角度看,这首诗歌的内部关系是一种相互联结的关系,而这种关系也就是散文构成的关系,所以,form 这种形式的概念主要是指构成这种形式的内部关系,而不是外部形状。

从这里我们可以看出是形状(shape)使得这种同一关系的内容成为不同的作品,而不是形式。而我们汉语常常使用形式这个词来区分文章,而没有意识到形状的作用。

形状与形式都涉及结构,但是,格式塔心理学派的代表人物考夫卡不同意把格式塔翻译成为英语的 Structure,因为这个词主要表示结构,而认为铁钦纳翻译成为 configuration 比较适合,这个词具有构型、建构的意思,具有动作意味,于是中文翻译成为"完形"。

完形思维中的所谓完形,是指整体的构成,就是既包含形状,也包含形式和内容,也就是说,从内在的形式到外在的形状,既包含了形的意义,也包含了动作的意义,有一个完成的动作,这就是组合、建构,具有了心理驱使能动的功能和作用。格式塔心理学认为,人的内在心理存在着一种自组织的状态,也就是说,认识是在心理结构的不断完形改造过程中实现的。

"格式塔心理学家认为,知觉中表现出的这种'简化'倾向,是一种以'需要'的形式存在的'组织'(或'建构')倾向。这就是说,每当视域中出现的图形不太完美,甚至有缺陷的时候,这种将其'组织'的'需要'便大大增加;而当视域中出现的图形较对称、规则和完美时,这种需要便得到'满足'。这样,那种竭力将不完美图形改变为完美图形的知觉活动,就被认为是在这种内在'需要'的驱使下进行的,可以说,只要这种'需要'得不到满足,这种活动便会持续进行下去。

知觉中这种对简洁完美的格式塔的追求,还被某些格式塔心理学家称之为'完形压强'。这一物理学上的类比,生动地标示出人们在观看一个不规则、不完美的图形时所感受到的那种紧张,以及竭力想改变它,使之成为完美图形的趋势。"①

例如,我们随意在这里画上几条划线,它们是互不相连的,但是,在我们的心理上,总是把他们完形成为某个整体形式,总是把他们看作是一种三角形或者这是一个白帆。这就是完形心理趋势,是一种心理压强。这种心理压强的形成,有其现实经验或者图式的基础,如果头脑中没有这种三角形或者白帆的经验或者图式,人是不会把这些线条看作是三角形或者白帆的。

格式塔心理学研究的观点非常多,我们只能选择那些有助于我们理解写作思维过程的原理来做一简要概括:

首先,格式塔心理学认为人的心理内容是繁杂无序的,格式塔就是简化工程,去掉多余的信息,构成合目的性与合规律性的形式。

其次,格式塔强调整体性,这个整体性是按照需要完成的,也就是说完形的实现就是需要的满足。不完整才会产生完形心理趋势,追求完美就是格式塔心理学的结论。

再次,经验图式是完形的内在依据,对一个人来说,能否进行完形思维,关键就在于是否建立起来心理图式。完形心理学认为图式是先天带来的,对此我们要正确认识。

格式塔的错误就在于把形归结为先天性存在于人的头脑中的存在,而且,对此没有一个准确的认识和定位。正是由于这一点,巴甫洛夫才批评说格式塔的研究等于零。实际上,形式、形状、结构、建构这些内容都可能合乎皮亚杰的图式理论,也就是说,人类"形"的观念,不是先天就有的,而是后天实践建立起来的,它与模式、范式、图式具有相似的含义。这里我们只有结合皮亚杰发生认识论的图式原理,才能够更好地理解写作完形思维的过程。

2. 什么是写作完形思维?

在写作思维过程中,完形思维是普遍存在的。我们每个人头脑里所掌握的社会生活现象和信息都不是完美的,而是支离破碎、不完全、不成形、有缺陷的。如果我们给自己提出一个写作要求,那么就会在心理上产生一种完形心理压强,驱使自己在写作过程中对这些凌乱的现象进行整合,完成整体构想。如果我们头脑中已经建立起了文章的形式结构图式或者经

---

① 滕守尧《视觉思维·译者前言》,第7页。

验,就能够促使自己对这些不完整的信息资料进行完形组合,最终完成写作任务。反之,就会感到无所适从。所以,写作完形思维就是在继发思维之后对杂乱的信息资料按照一定的写作要求进行简洁化、系统化、完美化、整体化加工处理,使之成为完整的文章形式结构的思维过程。

根据这一原理,我们可以对写作完形思维这样来认识:

写作完形思维是在继发思维扩展之后,进一步明确中心,定体成形,完成文章整体序化构想的思维过程。

格式塔心理学是从视觉角度来探讨人的认识过程的,写作实际上是用语言抽象思维的。但是,二者之间是有一定相似性的,用格式塔心理学原理也可以揭示写作思维的奥秘。

一个男人和一个女人,这两个信息进入你的头脑,你马上就引起一系列完形想象,他们之间一定会发生什么故事。

阿Q看见一个男人和一个女人在一起,就会扔一块石子过去。就是因为他使用传统观念进行完形想象。如果你的观念现代化,那么,你就会对此进行合理的完形想象,他们可能就是同事,要完成一个项目。这可能不是一个关于性的故事,而是一个合作的故事;不是一个关于性的冲突,可能是一个事业的冲突。那么,什么冲突会吸引读者?这种思考就是小说文体的思考。

形式作为完形思维的规范,它的作用在继发思维阶段处在遮蔽状态,因为那时,思维主体的中心任务是扩展和丰富思维内容,范式没有什么作用,因此被弃置不用。但是,到了完形思维阶段,形式的规范作用就显得格外突出和重要。写作思维主体只有掌握了种种常用写作样式,才能适应社会生活的需要,对心理内容进行整合、序化,准确表情达意。

第二节　完形思维的特点

1. 求同趋势,确立文章中心

完形思维首先是寻求思维对象相近相同的心理张力图式,以此作为建立完形关系的基础。在继发思维的过程中,随着思维范围的不断扩大,思维对象在深度、广度方面得到开掘、扩展,材料得到充分地搜索和改造,但由于没有形成写作的中心意念,这些材料仍然呈现为无序状态。但是,经过继发思维的全方位探索之后,完形思维就有了比较、选择。在此基础上,确定中心,并逐渐使这一中心明朗化,从而完成写作构思。

完形思维就是要进一步明确已有材料的相似处、共同点,形成写作思维中心,在此基础上,组织材料,完成写作构思。它要在诸多意念和材料中选择一个中心,这样,其他的意念或材料都会围绕这个中心组织起来,实现思维的整体形式序化。

事物的属性是多方面的,经过继发思维,事物的多方面属性尽可能全面地呈现出来,在此基础上,写作主体也会形成多方面的复杂的认识,写作主体的完形思维趋向于寻求一个中心,完成写作目的,这就需要思维主体对事物多方面属性的认识进行比较、鉴别,选择出最能体现写作目的的认识来完成写作的整体构想。

根据什么来选择、确定中心呢?

首先是选择能反映事物合目的、合规律的属性来确立中心。

事物的属性虽然是多方面的,但其中必然有一个属性对写作思维主体来说是既合目的又合规律的,这是一种有写作价值的属性,其他属性是依附于这种属性的。例如人的属性是多方面的:聪明、好学、谦虚、处事老练、品德优良等等,当写作思维主体准备思索、表现人的品德时,品德就处于核心地位,成为该人区别于其他人的合目的、合规律的价值规定。再如,竹子的属性:柔韧,能屈能伸,中空杆直、虚心有节,清姿高雅,当主体准备思索和表现其虚心和节操时,中空杆直、虚心有节就成为一种合目的、合规律的价值属性。

继发思维拓宽了视野,使我们能看到、认识到事物的多方面属性,不至于僵化于一隅;完形思维则要进一步认识事物,抓住一种合目的合规律的属性来确立中心,以此为基础,才能形成揭示事物本质的思想认识。

其次是选择能够体现时代、社会发展特征和精神的属性来确立中心。

任何一个事物都存在于特定的社会、特定的时代,它的属性必然反映着社会、时代的特征和精神。写作思维既要反映对象的规律,主体的目的,还要反映社会及时代精神。因为人是生存于社会之中的,它存在的价值与意义是受到社会制约的。因而,从社会的角度来思维,就要求主体能够从事物的多方面属性中抽出能够反映时代、社会的特色。例如,社会、时代的特征和精神是追求知识、弘扬科学,那么,某人身上的聪明、好学属性就成为选择、确定中心的依据;社会、时代弘扬某种精神,如以德治国,那么,品德就成为反映的主要内容。

再次,根据思维主体个人的感情态度、志向抱负以及性格、倾向性来确定中心。

每一个思维主体都生活在特定社会、特定阶层、特定家庭之中,他的感情态度、志向抱负、理想追求以及个性都会影响他的思维意向、写作目的，影响他对事物多方面属性的选择和确定，例如陆游的咏梅诗和毛泽东的咏梅诗，各自选择确定的中心，显示出不同的情感态度和志向抱负影响下所表现出的迥然相异的思维意向和写作目的。

    陆游《卜算子·咏梅》 毛泽东《卜算子·咏梅》

    驿外断桥边   风雨送春归
    寂寞开无主   飞雪迎春到
    已是黄昏独自愁   已是悬崖百丈冰
    更著风和雨   犹有花枝俏

    无意苦争春   俏也不争春
    一任群芳妒   只把春来报
    零落成泥碾作尘   待到山花烂漫时
    只有香如故   她在丛中笑

  前一首诗表达了一种个人仕途失意、独善其身的思想感情；后一首诗则表达了不畏艰险、积极进取、无私奉献的精神境界。

  在上述确立完形思维中心的三种选择中，第一种选择是最基本的，它强调了主体目的与客体规律的统一。第二、第三种选择把重点放在主体目的上，就有一定的偏颇性、危险性。选择确定中心命意，就是写作完形思维对问题的解答，也是写作思维目的的实现，因此必须慎重对待。

2. 聚合趋势，以此建立结构和秩序

  完形思维是按照文体形式的规范对思维对象或者心理内容进行序化组合的。原来处于无序状态的思维内容，这时，都会围绕中心聚合起来，建立其内在联系，并由思维主体根据需要加以改变，确定前后次序及在文章整体中的位置与作用。

  文章整体规模，由思维对象涉及的范围大小来决定，涉及的范围大，关系多，材料多，聚合的内容就多，建立序化的过程就长，文章的篇幅就大。相反，聚合的内容就少，序化过程就短，篇幅就小。

  完形思维是在经过广泛搜索扩展之后，明确文体的前提下实现的，这时，整个思维的聚焦点就是把丰富繁乱处于无序混乱的思维内容围绕中心意念依次序化组织起来。

  "只有在艺术中，例如在绘画中，视觉才最大限度地运用自己的组织构造能力。当一个艺术家选取某一特定地点画一幅风景画时,他不仅要对他在自然中发现的东西加以选择和重新组合,还要把整个可见物体加以重新组合,使之服从于他自己发现、创造和纯化过的秩序或结构。"① 这是说,只有在完形思维过程中,纷乱复杂的思维世界的诸多心理现象,才能在写作中心明确后聚集起来,围绕中心重新组合,构成一个有序的群体。

聚集思维就是在发散思维的基础上,紧扣中心问题所进行的思考活动。在文学创作活动中,中心事件、中心人物、中心景物、中心思想都是收束思考所要环绕的轴心;在实用写作、理论写作中,中心意图、中心目的、中心逻辑则是收束思考所要环绕的轴心。思绪就像一团乱麻,不能收束是无法写出成功的作品的。歌德在他的《自传》中曾谈到他创作《少年维特之烦恼》的过程。与友人之妻的恋爱使他思绪万千,发散思维漫无边际,但当他准备写作时,他说:"在内心上也把一切与这作品无直接联系的思念搁在一旁。在其他方面,我把一切与我这个意图多少联系的思维汇集起来。"他把自己与外界隔绝了四个星期,终于一口气写出了这部世界名著。

写作思维要能够放得开,收得拢,聚集就是经过充分放开,全面探索之后的收拢,这时思维的目标就更为明确,更具有方向性,因而诸多材料才能围绕中心聚集起来,构成一个有机整体。

3. 创新趋势,以此突出写作的个性特点

写作思维的创新性最集中地体现在完形思维阶段。

首先,在完形思维阶段,一个全新的思想在经过充分的继发思维之后得以形成。完形思维也只有在继发思维基础上才能选择、集中、概括、明确一个中心思想。这个思想的形成经过思维的不断加工、改造,到了完形阶段,终于创造成熟,确定下来。

其次,创新性还表现为在完形过程中,一个全新的形式得以产生。完形思维是对诸多思维材料进行聚集、有序化的过程,这个过程是把思维对象的内在联系和思维主体的目的组织成一个整体的形式,标志着一个新的有意思形式的产生。

再次,创新性还表现在形象的诞生和语言风格的确定。在文学创作中,形象在完形思维中成熟,标志着一个新的生命诞生在文学世界里了。托尔斯泰在创作《复活》时,原发思维是受法庭案例的触动,但是写不下去;继发思维使他明确很多内在的背景以及整个人类生活发展的趋势,认识到俄国社会腐败的现实;完形思维过程才终于产生出来一个全新的人物形象。

---

① 阿恩海姆《视觉思维》,第83页。

语言形式的创造既反映了写作主体的个性，也反映了作者对语言的理解和发挥。鲁迅和周作人的作品，表现出两种极不相同的语言风格；陈忠实和贾平凹都在叙述故事，但是叙述的语言却完全不同。具有创新性的语言运用和一般常规化的语言运用有很大的差别，用常规形式表达的思想往往是缺乏意味的。但是，如果换一种奇异化的语言形式，就会产生无穷的意味和吸引力。

完形思维就是由复杂混乱实现集中整合、清晰、有序，这就必然要有所选择，有所舍弃。简化是思维创新性的突出表现。

思维实现简化是在中心确立、文体选定之后开始的，这时，思维目标已完全清晰，灰靶已成为明靶，简化就可以使思维直指目标。思维简化的根本工具就是语言。语言以确切性内涵使混沌一团的意念确定为一，简化明确。

语言在完形思维中的表现就是在头脑中建立一条直指写作内容构成的道路或者线索，在这条思维线上交织着多个思维内容，语言的确定只能表达其中之一，即代表性的思维内容，大量的思维信息由于不符合语言特指性而被简化掉了。许多人由于不懂这个道理，缺乏这方面的训练，往往想得很多很好，可写出来就大打折扣，感到不是很满意。刘勰早在《文心雕龙·神思》篇中说过："意翻空而易奇，言征实则难巧。"就是说头脑可以想象的很好，但是，语言的介入使得奇异的思维内容难以实现，原因在于，意和想象相连，言和实在相关。巧妙的东西都和想象有关而与实在无缘。因此，要想使写作语言巧妙有个性，就必须简化掉一些实在的东西，留下一些激发人想象的元素。写作中完形思维创造性的表现就是简化。只有简化才体现出千差万别的语言风格。

由于简化要删汰掉很多思维内容，这就要求在简化过程中能够抓住中心，去粗取精，去伪存真，这实际上就是思维的选择过程，这个过程决定着写作的价值和贡献，显示着写作主体的人格和境界，表现出写作主体思维能力的强弱与高下。

第三节　完形思维图式与模式

1. 关于图式

1.1. 图式的概念

"图式"是由康德提出的一个哲学概念。图式一词由德文 Schema 翻译而来，也有人译为"格局"。原意为"图解"、"略要"之意。20 世纪初，格式塔心理学家们以及瑞士心理学家皮亚杰把图式概念引入心理学。1932年德国心理学家巴特利特(Bartlett)在《记忆》一书中又对"图式"进行了新的解释。随着现代认知心理学的产生和发展,图式概念获得了更丰富的含义。现代图式理论是20世纪70年代后期,当计算机、控制论和信息论深入到心理科学,使心理学中关于人类知识表征的概念发生了很大变化之后出现的,并被运用于研究阅读、理解等心理过程。

现代图式理论认为,图式是一种知识结构。包括过去反应和体验形成的指导以后知觉与评价的知识体系,图式是以存储的一般概念为基础的。图式可以表征不同抽象水平的知识,即使同一概念也有不同层次的抽象。因此,一个语义网络的知识,可以通过概念间的不同等级排列被镶嵌在图式中。这就是现代图式理论对图式概念的一般看法。图式以一般期望的形式存在,并且通过引导个体的知觉、记忆和推理过程来预测和控制社会事件。安德森认为,人的心理很快能从环境中提取出若干特征之间的关联,并且围绕这些关联建立范畴(即图式——作者),而且这种范畴并没有清楚限定的界限。范畴的本质由一系列典型的特点来确定,但并不是任何该范畴的成员都具有与范畴相关的所有特征,拥有该范畴特征越多的事物,则越像该范畴的成员。可见,图式理论基本上是一种关于知识的理论,它要说明的是知识是怎样表征出来的,以及对于知识的表征如何以其特有的方式有利于知识的应用。

现代认知心理学家鲁墨哈特(Rumelhart,1980)把图式称为认知的建筑块料(或"组块"),是所有信息加工所依靠的基本要素。他认为图式理论基本上是一种关于人的知识的理论。所有的知识在头脑中都是被安排到一定的单元中,这些单元就是图式。根据鲁墨哈特的理论,图式是由过去的经验和背景知识组成。人脑中储存着各式各样的图式,按情景分门别类地组成图式网。图式一般分为三种类型:语言图式(linguistic schemata)、内容图式(content schemata)、修辞图式(rhetorical schemata)。语言图式指读者以前所学的语言知识,即语音、词汇、语法等知识。内容图式指文章的内容范畴,又称主题图式。修辞图式指篇章结构知识,即辞章知识。

图式理论认为,无论采取哪一种信息加工模式,都必须兼用以上三种图式。这三种图式在读者的阅读思维中构成图式网络,起着"过滤屏障作用",决定着信息的加工与取舍。文本输入的信息通过层级最恰当的图式进入,进而将嵌套它的更高层图式激活,这样信息就不断自下而上地加工。如果这些信息与预测吻合,自上而下的概念驱动就会促进二者的同化;而当输入信息与预测不吻合时,自下而上的资料驱动则帮助读者做出敏锐的反应。

现代图式理论与皮亚杰图式理论之根本区别为：皮亚杰将图式视为认知结构，而现代图式理论将图式作为知识结构来看待，从而导致两者在许多看法、问题上的分歧。首先，从图式的产生来看，皮亚杰认为，最初的图式是先天的；现代图式理论认为，图式是通过一段时间对环境直接或间接的经验而学会和获得，即图式具有后天获得性。其次，从图式的发展来看，皮亚杰认为图式的变化与发展是通过同化、顺应而实现的；现代图式理论则认为，图式的变化与发展的途径为附加、协调、重构。附加是指知觉某一事件或理解某一情况后，头脑中就会留下理解的痕迹，这些痕迹构成了提取的基础。附加可以在量上扩大认知图式，但不会产生新的认知图式。协调是指由于从新的经验中获取信息而使概念不断精确化和完善化。协调可以使图式得到调整发展。重构是指图式的创造，它包括摹制（patterned generation）和图式归纳（schema induction）。摹制是指通过修正的手段复制旧图式来创造出一个新图式。图式归纳是指，如果某种图式和时空完形重复出现，这个特殊完形就成了一个有意义的概念，于是这个完形便构成了一个图式。再次，从图式起作用的正确与否（积极、消极）来看，皮亚杰所指的图式所起的作用是积极的；现代图式理论所指的图式所起的作用既可以是积极的，也可以是消极的。

综上所述，现代图式理论是关于知识的理论，即知识如何被表征，知识表征又如何促进对知识的应用。它强调内外信息相互作用，既看到外部信息对图式的影响，又认识到过去知识经验的重大作用。图式是一种积极的动态过程。也就是说，图式是人脑中存在的整体以及有关某一领域的专门知识，即一种"知识结构块"，它由许多相似的事件或相似的信息构成，而一旦某种图式形成，交际信息的处理便倾向于通过该图式进行。从这个角度看，写作完形思维过程就是通过图式整合内外信息的过程。写作主体只有建立起写作的知识结构图式，才能实现完形思维，根据需要组合信息，完成写作构想。

1.2. 图式的特征和功能

我们知道图式与人的知识经验有关，在人认识外部世界过程中起着非常重要的作用。从写作思维学的角度讲，图式理论能够揭示写作思维的内在规律和过程。所以，揭示图式的特征，对于建立写作思维理论极为重要，在此基础上，才能建立现代科学写作思维理论。

1.2.1. 图式的特征

现代图式理论认为，图式具有以下几个特征：一般性、知识性、结构性、综合性、可变性与主动性。

一般性是指图式是从个别中抽取出来的,具有普遍意义,易于迁移。从写作思维的角度来看,图式的一般性特征,就是写作思维带有普遍性的规律,例如,新闻"六要素"的图式,是从种类繁多的新闻写作中抽取出来的,适合所有的新闻写作。因而,它对所有的新闻阅读、写作都具有普遍的指导意义。而小说的图式则是人物、情节和环境,这不是一部两部小说,如《红楼梦》、《活着》里的人物、情节和环境,而是所有的小说共有的普遍性的图式。

知识性是指图式是一种关于人的知识如何被表征,以及这种表征方式如何有利于知识应用的理论。图式所表征的知识可以从一个词的意义、一个句子的组成成分、文化背景、理论观点到思想意义不等。如前例,人物、情节和环境图式就是关于小说的知识,不具备这些知识,就不可能阅读理解小说,也就更不可能写作小说。

结构性是由知识的结构性决定的。图式中的各个知识环节、各个知识点之间按一定的联系组成一种层次网络。同时,图式又是一种等级结构,一个图式可以被包含在另一个图式中。例如,关于小说的知识图式被包含在文学图式之中,文学图式被包含在美学图式之中,这种等级结构构成了系统的知识网络,能够产生由此及彼的迁移。

图式的综合性,即图式表征的是人们所有的知识,这些知识将分门别类地组成一个个的知识单元,这些知识单元就是图式。按图式所表征的知识的不同性质,可将图式分为描述性、陈述性和策略性。这三种不同类别的图式组合到一起成为一个综合图式。正因为图式具有这种综合性,才具有应用性,从不同的方面为阅读理解和写作表现提供合适的图式。

可变性是指图式随着经验的增加和知识的更新而不断变化。图式一旦形成,就具有一定的稳定性,但不是一成不变的。一种新经验的发生,就意味着旧的图式发生变化,需要改造;一种新知识的接受,也就意味着原来的知识结构发生变化,旧的图式也就随之变化。例如,在一个特定的时期,散文图式就是抒情,随着社会生活的发展变化,散文趋向于思考,一种新的散文知识结构产生了,旧的散文抒情图式也就发生了变化。如果一个人的心理图式固定不变了,也就意味着他的智力停止发展了。但是有研究(Read 1983 年)表明,当图式建立起来之后,主体通过各种渠道——思维、行动、记忆来坚持图式的正确性。图式的建立相对来说不是很难的事情,一旦图式清楚地建立起来,要改变它却并不容易。图式的改变要比图式的建立需要更多的事实。改变图式困难的原因主要有:第一,从具体事件或具体事例中发展起来的图式,要比从抽象的数字、描述发展起来的图式更难改变。因为实践出真知,从实践中建立起来的图式很难被改变。相对来说,从教育观念、抽象认识中建立起来的图式,只要实践事实和图式不符,就很容易改变。第二,当出现与图式矛盾的信息时,我们必须有足够的时间去思考、消化、接受不同的观念。由于时间的限制,没有更多的机会去思考不同的信息,于是倾向于坚持我们已有的图式。这就是为什么新思想、新观念、新事物一开始都会受到限制,需要一定的时间才能被人们接受的原因。例如新散文出现后,很多人认为这些不是散文,因为他的头脑里抒情散文的图式是判断的依据。第三,即使有充足的时间允许我们去思考与图式相矛盾的信息,由于思维不是对所有的信息都公平,从而成为图式改变的阻力。这里就涉及写作主体的主观意志、兴趣爱好以及习惯等等方面的问题。

主动性是人的主体性的体现,也是人认识外部世界主动性的体现。现代图式理论认为,任何图式的建立,都不可能是先天的,而是在后天经验和接受知识的过程中形成的。一切随实践而产生的东西都必须符合实践的需要,适应实践的发展变化,图式也不例外。它既然是后天形成的,就需要发挥主动性,积极适应社会实践的需要,适应社会生活的发展变化。同时,图式一旦建立,就会主动发生作用,去同化外部信息、整合心理信息,实现认知目的。

1.2.2. 图式的功能

图式的功能表现为——建构功能、推论功能、整合功能、迁移功能、搜索信息的功能。

建构功能:美国认知心理学家古德曼认为,学习是构建内在心理表征的过程,学习者并不是把知识从外界搬到记忆之中,而是以已有的知识经验为基础,通过与外界的相互作用来构建新的理解。进言之,人们对客观事物的理解是利用图式从客观事物中抽取出其特点、本质或者基本的东西,并构建起它们之间的联系。写作思维就是要通过图式把很多心理内容组合起来,建构其内在联系,实现完形目的。

推论功能:人们可以利用图式变量间的内在联系,推测出那些隐含的或未知的信息,因为它们对知识的获得或理解起着重要作用,这是根据知识网络结构的特点进行的。由此及彼进行推论是思维的特点,思维之所以能够由此及彼,是通过图式实现的。可以说,这是完形思维的内在基础。

搜索功能:利用图式形成目标指向性,或作出预测,从而积极主动地寻找更多的相关信息。人在阅读过程中会形成各种"思维组块",汇成有效的认知结构。当他面临问题时,就在已有认知结构中搜索与解决问题有关的思维组块,借以分析、比较、综合,达成知识的沟通和应用,导致问题的解决。在继发思维过程中,思维的搜索就是为完形思维提供条件。

整合功能:人们把新输入的信息纳入图式的框架中,与相应变量联系起来,使变量具体化、融为一体。这种功能就是完形思维的具体表现,或者可以说,完形思维就是通过图式的整合功能实现创构目的的。

迁移功能:迁移是指在一种情境中技能、知识和理解的获得或态度的形成,对另一种情境中的技能、知识和理解的获得或形成产生的影响。简单地说就是一种学习对另一种学习的影响。知识的迁移也叫学习的迁移,心理学上把已获得的知识、情感和态度对后续学习活动的影响,或者后续学习活动对先前学习活动的影响称为学习迁移。图式可以利用相似关系,由此及彼,认识另外的事物。类比方法就在于唤起人头脑中已有的知识或经验表象,对将要学习的知识提供一个相近的表象,实现知识或经验的迁移。在完形思维过程中,已有的写作经验对于完成新的写作活动有很大的影响。成功的写作经验就会引导新的成功,失败的写作经验就会引发新的失败。所以,开始学习写作,就需要正确的引导,避免挫折和失败。

1.3. 运用图式理论指导写作完形思维

所谓"写作图式",就是一个人头脑中有关文章的所有知识经验有机结合而成的心理结构,是存在于作者心目中的文章的"标准样式",是一个人对其所接触的所有文章的内容、形式和写法的抽象和概括。它不是先天的存在于作者的大脑之中,而是存在于已有的文本中。作家写进作品的不仅是丰富的社会内容和他对这些内容的主观体验,还有自己对文章规律的认识和理解,自己所掌握的写作技巧。读者在阅读这些作品的时候,不仅了解了作者所写的内容,而且也在头脑中形成了"文章是什么"和"文章怎么样"的知觉印象,这印象就是"写作图式"的雏形。

写作图式的形成可以分为五个环节:

阅读分解——引发辐射思维——写作图式来源于阅读、感知、分解文章。

定向积累——筛选思维结果——集中一个方向,不断积累经验和范例。

触发作文——思维结果应用——根据积累的经验和素材,构思创新作文。

评改再读——二次辐射思维——以自评、互评形式,寻找作文优点和缺陷。

激励创新——升华思维——再激写作兴趣,反馈、完善"写作图式"。

在无数次"阅读——写作——阅读"的双向迁移运动中,阅读和写作形成了互相补充、相互促进的良性循环,在循环的每一周期,写作者头脑中的"写作图式"都得到进一步地修葺和改进,达到更为完美的程度。

1.4. 图式在完形写作思维中的作用

图式是在人的实践活动过程中建立起来的,写作图式的建立,首先是来自阅读实践活动,其次来自于写作实践活动。对文章的意识,是从小时候的读书开始的,随着阅读的继续,读者所接触的文章种类和数量不断增加,他就会用头脑中已有的写作图式来吸收接纳(理解)、丰富这些写作图式,一旦在头脑中形成并牢牢地被固化于心理结构当中,就成为作者写作时所努力追求的目标,这种目标指向性对写作过程中的所有行为(立意、选材、布局等)都发挥强有力的引导和规范作用:

1.4.1. 图式为作者感知、阅读、获取信息提供了内在模式

心理学认为,人们感知外部世界、阅读理解作品就是运用心理图式同化外部世界和作品的过程,所以,图式直接影响对信息的选择、编码和提取。

图式影响对信息的选择。一个人内在的图式是在社会生活中建立起来的,本身就成为认识世界的方式和习惯,他只能够认识到自己知识结构范围内的事物,例如一个印第安人总是把自己眼中的一个望远镜,认作是一个号角,因为他心中储存的只有号角的图式而没有望远镜的图式。

图式对信息编码有影响。一个从事新闻工作的人接触到一个事件,他会马上按照新闻的写作图式对事件信息进行编码组合,写出新闻报道;而一个从事小说写作的人则会按照故事的发展过程进行编码,这就是因为各自写作图式不同的缘故。

图式对信息提取的影响。同样一个信息,文秘人员会从中提取到影响仕途的价值;而一个文学家则会提取出一个悲剧故事;一个科学家可能会提取出一个重大发现,这都是因为内在图式不同的关系。

1.4.2. 图式决定写作主题完形、基本内容完形

首先,写作主题的完形主要是由写作主体的思想、世界观图式起作用。主体所获取的关于他人的许多信息,可以用多种方式加以建构和解释。在将所观察到的信息赋予意义时,信息接收者主动地将一些意义强加于该信息,此时,信息对于个体感知过程才有意义。根据这种观点,写作完形思维对思想主题的完形建构主要是通过原来的思想图式实现的。

其次,写作内容的完形构成与图式处理信息的特点有关。我们根据图式与信息的关系,将信息分为三大类:与图式一致信息(能验证图式);与图

式不一致信息,即与图式相矛盾的信息;与图式无关信息,既不与图式一致,亦不与图式矛盾。实验表明,内在图式与接受的新信息一致,容易实现组合完形,同时,人的心理又有喜新厌旧的特点,与图式不一致的现象有时能够产生好奇心,也会被组合,成为记忆的对象。

再次,图式在完形思维中可以通过推论完成写作基本内容的建构。写作思维的特点就在于1+1可以等于3或者无数可能性。这是因为当根据某一图式去加工关于某人的信息时,如何解释这些信息,取决于图式所包括的知识及信念,从而确定信息的意义。这一图式会成为进一步推理的基础,主体会根据图式使实际获得的信息扩大,或者说"添加"。在推理过程中,主体并不仅仅局限于利用可得到的信息,而且在所需信息处,能根据图式"添加"新信息,即图式具有提供所需信息的作用。例如一旦某人归入某类的线索被抓住,于是就将此人归入某类,接下来便是推论此人具有该类其他人所具有的特征,而不具有他头脑中有关此类人图式中所没有的特征。这种归类有助于主体处理问题,不必对每个具体刺激予以反应,相反,只需要注意同一类别人中的重要事情,而忽略细微的变化,这就简化了认识过程。

图式理论可以解释完形思维中的很多问题,但是,图式理论还处于试验阶段,目前主要应用于对阅读理解的研究,而它与具体的写作活动的联系,特别是它在完形思维中的作用,则还需要进一步探索。

2. 关于模式

2.1. 模式的概念

模式这个词的意义很广泛,在心理学、数学、经济、工程设计等领域更是常见。我们可以从三个角度来看。

首先,从认知心理学的角度看,所谓模式是指由若干元素或成分按一定关系形成的某种刺激结构,也可以说模式就是刺激的组合。

其次,从计算机编程角度看,模式,就是在大量的实践中总结和理论化之后所优选的代码结构、编程风格及解决问题的思考方式。

再次,从工程设计角度看,模式,即pattern,其实就是解决某一类问题的方法论。你把解决某类问题的方法总结归纳到理论高度,那就是模式。每个模式都描述了一个在我们的环境中不断出现的问题,然后描述了该问题的解决方案的核心。通过这种方式,你可以无数次地使用那些已有的解决方案,无需再重复相同的工作。所谓模式,就是得到很好研究的范例。

由上述从不同角度对模式含义的界定,我们可以看到,当一个领域逐渐成熟的时候,自然会出现很多模式。模式的形成一是与问题有关,它可以解决问题。模式不能仅仅反映问题，还必须对问题提出解决方案。二是它所提出的解决方案是正确的，而且是获得成功的范例，可以模仿、可以学习。三是它是人的深层心理结构中的东西，是可以对人的思维产生影响的模式。四是它能够满足人的审美需要，简洁美观。

在写作学里，我们认为，写作模式，是在写作过程中获得成功的范例，是写作经验的积淀和总结，是用某种简化的方式来表达真实、复杂事物的一种结果，模式的表达工具是文字、字母、线条等符号。模式就是一个"范例"，经常使用的范例就是模式（Pattern），由此可见，模式是人脑在有限时间内把握和认识外界的方式。而人脑对处理模式的能力也非常高超，人可以在几百张面孔中一下子辨认出所熟悉的脸来，就是一个例子。因为熟悉的脸就是一个经验模式。其实，从词典的解释看，模式，是指某种事物的标准形式或使人可以照着做的标准样式。这种标准形式或者样式就是一种社会规范，要求一般人都能够模仿和遵循。

简而言之，在我们处理大量问题时，在很多不同的问题中会重复出现一种性质，它使得我们可以使用一种方法来描述问题实质并用本质上相同，但细节永不会重复的方法去解决，这种性质就叫模式化。模式化过程是把问题抽象化，在忽略掉不重要的细节后，发现问题的一般性本质，并找到普遍使用的方法去解决的过程。模式的基本特点是在解释任何现象时，撇开其具体内容和单纯的因果关系，只注重寻找和描述其结构，即构成这一现象的内部各因素之间的关系，以及这一现象与其他现象之间的关系。

图式和模式具有一定的相似性，在某种意义上是相同的。例如 Athey（1990）在研究了2—5岁的幼儿是如何在特定的行为模式的基础上活动之后，指出每种模式都是一种图式，并把图式定义为"一种重复行为的模式，在这种行为模式中经验被同化并逐渐协调"。Athey 根据行为图式的特征给它们命名，并发现许多行为图式有一致的地方。例如，一种图式之所以被称之为"垂直图式"是因为它与上下运动相关。

但是，图式和模式是不同的问题，也是不同的概念，发挥着不同的功能和作用。简单地说，图式是一种心理知识结构体，是在认知过程中发挥作用；而模式是在处理问题过程中形成的经验范例，在信息加工过程中发挥作用。

2.2. 写作模式的分类

人们对写作模式经常采取一种否定的态度，比如"江山代有才人出，各领风骚三五年"，追求创新、出奇、与众不同，嫌弃模式守旧、雷同。可是，只要我们仔细想想就会明白，任何写作都不是旁若无人的自我标榜和独白，而是一种对话交流活动,它需要相对稳定的交流模式,才能达到较好的交流效果;如果交流方式不断翻新,旧的方式还没掌握熟悉,新的方式已经粉墨登场,这样确实可以造成让人眼花缭乱的喜剧效果,但却难以发挥很好的对话交流作用。尤其是在今天这个需要快速传递信息的时代,为人们寻找通用的对话交流模式,让人们用最经济的方式传达自己的思想感情的需要更加强烈。当然,强调模式的重要性并不是要否定和抹杀创新,而是向人们指出,任何一种创新都是在一定模式基础上的变化、改造,都以一定的模式作基础,没有模式作背景,就谈不上创新。具体来说,你想进行某种文体的创新,你的写作必须有此文体的模式作基础,如果你没有特定文体模式的训练,不懂特定文体的常识,提起笔来随心所欲乱写一通就认为是在创新,这种创新是廉价的,没有意义的。因此,无论是为了对话交流也好,为了创新也好,对于模式的研究和掌握都是必要的。河南大学温振宇先生1988年出版的《章法学概论——论诗文著作结构系统的分析与设计》,在文体模式的研究方面做出了重要努力,值得我们吸收借鉴。

写作模式,根据语言的不同可以分为三大类:理论语体模式、实用语体模式和文学语体模式(或者用文章的分类方法,分为理论文章、实用文章和文学作品)。

写作模式是建立在语体基础上的,而语体则是语言在具体应用于社会生活特定领域时形成的,不同的社会生活领域需要运用不同的语言,于是就形成了理论语言、实用语言和文学语言。虽然语言运用于不同社会生活领域,但都遵守语义学和语法学的要求,建立在基本的语言文字修养即字、词、句的功夫之上。一般写作掌握三千常用字即可。据数理语言学运用电脑统计,《毛泽东选集》四卷用字2 981个,老舍的《骆驼祥子》用字2 413个,就连《红楼梦》也只用了4 200个字。优秀作家总是从音形义三方面挖掘字的潜力,创造以少胜多的效果,因此不必用字太多。词是字的不同关联与组合,关联组合的方式越多,字的效率越高,作者的创造力越强,因此,词是多多益善。拜伦用词8 000,莎士比亚16 000个。总体来说,单音词一般是动词,表达简洁有力;双音词量大,匀称稳重;三音节词显示内中感情跌宕起伏;四音节词庄重大方,内涵丰富,如成语。句子只有三十余种。泛而言之,实用语体都是通用字词,理论语体涉及专业术语,而文学语体运用字词最广,也最讲究变化和个性化。

理论语体模式又可以称为文章模式,实用语体模式分为公文模式、新闻模式和应用模式,而文学语体模式又可以称为作品模式。在社会功能上,理论文章是为社会思想和科学世界服务的;实用文章一般是直接为社会生活服务的；文学作品则是间接为社会服务，而直接作用于个体生命及人类整体生命的内在精神世界。在思维过程中，理论文章是建立在对客观世界规律性认识的基础上，运用抽象思维，达到对事物内在属性的认识和解释；实用文章以写真人真事、真情实感以及真实思想认识为根本，遵循社会规范；而文学作品则必须写真实的个性心理感受和情感世界。在写作心理上，理论文章以思考与推理为主，实用文章联想多于想象，而文学作品则相反。理论文章反映思考的结果、科学实验的结果，追求思考的真实和科学实验的真实，语言要哲理化、科学术语化、逻辑化；实用文章是一种用来反映社会生活中客观事物的组成篇章的语言形式，内容要求真实，是社会实践的工具。语言最重准确性，要求单义词，还要求鲜明、生动。文学作品是以文学手段塑造形象以表现作者内心世界及反映社会生活的语言艺术。语言最重形象性，要尽可能使用生活语言，作者叙述语言要生活化，人物语言要个性化。如诗歌的语言，基本要求多义性、跳跃性、可感性和音乐性。最根本的是，文学语言要表现作者个体的经验感受，培养语感即所谓言语知觉——真切感受到语言文字后面的事物。

通过三大类基本写作模式的特点分析，我们可以看到，写作模式的形成是由于不同社会生活中的表现需要决定的，这种需要形成了不同的语体，不同的语体形成了不同的写作模式。

2.3. 模式在完形思维中的作用

从纷乱现象到序化模式的形成，是一个从具体到一般的过程，也就是抽象的过程，经过这个过程，模式产生出来。模式一旦形成，就对个人的思想和表现产生一定的作用。因为，其一它是经验的产物；其二它是对问题的解决方案，而且是成功的解决方案；其三模式可以反复使用，提高效率。

尽管模式有一定的价值，不论在学习还是在写作中都是非常必要的，但是，在写作学界有人不赞成模式的提法，认为呆板机械，束缚作者，还以八股文为例，证明写作模式的提法是错误的。事实上，八股文在训练封建社会官员的公文写作能力上作用很大。问题出在封建政治独尊八股文，压抑了科学文化方面文章的写作。应该说，极端否定模式的看法是片面的，甚至可以说没有正确理解模式的含义和要领。任何写作可以说首先就是按照某种模式去组合信息，表现思想感情，没有这种模式，就不可能写出某类文章。因为，每种文章都有特定的要求和结构，只有按照这种模式规定去写作，才能使作品获得社会的认同。写作需要模式，整合人的心理内容需要模式。只不过写作时只套用一种模式，不对模式进行必要的变形、改造，就会导致作品失去新鲜感，缺乏吸引力。如果作者能够根据实际情况，有意识地抛开模式的束缚,发挥创造力,不断创新模式,就会写作出适应社会生活发展变化的优秀作品。

对于任何一个写作主体的任何一次写作来说,写作模式都是有着巨大意义的,通过模式的应用,可以将信息从无序变为有序,模糊变为清晰。"模式"并非"样板",模式给读者一种井然有序的感觉,而不是死板。通过分析模式,读者可以更好地对作品进行把握,既有利于作者观念的传达,也有利于读者从模式之内和之外分析出自己的观点、立场。因此,这不仅不会限制作者,相反,这是"创造性起飞的地方",因为这给了作者一个参考的平台,正好保障了作者在第一时间及时、快速反应的能力。模式在完形思维中的作用主要表现在以下几个方面:

首先,写作模式决定了完形思维的基本形式。在写作思维中存在三个基本思维形式,即文学形象思维、理论抽象思维及社会实用思维。这三种思维形式虽然在整体写作思维中都发挥作用,但在写作模式决定之后,分工就比较明显了。在记述、描写、抒情类写作模式中,思维以形象思维为主;在议论类写作模式中,抽象思维就成为主要的思维形式;在实际应用写作模式中,实用思维即社会思维就占据重要地位。

其次,完形思维的信息序化是通过写作模式实现的。完形思维阶段,就是要完成写作思维内容的形式构造。按照完形心理学的观点,形式就是内容,思维过程就是形式消灭内容的过程,就是把内容化作有表现力的形式的过程。模式是写作思维的形式要素之一,是一种具有大致轮廓的整体形式,是完形思维整体构想的思维范式。文体的选定,就使得思维内容有了组织、序化的模式。完形思维的信息序化就是实现思维的前后联系,是事物内在联系的反映,同时又是文章组织构成规律的反映,既体现着写作内容本身的特点,又体现着写作思维主体创造性的特点。既可以按照自然顺序组织,又可以按照主观情感的规律人为组织顺序。要实现这个序化过程,就必须明确写作内容之间的关系,以此为线索,实现写作内容的系统序化。

模式是写作思维的形式或者形状结构。在思维主体对思维对象的思考成熟之后,以什么形式来表现就成为思维要解决的首要问题。特定的思维对象需要特定的写作形式。文体模式进入思维过程实际上就是对个体思维进行规范,要求写作思维主体按照社会已经约定俗成的文体模式来传达自己的思维结果。写作思维的主体必须了解并掌握文体形式的特点及要求。只有掌握了各种文体模式,由简单的形式到复杂的形式,由严格限定的形式到自由创造的形式,才能有序进行并且完成写作完形思维过程,创造社会乐意接纳的文本。否则,写出来的文本就不被社会接纳。

文章体裁是由文章对社会的作用、功能以及阅读对象而约定俗成的,任何写作者都必须遵从社会的文体规定或约定俗成的样式来组织思维内容。所以,选择文体模式就是完形思维的工作。同时,文体只是一个大体的模式,每一文体的社会规定或约定俗成也只是一个大体的规范,并不是绝对不能改变的。所以,写作个体根据写作对象的特点和自己的需要,在基本样式的基础上还可以发挥个人的形式创造。写作在完形思维阶段,并不是机械地照搬文体模式来组织材料,而是有着广阔的创造天地。

总之,模式在写作思维中的作用是非常突出的,学习写作,首先要学习写作模式,模式是思维的有力的工具。

第四节 文体与语言

1. 什么是文体

所谓文体,简单地说,就是文章的体裁,是在人类社会写作历史中形成的文章的形式规范和样式。

文体要素在写作完形思维中的作用是非常突出的,良好的写作习惯是在掌握和运用文体范式的过程中形成的。写作的现实感和形式感都是在文体规范下的写作过程中培养起来的,养成了接受文体规范的写作习惯,就会很快抓住完形思维对整体文章的构想,即形成文章的整体框架,完成形式的创造。坚持规范写作,养成规范习惯,有利于完形思维实现思维的任务。"按照心理学的说法,这个审美统一体常常是以潜在的形式预先存在于我们的头脑中,如同一种无意识的内觉或者一种松散的集合体。在原始的内觉中可以发现处于原始状态的各种要素集合体以及散乱的情感成分。在灵感活动中,创造者能把整个内觉形态转变成一种有意识的概念体验。在相当大量的、有着不同内容的这些体验中间,他发现了预先未曾料想到的某种相互联系。于是一个审美结构就被发现了。这里不是指柏拉图理论所说的那种知识结构,这个新统一体实际上就是在整个宇宙当中也是个新生事物。只不过,这个有着不同因素的审美整体是从散乱的内觉形态以及其他毫无联系的认识结构中产生出来的。艺术家的灵感大概就是突然发现一种途径,从而把内觉和各种因素转变成为一种审美统一体。"[①]这种潜在的形

---

① S·阿瑞提《创造的秘密》,第234页。

式或者内觉实际上是经过长期规范训练形成的,并不是天生就有的。

要掌握文体范式,使其在写作思维中扮演主要角色,经常写作是关键。经常写作,就会在头脑里形成一种文章构思的模式,这种模式就会很快在思维中完成对思维对象的自组织和改造,实现对材料的序化和形式创造,所以,写作思维需要写作主体自己在实践中培养和训练。对于不坚持写作的人来说,要实现最后的完形思维过程就会很难,因为,各种因素交织在一起,没有经过训练的头脑是很难组织序化,完成一个新的统一体结构的。

完形思维决定着文章的最后成形,在文章成形的过程中,写作者就要合乎对话交流的规范去思维,创作出合乎对话交流需要的文章来。

2. 文体在完形思维中的作用

文体作为形式要素是完形思维的范式。在继发思维过程中,思维主体力求扩展,深入认识思维对象,在材料和思想两方面丰富思维内容,到了完形阶段,形式因素就显示出突出的作用和地位。

首先,文体意识的出现是在写作目的与思维对象扩展认知基础上出现的,中心命意的完形实现,就需要构造特定的形式来表现,所以,定体就是思维完形的主要任务。因为思维进行到这个阶段,用什么文体形式表达和组织思维内容就成为主要任务。

其次,文体是社会对文章体式的规范,任何写作个体要通过写作表情达意,都必须按照这个规范思维。一方面,文体是写作主体面对他人发言时形成的特定样式;另一方面,这些样式被他人接受而成为规范后,就要求写作主体遵循这种规范样式写作。现在,我国社会处于变革时期,各种文体随着社会生活的发展变化,也在不断得到继承、发扬和丰富。白话文体与文言文体以及西方文体都出现在社会生活中,如文言的祭文、碑文等现在重新显示出其生命力。写作思维主体只有掌握了种种常用文体样式,才能适应社会生活的需要,也才能与他人进行令人满意的对话交流。

再次,文体要素关系到文章写作的对象和写作目的,关系到写作思维的最终成果。一方面文体是根据写作思维对象的特点来确定的。鲁迅先生在《自选集·自序》中说:"有了小感触,就写些短文,夸大点说,就是散文诗,以后印成一本,谓之《野草》。得到较整齐的材料,则还是做短篇小说……"从这个角度来说,写什么文体是由材料的特点确定的。另一方面,文体的选择是由写作目的和读者对象来确定的。柏拉图对此曾有精彩的论述,在《斐德若篇》中,他提出按照艺术来写作,要求写作主体认清文章与心灵之间的对应关系,用特定类型的文章去适应特定的心灵需要,打动特定类型的读者。提出"对象是简单的心灵,文章也就简单,对象是复杂的心灵,文章也就复杂"①。写作是针对特定的阅读对象进行的对话交流活动,不同的对象适用不同的文体,写作思维就是要实现针对性的完形表达,到什么山上唱什么歌,对什么读者写什么文章。因而对写作思维主体来说,掌握文体范式就显得极为重要。

3. 语言文字形式是实现完形思维创构、序化、成型的工具

在完形思维过程中,思维由原来的"万涂竟萌"状态,渐趋一统,实现序化,语言文字形式就是实现统一序化的工具。

我们知道,语言文字是思维的基本工具。思维是飘忽即逝的心理现象,只有与语言文字融合为一,才能保持相对的稳定性和实体性。在完形思维阶段,语言形式的重要性因此就突现出来。因为,在原发与继发思维过程中,语言是片断、无序、不确定的,是以闪现的方式帮助思维实现目的。而在完形思维阶段,语言文字就是前后连接的、有序的、明确的组合过程。是在文体形式大框架下展开的具体语言描述或表述的过程,是用语言形式固定思维内容的过程。所以,完形思维就是用语言工具实现文章形式构造的过程。

语言文字形式具有无限的组合能力,在写作的完形思维阶段,语言形式组合方式不同,就形成了不同的语言风格。庄严、戏谑、荒诞、奇崛、朴素等等,都是在完形思维的阶段,随着写作思维主体根据表现的内容、接受的对象和自己的写作目的以及写作个性而化作特定语言组合方式的。"感时花溅泪,恨别鸟惊心","牢骚太盛防肠断,风物长宜放眼量",前者隐含而后者直白。中国古谚曰:"话有三说,巧说为妙"。巧说,就是一种适时适意适人的语言组合,在这种组合中,逐渐地形成一个人用语的个性特点,或者形成一种语言风格。

总之,语言文字因素是制约完形思维的关键因素。在写作思维中,思维内容能否实现物化是由写作思维主体的语言文字水平决定的。语言文字的广度和深度决定着写作思维的广度和深度。从这个角度来看,只有丰富自己的语言文字水平,才能从根本上提高写作思维能力。正是从这个意义上,古代文论家才说:语言文字是写作的"铁门限"。

第五节 完形思维训练与要求

写作的完形思维需要训练,通过训练才能体会到完形思维的规律和特

---

① 《柏拉图文艺对话集》(朱光潜译),人民文学出版社1963年版,第173页。

点。我们对学生进行完形思维训练时,要求对下面这些字进行完形组合。这些词语是:子、夜、秋、打、寒、钟、游、雨、心、风、叶、敲、梧桐。

当没有告诉他们这是一句诗的时候,没有人能够进行完形组合,因为他们没有文体范式,这些词语是杂乱无序的。可是,在规定了组合成为诗歌这种文体范式之后,很多人都能够进行完形组合,而且,每个人的组合都不相同。下面是完形组合的成果:

秋风雨打梧桐叶,寒夜钟敲游子心。
寒风打叶梧桐雨,秋夜敲钟游子心。
秋叶风雨打梧桐,游子寒夜敲心钟。
梧桐叶打秋风雨,游子心寒敲夜钟。
梧桐雨打秋风叶,游子钟敲寒夜心。

由此证明,完形思维过程中文体范式是一种内驱力,驱使思维内容成为有序的形式,没有文体范式,就没有完形思维的方向和归属。

完形思维训练有以下要求:

第一,要有明确的写作目的。

对完形思维具有重要影响的因素就是写作主体的写作目的。在完形思维过程中,写作目的进一步明确,即作者随着思维过程的深入发展,思维内容的明确,会逐渐认识到写作的价值和意义,既认识到自己思维的内容会对读者产生什么样的影响,也逐渐根据思维内容明确了文章的阅读对象,也就是说,思维的发展使思维主体意识到文章写作的针对性,这就构成了写作思维主体的写作目的。这种目的会使思维主体在诸多思维内容中做出选择,即从何种角度,何种观点,何种情感来表现思维内容。

写作目的在写作思维开始前只是一种朦胧的愿望,是一种灰靶,随着思维的开展,这个灰靶逐渐明朗化,目的逐渐在思维中变得清晰起来。

写作目的的明确会形成一种完形心理压强,促使写作思维由继发过程进入完形过程。

一方面,写作目的的明确使写作思维在众多内容中有了明确的选择标准和依据。

另一方面,写作目的的明确使写作思维有了中心,思维活动的指导性与问题的求解过程都围绕这一中心而展开。

写作目的与思维目的有一定的联系,但不是一回事。写作思维的目的是对写作对象的认识和构想,而写作目的,是作者的主观意图,即想通过写作对读者产生某种影响,这种目的制约、影响着写作思维目的,使思维目的合乎作者的写作目的。因而,写作目的的明确是写作思维由发散到收敛的前提和依据。

第二,要按照社会规范进行完形思维。

在完形思维过程中,社会因素起了重要作用。社会因素是完形思维实现的内在依据,包括下面三个方面:

> 监督机制
> 读者需要
> 文体规范

文章写作是为了与读者进行对话交流的,每个社会都会对此进行一定的监督审查,凡是促进社会和谐、发展和进步的写作,就会得到社会的许可;凡是阻挠社会和谐、进步和发展的写作就会受到批评或者查处。这种监督机制很自然地就会在写作主体意识中留下痕迹,使他的思维按照社会规定的方向发展。

读者需要是写作主体思维的参考依据。文章是为读者写的,写作主体必然要反映读者的需要,传达读者的心理愿望,采用读者喜闻乐见的形式,给读者带来愉悦、陶醉和满足感,这样才能使写作获得成功。如果故意疏远读者,漠视读者,甚至于伤害读者,写作思维就会钻进死胡同,必定会失败。

文体是完形思维的模式,这种模式是社会的约定俗成,个体写作者只有在群体约定俗成的基础上进行创造,才能得到群体的认可,如果完全脱离群体对于文体的规定任意创作,就不会得到群体的认可。

经过继发思维之后,思维主体具有了明确的写作目的,于是文体的确定就是思维的重要内容。

文体作为形式规范是完形思维的范式,它的作用在继发思维阶段处在遮蔽状态,因为那时,思维主体的中心任务是扩展和丰富思维内容,范式没有什么作用,因此被弃置不用。但是,到了完形阶段,形式规范作用就显得格外突出和重要。

文体意识的出现是在写作目的与思维对象扩展认知基础上出现的,因为,思维进行到这个阶段,用什么文体形式表达和组织思维内容就成为主要任务。

完形思维阶段的目的,就是完成思维内容的形式构造。按照完形心理学的观点,形式就是内容,思维过程就是形式消灭内容的过程,就是把内容改造成为有表现力的形式的过程。文体作为写作思维的形式,是一种大致的轮廓的整体形式,对完形思维整体构想起规范作用。

第三，在写作实践中感悟完形思维，达到训练目的。

完形思维过程的实现，使写作思维达到了终点，在思维主体心中必然会引起一系列情感体验。"审美的顿悟——也就是创造出审美统一体的一种体验——是一种强烈的情感体验。"①这种完形现象也就像灵感。我国著名诗人郭沫若说："这种现象并不是灵魂附了体，或是所谓'神来'，而是一种新鲜的观念突然使意识强度集中了，或是先有强度的意识集中因而获得了一种新鲜而又累计地增强着意识的集中度的那种现象。"②情动于中，使作者不能不写。所以，思维主体被一种巨大的完形压强驱使着，产生了欣然命笔的写作冲动，使写作主体进入文字外化的实践过程。郭沫若的早期创作便是例证："五四运动发动的那一年，个人的郁积，民族的郁积，在这时找出了喷火口，也找出了喷火的方式，我在那时差不多是狂了。民七民八之交，将近三四个月的期间差不多每天都有诗兴来猛袭，我抓着也就把它们写在纸上。"③

完形思维的实现使思维主体获得了从旧的完形压强中解放出来的自由感以及实现完形创造的愉悦感，增强了写作主体的完形思维信心，使之更加热爱写作事业。

但是，完形思维的实现，只有在写作实践过程中才能感悟其规律，同时，也不能够保证一定可以写出令人满意的文章，这是因为从思维的实现到文章的完成，中间还有一个非常重要的环节——即文字书写——实践。所以，完形思维最大的局限就在于它是思维的成果而非写作实践的成果。思维最终也只有通过写作实践才能变为现实的文本，对此我们必须有清楚的认识。整个写作思维过程只是展示了主体内在的心理过程，这个过程要变为现实，必须经过大量的实践训练，这个训练是思维转化为现实的基本技能，只有掌握了一定技能的人才能实现思维的转化。

本章思考与训练

1. 下面是一首诗，如果按照散文的形状排列，是否就是一篇散文？区别在什么地方？请说明理由。

---

① S·阿瑞提《创造的秘密》，第245页。
② 郭沫若《诗歌的创作》，见《沫若文集》11卷，人民文学出版社1959年版，第114页。
③ 郭沫若《序我的诗》，同上书，第140页。

雪白的墙

梁小斌

妈妈,
我看到了雪白的墙。

早晨,
我上街去买蜡笔,
看见一位工人
费了很大的力气,
在为长长的围墙粉刷。

他回头向我微笑,
他叫我
去告诉所有的小朋友:
以后不要再在墙上乱画。

妈妈,
我看见了雪白的墙。

这上面曾经那么肮脏,
写有很多粗暴的字。
妈妈,你也哭过,
就为那些辱骂的缘故,
爸爸不在了,
永远的不在了。

比我喝的牛奶还要洁白、
还要洁白的墙,
一直闪现在我的梦中,
它还站在地平线上,
在白天里闪烁着迷人的光芒。
我爱洁白的墙。

永远的不会在这墙上乱画,
不会的,
像妈妈一样温和的晴空啊,
你听到了吗?
妈妈,
我看见了雪白的墙。

1980 年 8 月

2. 读了这首诗,你是否受到某种触发? 如果有继发思维活动发生,怎样进行完形思维? 你对完形思维怎么理解?

3. 文体和语言在完形思维中的作用是什么?

4. 如果把这首诗改编成短篇小说,需要在哪些方面进行完形思维?

5. 如何理解图式和模式?

6. 中国传统语文教学最有效的方式就是对句,如"山"对"水";"无形"对"有意"等等,由此发展出对联。这个对句过程体现了完形思维的特点,出一个上联,要求对出下联,就是完形思维。中国历史上有很多上联,没有人对出下联,成为绝对。例如:"二人土上坐","上海自来水来自海上"等等,请你按照完形思维的特点尝试对出符合上联意境和形式的下联。

第六章　写作思维状态

在写作思维过程中,我们都会遇到这样一种特殊的思维状态:这时候,我们会突然获得某种写作的冲动,获得某种新颖的构想,获得一种奇妙的认识结果。这是一种美好却难得的写作思维状态,每个从事写作思维的主体都在追求这种状态,但却无法掌握进入这种状态的方式方法,这种状态只能期待而不能强求,例如直觉、灵感、梦幻、创造这几种思维状态,在我们每个人的写作中都会遇到,却无法使之成为规律性的东西来指导我们的写作。

我们之所以把这些思维现象称作是思维状态,而不是思维形式,就在于它们没有形式,是直观于心,却不留痕迹。当这种状态来到的时候,写作主体就会处于兴奋状态,文思泉涌,妙语连珠;当这种状态消失的时候,我们苦思冥想,捻断几根胡须也写不出精彩的文章来。

所以,研究这种写作思维状态是很有意义的。

第一节　直觉思维状态

1. 直觉思维状态的含义

意大利美学家克罗齐认为,人类有四种精神活动:直觉、概念、经济、道德。直觉活动能独立于其他三种活动而存在,它是人面对每一个事物时,头脑中没有思维、不作分别、不考虑意义、也不形成语言称谓和表述,只是感知或体验该事物的形象或意象。直觉过程是心灵对对象物的质料及印象主动进行的赋形活动,也是心灵的表现活动。他指出:"心灵只有借造作、赋形、表现才能直觉。"①克罗齐的直觉观对我们描述和界定直觉思维状态无疑具有启发意义,但他的极端唯心主义又是我们必须克服的。

我们认为,直觉是人脑基于有限的数据资料和事实,刹那间调动一切

---

① 克罗齐《美学原理·美学纲要》(朱光潜等译),外国文学出版社1983年版,第13页。

已有的知识经验,对客观事物的本质及其规律性联系作出迅速的识别、敏锐的洞察、直接的理解和整体的判断的思维状态。

从心理学的角度看,直觉作为一种思维状态,是与分析思维相对应的。人的思维确实存在着两种不同的方式或状态,一种是分析思维,即遵循严密的逻辑规律,逐步分析推导,最后获得一个符合逻辑规律的答案或者结论。它的展开模式是阶梯式的,一次只前进一步,步骤明确,包含着一系列严密、连续的归纳或演绎过程。在其展开过程中,主体能充分地意识到其中所包含的知识与运算,并能用言语将该过程和得出结论的原因清楚地表述出来。另一种就是直觉思维,结论的形成没有明显的逻辑规律,也没有发现过程,结果直接反映在人的意识中。它的展开模式是跳跃式的,中间步骤被省略掉。在其展开过程中,主体不能明确地意识到它的行程,也因之不能用言语将该过程和得出结论的原因清楚地表述出来,大有"知其然,不知其所以然"之感。显然,分析思维是一种思维方式,而直觉思维就不存在方式的问题,只能是一种思维状态。无论是在日常生活、学习或工作中,还是在科学创造活动中,直觉思维都是极为重要和不可缺少的。由于客观事物纷繁复杂,影响因素多种多样,各种可能性同时并存;又由于问题空间通常都是不明确的,所需的事实和证据常常十分有限;更由于不存在一种不变的逻辑通道,去引导我们按图索骥地解决各种问题。因此,人们在解决各种问题,作出各种答复或决策时,常常会遇到不确定性,而在不确定性情境中遵循严密逻辑规律,采取逐步推理方式的分析思维是难以奏效的,相反地,富于探索性的直觉思维则可在此大显神通。借助直觉思维,人们可在客观现实提供的各种可能性中作出适当的选择;在纷繁复杂的情况下作出有效的决策;在事实、证据有限的条件下作出准确的预见;在问题空间不明确的情形下迅速地寻找到解决问题的一般性原则和中介环节。"在一定程度上,直觉思维就是逻辑思维的凝结或简缩,从表面上看来,直觉思维过程中没有思维的'间接性',但实际上,直觉思维正体现着由于'概括化'、'简缩化'、'语言化'、'内化'的作用,高度集中的'同化'或'知识迁移'的结果。"[①]

直觉有两种基本类型:经验性直觉和理性直觉。

前者指纯粹建立在日常生活经验基础上的直觉,它更多的是揭露事物的外部特征与外部联系,因而水平较低。当然,经验性直觉也有不同的层次和水平,高水平的经验性直觉也可以揭示事物的本质和内在联系。后者

---

① 朱智贤、林崇德主编《思维发展心理学》,第26页。

指建立在科学知识和能娴熟地运用各种思维方法的基础上的直觉,它常常能够洞察事物的本质与内在联系,因而水平较高。

经验性直觉形成和发展的途径大致是:在日常生活中由于事物某些要素的重复出现或要素之间明显的强弱对比,或某种手段、方法的反复有效,主体在此基础上便自发地作出了对该类事物特点的普遍性推论和对该方法、手段的普遍适用性的猜测,并在相同或类似情境中加以应用。后来,性质完全一样或类似的重复便加强了这种推论和猜测;当遇到例外情况时便自发地修正过去的推论与猜测,形成更符合实际的推论与猜测;如此不断发展下去……主体就是这样自发地通过同化与顺应两种形式,达到自己的直觉思维结构与直觉认识同客观实际、外界变化之间的平衡的。如果主体的直觉思维结构与认识同客观实际失去了这种平衡,那就需要改变原有结构和认识来重建平衡。这种不断的平衡—不平衡—平衡的过程,就是经验性直觉随着主体知识经验的日益丰富,不断地由低级水平向高级水平发展的过程。应当于此强调的是,上述过程是人脑自发进行和完成的,主体本身往往不能明确地意识到。心理学大量实验研究结果表明,人脑可以在无意识的水平上吸收、理解和处理信息,人们的心理活动和行为常常受到许多阈下信息(即未被主体意识到的各种外界因素)的影响。因此,无意识在经验性直觉的形成过程中发挥了一定的作用,造成主体在进行直觉思维时出现那种"知其然,不知其所以然"的令人费解的现象。

理性直觉的形成则采取了另一条途径:在感性知识、经验的基础上,主体通过一系列的分析综合活动,得出了合规律性与合目的性相统一的认识,这种认识在日后的应用中得到加强,最后当作理所当然的东西,以结论的形式在头脑中保留下来,作为以后认识其他事物,解决其他问题的知识背景。而对于论证结论的事实与过程,主体则慢慢遗忘且难以表述清楚了;另一方面,在日常生活和科学创造活动中,人们逐渐掌握了各种思维方法,形成了许多思维技能,反复地使用使得人们对其达到了十分娴熟的程度,因而在遇到问题时,几乎无需再作有意识的选择,就能随机应变,自然而然地采用适当的方法。同时,还可以将推理过程压缩到最低限度,省去中间的一些"不必要的"步骤和环节,迅速地得出结论。这种思维状态若从外部特征上看,就表现为一种直觉。由于该过程高度压缩、简化和自动化,基本上处于自我观察的界线以外,因此,真正形成了的理性直觉的过程是主体自己观察不到的,也就是说,虽然人们实际上随时在运用着某些思维方法,却又没有觉得在有意识地运用它们;虽然人们实际上进行了高度简缩、快速的推理,却又觉得似乎是未经推理就立即根据已知条件得出结论的。由此我们可以看出,理性直觉形成的心理机制实际上就是心理内化的机制。

在写作活动中,直觉思维在确定研究方向,选择有前途的研究课题,识别有希望的线索,预见事物的发展进程和研究工作的可能结果,提出假设,寻找解决问题的有效途径,领悟机遇等等诸多方面具有不可低估的价值。在缺乏可供推理的事实时决定行动的方案,在未获得决定性佐证时形成对新发现的看法等方面,都起着十分重要的作用。

直觉思维的主体对于突然出现在自己面前的新事物、新信息、新现象、新问题及关系,能作出迅速的识别,敏锐而深入的洞察,直接的本质理解和综合的整体判断,换句话说,直觉思维就是直接领悟的思维。

写作,首先需要发现有意思的写作对象,观察就需要直觉思维,能够一下子发现我们生活中合目的合规律的事物,发现生活中潜藏的美。所以克罗齐说:"艺术即直觉。"

其次,直觉思维能够使我们直接把握写作材料的含义,确定某种写作角度,譬如我们接触到某个人物,直觉就会告诉你,这就是你要寻找的人物,这个人物就可以写作一篇小说。

再次,直觉思维可以直接预见作品的结果,使我们对自己文章的价值和意义产生一种信心,从而提高写作的积极性。

2. 直觉思维的特点

直觉思维是人类的一种普遍的思维状态。与一般思维方式相比,它具有以下几个方面的显著特征:

第一,非逻辑性。从表面上看,主体进行直觉思维时没有依据某种明确的逻辑规则,得出结论时也没有经过严密的推理,带有一定程度的猜测性、预见性,使它既不同于一般的三段论的演绎推理,也不同于通常所说的归纳推理,因此具有非逻辑性。

第二,直接性。直觉思维似乎不存在中间的推导过程,它总是以跳跃的方式,径直指向最后结论,从整体上对事物作出合目的性、合规律性的结论性判断,明显地表现出直接性的特征。

第三,自动性。直觉思维对客观事物及其关系的识别、判断过程,是一个自然而然的过程,它似乎受主体的一种认识与思考倾向的自动调节,无需主体有意识地作出意志努力去克服各种困难,表现出自动化的特征。

第四,快速性。由于直觉思维以直接、自动化的方式进行,对于一个问题情境,它无需思考也不用推理就能根据自己的知识经验和具体情况,立即作出判断,得出结论,因而具有快速性的特征。

第五,个体坚信感。由于直觉思维的进行非常迅速、自动化,以至于主体对该过程所包含的各种运算、心理活动没有清晰的意识,往往只知道是什么,却说不出为什么,自然也就无法向他人说明思维的行程和结论形成的原因。但是思维个体以直觉方式得出结论时,理智清楚,意识明确,所以直觉主体对直觉结果的准确性具有一种坚定不移的信任感。结论的得来虽未经过严密的逻辑推理和论证,但主体在主观上却对它的正确性(无论实际上正确与否)坚信不疑。

3. 直觉思维的本质

我们认为,对于直觉思维的本质,应从以下几个方面来认识。

首先,直觉作为一种普遍的心理现象,是人类的一种特殊的思维状态。它不但在科学创造活动中明显地表现出来,而且在日常生活中也到处可见。可以说这种思维状态,贯穿于人类生活的各个方面,延伸于创造活动的所有领域,它为任何一个正常的个体所具有,而非少数天才人物所独占。

其次,直觉思维与人们的知识经验有着十分密切的联系。由于直觉思维是在知识经验的基础上形成和进行的,因此,知识经验的质量如何对直觉思维水平的高低有直接影响。从宏观上讲,知识经验的社会历史性制约着每一时代人们直觉思维的发展水平;从微观上讲,知识经验的个体性决定了每个人的直觉思维都带有自己的特点,也就是说,不同的个体对同一事物会存在不同的直觉认识,水平也有高有低。一般说来,知识越渊博,经验越丰富,直觉思维的成效就越高。丰富的知识经验,有助于人们闻一知十、触类旁通,有助于人领悟到事物之间隐蔽的共同之处和内在联系。可以说,在任何问题上,人们所具有的深邃的直觉,都是因为主体曾积累过大量的类似经验,消化过大量的有关知识。如果没有一定的知识经验作基础,任何直觉思维能力都不可能形成和取得成效,而只能形成一些胡乱猜测,主观臆断。由此可见,直觉思维并非无源之水、无本之木。

再次,直觉同逻辑也有着密切的联系。直觉思维是以知识经验为基础的,而许多知识经验又是人们以前逻辑思维活动的结果,从这个角度来看,直觉离不开逻辑。同时,直觉思维与分析思维(即逻辑思维)具有互补关系。由于直觉思维和分析思维各有所长,也各有所短,因此,在一般情况下,它们是密切配合,相互取长补短的。另外,直觉思维状态的发生,与人们对各种实践方法和逻辑思维方法的运用已达到了相当熟练的程度有关。如果某人对某种方法的运用已十分娴熟,碰到某类问题时几乎无需再作有意识的选择,就能随机应变、自然而然地采用适宜的方法。在这种情况下,直觉思维实际上乃是分析思维高度压缩、简化,自动化的结果。

第四,直觉思维是人脑的一种高级机能。同其他一切心理现象一样,直觉也是人脑的机能。虽然目前人们对直觉的生理机制尚了解不多,但是,脑科学的最新研究结果已初步表明,大脑左半球是处理言语,进行集中思维、分析思维的中枢,具有连续性、有序性、分析性等机能,而大脑右半球则在具体思维能力、对空间的认识能力、整体综合能力、直觉思维能力、发散思维能力等方面优于左半球,具有不连续性、弥漫性、整体性等机能。

第五,直觉思维同分析思维一样,也是个体在后天的知识经验的基础上逐渐形成和发展起来的。儿童心理学的研究结果表明,在个体思维发展的过程中,直觉思维的出现先于分析思维,大约在一、两岁婴儿身上就可观察到直觉思维的萌芽和初级形态。我们可以看到,在科学创造活动中有重要作用的直觉思维能力,并非超自然的,天赐的"神力",而是有其发生、发展的过程。

第二节 灵感思维状态

1. 灵感思维状态的含义

古希腊哲人柏拉图认为,灵感是一种神力凭附状态。此时,神夺去诗人的平常理智,让他们做自己的代言人,于是,诗人便在不知不觉中说出许多珍贵的词句,唱出人间最美妙的诗歌。郭沫若根据自己的创造实践,指出灵感"这种现象并不是灵魂附了体,或是所谓'神来',而是一种新鲜的观念突然使意识强度集中了,或者先有强度的意识集中因而获得了一种新鲜而又累计地增强着意识的集中度的那种现象。"①这实际上就是说,灵感与人的思想感情有密切的关系。普希金也曾经说过:"灵感吗?它是一种心灵状态。"这种心理状态是文学创作最理想的状态,它能使作家在很短的时间内创作出平时难以想象的作品。

我国著名科学家钱学森多次谈到灵感思维问题,他说:"所谓灵感,恐怕是人脑有那么一部分对于这些信息再加工,但是人并没有意识到,这在国外也称为'多个自我',即人不光是一个自我,而是好几个,一个是自己已意识到的,还有没意识到的,但它也在那里工作。那么,假设一个很难的问题,在这些潜意识里加工来加工去,得到结果了,这时可能与我们的显意识沟通了,一下得到了答案。整个的加工过程,我们可能不知道,这就是所谓

---

① 郭沫若《诗歌的创作》,见《郭沫若论创作》,上海文艺出版社1983年版,第277页。

的灵感。"①这种认识就为我们理解灵感思维奠定了基础。

我们认为,灵感思维即顿悟思维,是人们在创造活动中,对某一问题进行冥思苦想的紧张阶段,因受到有关事物的启发,思想忽然开朗,问题获得解决的心理活动现象或思维状态。清代著名诗人袁枚《随园诗话》中所说的"众里寻他千百度,蓦然回首,那人却在灯火阑珊处",形象地描述了这种人们反复冥思苦想而不得其解,但却在无意之间问题突然得到解决的心理状态。

有人称灵感思维是一种在不知不觉中突然发生的特殊思维形式,有很多论著把灵感思维与形象思维、抽象思维并列,作为人类的三种基本思维形式。我们认为,灵感思维与形象思维、抽象思维不同,它没有严格的可以描述的形式结构,而且经常出现在形象思维和抽象思维过程中,所以,它不是一种独立的思维形式,而是一种思维状态。英国生物学家达尔文长期研究"同一种源繁衍的机体在变异过程中有趋异倾向"的问题。经过一段时间之后,他的思想在一个偶然的机会突然开朗,问题得到解决。后来他回忆这件往事时说:"我能记得路上的那个地方,当时我坐在马车里,突然想到了这个问题的答案,高兴极了。"(王极盛《智力 ABC》)这就是一种顿悟,就是灵感思维状态的表现。

概而言之,灵感思维状态是指文艺创作和科学研究过程中,进行长时期思索借助直觉启示,使问题得到突然顿悟或理解而出现的思维高度兴奋状态。

郭沫若谈到他创作《凤凰涅槃》的经历时说:"《凤凰涅槃》那首长诗是在一天之中分成两个时期写出来的。上半天在学校的课堂里听讲的时候,突然有诗意袭来,便在抄本上东鳞西爪地写出了那诗的前半。在晚上行将就寝的时候,诗的后半意趣又袭来了,伏在枕上用着铅笔只是火速地写,全身都有点作寒作冷,连牙关都在打战,就那样把那首奇怪的诗也写了出来。"②

2. 灵感产生的内在机制

从人脑中有潜意识存在的观点来看,灵感产生的心理机制可能大体上是这样:当一个人长时间思考某个复杂的问题得不到解决而去干别的事情的时候,特别是去从事某项轻松愉快的活动时,这时人的显思维不再去想

---

① 《钱学森同志与〈文艺研究〉编辑部座谈科学、思维与文艺问题》,见《文艺研究》1985 年第 1 期,第 7 页。
② 郭沫若《我的做诗经过》,见《沫若文集》第 11 卷,第 144 页。

这个问题了,但潜思维却仍在那里继续想(或这个时候潜思维才把问题接过去思考)。潜思维能从比"显意识信息库"信息量大得多的"潜意识信息库"中,不厌其烦、不知疲倦地反复检索和提取有关的信息;能以极高的速度一遍又一遍地尝试进行各式各样的信息组合,因而它常常能获得显思维所不能获得的思维成果(潜思维自然也不会是万能的。尽管它能高速度地这样尝试那样尝试,在不少情况下它所获甚微或一无所获)。当潜思维对问题的思考有了一定结果后,便立即与显思维沟通,立即将结果输送给显思维,这时思维主体就突然获得了灵感。

把灵感产生的心理机制归结为潜思维输送成果给显思维,或者潜思维转化为显思维,这一带有科学假设性质的观点,如今已被越来越多的人重视和接受。我国著名美学家朱光潜早就说过:"灵感是在潜意识中酝酿而成的情思猛然涌现于意识。""灵感是在潜意识中工作,在意识中收获。"钱学森也曾多次明确指出:"灵感实际上是潜思维。它无非是潜在意识的表现。"[①]

苏联曾有学者提出过"优势灶理论"来解释灵感的心理机制问题。他们认为,人们经过一段时间对某个问题的关注和思考,虽然没有想出解决问题的办法来,但由于收集了各种相关的信息,并进行了一些解题的尝试,就会在心理上形成一个"优势灶"。它一旦受到激发,就有可能产生灵感。他们认为思考问题的"优势灶"的形成,是灵感产生的心理基础。

灵感思维的实质,在于知识的重新组合。从生理机制方面看,就是大脑皮层的细胞建立起新的联系。按照巴甫洛夫所揭示的高级神经活动的规律,长期紧张工作所形成的优势兴奋中心区一旦被抑制,就会自发地引起这个中心区外围皮层细胞的兴奋,这时常规思路外围的知识和经验就可能被激发出来,从而打破常规思维。因为某些创造性课题的答案本来就不在常规思路的范围之内,因而打破了常规思维的信息的闪现,就有可能恰好把思路引向问题的答案。

从另一个角度讲,灵感思维是得到休息,恢复思维弹性后获得的一种结果。一个人长时间思考某个问题,会使大脑中的血液缺氧,使思维变得迟钝,这时停止思考而让大脑轻松一下,或使思考转到另外的问题上,大脑血液中的含氧量就会增加,思维就会随之变得清醒敏捷,因而容易产生灵感。

3. 灵感思维状态的特点

灵感是潜思维状态,是潜思维成果通过某种渠道突然显示在人的显意

[①] 《文艺研究》1985年第1期,第7页。

识中来,这种状态是始料不及的,也是没有明显轨迹的。所以,我们只能根据灵感的表现归纳几种主要特征。

第一,灵感思维具有突发性。人们在创造性思维活动中因思想高度集中和活跃,在一个偶然的机会,受到有关事物的启发,促使探索的问题突然得到解决。正是"踏破铁鞋无觅处,得来全不费工夫"。这种顿悟就是灵感的突发性。不期而至,突如其来。灵感是在人对问题的思考得不到答案时,已经不再思考这个问题了,有时候甚至已经过去了很长时间,几乎对问题已经遗忘了,这时候突然一个答案出现在思考者的意识中。

第二,灵感思维是激情化的。灵感产生的时候,必然伴随着强烈的情感,这是因为问题的突然迎刃而解产生的内心激动造成的。

第三,灵感思维是无法控制的。灵感是可遇不可求的,人的意识不能控制灵感的出现。灵感的出现是以某种概念或者某种语词的形式闪现在思考者的头脑中的,直接就是结果,中间没有逻辑思考的链条,不是演绎推理或归纳推理产生出来的。越是想得到灵感,灵感越是不会出现,只有放弃控制,使人身心处于放松状态,才有可能产生灵感。

灵感在人们脑子里的表现往往是变化多端,出没无常,突如其来,稍纵即逝的。它是人们脑海中一闪而过的智慧火花,停留的时间极其短暂,如果我们善于捕捉并利用它,火花便会燃起熊熊大火,如果我们忽视、放弃它,灵感便会变得无影无踪;使我们失去创造的良机。因此,写作思维主体,必须提高思维的敏锐性,增强迅速捕捉灵感,利用灵感的能力。这就是说,灵感的出现是一刹那间的事情,就像是电光一闪,一下子照亮了人的思想,把矛盾的症结一下子全部展现了出来,此时主体必须及时将其捕捉。

第四,灵感思维具有不完整性的特点。灵感对问题的解决是不完整的,只是一个判断,一个片段,但是往往是关键性的判断和片段。它需要思考者去进一步完善、发展,把判断发展成为一种系统的思想认识或者理论体系;把片段演绎成为完整的过程,使之成为艺术形象或者艺术意境。

第五,灵感思维具有非再现性的特点。灵感是特殊情境下遇到特殊的条件出现的,一般来说,这种情景是不可再现的,因为一般不会再次遇到那种特殊的条件。

总之,灵感是一种创造性思维活动。灵感不是一般思维过程的再现,也不是已有思维成果的重复。它是一种全新的思维状态,是一种富有创造性的心理活动状态。在人们的一切创造活动中,都有灵感的活动和参与。在这种活动中,科学家长久探索而未解决的问题,会突然有所发现;文学家写作思路的阻塞,会突然通畅。这就是灵感所具有的创造性。

4. 激发灵感思维的主观条件

灵感是怎样产生的呢？灵感并不是少数"天才"所独有的。灵感产生的主要原因是长期艰苦实践的结果。俄国伟大诗人普希金说过："灵感是在人们不断的工作中产生的。"俄国著名画家列宾也说过："灵感是对艰苦劳动的奖赏。"人们在长期刻苦的工作中不断积累经验，接收各种信息。有的信息未被完全理解，有的还来不及梳理而未留下系统、明确、深刻的印象，形成所谓的潜意识储存于大脑中，当受到某一动因的触发时，一些有用的隐伏信息，突然明朗起来，成为解决问题的动力，使问题迎刃而解。这说明灵感的产生，一要有丰富的信息积累，二要勤于思考。对问题研究探索越深入，积累的知识与经验越丰富，产生灵感的机遇就越多，速度也就越快。具体来说：

第一，进行创新思考，激发灵感，需要给自己提出某个任务，或难以解决的课题。

思考总是从问题开始的。"饱食终日，无所用心"的人，没有什么问题需要思考，自然也就不会产生灵感。需要进行创新思考的课题，或者来自思考者主观上的某种好奇心、求知欲，或者来自客观上的某一实践需要。一般来说，创新思考课题都是客观的实践需要和主观的探索精神相结合的产物。创新思考课题是灵感的"种子"。不播下创新思考课题之"种"就不可能收获创新灵感之"果"。笛卡儿如果头脑里不存在希望将几何与代数结合在一起的创新课题，怎么可能望着天花板上的苍蝇就产生了灵感呢？

有了需要解决的课题，就会在写作主体的意识里产生某种内在动力，促使意识和潜意识共同努力，即使在意识放弃努力的情况下，潜意识仍然积极工作，最终就会有所发现，有所感悟，这时候，就是灵感到了。

第二，相关经验和知识积累越丰富，灵感产生的机遇就越大。经常性的坚持写作，就会积累写作经验和知识，有助于培养灵感思维。

如果说，有某个需要创新的课题是灵感的种子；那么，一定的相关经验和知识则是灵感产生的土壤。灵感什么时候在头脑中出现是偶然的，但它产生的原因却具有必然性。经验和知识的积累是灵感产生的基础。一般地说，思考者所拥有的经验和知识的丰富程度，同它获得灵感的可能性以及内容和水平是相对应的，有时甚至是成正比的。一个人的经验和知识越丰富，思考问题时产生灵感的可能性就越大，质量也会越高。正因为笛卡儿拥有渊博、深厚的哲学知识和数学知识，他才可能获得最终产生创立解析几何学的灵感。

同时，思考者头脑中的经验与知识结构，同所产生的灵感的内容也是密切联系的。有了某种类型的经验与知识结构,才可能激发出相应的灵感来。比如,只熟悉科学技术,对文艺毫无兴趣的人,绝不会经常迸发出"艺术灵感";反过来也一样,只热爱文学艺术,对科技知识一窍不通的人,也绝不会常常冒出"科技灵感"。所以,要能如愿地激发出所需要的灵感来,除了必须拥有广博的知识面作基础,还得在具有相应的知识结构上好好下一番工夫。

如果面对解决不了的问题,这时候就需要采用读书总结法,通过学习知识激发诱导灵感产生。在阅读别人文章(作品或论著)时,一边读一边总有许多"想法",或赞赏,或接受,或不以为然,或极其反感,各种"意念"相当活跃,读完之后,褒贬之感或清晰、或朦胧地已浮在脑际,这时如能有意识的进行"总结",也会产生新思想。因此,当你百思不得其解的时候,去读一些有关的资料或者书籍,有意识地用别人书中的思想去触动你的思想,触动你的灵感,往往是行之有效的。

他山之石,可以攻玉,当自己的思维陷入困境时,不要独自一人苦思冥想,改变一下环境,参加一些集体活动或者召集一些朋友搞个大聚会,在大家海阔天空的讨论切磋中,不同意见的相互撞击,逻辑严谨的激烈论辩,往往能刺激思想"火花"的闪现,使富有新意的思想得以"偶然得之";思维是相互联系的,人的内在大脑细胞也是相互联系的,外界的刺激会使原来隔断的联系程序连接起来,别人的思维会触动自己的思维,促使灵感闪现出来。

第三,要对问题作较长时间的反复思考,培养一种锲而不舍的精神,才能把灵感逼出来。

"不思而至",这是灵感出现时往往会具有的一种假象。实际上,没有一定时间的反复思考作前提,灵感绝对不会光临。灵感是辛勤劳动的结晶。俄国著名作曲家柴可夫斯基说的"灵感是这样一位客人,他不爱拜访懒惰者",我国古语也说过:"人工不竭,天巧不传","若非一番寒彻骨,哪得梅花扑鼻香",它们都表达了人们在这方面共同的深切体会。

法国数学家、哲学家彭加勒则更深入地指出:这些出人意表的灵感,只是经过了一些日子仿佛纯粹是无效的有意识的努力后才产生的。在做出这些努力的时候,你往往以为没有做出任何有益的事情,似乎觉得选择了完全错误的道路。其实正相反,这些努力并不像原来认为的那样是无益的,它们推动了无意识的机器。没有它们,机器不会开动,也不会产生出任何东西来。德国哲学家黑格尔曾十分风趣地嘲讽过那些以为可以不经艰苦思索就能获得灵感的人,说他们像诗人马特尔一样坐在地窖里面对着六千瓶香槟酒,可就是产生不出诗的灵感来。所以,最大的天才尽管朝朝暮暮躺在青草地上让微风吹来,眼望着天空……温柔的灵感也始终不会光顾他。这就说明,天才是勤奋的产物,灵感是对勤奋的奖励。

灵感是一位高傲而又古怪的客人。说他高傲,是因为,如果你缺乏欢迎的诚意,没做好必须做的准备工作,即使你再三恳求,他也不会赏光。说他古怪,是因为,只要你专心致志,肯下功夫,方法到位,纵然不寄期望,他也会不请而自来。

灵感思维需要思考,但是,这种思考不同于逻辑思考,它是采用自由联想的方法。

一直研究问题,思维的大脑就会紧张,人一紧张灵感就会受到抑制,所以,要学会放松。每天入睡前,躺在床上总要不由自主地想起白天思索的问题,像"过电影"一样让意识自由流动,不知不觉之间,在奇思异想、跳跃跌宕的思路"组接"中,会突然使纷纭杂乱的"信息"接通、理顺,得出新结论;这是让大脑放松的结果,此时,思维不是集中在一个目标上,而是自由自在的漫游,潜意识便浮出脑海,自动找到某个问题的答案,获得灵感。

第四,要有走向成功的强烈愿望。这种愿望会激发起强烈的感情,在这种激情状态下灵感就会突然爆发出来。

我们常常能够体验到这样一种情况,在"兴之所至"的聊天或"动情入境"的讲课中,说着说着,会说出一些连自己也惊异的新想法、新观点,而且表达得相当有力,使心灵为之一"震",这实际上是利用情感的力量,促使灵感闪现出来。当人动情的时候,思维的速度就会加快,大脑的信息交换频率加大,意想不到的思想就会闪现出来,灵感就产生了。

对所思考的问题,要求解决它的愿望越迫切,越有激情,促使显思维和潜思维积极进行种种试探的推动力就会越大。解决问题的强烈愿望和激情还包括:身处某种艰难、困窘的逆境;受到某种巨大的刺激,有了某种如临深渊的危机意识等。在这样的心理状态下,主体对所思考的问题自然会时时萦绕于心,念念不忘。问题的久悬不决甚至会使写作思维主体坐立不安,食不甘味、寝不安眠。这样就不仅会在极大的程度上促使思维主体的显思维全力以赴,同时也等于在无形中给思维主体的潜思维提出了潜在任务,敦促其更积极地加紧活动,早日完成其奉献出灵感的任务。笛卡儿的上述灵感的出现,显然与他"有很长一段时间经常总是在思考那个问题"分不开。

第五,要在一定时间的紧张思考之后转入身心放松状态。想不通的问题暂时就不要硬着头皮苦想,学会调节自己,转移一下注意力,让思维保持适度的弹性,避免思维的僵硬化。很多人就是在干另一件事情的时候,突然领悟到解决课题的方法或者答案。

在很多情况下,我们研究问题,很难产生令人满意的结果,思维常常陷入痛苦之中。这就要求我们在"百思不得其解"的情况下,丢开它,去做别的事情,去看别的书籍,而往往在这中间忽然会受到一种启示或刺激,"由此及彼"地贯通了思路,使人"茅塞顿开";之所以要让思维保持弹性,是因为思考的时间一长,大脑就会疲劳,思维就变得僵硬,换一种事情,让大脑得到调节,让思维恢复弹性,于是,被压抑的思想就显现出来了,灵感就出现了。

经过一定时间的紧张思考之后,中断思考过程,去干别的事情,特别是去从事某种轻松愉快的活动,从而使显思维暂时松弛下来,有助于潜思维更活跃、更积极地继续思考问题,更好地发挥作用。就好像弦已绷紧了的弓箭,只有又一下子放开它,才能使箭矢有力地射向目标。笛卡儿的灵感,就是"躺在床上休息"的时候出现的。

在长时间紧张思考的过程中,抽出一定时间读读文学作品,听听音乐,看看舞蹈,或到风景幽美的公园走走,坐坐,这些都有利于激发灵感。古人说得好:"用笔不灵看燕舞,行文无序赏花开。"即使你对文学艺术或自然景色并无兴趣也没关系,只要你能置身于那样的情景之中,感受到那样一种气氛,就会对你产生灵感大有好处。

除了进入幽美的环境放松自我,激发灵感之外,我们还可以在有限的时空中进行自我放松。有人介绍了一种运用形象思维进行自我放松的方法,就是坐稳或睡好之后,闭上眼睛,排除杂念,自然呼吸,然后在头脑里进行形象思维:想象自己是一个钢铁铸件,具有铁头、铁臂、铁身、铁脚,睡在一张巨大的草绿色的海绵床上,全身那十分沉重的钢铁铸件渐渐地陷入草绿色的海绵之中;或者想象自己是一个充气的塑料人,睡在洁净如茵的绿草地上,然后想象两脚脚心的出气孔被拧开了,身体内的空气,就像打开了气孔的轮胎那样慢慢地往外冒,直到最后体内的空气全都跑光,成为一个干瘪瘪的塑料口袋。据说,每次都选用同一种方法,形成条件反射以后,可以做到"一放就松"。

有些人喜欢独处,一个人独自漫步时,也常有思想"火花"闪过。这是因为漫步使你得到一个幽思的环境,你的心情得到放松,意识放松,潜意识才能出来帮忙,于是灵感就出现了。

第六,要有及时抓住灵感的精神准备和及时记录下灵感的物质准备,把灵感思维中产生的成果变成物质的现实的存在。

许多富有创造精神的人都曾体验过获得灵感的滋味,同时他们也往往感到惋惜。由于事先没有准备,没有及时记下这些灵感,时过境迁,后来再也记不起来了。我国宋代诗人潘大临有一次诗兴大发,触景生情,刚写下"满城风雨近重阳"的千古名句,突然有人来催租,打断了他的诗兴和思路,后来无论怎样绞尽脑汁,再也写不出恰当的续句来。所以,对灵感一定要有所准备,不要让到了嘴边的猎物逃之夭夭。

当然,不是头脑中出现的每一个灵感都有价值。但你得先把它们都抓住,记下来,然后再慢慢细加审查。如果你让灵感一眨眼就溜走了,头脑中没有留下任何印象,那又怎么可能知道它有没有价值呢?

写作主体常常会遇到自己一个字也写不出来的时候。这时候,有人总希望能在写作之前先有灵感。他相信一篇好的作品总是从作家感到精力充沛、才思横溢开始的,为了写得好,他觉得必须等灵感出现了,才能坐到桌前或打字机前伏案进行写作。如果哪天感到情绪低落,他就会远离写字台或打字机。他认为要完成一次写作任务是非常困难的。为此,他经常要和心理障碍进行激烈的斗争。这是一种理想化的写作标准,持有这种标准写作的人很少有写出来的时候。他一定会为此感到很沮丧,而"灵感"也会离开他越来越远,一直到他完全无法写作。所以,我们强调写作主体必须善于捕捉灵感,但是,我们必须认识到灵感不是可以等来的,而是需要采取积极行动主动思考才能产生出来的。当灵感不来,写作出现障碍时,写作主体就应该积极行动起来,坚持写下去,不怕写不好,可能就在你乱划的过程中,灵感就会突然而至。只有用写作才能真正克服阻碍灵感出现的障碍。

美国小说家、诗人乔伊斯·卡罗尔·奥茨的做法与此形成了鲜明的对比。他认为从某种意义上来说,写作本身就会创造出情绪来。因此对于"情绪"这种东西,必须毫不留情。他说他很多时候强迫自己写作,即使在才思枯竭的时候也是如此。有时,他觉得自己的大脑一片空白,没有任何东西值得他再坚持写下去,然而,通过写作这一切都改变了。

作家尼尔·西蒙认为,写作的灵感不是每天都那么轻易来到你身边的,但是,你必须每天都坐到打字机前。西蒙认为一旦在纸上打出了什么东西,就有机会分辨这些东西到底是好是坏,进而便可以修改了。改写的过程是推动写作的过程。

著名的科幻作家弗雷德里克·波洛也有类似的体验:当他发现自己陷入困境时,他就暂时先写下一些粗糙的草稿。他不去管那些草稿的粗糙程度。过一段时间,他再回过头来对这部分进行修改。这样做在他的写作中帮了大忙,使他有效地克服了"写作障碍"。他认为除了他以外,没人会去看这些草稿,他只管硬着头皮写下去就是了。不管这个思路有多糟,他都把它写到纸上。这样一来他的写作非但一直没有停下来,而且还不断地向前迈进。

写作主体必须牢记:在没有把东西写在纸上之前,不要幻想自己写的必须"精彩",只有你先把它写下来,有了一个明确的东西后你再进行修改才有可能精彩。

灵感隐去时不能放弃写作,灵感出现时必须及时"捕捉"。灵感的来去,的确都较突然。倏忽而来,又稍纵即逝。当时抓不住,过后就难以复现了。"大"的灵感要看重,"小"的灵感也不要忽视。在科学研究和文学创作中,坚持积累日常生活中若干"小"发现、"小"观点,就很可能构成一个"大"的题材或者论点。

"灵感"并不是神秘莫测的东西,它是劳动的伴侣。它从不光顾思想的懒汉,知识的乞丐。只有那些材料富有又勤于思索、善于"比较"的思想者,才能经常得到它的青睐。

要把文学中的灵感最终变成优美的文学作品,需要付出艰巨的劳动,因为语言文字只有在写作中才能把灵感千锤百炼成现实的存在。

第三节 创造思维状态

创造性思维也不是一种独立思维形式,无论是逻辑思维还是形象思维中都存在着创造性思维。无论是进行科学研究撰写学术论文,还是进行文学创作都离不开创造性思维的作用。

这里所说的创造性思维是指人们通过有目的有计划的深入探索,运用已有的经验和智能,解决了前人所未解决的问题,获得了前人所未有过的研究成果的思维。

科学的本质就是创新,科学研究和专业论文写作都是创造性的智力劳动。文学创作是创建人类精神家园的活动,这种活动也是随着社会生活的发展变化不断变化。因此,每一个时代的作家通过自己创造性的劳动,为人们建构着诗意生存的家园。因此,我们在运用辩证思维方法的时候,还有必要掌握和运用辩证思维方法的延伸和深化——使自己处于创造性思维状态。在运用形象思维方法的时候,一定要处理好借用模式和突破模式之间的矛盾,创造出属于自己和时代的文学作品。

1. 创造性思维的含义

创造性思维或称创新思维,是指主体综合运用各种思维要素和思维形式、思维类型等,在已有的知识、经验的基础上进行想象、推理、概括、拓展、再创造,进而产生某种崭新的思想、理论和产品(包括物质产品和精神产品)的一种高级思维。

从写作思维的角度看,创造性写作思维状态总是不断地对主体以往成就的超越,总是处于创新的冲动之中,渴望创造出独特的作品。江泽民同志指出:"历史上的科学发现和历史突破,无不是创新的结果。20世纪相对论、量子论、基因论、信息论的形成,都是创新思维的成果。正是基于物质科学、生命科学和思维科学等的突破性进展,人类创造了超过以往任何一个时代的科学成就和物质财富。21世纪,科技创新将进一步成为经济和社会发展的主导力量。"[1]创造性思维具有广阔性、开放性、新颖性、多样性、灵活性和超前性等特点。它摒弃了陈旧落后的传统思维方法,在思维形式、方法、程序、途径等方面没有固定的框框,是多种思维形式、方法、程序、途径的综合运用;它密切跟踪并及时反映现代科学技术的最新成果,坚持在对立统一、多样统一中进行思维,不作绝对肯定和绝对否定的形而上学的处理。它从一个新的侧面和角度揭示了思维活动的规律和本质,体现了思维方式的理论和应用的辩证关系。创造性思维水平的高低和实现程度的深浅,不仅是科技、文化、艺术工作者创造能力大小的标志,而且还决定科学、文化研究以及艺术创作的质量和价值。

创造性思维方法是一种向广阔的领域扩张的具有多方向、多角度的立体思维,它不受单一、平面、僵化的传统思维方法的束缚,包含有自由思维、逆向思维、发散思维、集中思维、侧向思维、模糊思维、系统思维和统摄思维的成分,是上述种种思维方式的综合和具体运用。

创造性思维方法和再生性思维方法是不能混为一谈的。美国心理学家克雷奇认为,再生性思维是指个人"应用先前获得的知识,直接地而不需改变地去解决一个问题";而创造性思维方法是"指对个人来说,一个新颖问题得到解决。从前获得的知识参与到这个过程中来了,但是必须经过改变,以适合这个问题的新要求"[2]。因此,创造性思维方法同再生性思维方法(非创造性思维方法)的区分,是以思维主体个人已有的全部知识和经验

---

[1] 江泽民《在中国科学院第十次院士大会和中国工程院第五次院士大会上的讲话》,《光明日报》2000年6月7日。

[2] 〔美〕克雷奇《心理学纲要》(上)(周先庚等译),文化教育出版社1980年版,第221页。

为标准的。如果思维主体产生了他以往不曾有过的思想,那么这个思想就是一个新思想,就是创造性思维方法的成果,反之则属于再生性思维方法了。

人类的科学研究、艺术创作过程都伴随着创造性思维,其成果中都包含着创造性思维的功劳。科学研究中提出问题、分析问题、解决问题的过程,是创造性思维方法作为探索新事物的心理过程,主要体现在利用已知探求未知、寻求新的答案、解决实际问题的实践中。文艺创作中,创构新意象、编制新情节、运用新话语的过程,也是进行创造性思维的过程。我国已故著名数学家华罗庚曾经说过,人之所以可贵,就在于人具有辩证思维,尤其是创造性思维,人通过自己的劳动可以创造一切。辩证思维方法,尤其是创造性思维方法能够激发主体的求知欲望、探求兴趣和进取精神,从而推动科学研究和文学艺术的写作获得成功。

写作处于创造性思维状态,写作主体总是不断地萌发创新念头,不断地涌现创作冲动,新的思想、新的构思使作者应接不暇,而且写作主体不受束缚,不重复同一创作模式,自由发挥创造,这种状态就是写作主体的高峰状态和创作鼎盛时期。

鲁迅的小说创作就表现出这种创造性思维状态,他的每一篇小说都是一个创新,都不雷同,不论是在小说的立意上,还是在小说的形式方面都追求一种变化,一种创新,因而他的每一篇小说都在社会上引起人们的重视。

相比之下,这些年在社会上争议相当多的一些小说和散文创作,为什么会有人不断地提出批评,说它们具有商业炒作的意味?从写作创造性思维来讲,与这些作品的形式创新不够有关。当然,许多作家的成名之作都具有一定的创造性,但是,其后的创作往往都是在成名作品模式下进行再生性思维,他们把个性化的文艺创作变成了一种工业化批量生产,以一种模式重复组装生活内容,这就引起读者的不满意。

2. 进行创造性思维的条件

创造性思维是逻辑思维和形象思维中的高级思维形式。实际上创造性思维就是运用一切思维方法或者思维形式激活已有的经验和智能,解决前人所未能解决的问题,获得前人所未获得的研究成果。由此可见,进行创造思维不是简单而轻易的,必须具备一定的前提条件。

2.1 丰富的信息储存是进行创造性思维的首要条件

从信息论的观点来看,无论是从事科学研究还是进行文艺写作,都是储存信息、处理信息、输出新信息的过程。所以,一个人的创造与他所掌握的信息多少有关,没有信息的储存,也就不可能有新信息的输出,进行科学研究、撰写学术论文、进行文艺创作，都必须掌握两种信息材料，一种是第一手材料，一种是第二手材料。

第一手材料是创造性思维的基础，是进行创造性思维的出发点。因为这种材料是思维与现实生活的连接点，能够把思维引入现实问题。这种材料是思维经过亲身调查、观察、实验所获取的直接材料。在获取、选择第一手材料的过程中，研究者的新感受、新发现、新体会，就是创造性思维的结果。因此，第一手材料积累得越丰富，创造性思维越活跃，主体的收获也就越大。

进行创造性思维不仅要掌握丰富的第一手材料，还要把握足够的第二手材料。

第二手材料主要是通过书籍、报刊、电脑软盘、缩微胶片等信息载体传播的，前人已经取得的研究成果、工作经验，也称为间接材料。这是从事研究、从事写作的重要材料之一。因为任何一项研究或创作成果都是在前人的同类研究或创作成果的基础上，不断发现、提高而取得的。如果割断历史，不吸收前人的有关经验，只是一个人孤立地进行研究或创作，必然要走很多弯路，延误很多时间，给人力与物力造成极大浪费，甚至使研究失败。因此，要想自己在研究或创作中有所发明，有所发现，有所创造，就应该广泛深入地收集和研究前人的有关成果，不断丰富信息储存，这样才能视野开阔，想象丰富，思路敏捷地进行创造思维，获得新的成果。

一般来说，主体在现实生活中积累第一手材料的时候会发现问题，思维要解决这些问题，就需要通过了解前人的研究成果，帮助自己思维。所以，第二手材料是思维产生成果的必要条件，没有前人的研究成果，我们用一生的时间都不会对有些问题形成正确的认识。

创造性思维就是把这两种材料结合起来，实现对现实问题的求解。所以，这两种信息越丰富，思维对问题的解决速度就越快，解决的可能性也就越大。任何一个方面的信息不足，就可能影响思维形成正确的成果。

2.2. 只有进入思维对问题的求解过程中才会出现创造性思维

思维主体具有一定的实践经验，占有了前人的思维成果，并不等于就会出现创造性思维，只有主体亲自进入对问题的思考过程，把前人的思维成果结合自己的社会实践用自己的大脑加工改造，才能创造出新的思维成果。

仔细研究前人的思维成果，可以帮助写作主体进入创造思维状态。但是，只有创造性的生活实践才是创造思维的前提和依据。对前人思维成果研究的深浅与今天写作水平及价值的大小是成正比的，而创造思维只有在创造性的实践中才能实现。所以,从写作创造思维的角度来看,深入生活,积累丰富的现实生活材料才是至关重要的。马克思说过:"我们不是从人们所说的、所想象的、所设想的东西出发,也不是从只存在于口头上所说的、思考出来的、想象出来的、设想出来的人出发,去理解真正的人。我们的出发点是从事实际活动的人,而且从他们的现实生活过程中我们还可以揭示出这一生活过程在意识形态上的反射和回声的发展。……思想或语言都不能独自组成特殊的王国,它们只是现实的表现。"[1]这说明,只依靠语言的表达而没有一定的生活材料,写不出合格的文章。作者只有搜集了丰富的生活材料,善于进行创造性思维,才能从中形成正确、新颖的思想观点,写出有价值的文章。马克思以四十年的心血写成的巨著《资本论》,就是在事先深入钻研了一千五百多种书籍,收集了大量的资料,同时深入社会实践,洞察工人阶级的生活状况之后才完成的。所以,创造性思维只能在刻苦努力深入社会生活,发现生活中的问题,结合现实钻研理论中表现出来。这里没有捷径可走。

作家王安忆在《再谈〈小鲍庄〉》一文中这样说过:"写作极须依顾一时一地的特定情境与氛围,错过了那情景,便如流水走过,一去不回,过了这个村,再没那个店了。

在这之前和之后,我心里时常想,有时也与人说的,总是那么一句半话:'一个孩子,像路边的野草,无闻的生,无闻的死,却完成了一个村落的变迁。可是,又不尽是这些……'要说有初衷,这便是了。可是,写着时,渐渐有些背离了初衷,这也是真实的。

应该在这最佳状态来临之前,做好一切创作的准备,理性的,感性的,技法的。不至辜负了那状态与那激情。"[2]

写作创造性思维状态是主体在写作过程中产生的,离开了创作实践,创造性思维状态就不会出现,而且作家只有做好了充分准备,才能在创造性思维状态来临时,产生出创造性思维成果。

灵感和创造性是相互联系的,但又不是一回事,创造性思维是思维经过系统地比较、思考、分析、发现的结果,具有明显的思维过程和思维方法;而灵感思维是没有规律的,无法知道它的思维过程和方法,它是在人的潜意识中进行的,是人的意识无法认识的。

---

[1] 马克思、恩格斯《德意志意识形态》,见《马克思恩格斯选集》第一卷,人民出版社1972年版,第30页。

[2] 王安忆《再谈〈小鲍庄〉》,见《小说选刊》1986年第6期。

创造性思维可以激活人的灵感,使人突然获得问题的解决方案,使创造性思维获得结果。灵感又使得创造性思维能够进行下去,使人感受到创造性思维的快乐。

思维就是要在灵感的激励下,深入思考事物的内在本质,获得创造性认识成果。只有当思维主体获得创造性成果,才算完成了写作思维的任务。

第四节　梦幻思维状态

1. 什么是梦幻思维状态

我们中国人有句俗话:日有所思,夜有所梦。我国清代学者李钟伦在其《周礼纂训》中也曾说过:"梦中创见之思者,精专所极,积思而梦。"也就是说,一个人对某个问题专心贯注,反复思索,就可能在梦中继续思考而有所创造。但是,对于梦幻内在秘密的揭示应该归功于弗洛伊德,他的《梦的解析》一书,使我们对梦的作用和价值有了充分的认识,也使我们对梦与人的思维的关系有了更加深刻的理解。弗洛伊德认为,梦具有极大的创造性,只要我们掌握了梦幻思维的规律,就能够实现我们在清醒意识状态下无法实现的事情。他的一些想法对我们有很大的启示:我们必须考虑这样一种可能性——在晚上,我们是不是不自觉地将我们的意念与记忆材料作了重大的改造。如果的确是这样的话,那么俗话所说的"在你要做重大的决定以前还是睡个大觉再说吧",是很有道理的。实际上,有很多人在写文章之前,先把自己用被子蒙起来,躺在床上睡一觉,等他起床后一篇文章就诞生了。这就是利用梦幻思维的结果。

从弗洛伊德的观点来看,梦是愿望的达成。而愿望是复杂的,有些是清醒的,有意识的;有些是压抑的,无意识的。有些愿望我们可以通过自己实际的努力,通过理性的思考来实现;而有些愿望却在现实生活中无法实现,于是就会通过做梦来实现。所以,梦是一种复杂的心理活动。

从巴甫洛夫的观点来看,梦是第一信号及其形象性、具体性的兴奋,也是情绪的兴奋。因为这时候,第二信号系统处于催眠状态而被关闭起来,第一信号系统才能处于主导地位,开始工作。由于第一信号系统积累了大量的形象信息,一旦失去意识的控制,就会自由组合,产生出奇特的构想,这些构想可能会引起主体潜思维的警觉,发现解决问题的途径或答案。

英国心理学家查尔斯·莱格夫在对梦进行系统研究的基础上写出了《梦的真谛》一书,他认为,做梦其实是一种自我谈话和自我交流,它和清醒时的自我反省、自我安慰、自我陶醉等非常相像——当然它和清醒时的沉思、回忆或预感等思维活动就更加接近了。现实中很多创造发明都是通过梦境实现的,这说明梦的确具有无可否认的创造性。

对梦幻的心理分析,对梦的构成基础的研究,以及对梦的实验是形成当代梦幻思维的理论基础,在此基础上,我们可以形成对梦幻思维的一般认识。

所谓梦幻思维,实际上可以分为两种情况:一是做梦状态下的思维;一是幻觉状态下的思维。二者都表现为主体意识处于暂时失去控制下的潜在思维活动,也可以看作是人醒觉时的思维活动的继续,或者说,是人脑延续到睡眠状态中或幻觉状态中的思维过程。就梦幻思维与人的潜思维的关系来看,梦幻思维是潜思维的一种特殊形式。下面我们主要对梦幻思维进行一些简单的分析和描述。

一般来说,人的潜在思维成果突然输送给显思维,便表现为灵感。梦幻思维既然也是一种潜思维,在梦境中奉献其思维成果,自然也是一种灵感的表现,只不过是得自于梦中的灵感,具有着与一般的灵感颇不相同的特殊性。

梦境可以是灵感获得的一个途径,但是,梦幻思维不是灵感。因为它是完全无意识的心理过程,不像灵感是突然清醒地意识到自己对某个问题的解决。梦中虽然可以有创造性地发现,但是需要主体恢复意识之后能够重现梦中情景,如果不能恢复,那么也就失去了梦幻思维的意义。

另外,梦境常常是一种类似于形象思维的心理活动,奇异超常的形象组合,形象的瞬息变化,总之是一种具象运动。梦幻思维通过相似性暗示来达到自己的目的,其价值与意义需要主体意识去感悟。例如,梦中的乌纱帽、宫服、龙袍、龙椅等,可能是象征某种官职、官位;梦见谁死了或病了,则可能是表示做梦者对这个人的某种看法或感情。梦中运用什么样的形象手段和象征语言,既依赖于做梦者的经历、知识和思想感情等因素,也与社会习俗和时代变迁相联系。这自然不免会给人们理解和利用梦幻思维带来很大的困难。

马雅可夫斯基说过:"我曾经为了写一个孤独的男人对他唯一的爱人的柔情而整整想了两天。

他将怎样保护她和疼爱她呢?

第三夜我倒下去睡,头是痛的,什么也没想出来。夜里一个定语终于想到了。

我将保护和疼爱
你的身体,
就像一个在战争中残废了的,

对任何人都不需要了的兵士爱护着

他唯一的一条腿。

我半睡半醒地跳下床来。在黑暗中用一根烧焦了的火柴棍子在卷烟盒上写下了'唯一的腿',然后睡着了。早上起来我想了两个小时,在烟盒上写的'唯一的腿'是怎么回事,是怎么来的。

为了搜索可以捕捉但还没有捉住的韵脚,真可以毒害生命:说话不懂说的什么,吃东西不知味道,也不能睡,几乎只看见韵脚在眼前飞。"[①]

由此可以看出,梦境中的问题是作者清醒意识一直思考而没有得到解决的问题,梦境中的思考是清醒意识思考的延续。这种情况在科学研究过程中,表现得更为突出。

德国著名化学家凯库勒,从1865年就开始探索苯分子的化学结构,先后作过几十种不同的设想,后来都被否定了。他最后是通过梦幻思维发现这种结构的。

由于研究苯分子结构这件事情进行得不顺利,他把长椅子转向炉边,进入了半睡眠状态。这时候原子在他眼前飞动,长长的队伍,变化多姿,靠近了,连续起来了,一个个扭曲着,旋转着,像蛇一样。他突然看到,一条蛇咬住了自己的尾巴,在他眼前轻蔑地旋转。他一下子从梦幻中惊醒过来。经过整整一夜的艰苦工作。凯库勒终于在此基础上提出了苯的环状结构理论,导致了有机化学研究的重大革新。凯库勒经常在研究工作中得益于梦幻思维,因而他曾风趣地向世人发出呼吁:"先生们!让我们都来学会做梦吧!"这就是在科学研究中利用梦幻思维的非常著名的事例。

梦蕴藏着巨大的开发价值,如果谁想进行创造性的工作,绝对有必要开发利用自己的梦资源。据报道,英国杜克大学办的一个研究班在教学大纲上明确提出:"要帮助听课者学会有效地利用梦境。"大量事实表明,人在睡梦中的确可以获得灵感,许多人也的确能自觉、主动地对梦中出现的灵感加以利用。

梦幻思维作为值得我们进一步重视、开发和利用的宝贵智力资源之一,不仅在科学研究领域作用重大,而且在文学创作中不可或缺。著名作家张恨水说他当年得了一种怪病,就是做梦。"不论是黄昏,是夜半,是天明,甚至是中午,只要我睡到床上,梦神立刻就引导我到另一个世界去。那个世界里的七情变幻,比我们这个世界紧张得多,有时刺激得过于利害,把我睡直了的身体,惊动地坐了起来。梦醒之后,回想梦里那些情景,却也有

[①] 马雅可夫斯基《怎样做诗》,见《外国作家谈创作经验》,第1342—1343页。

不少可歌可泣的。因之，我每在睡眼蒙眬，精神恍惚的时候，立刻把梦境重想一遍。到了次日早起，第一件事，就是抽笔展纸，把梦里的事情默写出来。有时梦境太离奇而有趣了，我等不到次日，半夜披衣起床，把案头的植物油灯点着，就狂写起来。

这样，或一日记下二三梦，或一日记一梦，或两三日记一梦，不知不觉写了一大卷纸。点点次数，共是八十一梦。"① 于是一部《八十一梦》的小说就创作出来了。

这种情境表明，写作梦幻思维状态是作者对梦幻的一种潜意识感悟，这种感悟实际上就是作者对现实生活的深刻思考和认识的间接反映。或者可以这样说，作者由于对现实生活一直进行思考，而没有形成明确的认识，显意识处于朦胧状态，还不知道究竟能够形成什么样的艺术形象，这时候，潜意识通过梦境的奇异构想达到创作的目的。

2. 梦幻思维状态的作用

从写作思维的角度来看，梦幻思维状态对创作可能具有以下这样一些作用。

2.1. 梦幻思维是过去记忆痕迹的复活，这种复活又与主体最近思考的问题有关，所以就能够筛选、整理信息，突出有价值的信息。英国生物物理学家克里克指出，随着接受和储存的信息日益增多，头脑中信息的传递和利用就会越来越困难，越来越容易发生混乱。如果没有梦在头脑中起着筛选整理作用，人头脑中的信息就会是乱麻一团，人的记忆和学习能力就会大大减弱。他还提出，一个儿童如果说他自己常做梦，长大就会比较聪明。因为梦境会不断把某些有用的信息重复再现，增进人的记忆，而冲淡了无用信息的记忆。人处于有梦睡眠状态，脑电波的频率加快，同人在醒觉时的脑电波相似。科学家们据此推测，有梦睡眠能对人在醒觉时所接受的种种信息起一种回顾、整理、筛选、淘汰、引申、发展的作用，甚至于使很久以前意识中早已遗忘的信息在梦中浮现出来，引发感受，完成创造。做梦将大脑在白昼接受的信息进行筛选，有的纳入潜意识，有的在显意识中长期记忆，有的则在显意识中短期记忆。对于从事写作的人来讲，有时候信息中的价值意义很难发现，通过梦境的筛选，可能会帮助作者意识到重要的信息，从而完成作品的主要内容的确定和整体构思。

2.2. 梦幻思维状态最主要的作用就是延续作者醒意识的思考。前面已经说过梦幻思维是人醒觉时的思维活动的继续，也就是所谓日有所思，夜有

---

① 张恨水《八十一梦》，四川人民出版社1980年版，第1页。

所梦。比如,有时某人在路上遇见一个不相识的人,会一下子联想起过去的某个朋友。这一联想当时在他头脑里可能只是一闪而过,并未进一步去回忆,很快便完全忘了。但是到了当天夜里或若干天以后的某个晚上,这个朋友的形象以及有关的某些细节,却可能再次出现于他的梦中。这表明,人们白天开了头而没有了结的某些心理活动与思维活动,在梦里会得到重温与延续。人的醒意识思维为什么会延续到梦境中来呢? 这与人的意识构成有关。按照弗洛伊德的观点,人的"意识不过是人的整体心理中的一小部分,这就如同一座漂浮的冰山,意识只是水面上的部分,而水面以下的大部分则是潜意识。"[1]虽然,人的意识可以分为醒意识和潜意识,但是,它们都是人的意识,也就是说都是围绕主体的问题发挥作用的。所以,梦境实际上是潜意识继续活动,试图完成醒意识未完成的工作;它或者是沿着醒觉时思考活动的思路接下去继续思考;或者是另起炉灶,按其他的思路继续思考。自古以来许许多多的人都在梦中对所思考的问题获得过一定的解答或启示,马雅可夫斯基做诗,就是清醒意识无法完成,而在梦中完成了诗句的构想。这有力地证明了,人醒觉时的写作思维活动的确在梦中能够得到延续和发展。

2.3. 梦幻思维能够帮助写作主体调节情感,纠正偏颇,修改作品。写作思维主体在正常的意识下常常会被自己的构思和认识所感动,难以割爱。梦作为潜意识活动,对人的情绪能起一种平衡、调节的作用。进入梦幻思维过程中,人在清醒意识状态下的情感就会趋于平衡,这时候,就能更客观地对作品进行观照,作品的问题和偏颇之处就会显现出来。作为潜意识活动的高级形态,梦幻思维对人的认识也能起到一种平衡调节的作用。这表现在,人常常能在梦中注意到被忽略或被低估了的问题的另一面,而且这一面往往是不利的方面。比如我们有时候灵感来临,一口气写完一篇文章,自己非常满意,觉得文章似乎天衣无缝,水到渠成,而夜里睡上一觉,往往会在梦境中或在醒来后意识到:"不合适的地方不少,看来不能这样。"从而会对文章重新做一番审读,以防止或纠正偏差。我们常能听到有人这样说:"他一觉醒来就改变了主意"。这一现象的普遍存在,就是因为人在梦幻思维状态中发现了清醒思维中没有发现的问题,并且认为梦幻思维的结果是正确的。所以很多前辈学者都曾告诫过后来人:文章写好后,一定要放一放,过一段时间再看。在这段时间里,我们的意识和潜意识都会发挥作用,特别是梦幻思维会对你有所启示,会帮助你发现问题。

2.4. 奇异组合,想象创新。写作思维追求一种创造性成果,也就是过

---

[1] 〔美〕霍尔《弗洛伊德心理学入门》(陈维正译),商务印书馆1985年版,第45页。

去人们常常说的:"文章挣命达","语不惊人死不休"。在清醒意识状态下,人们受到现实的种种束缚,无法创造出独特的作品。在梦中所进行的想象性心理活动,是完全摆脱了现实生活束缚的心理活动,人的潜意识可以自由发挥创造性,这时候无法想象的事物之间的组合就会产生出来。可以说梦幻思维是最大胆、最超常、最自由的想象活动。自由想象在梦幻思维中占有重要的地位,是梦幻思维的基本内容之一。人的创造性就在于自由想象,只有在梦幻思维中人才能最大限度地实行自由想象,奇特的构思常常来自于梦幻思维过程中的自由想象。

这里我们引女作家张洁在散文《梦》中写的一段话,作为具有代表性的具体例证:"现在想起来,仿佛已是很遥远的事情了。在我很小的时候,我常梦见我在溜冰场上大显神通,像陀螺般旋转,像流星般飞驰,像燕子掠水般地滑翔。我也梦见过在海浪里嬉戏,跃上浪尖,纵入浪谷。其实,我既不会滑冰也不会游泳。我甚至连海也没有见过,而且那个时候我冰鞋也买不起一双。我还梦见过我既是我自己又不是我自己,我是那样的端庄妩媚,仪态万方,完全不像现实生活中那样畏葸、灰暗。……在梦里,我扮演过许多在我醒时渴望着的美好角色,做出过许许多多毕竟是异想天开的事情。"[①]

人们针对某个人的雄心勃勃的打算,常常会评论说:"你别做梦了!"其含意也就是:"你别想象得太好了!"人们已习惯于将梦作为想象的代名词、同义语,足见梦幻思维具有突出的进行自由想象的作用。自由想象是运用形象思维进行创新思考的基本形式和方法;同时,又由于梦幻思维是一种潜思维活动,它具有不受显思维控制的特点,因此梦幻思维能以自己的独特方式加工信息,进行新的信息组合,从而做到有所突破,有所创新。英国剑桥大学的胡钦教授曾对各门学科的许多专家作过调查,70%的人都回答说,梦在他们的创造性活动中起过不同程度的作用。

在日内瓦,接受弗罗诺教授询问的69名数学家中,有74%的人回答说,他们有时能在梦中解决问题。也正因为如此,近几十年来,国外许多研究梦的学者越来越关心和重视对梦中创造性活动的研究。它已成为近代关于梦的研究中的一个引人注目的重要动向和趋势。

总之,梦幻思维在写作中所可能起到的作用,就是充分调动潜意识的巨大能量,把我们在清醒意识状态下无法实现的愿望,通过曲折的暗示性进行实现。意识到梦幻思维这种巨大的作用,我们就会有意识地去运用梦幻思维实现我们的愿望。

---

① 转引自周冠生《梦之谜探索》,科学出版社1990年版,第20页。

3. 学会利用梦幻思维的成果

梦幻是一种无意识的心理活动,而且,它的表现方式又不是直接对问题的回答,而是曲折的、变形的、暗示的,因而,梦幻思维成果的利用是比较困难的,需要我们对梦幻思维成果进行理解,然后才能利用。从古至今,人们提出了许许多多解梦的方法,有所谓符号释梦法、密码释梦法、原型放大释梦法、催眠释梦法等等。现在一般心理学家在为自己、为别人释梦时,最常用的是弗洛伊德提出的自由联想法。这些方法都在于对梦幻含义的揭示和阐释,从而认识个体心理的潜意识内容,达到心理治疗的目的。我们的宗旨是通过梦幻思维来实现写作思维的目的,所以不需要了解和弄清各种释梦的方法,只需要探讨如何利用梦幻思维成果从事写作活动。一般来说,要想利用梦幻思维实现自己的写作愿望,需要经过以下三个步骤:

第一步,正确认识梦幻思维,相信人能够利用梦幻创造出丰硕的思维成果,敢于把自己的问题交给梦幻思维去解决。过去很多人都认为梦幻是无稽之谈,所以,讽刺人白日做梦。现在科学已经揭示出梦幻具有巨大的利用价值,是人们创造发明的一个主要渠道。所以,要想利用梦幻思维实现自己的愿望,首先要相信梦幻思维,然后才能利用梦幻思维成果。相信梦幻思维成果,大脑就能够记住梦。如果思想上不重现梦、不相信梦的功用,那就谈不上培养对梦的警觉和敏感,也就不可能享受到梦幻思维所奉献的智慧之果。入睡时提醒自己一定要记住所做的梦,有助于加强显思维在这方面的警觉。这样,当潜思维对问题的思考取得了一定成果而在梦境中显现时,显思维就能更及时、更明确地把握住它们。美国斯坦福大学医学院睡眠研究中心的拉伯奇曾在1981年1月号的《当代心理学》杂志上,撰文谈到过自己所总结的一套梦的诱导法。简单说来,就是入睡之前先对自己说:等一下做梦时,我要记住我是在做梦。然后躺在床上想象自己在做梦。他说他用这样的办法每月平均做21.5次梦,有时一夜能做4次梦。周冠生在《梦之谜探索》一书中谈到,不想记住梦,就会越来越记不住梦。"把梦记忆住,既需意志努力,也需利用联想规律。愈是去回忆梦的人,愈形成记忆梦的能力。我本人50岁前,虽做了大量的梦,但所能回忆起的长梦并不多,由于近年来我养成'爱梦'与'记梦'的心理特点,因此,我记忆梦的能力获得迅速的增长。现在,我一般都能记住我所做的长梦,而且在很多场合下,能随意再现自己的梦境。"① 他还指出:"梦象的遗忘原因,可以有两种不同的解释,一种称痕迹消退说,一种称为刺激干扰说。其实这两种假设可

---

① 周冠生《梦之谜探索》,第148—149页。

以并存。有的梦象由于得不到重视或重复而'消退'，有的'梦象'只是当时回忆不起来，在生活的某一片刻又能把失去的梦象追忆出来，可见新刺激的干扰往往引起梦象的暂时遗忘。"①理解了梦幻思维成果可能会遇到这两种遗忘的情况，我们就需要及时记忆梦幻思维成果，一是通过重复述说梦幻景象，不要使痕迹消失；一是避免干扰，一个人独处一隅，静静地重温旧梦。

其次，要有思考的问题和强烈解决问题的愿望。对于没有问题的头脑来说，梦幻思维就是没有目标的无意识行为。有了未解决的问题，梦幻思维就会围绕这些问题展开自由想象，从而就会有新的创造出现，清醒的意识就会及时捕捉着这种发现，把它变成自己的思维成果。所以，临睡前要反复思考几遍有待解决的问题。这样做是为了强化问题意识。显思维加强了对问题的思考，也就能更有力地促进潜思维把问题接过去进一步加工。法国哲学家笛卡儿说过："只有那些有准备的头脑，才会在梦中幻觉出新的发现。"

只要你相信梦幻思维可以帮助你完成显意识无法完成的工作，你就会强化自己面临的问题，带着问题进入梦乡，等待梦幻思维发挥作用。

第二步，要培养正常良好的适于梦幻思维产生的睡眠。正常良好的睡眠可以让大脑充分放松，显思维被抑制，潜思维更加活跃。睡眠的时间并非越多越好，每人的具体情况不一样，有的人需要得多一些，有的人需要得较少。根据许多人的经验，要利用梦幻思维，主体如果处于睡眠不足或严重失眠状态是不行的。

这里所谓适于梦幻思维产生的良好的睡眠，不是那种沉沉深睡，一觉不醒的睡眠，而是一种利于创造性思维成果产生的睡眠。美国科学家把这种睡眠状态称作为"西托"状态。这种状态就是"一个人身心进入似睡似醒状态时，脑电波变得与之同步了，这时脑电图显示出一系列长长的西托波，脑电波每秒钟振动次数为4—8次，即脑电波的频率为4—8周，科学家称之为'西托'。这时，人在昏沉中带着清醒，清醒中夹杂着昏沉，既非完全清醒，又不是全然进入梦乡。一些意象会呈现在你的心目中。此时，也正是显意识与潜意识交融相关信息，其中，潜意识则更为活跃。"②

梦幻思维的出现不完全是梦，而是这种脑电波"西托"状态的思维，要利用这种思维成果，就需要学会控制这种睡眠状态，只有在这种状态下，才能实现自己的目的。

在睡梦中若想要有所得，要力争及时醒来。这对很多人来说都是不容易

---

① 周冠生《梦之谜探索》，第150页。
② 刘奎林《灵感——创新的非逻辑思维艺术》，黑龙江人民出版社2003年版，第258—259页。

做到的,但对于从事创造性工作的人来说却是一个不得不完成的任务。英国心理学家埃文斯曾向人们建议:"把你的闹钟拨得比平常早10分钟,你也许会在一个梦中醒来,因为最后一个梦通常正好是在你醒来之前。"

醒来后保持一段时间似睡非睡,似醒非醒的迷糊蒙眬状态,这样就能使"梦境"在头脑中多"停留"一段时间,便于回忆梦中的情景。据研究,前半夜的梦非理性成分较多,模糊性与荒唐性也较强。后半夜和临醒前的梦则理性成分更多,出现梦幻灵感的可能性也更大。

如果清晨醒来后不立即起床,不久又再入梦乡,那会更加有利于梦幻灵感的出现与捕捉。

掌握了梦幻思维这种特殊的状态,我们就能够充分利用梦幻思维,捕捉灵感,创造奇特的构思,创作出美妙的文章。

第三步,突出理性分析作用,慎重对待梦幻思维及其成果,及时加工改造,通过理性思维实践,使之成为合目的性、合规律性的思维成果。我们每个人都会做梦,但是,梦毕竟不是理性思考的结果,没有严密的逻辑,有时候梦幻甚至是非常荒唐的。如果不加区别,只要是梦幻思维成果就作为写作的内容,那么,就会导致创作走入歧途。

首先,梦幻思维成果的利用,只有在人已经完全清醒的状态下才能实现。所以,一般来说,利用梦境产生的成果,就要逐渐控制梦境转化到"神志清晰的梦"的状态,这时候,人的醒意识就开始发挥作用,开始检验梦幻思维成果的价值意义。只有认识到其中的价值和意义,人才会马上觉醒,才能把梦幻思维成果变为现实。认识就是分析,就是要找到与我们需要解决的问题的联系或者暗示点、相似点,从而达到对梦幻思维成果内在价值和意义的揭示。

其次,运用现实原则检验梦幻思维成果。梦幻思维常常是现实生活原则压抑的结果,所以,有些能够在现实生活中得到认可,有些是无法通过现实生活原则审查的。这就需要对梦幻思维成果进行选择、加工、修饰、改造,使之达到合目的性原则与合规律性原则,成为为我所用的成果。

人类目前的科技水平还远远不能从生理上和心理上充分揭示梦幻思维的奥秘,在我们还不可能充分认识和掌握梦幻思维规律的情况下,对某一具体的梦幻思维过程的理解和对其成果的估价,必须持十分慎重的态度,必须对其进行严格的逻辑检验和实践检验。德国著名化学家凯库勒的态度是值得我们学习的。他既向人们呼吁:"让我们都来学会做梦吧!"又告诫人们:"我们务必小心,在我们的梦受到清醒的头脑证实之前,千万别公开它。"

总之,梦幻毕竟是以一种变形或者暗示的方式出现的,对梦幻的利用需要认真思考,理解认识之后,才能成为写作的内容和对象。

目前,对于梦幻思维的研究还处于探索阶段,所有的理论还需要实践的检验,我们这里只是初步从写作的角度进行一定的思考探讨,希望有助于写作者的思维。由于不同的人各个方面情况都有差异,在利用梦幻思维问题上会形成不同的特点。对自己这方面的特点,特别是对自己在这方面已有的经验和教训,需要不断加以分析总结,摸索出规律,从而"对症下药",以日益提高自己利用梦幻思维的技巧和能力。结合每个人的不同独特点和健康状况来看,不见得人人都适宜有意识地去培养自觉利用梦幻思维的习惯,所以,这里只是从一般的情况来讨论的。

周冠生曾在《梦之谜探索》中介绍过他自己的"诱梦法":"本人从80年代以来,经常用'梦诱灵感法'来帮助写作,已经成了我的一种写作习惯。当我在论文写作的关键时刻,总是自然地让梦'催'我醒来,顿时极佳的提纲或形象或词句就像潮水般涌来。

因此,我往往在4—5点钟便起身,把梦后的极佳的心理状态所呈现给我的礼物一一收下,然后运用逻辑思维活动进行最后的校正。总之,形成梦后构思的习惯是大有好处的。据我的经验,需注意以下几点:

(1) 要有强烈的写作需要。

(2) 对自己掌握的资料要通读一遍。

(3) 当从梦中醒来时,要轻松、自然。

(4) 头脑中浮现许多怪念头时,不要立即评价。

(5) 应不失时机起身写作。最初很紧张,有点新意就记下。现在能在床上充分酝酿,联想较丰富时才起身写作。"[①]

这种切身体验为我们大家提供了范例,也能够充分说明,梦幻思维确实是写作的一种特殊状态。

本章思考与训练

1. 什么是直觉思维?
2. 什么是灵感思维?
3. 什么是创造思维?
4. 什么是梦幻思维?
5. 请你说出对某个人的直觉判断,然后通过一定的实践验证自己的判断。

---

① 周冠生《梦之谜探索》,第258页。

第三编　写作思维形式与文体思维训练

写作思维形式是由写作实践面临的具体课题决定的。在整个写作思维过程中，必然涉及一定的思维形式，人的思维形式是人的实践活动内化形成的，多样性的实践活动就产生了多样性的思维形式。人的大脑为了解决自己面临的某一实际问题，往往会启动多种思维形式从多个角度发挥作用。但是，在解决问题时启动的多种不同思维形式中，当然只能由一种思维形式为主导，其他思维形式处于辅助的地位。

在写作思维过程中，由于写作的目的和任务不同，最终形成的认识结果不同，确定的文体形式不同，决定了处于主导地位的思维形式不同。

具体来说，人类的思维形式应用于不同的写作领域，不是千篇一律，而是各具特色。写作思维形式由写作活动的范围和内容所决定。从宏观角度我们大致可以将其分为：文学写作思维形式，理论写作思维形式和实用写作思维形式三种。

文学写作思维和理论写作思维都已经提出来并且有很多人研究探讨，但是，没有人提出实用写作思维，研究就更谈不上了。我们认为，实用写作思维形式是写作实践活动的特殊情况，具有其独特的思维过程和方法。因为，在写作活动中，一方面，写作主体是按照自己个人的主观意志去思维，去认识事物、认识世界，去表现事物、表现世界的；另一方面，写作主体则是按照社会或者他人的意志去思维，去写作的。所以，形象思维和抽象思维在这里都失去了独立性。写作主体只能按照实际需要去思维，甚至按照他人的意志去思维，整个思维是处于被动地位的。这样，就形成了一种特殊的思维形式，这种思维形式我们不妨称之为换位思维，就是站在他人的位置上进行思维，把他人当作我来进行思维。这种思维具有自己的独立品格，是其他思维形式无法包容的，是与形象思维形式和抽象思维形式处于并列地位的。

写作思维理论如果不能解释这种特殊思维形式，说明写作思维理论本身是有缺陷的；忽视或者回避这种特殊思维形式则说明写作思维理论是不负责任的。所以，我们把实用写作思维形式专门提出来进行研究，以解释写作活动中的这一特殊现象。只有全面地揭示人类全部写作活动中的思维现象和思维形式，写作思维学才能成立。

这三类写作思维形式在写作活动中各自都发挥着不同的作用，在记叙、描写一类文体写作中，形象思维形式处于主导地位；而在议论、评价一类文体写作中，抽象思维形式处于主导地位；在实际应用一类文体写作中，实用写作思维形式则处于主导地位。

第七章 文学写作思维形式

文学写作是一个复杂系统,涉及世界、作者、作品和读者,作为写作者来说,他的思维形式具有特殊性,即运用形象思维来完成对世界的描述,并且给读者建构一种语言艺术形象,这种语言艺术形象具有多维性,即代表着过去,反映着现实,又指向未来。这就构成了文学写作思维的复杂性,这也正是文学写作的艺术魅力所在。

第一节 什么是文学写作思维

1. 文学写作思维形式的含义

人类的精神生产粗略地可以分为两大领域:一是思想创造,包括科学理论思想和非科学理论思想;二是形象创造,包括科学形象和文学艺术形象的创造。这两种精神生产在人的大脑内的信息输入、加工及其输出过程不同,因而,思维形式也不同。一般来说,理论创造需要抽象思维,形象创造需要形象思维。

关于形象思维一直存在着争论,作为文学创作的主要思维形式,形象思维只是人的思维应用于特殊领域的一种特殊表现,是人的整体思维结构的特殊形式。

现代心理学研究结合人的成长过程把人类的思维形式划分为四个发展阶段,对这四个阶段的发展的认识却形成两种有代表性的观点。

第一种观点认为,人的思维发展过程具有四个层次,它们分别为直观行动思维、具体形象思维、形式思维或者一般形象思维和辩证思维,这四个形式是在不同的阶段形成的,人的思维的最高形式就是辩证思维。

第二种观点认为,人的思维发展过程,是一个取代一个的过程。最初产生的直观行动思维被具体形象思维取代,此后,形式思维或一般形象思维又取代了具体形象思维,最终,辩证思维取代形式思维宣告思维定型,也宣告人成熟了。这种心理学理论认为,思维的发展具有取代性质,而人的思维发展到辩证思维阶段,就标志人的思维成熟了。在思维产生发展的四个层次过程中,最低层次是直观行动思维,中间层次是具体形象思维和一般形象思维,最高层次是辩证逻辑思维。辩证逻辑思维一旦形成,其他思维形式就失去了存在的价值,就被取而代之。

实际上,人的思维形式并不存在取代或者淘汰性质,它们一旦产生,就会积淀在人的意识中,成为人在解决不同问题时的辅助形式,帮助人们解决问题。所以,上述第一种观点表示的思维层次理论比较合乎人的思维实际状况,即每一个层次思维形式的形成,都不会被消灭,被取代,一旦形成,就会存留于人的头脑中,成为服务于人的思维工具。

而且,某种形式在某个人的思维中经常使用,就会成为此人区别于其他人的比较特殊的思维形式。有的人习惯于直观思维,有的人是长于形象思维,而有的人善于辩证思维,这就造成了思维形式的百花齐放、争奇斗艳的格局。

形象思维形式是从具体形象思维发展而来的,比起具体形象思维形式它是一种更高级更重要的思维形式。

一般来说,具体形象思维是以具体表象为材料的思维,这种思维可能朝两个方向发展:一是通过表象的概括,逐渐发展为抽象逻辑思维;一是通过表象与言语的描述结合,发展为一般形象思维。一般形象思维脱离了具体表象的局限,可以自由创造。文学写作思维就是这种发展了的与抽象逻辑思维并列的一般形象思维形式。形象思维是人类在社会实践中形成并发展起来的受人的意识控制的一种基本的思维形式。

例如:一位老师给一年级的学生教数学。他在讲加减法的时候,想通过形象思维的方法把课程讲得生动一些,就把一个听课特别认真的学生叫到黑板前,问道:"戈登,你想一下,4颗樱桃放在桌子上,你的姐姐来了,拿了一颗樱桃,桌子上还剩下几颗?"

"几个姐姐,先生?"

"不是,注意听!我把这道题再重复一遍。桌子上放着4颗樱桃……"

"这是不可能的,先生!现在没有樱桃,现在是冬天。"

"戈登,我假设4颗樱桃放在桌子上,你的姐姐来了……"

"哪个?"

"什么哪个?当然是你的姐姐!"

"啊!我有两个姐姐,莫尼卡和英格。"

"这是一样的!注意,一个姐姐拿了一颗樱桃……"

"莫尼卡和英格是不会只拿1颗樱桃的。她俩总是什么东西都拿光。"

"但是，戈登，你爸爸只允许她拿1颗樱桃！"

"这是不可能的，先生。"

"为什么？"

"爸爸出差去了，两个星期以后才能回来。"

老师实在有点忍受不了了，他脸红脖子粗的训斥起来："注意！我现在把这道题再讲一遍！如果你再插嘴的话，你就到你的座位上站着。瞧，桌子上放着3颗樱桃，不，4颗樱桃。你姐姐从中拿了1颗樱桃，桌子上还剩下几颗樱桃？"

"没有了。"

"什么？你怎么会得到这个答案？"

"因为我吃了剩下的樱桃。我最喜欢吃樱桃！"

这个小孩实际上是在运用具体形象思维在思考问题，他总是在具体情境中思维，离不开具体情境。

老师试图运用形象思维方法揭示抽象思维的数学问题，但是，孩子的抽象思维能力还没有形成，也不能够运用一般形象思维来理解目前的问题，所以，就构成了笑话。

文学写作思维就是这种从具体形象思维中发展了的与抽象逻辑思维并列的一般形象思维形式。也就是说，一般形象思维能够从具体情境中走出来，抽象地思考形象运动。文学作品里的人物形象不是某个具体的人物形象，而是通过许多具体人物形象概括出来的不同于任何具体人物的人物形象。

了解了思维的发展过程，我们可以给文学写作思维形式下这样的定义：

文学写作思维形式是以情感为动力，意象或者表象为思维材料，以描述性语言文字为思维工具，创造语言艺术形象的思维形式。

2. 文学写作思维形式的逻辑

一般形象思维形式，是一种在感性表象中交融着理性认识的思维形式。在形象思维中，理性认识不是以自己的固有形态作为思维因素，而是沉淀、融汇、凝结在感性表象之中，在感性直观特征中，充溢着内在哲理意蕴，这种表象实际上就是我国传统文论里所说的意象。

这种意象在思维运动中是有一定的逻辑规律的。

美国学者斯佩里和卡扎尼等人对裂脑人的研究，揭示了人脑两半球的分工与思维特征具有渗透性的奥秘。他们认为，大脑两半球的分工明显不同，左半球主要管理逻辑思维、语言及语义知识的积累；右半球主要管理形象思维、空间定位、图像识别、色彩欣赏等。

他们还发现,裂脑人的思维有矛盾现象,左右脑迟迟不能协调一致,左脑需要这样,而右脑却常常与之相反。脑科学研究的结果,提出了一系列的新问题,新观点:

第一,由大脑神经组成的"神经回路"是思维产生的生理基础,而这种思维方式可能与这种回路的构成方式有关。有的神经回路属于收敛型,与抽象思维有关;有的神经回路属于发散型,与形象思维有关;有的神经回路会突然接通,则与灵感思维有关。

第二,大多数学者认为,思维是互补的。左脑和右脑,抽象思维与形象思维具有互补的优势,二者不可或缺。实验证明,裂脑人搭积木是很困难的,而正常人则轻而易举地就能完成。因为搭积木既运用形象思维,又要用抽象思维,二者只有相互补充,密切配合,才能完成搭积木的任务。由于裂脑人左右脑分裂,抽象思维与形象思维互相不能配合,因此,整体思维能力下降,并产生思维矛盾现象,很难解决那些需要抽象思维与形象思维相互配合才能解决的问题。

上述的研究揭示:形象思维不是孤立地进行,而是由抽象思维在背后引导、渗透,起作用的。因此,形象思维本身也就形成了一定的内在逻辑。

不过,形象思维的逻辑不同于抽象思维的程序逻辑,具有自身的特殊性。我们把形象思维的内在逻辑概括为以下三种情况。

2.1. 生活逻辑

所谓生活逻辑是指生活发生、发展的逻辑规律。形象思维中对社会生活进行思考建构时必须按照生活发展的逻辑规律展开。

首先,生活的逻辑规律影响乃至决定着形象思维的活动,形象思维是按照一定的主体目标揭示生活规律的,主体大脑中的东西如果离开生活的逻辑规律太远,就必须按照生活逻辑来校正,达到和真实生活形态相同的效果。

其次,只有遵循生活的内在逻辑,形象思维才能把纷乱的信息和材料按照一定的逻辑关系组织起来,使形象按照一定的规律运动起来,完成形象的创造,才能创造出让读者信服的虚幻生活及逼真的艺术形象。

再次,生活逻辑积淀在人的意识深处,不动声色地影响人的生存目的,使人的形象思维很自然地按照生活发展的规律运行,完成人物形象的创造。

例如,每个人在社会生活中都是按照一定的规律生活的,早晨起床,上午工作,下午活动,晚上休息;每个人都有一个从小到大的成长过程,都有恋爱、结婚、生子,最后衰老的过程。文学对人物的合目的性表现一般都要按照这种生活规律进行思维,在主体目的与生活规律相同一的基础上安排事件,构想人物命运。

2.2. 性格逻辑

性格逻辑有两层含义:一层含义是指写作主体的性格逻辑,即作者是按照自己的性格逻辑去展开想象思维的,所有的形象创造都是作者性格的表现。如豪放派诗歌与婉约派诗歌,各自的诗歌形象创造在某种程度上都是诗人自己性格的体现。另一层含义是指按照人物现行的性格逻辑展开思维。作品中的人物形象一旦在作者头脑中确定,人物就具有了独立的生命,也就有了自己的性格定位,这个形象的运动就必须按照它自身的性格逻辑展开,作者必须尊重人物自身的性格逻辑,按照人物的性格逻辑去进行形象思维。例如鲁迅是一个读书人,而他描述的阿Q的性格就与他的性格完全不同,他是按照作品中人物的性格进行形象思维的。

这样展开的形象思维就能够赋予人物形象独立的生命,创造出来的艺术形象才能适合或者满足读者的审美需要。这样创造出来的艺术形象,才能突出真实性、个性化的审美标准,才能真实地表现生活,表现人。必须强调的是,性格逻辑也只有与思维主体的目的性相同一,才能被主体认真思考,"独立"地展开。如果完全与主体目的无关,或者与主体目的对立,它可能就会被弃置一边。

2.3. 情感逻辑

所谓情感逻辑是指人的情感体验的过程和规律。情感逻辑实际上也可以从两个方面来理解:一是作者的情感逻辑推动形象思维运动;一是人物的情感逻辑推动人物的命运发展。

形象思维的展开方式,不是按照理性的逻辑进行推导的,而是依据主体的情感逻辑进行的。情感发展的内在连续性和规律性是形象思维的内在动力和主导,形象是按照情感的逻辑发展、变化、定性的。

首先,情感的发生具有一定的现实基础。人对生活满意与不满意的情感体验,是主体内在需要能否在现实中得到满足的反映,这就是说,生存于世界中的人从来都没有无缘无故的爱,也没有无缘无故的恨,爱与恨的情感体验都是有现实基础的。情感逻辑总是在现实生活中生成与展开的,形象运动的动力是情感,情感的根源是社会生活,这个逻辑关系必须理顺,才能正确地展开形象思维。

其次,情感的发生是一个渐进的曲线运动过程,形象思维对形象的表现也必须按照这个渐进的曲线运动过程来实现。形象都是有情感的,形象思维中出现的艺术形象都是思维主体的情感象征。对形象的情感化过程是逐渐完成的,形象的诞生是情感积累的结果,形象的形成是情感熔铸的结果,形象从诞生到完成的过程可能是漫长的,只有经历了这个过程,形象才可能具有感人的力量。

表现形象的过程,也是一点一滴的按照情感发生、发展的过程和规律来完成的。形象的发展运动是按照情感的发展与变化进行的,是按照情感的渐进过程来展开的。情感的发展变化会推动形象的发展变化,情感的高低起伏,引起形象运动的大起大落,其运动轨迹形成了激动人心的情节。

最后,情感的发展必然导致某种结果。在形象思维过程中,形象最终的命运、归宿,都是情感运动的结果。因为现实的一切都最终在人的内心情感上得到反映,这种反应会使人采取相应的行动,完成自己的命运,如爱与恨分别会使人采取不同的行动——奉献或者报仇,这种行动就完成了人物形象的表现和塑造。

总之,形象思维是按照主体的情感态度及客体情感发生、发展、变化的逻辑规律状况进行的,客体形象是形象思维的核心,特别是人物形象,是有血有肉,有七情六欲的,他的情感是他行动的内在逻辑,只有理解了这一点,按照主体情感态度与情感逻辑的统一表现人,才能很好地塑造人物形象。

其实情感的内在逻辑也是由深层理性决定的,只不过这种理性不是通过逻辑推理的形式表现出来,而是通过人的态度中隐含着的深层的理性,推动情感的发展变化,推动形象朝着写作的终极目标发展运动。

所以,文学思维是作者的人生经验和人生目的,加上审美追求,逐渐实现的具体化、个性化、陌生化的形象运动过程。

3. 文学写作思维形式的特点

3.1. 形象性

文学形象之所以不同于其他艺术形象,就在于文学形象是语言的形象,而不是直观的艺术形象,这种形象需要内在的语言转换才能感知和理解。具体来说,文学形象是在阅读中最终完成的,离开了阅读,就没有文学形象。

文学写作思维是通过形象思维运动来完成写作构思的,所以,形象是思维的中心内容。所谓形象性,就是作者在进行文学写作思维的时候,头脑里总是伴随着一定的形象运动,在形象运动中,思想逐渐明确起来。"那些善于用词语表达自己的人也发现自己很少用词语思考或者使用词语创造思想。比如,诗人卡明斯就认为诗人在本质上不是使用语法、句法和语义学的文字工匠。……普利策奖得主多纳德·默里通过把自己'当作一只实验用的老鼠,发现自己并不是一直以为的'语言'思考者。相反,他发现自己的思维是'形象的,是一个看到、然后记录下语言的过程'。"①

我们一般人在生活中经历过一些事情,很快就会遗忘,而且印象模糊,而诗人首先是一个永远不会忘记特定的感觉印象的人,他经历过某种印象,并且能够一次又一次地重新感受它,就像这些印象是全新的一样。作为诗人,尽管可能会记不得电话号码、地址、面孔以及今早的信件放在哪里了,但却对围绕这些事情所经历的特定的感觉有着极好的记忆。在我们自己的生活里,有时突然唤起了一种让人无法自制的联系,把我们完全带回到了过去,特别是把我们带回到了童年,以至于我们完全丧失了对于现在时间和地点的感觉。

这种情况就是形象思维比较发达的突出表现,常常能够沉浸在过去的回忆之中,并且虚拟某种情景,就能够构思出完美的图画和情节。

这种情况表明作者进行文学思维的时候,想象世界的技巧不仅仅是对语言的把握,它还需要随意重新经历感觉印象的能力和组合形象运动的能力。文学思维的突出特点就是在头脑中唤起形象,并且按照形象的逻辑展开整个构思过程,最后通过语言实现形象思维的结果。"很多小说作家也是视觉想象者。查尔斯·狄更斯声称自己仅仅是'看到'了故事,然后再把它们写下来。以相同的方式,田纳西·威廉斯说《欲望号街车》来自于一个形象:'我仅仅有一个接近中年的女人的形象。她独自一个人坐在窗边的椅子上,月光洒落在她忧郁的脸上,她在坐着等自己计划与之结婚的那个男人'。"②小说就是这样构思起来的,是随着形象运动的发展逐步深入,最终完成一个故事。

形象思维就是体验内心深处的一种真实感觉,这种感觉能够使作者进入形象思维的境界,在这种境界中,才能产生出优美的诗句,语言才能富有生命力。如果找不到这种感觉,语言就会枯涩,就无法实现形象思维的目的。

形象思维的中心就是对形象信息的加工处理,最终目的就是创造出一个完美的艺术形象。

首先,形象思维的进行是建立在思维的大脑对形象信息的摄入这一基础上的,也就是说只有占有大量的信息表象,才能进行信息加工,才能在头

---

① 罗伯特·鲁特-伯恩斯坦《天才的13个思维工具》,第9、70页。
② 同上书,第70页。

脑中确立形象,进行形象思维。客观事物的外在形象通过思维主体的感知系统进入大脑,就是人的感知系统神经把外在事物信息变为光信息输入人的大脑,使其成为形象思维的材料,这是形象思维的基础。

其次,人的大脑神经系统对形象信息进行编码、存贮,并且按照写作主体的意图进行加工处理,产生新的艺术形象。

客观事物的形象具有自在的整体性、层次性和延展性,是以丰富多彩的形式存在于人的大脑之外的,有其自然的存在规律和逻辑,而输入人的大脑的形象信息却不是完整的,而是支离破碎的,东鳞西爪,点点滴滴,不全面,不系统。形象思维就是以对这些零散的形象信息进行合目的合规律的加工,由点到面,由局部到整体,由外在形象到内在结构,由不完美到完美,一一进行整合,按照整体性、系统性、逻辑性和延展性的规律完成艺术形象的创造。

因此,整个形象思维过程始终都离不开形象信息,形象在整个形象思维中处于突出地位,决定了形象思维形式的特殊性。

在形象思维过程中,主体的目的处于主导地位,社会生活的形象由外在变为内在,由自身的规定性变为写作主体的规定性,由零散的变为系统的,由静止的变为运动的,由无意识信息变为有血有肉、有灵魂、有思想、有情感、有个性的鲜明的艺术形象,这些都与主体目的分不开。

3.2. 多维性

多维性是说形象思维对形象信息的加工处理不是从一个角度完成的,而是多角度、多视点、多层次、多方面完成的。这就是形象思维与抽象思维的显著区别。

客观事物都是以三维立体形态被整体感知的,人的大脑对客观事物的反映也就自然会形成多维思考的特点。

多维性首先表现为塑造艺术形象要从不同的角度来完成,客观事物的形象、构造、发生、发展过程等不同方面都表现着不同含义,从不同角度表现就会产生不同的意义。人物形象的表现包括相貌、言语、行为、心理等多方面的内容,只有进行多方面、多角度的刻画,才能表现人物的丰富性和复杂性。若单方面、单视角刻画人物,只能把人物变成时代、社会或者作者个人的简单的传声筒。

理论界认为,多维性可创造出圆形人物,而单向度只能创造出类型化的人物。换种表述方式,类型化是对人物形象单角度思维的结果,只是表现了人物性格构成的一个方面。而圆形人物,是多维性形象思维的结果,是对人物形象从不同角度多方面进行刻画和塑造的结果。

其次，艺术形象具有多维性意味。形象思维以形象的塑造为目的，艺术形象以具体的感性形式出现在读者面前，与读者进行对话。当读者从不同角度对形象进行提问，艺术形象就会进行针对性地回答。读者问得越多，艺术形象回答得就越丰富。艺术形象虽然没有明确地表达某一思想，但读者却可以从中读出丰富的思想，因此，人们常常说形象大于思想。

艺术形象作为一个有机的统一体，具有多个维度，多种内涵，读者可以从中品出多种意味。艺术形象意味的多维性反映了客观形象具有进行多层次理解的潜在可能，理解艺术意味需要变换多个层次、多个角度，单层次、单角度的理解是有缺陷的。只有认识到艺术形象中包含着丰富的意味，才能充分感受到艺术形象创造的魅力。

作者只要按照形象思维的基本规律塑造艺术形象，就能够使艺术形象产生仿佛与一个读者对话，又似乎与所有的读者对话的丰富的意味，而这意味是通过艺术形象自身表现出来的无限开放性实现的。

3.3. 过程性

形象思维总是在一定的过程中完成对艺术形象的感受、识别、摄取、加工改造，直到描述出来。只有通过一定的过程，形象的多维层面才会显现出来，也只有通过一定的过程，才能把写作主体的情感、意图熔铸到艺术形象之中去。最后我们必须要说，艺术的目的就是要创造一个诗意的过程让人去经历。所以，俄国形式主义者倡导要把文学过程曲折化、阶梯化，增加读者感受的长度与难度。

文学写作思维的重要特点就是要构想出一个完整的过程，不论是一首诗歌，还是一个故事，一个片断的感受，都要展现一个过程。一个字的诗不能算诗歌，因为人还没来得及唱就已经完了；一句话讲完的故事不能算小说，因为人还没来得及品味，故事已经结束了。艺术是与人对话、让人玩味的，所以，必须有一定的长度，让读者对它有一个感受过程，读者感受不到的艺术是莫须有的艺术，是一种自言自语，没有任何艺术价值。早在古希腊时期，亚里士多德就提醒作家，要想影响读者，一定要让作品的大小（长短）适合读者的感官。如果我们承认艺术是一种对话活动，就必须把艺术放到过程中来理解，必须让艺术的价值和意义在过程中释放。

形象思维突出表现为展现形象运动的过程，运动使形象具有生命，具有意义，也把形象思维与形象记忆区别开来。形象记忆只是在头脑中再现形象信息，是对社会生活的复现，是形象思维的基本元素，而形象思维就是要让形象信息按照写作思维主体的写作目的发生一定的改变，使其具有一定的生命力，然后，按照合目的与合规律相统一的逻辑运动起来，完成一个生命的历史过程,在这个过程中,写作主体的意图和目的得到了充分实现。

第二节 文学写作思维的完整过程

　　文学思维是通过虚构塑造文学形象,而文学形象的内在生命在于运动,形象运动需要一个完整过程,在这个过程中,形象的价值、意义得以实现,并且最终成为语言艺术形象形式。形象运动不是一个自然的过程,这个运动是发生在作者头脑之中的,是按照一定的创作意图展开的,通过这个过程达到创作的目的。文学思维过程与我们认识事物的思维过程是完全不同的,它始终伴随着感性形象的显现,这就是形象思维运动过程的特殊性。

　　形象思维的过程只有通过想象虚构才能完成,在想象虚构的过程中,作者对外部世界的印象,一步一步加工成为具有一定意味的艺术形象,最后通过语言描述出来。所以,想象虚构是作家的一个非常重要的思考工具。巴什拉认为,真正的艺术家只有一个座右铭,那就是:我遐想,我存在。停止遐想,就意味着作为艺术家的我已经死亡。所以,他认为创作就是展开艺术的视觉想象。

　　"很清楚,各种各样的发明家、科学家和艺术家都发现视觉想象是一个重要的思考工具。但是想象出视觉的形象只是很多种视觉想象中的一种而已。贺瑞斯·巴洛、克林·布雷克莫尔和米兰达·维斯顿-史密斯在《形象与理解》一书中论证了形象并不只是作为图画才能被感觉到和交流,还有很多其他非视觉的方式:'艺术家、设计师和工程师都有一个存在多年的问题,即怎样把事实和思想从一个大脑转移到另一个大脑里去:这些精神的注入是怎样实现的?通过使用形象——不仅仅是图片和图表的形式,而是通过词语、示范,甚至音乐和舞蹈。'我们不仅仅通过心灵的眼睛来观察,我们还通过心灵的耳朵来聆听,来想象气味和味道及身体的感觉——并且,所有这些感觉的图画都可能被想象和交流图画的过程所使用。换句话说,如果我们用眼睛观察,那么我们形成了一个视觉的形象。如果我们用手来观察,那么我们形成了一个触觉的、手的位置、手的运动的形象。如果我们用鼻子进行观察,那么我们形成了一个嗅觉的图像,它能够在科学和艺术发明中起到重要的作用。我们能够观察到的,我们就能够想象;我们能够想象的,我们就能够变成图像。"[①]

[①] 罗伯特·鲁特-伯恩斯坦《天才的13个思维工具》,第71页。

这段话说明,形象思维运动过程是一个复杂的工程,其中既要有视觉要素,又要有非视觉的要素。感觉与抽象、感情与理性、思想与形象、意识与潜意识、视觉与语言等等,相互交融,相互影响,推动形象思维向前发展,最终实现创作目的。

其实,我国古代诗人、画家郑板桥从画竹的体验中形象地描绘了形象思维的三个阶段,即眼中之竹、胸中之竹和手中之竹。"眼中之竹"是对自然物象的感性认识阶段;"胸中之竹"是对自然物象的理性认识阶段;"手中之竹"即物化胸中之竹的阶段。从眼中之竹,到"胸中之竹",再到"手中之竹",生动概括了客观对象经由主体构思化为主客观统一的艺术形象的运动过程。据此,我们把形象思维的过程性划分为三个阶段,即物象运动阶段、意象运动阶段和语象运动阶段。

1. 物象运动阶段

物象运动阶段是指客观事物形象在思维主体头脑中感知、确立、定向定性的运动过程。物象是事物现象和人物形象,在形象思维中,首先进行的就是对物象运动对象的搜索、选择、改造。我们这里用"物象"这个术语,而不使用"表象"这个术语,就是为了与心理学的概念相区别。列宁在《哲学笔记》中说:"思维应当把握住运动着的全部'表象',为此,思维就必须是辩证的。表象比思维更接近于实在吗?又是又不是。表象不能把握这个运动,例如它不能把握秒速为30万公里的运动,而思维则能够把握而且应当把握。从表象中取得的思维,也反映实在;时间是客观实在的存在形式。"[1]

这段话说明了形象思维是从表象中产生出来的,但是却不是表象思维,它既能把握表象,又能超越表象,突破具体表象的局限,从整体上把握实在。所以,形象思维的对象不是表象,而是物象。

形象思维的材料是物象,写作主体是从整体上把握现实社会生活,因此,形象思维是高于具体形象思维范畴的。

首先,物象运动阶段是形象思维的开始阶段,这一阶段的重要任务就是在思维主体的大脑中搜索、选择、确定事物形象和人物形象,明确形象思维的对象。

王先霈的《文学心理学概论》认为,在文学家艺术思维过程中,作者的头脑中会出现将要描绘的人物、风景,各种现象的生动形象,这就是创作心理中的物象。从描绘自然景物的文学艺术作品的创作来看,可以清楚地说

---

[1] 《列宁全集》第38卷,人民出版社1959年版,第245—246页。

明艺术思维中的物象同事物的简单摹本或记忆表象的区别所在,也可以说明它同一般表象的区别所在。山水诗、花鸟画的作者,在构思的时候如果脑子里只有这座山或那座山,这条河或那条河,这朵花或那朵花,这只鸟或那只鸟的记忆表象,那就很难创造出真正的艺术作品,而只能成为诗匠、画工。有创造力的画家就是在写生时也不这样做。这种认识有非常重要的意义,因为这就把形象思维与观察区别开了。物象这个概念突出了主体的思维生成,而不是思维模仿,不是模仿外界事物,而是在思维的意义上产生出来一种合目的性的东西。

郑板桥"题画竹图"中说:"江馆清秋,晨起看竹,烟光日影雾气,皆浮动于疏枝密叶之间,胸中勃勃遂有画意。其实胸中之竹,并不是眼中之竹也。"①从这里我们可以看出中国古代作者对形象思维中的物象早就有所认识。画家眼中之竹,是对竹的视知觉,可以转化为视觉表象;胸中之竹,则是经过画家美感眼光筛选、熔铸之后产生的美感形象。胸中之竹是艺术思维中"竹"的物象,不是对具体的某一竿竹或某一片竹林的记忆表象,也不是伴随着"竹"这一具体概念而产生的概括性表象。因为这其中已经孕育了作者主体的思想感情和艺术想象力,包含着主体的美学理想与追求。尽管这种物象是不知不觉出现在作者头脑中,没有加工改造的痕迹,但是,这种改变是在无意识中进行的。中国古人早就要求在绘画中把应物象形同气韵生动结合起来,单靠记忆表象,只能近似地摹写对象的某些方面,"纵得形似而气韵不生"。艺术家观察山水花鸟虫鱼,应在细致的观察中发现自然美,进而融入主体自身的情趣,把自然美升华为艺术美。艺术家不但不必似于这一个或那一个实际存在的客体,而且一开始就要求构思中的物象不同于这样的实体,不同于主体对这样的实体的记忆表象,要求主体把自己独特的美的感受灌注于物象之中。

因为出现在作家、艺术家头脑中的物象是合目的性的审美想象,所以,才能引起思维主体的注意和关注,才能发展它,进一步完成它。我国当代画家吴作人论日本画家东山魁夷的画说:"他的画,已经远远超出了再现自然的表象,而是能说出自然内部蕴藏的真实和阳明阴晦所赋予的诗情。"这是说真正的艺术作品,必然是作家用一双灵眼捕捉到了对象的内在生命,用一双灵手描画出了蕴含在对象身上的诗情,而要达到这一点,在创作过程中就不能停留于对自然景物的记忆表象。艾青有一首诗咏东山魁夷,其中写道:

---

① 《郑板桥文集》,四川美术出版社 2005 年版,第 205 页。

好象是幻觉，
好象是梦境，
人和自然得到谅解，
自然赋有人的心灵；

无论是林间的瀑布，
湖沼中的倒影，
初春的月夜，山峦的黎明，
都浸透了画家的爱情。

就是说，瀑布、倒影和月夜、黎明的景象，在画家脑中，都不是记忆表象，都是心灵化了的感性形象。唐人诗句说，"江山清谢朓，草木媚丘迟。"宋人词句说，"我见青山多妩媚，料青山见我应如是，情与貌，略相似。"这都说明，江山草木不是以它们的本来面目进入作家的美感视像，不是以记忆表象形态进入作家的艺术思维，而是在它们的美姿矫态中显现着诗人的性格和心理的自我反视。当然，作家、艺术家既有的心理结构不同，进入创作过程时的心理状态不同，即使是相同的对象在他们的艺术思维中也会构成各不相同的物象。

其次，物象思维运动过程，渗透着抽象思维的因素，某种物象的形成或者产生，体现了写作主体对社会生活合规律性和合目的性的把握，因而物象常常是作者某种思想观念的产物，是作者对社会生活认识的结果。

从描绘人物、描绘人们的社会生活场景的文学艺术作品看，形象思维中的物象同主体记忆表象之间往往相隔更远。李准谈到短篇小说《李双双》的创作说，他在一位妇女队长家里看到墙上贴满了许多小纸条，写了一些很有趣的话，他又向村里的人们询问这位妇女队长的若干情况，受到启示，激起了艺术表现的强烈欲望。他说：

> 这是我孕育李双双这个人物的开始，很遗憾，我在这个村子里等了好几天，却没有等到这位妇女队长。她又到外县参观去了。我在村子里打问了些人，他们向我讲了她很多故事（这些素材后来对我创造李双双这个人物有很大帮助），我几乎连她的声音笑貌都想出来了。但我始终没有见到她。

说"始终没有见到她"，那个"她"是龙头村的妇女队长，生活中的真人，作者没有也根本不可能有关于这位队长的记忆表象，说："连她的声音笑貌都想出来了"，这个"她"是创作酝酿中的物象。这一物象不直接联系于主体对某一对象的知觉,不是记忆表象,而是作者对于社会主义农村新人有了自己的认识,形成了一种观念,在这种观念促使下,主体实现了多种知觉、多种记忆表象的升华,于是产生出来合乎主体意念化、美感化的物象。

普通人一般都不善于提炼自己的主观印象,常常屈从于现成的画面,艺术家超常的才能表现在他善于提炼自己个人的(主观的)印象,并从中找出具有普遍意义的(客观的)东西。他从对现实的客观世界的感知中提炼形象,把记忆表象提炼、改制,升华为艺术形象,这是形象思维把握现实的特殊方式,就像从记忆表象和一般表象结晶出概念是逻辑思维把握现实的特殊方式一样。

由此可见,形象思维中的物象是被意念化、情感化、审美化了的表象,是创作主体根据一定目的选择、搜索、创造出来的物象。黑格尔指出:"艺术作品中的感性事物,比起自然物的直接存在,是被提升了一层,成为纯粹的显现。"①美国作家雷蒙德·卡佛在《谈创作》中说:"以一种独特的准确的方式来观察事物,并且找到一个合适的氛围来表述这种观察方式,那就不是一码事了。每一个伟大,甚至每一个写得成功的作家,都是按照他自己的规格来塑造出一个世界的全貌。"②

物象是在表象基础上产生的,但是,又不同于表象,它是按照写作主体的创作意图和创作方法产生出来的一个艺术形象。

不同种类的物象出现在形象思维过程中,是由创作主体的写作目的、意图以及个性追求和生活经历决定的,它包含着写作主体的感情、思想、意志和审美追求以及理想。

在物象产生的过程中,作家的创作观念起着非常重要的作用。例如上述《李双双》的创作,这个人物形象是作家对社会生活形成了某种观念,在这种观念的驱动下,一个人物形象突然出现在眼前,而且是栩栩如生的人物形象。

作家对社会生活的认识决定着物象的形成,也决定着物象运动的方向,也就是说,物象运动是受作家内在意识的驱动获得自身的存在意义和生命价值。李双双出现在作家头脑中,会发生什么事情呢?她会怎样思想?这些都是由作家的内在意识或者内在观念决定的。

再次,物象是在作家的审美意识中形成的,体现了作家的审美标准和审美理想。

---

① 黑格尔《美学》第一卷(朱光潜译),商务印书馆1979年版,第48页。
② 雷蒙德·卡佛《谈创作》,见《外国文学》1986年第8期。

在人的精神结构中,对美的追求,以及对艺术的追求是其中的重要特质。艺术是调动人类创造热情的重要手段,而美则是人类对自身艺术实践的一种体验。人与动物的不同点之一,就是人天生就有着对美的追求欲望,艺术则是人生须臾不可缺少的生活手段。比如,我们可以从原始部落的一些遗址中,发现原始人在陪葬物中有许多非实用的装饰品和被装饰的实用品,如果我们排除其中的图腾内容就可以从中强烈感受到先民们的艺术活力和审美心理。例如,西安半坡遗址中的原始人的圆形建筑,从实用价值和美学价值上看,都是很不错的。

这些都说明,人类在创造物的同时,也创造着美;生产物质产品时所运用的技术,也具有艺术的意义。因此,艺术在本质上必然是变革宇宙自然和现实人生的人类精神实践活动,而美是艺术活动的凝结形式。

物象在形象思维中一旦确定,就具有了生命力,它自身就会开始生长,就会显现其存在的价值和意义。由此,形象思维就会进入第二个阶段——意象思维阶段。

2. 意象思维阶段

意象是蕴含着一定意味的物象。意象思维就是思考、探寻物象内在意味或者赋予物象一定意味的思维过程。这一阶段的形象思维是在物象思维基础上发生的,是在物象确定之后,形象思维进一步深入发展的结果。只有经过意象思维,物象运动才能够按照写作中的目标发展,才能实现写作的目的,物象因此也就具有了生命,具有了一定的内在价值。

王弼《周易略例·明象》中说:"夫象者,出意者也;言者,明象者也。尽意莫若象;尽象莫若言。言生于象,故可寻言以观象;象生于意,故可寻象以观意。……象生于意而存象焉,则所存者乃非其象也;言生于象而存言焉,则所存者乃非其言也。然则,忘象者,乃得其意者也;忘言者,乃得其象者也。得意在忘象,得象在忘言。"这段话包含了四层意思:第一,说明了物象是产生意味的基础,语言使物象变为现实。第二,说明了通过语言的描述,人们可以认识物象,通过物象人们可以获得认识。第三,物象和语言因为有了意味才获得了生命和价值,才具有存在的意义。第四,人们思考语言及其所描述的物象就是为了获得其中的意味。物象与语言都是形式,而意才是内容,是根本。这段话系统地描述了物象、意象、语象的发展过程。由于时代的原因,王弼不可能对艺术形式的价值与意义有充分的认识,更不可能视形式本身也是有意味的。但是,他的论述对于我们今天理解形象思维仍然具有极其重要的价值和意义。

意象是由物象经过思维之后产生出来的。物象在写作主体思维中出现，一开始，其内在意义还没有显现出来，经过思维加工改造，物象就在运动过程中获得了生命，显现出意义，具有了特定的意味，变为艺术意象。这个转变过程大体上是由两种途径实现的。

2.1. 对物象自身的含义进行探索认识

任何物象的存在都有其内在质的规定性，或者说，具有自身的本质属性。而物象自身属性的外在表现又是多方面的，无论人对其任何一方面表现进行认识都会发掘出一定的意味，所以，人对物象意味的探究是无穷尽的。

意象思维就是对物象自身属性的认识过程，这种认识力求达到传神，如果只是理解物象一个方面的属性，认识就会片面，就很狭隘，就很难传达出物象本身丰富而又深刻的神韵与意味。只有在全面认识事物属性的基础上，才会有所比较，有所选择，才能找到物象自身的本质属性。这种属性是该物象区别于其他物象的质的规定性，是它存在的价值和意义。意象思维就在这种意味的基础上展开它探寻物象审美价值和意味的活动，体现其创造的功能。

我们已经知道，事物自身的属性是多方面的，这就决定了对事物的认识可以是多样化、多角度、多层次的，关键的问题是要抓住其本质属性，以此作为意象思维的内容和目的。但是，物象的本质是根据其运动的属性决定的，也就是说，任何一个物象，以什么样的运动方式存在，就表现出什么样的本质。所以，物象的本质属性是由作者的形象思维决定的，作者头脑中把物象放在什么环境背景中，就会发生什么样的运动方式，在这种运动方式中，物象的意义显示出来了。作者实现了这个目的，就完成了意象的构成。

对人物形象意味的思考就是这样。当我们头脑中出现某个人的物象时，形象思维就会探索这个人物自身的含义。而人的属性是非常复杂的，从不同方面进行观察，就会形成对人的不同认识。如聪明、好学、勤奋、善交际，或者愚钝、疏懒、孤僻、自满等。某人到底具有哪方面的人性特点，关键看作者把这个人物放在什么环境背景中，观察人物哪些方面的生命运动方式；其次要看作者让这个人物按照自己的哪种性格去生活，去运动，这样，他的内在本质就在行动中显现出来了。所以，对人的认识就必须深入到这个合乎创作目的的内在本质中，由此，人的物象的意味就使这个层次的意味突出出来，以此完成意象思维，并且很好地表现人物形象。

在探索物象自身含义的过程中，思维常有两种方法：一种方法是直觉把握，一种方法是理性分析。

在一般情况下，只要占有大量的物象信息，思维就会通过理性分析获得认识。但是,通常我们不可能占有物象的全部信息,而是更多地凭借直觉把握事物的内涵。直觉是人面对一个事物时没有思索,不作分别,不考虑事物的意义,直接把捉到对象物的形象和意象,以及其中蕴涵的意味。这样,它所形成的认识中并不存在清晰可辨的理性分析内容。如对美的把握,我们看到某个对象,直接就会做出美丑的判断。

理性分析是把物象分解成不同的部分、不同的方面、不同的层次、不同的阶段,从不同的角度逐个加以认识的思维过程。例如鲁迅对阿Q形象的分析描写,就是通过姓氏分析、家族认宗等不同方面展开的,逐步深入把握阿Q形象的内涵,使之越来越有意思。意象的生成是主体对物象进行分解认识的结果,而这种认知是对该物象的内在含义的揭示和把握,而这种揭示和把握不是一下子就可以实现的,而是通过不同部分、不同方面、不同层次、不同阶段、不同角度具体把握物象的特殊意义,最终,主体对物象由局部认识上升到了整体认识,于是物象就转化为意象。

2.2. 赋予物象以特定的意味

当物象自身的规定性不能表现写作主体情感与意志的时候,思维就会把主体的意志、情感移植到物象中去,实现对自然物象的人化处理,也就是自然的人化过程。"高山低头,流水幻想"这些意象描写就是对自然物象人化处理的结果。

从审美心理的角度讲,人类普遍存在这种"移情"心理现象。一个心情愉快的人走在雨中,会觉得雨很温柔,很美,很抒情,很浪漫,感到老天善解人意。相反,一个悲伤的人在雨中,会感到雨水是太无情,太冷酷,太凄凉,是老天专门与人作对。

人在现实社会生活中是带着自己的情感去看世界的,世界也就渗透着人的情感色彩,世界的意义也在某种程度上是人的情感对应物——一种人情化了的价值存在。

移情说的代表人物德国的立普斯在他的《美学》著作里说:审美享受就是在一个与自我不同的感性对象中玩味自我本身,即把自我移入到对象中去。"我移入到对象中去的东西,整个的来看就是生命,而生命就是力、内心活动、努力和成功,用一句话来说,生命就是活动,这种活动就是我于其中体验到某种力量损耗的东西,这种活动就是一种意志活动,它是不停地努力或追求。"① 这段话说明了主体移情于物象的过程,是物象获得艺术意味的过程。

---

① 转引自〔德〕W·沃林格《抽象与移情》(王才勇译),辽宁人民出版社1987年版,第5页。

在立普斯看来,一个客体的形式,始终是一个由自我及自我的内在活动所造就的形式。一个仅被人感觉到而未被人移情的客体,严格地说来是一种非物,一种并不存在而且不会存在的东西,这是所有心理学,更是所有美学的第一个基本事实。任何客体只有与我关联起来才是一种价值存在——我们只能在这样的意义上去谈论客体。因此,客体也就渗透着我的活动,渗透着我的内在生命。于是,客体能够与主体的内在生命相一致,那么移情活动就是愉悦的,相反就是痛苦的。所以,人类的移情就有两种:肯定性移情活动与否定性移情活动。

移情现象的内在心理基础是人的自我实现的需要,这一需要在实际生活中是无法满足的,而通过移情,人获得了美感。所以,立普斯说:"仅就产生了这种移情活动来看,对象的造型就是美的,对象的美就是这种自我在想象中深入到对象里去的自由活动;而相反,当自我在对象中不能进行这种活动之时;当自我在形式中或在对形式的关照中,内在地感受到了不自由、受阻挠,感受到了一种遏制之时,那么,该对象的形式就是丑的。"①在这里,我们进一步理解了移情现象:物象最终的美丑形象是由移情的内在需要是否得到实现决定的。在有些物象中可以移植人的生命活力以及追求,于是就有了美的意象;在有些物象中无法移入人的生命需要,就产生了丑的意象。

立普斯认为,移情之自我已非现实之自我,这个自我挣脱了现实中那个只关注内容和质料的凡心的羁绊,只用一种审美的眼光去观照形式,用一种审美的心灵移情于形式。正是在这一点上,沃林格才认同移情说的合理性,他说:"因为,这种摆脱自我的本能,乃是一切审美享受,乃至于人类对幸福的一切感受的最深层的终极本质。"这些都说明了能否进行意象思维,移情于物象,关键在于人能否超越现实的俗务,专注于审美的形式。如果一个人完全陷身于现实事务,心中所生的都是现实的感觉,就无法进行审美移情活动,无法关照审美自我,这样的人没有什么创造力,也就无法进行意象思维。

在意象思维中,意象的出现与写作主体的情感密不可分。主体的情感移植到物象之中,物象便有了主体的审美意识,有了主体的审美情感、生命意识,并且随着主体情感的变化而变化,于是物象便成为写作主体情感的寄托者或者象征物,具有写作主体的情感内涵,由物象转变为意象。这就是沃林格所说的:"只有在艺术意志倾向有机生命,即接近高级形态的自然之时,移情需要才可被视为艺术意志的前提条件。愉悦感就是对立普斯视

---

① 转引自 W·沃林格《抽象与移情》,第 7 页。

为移情活动前提条件的那种内在自我实现需要的一种满足,这种愉悦感由对作为有机美的我们自身生命活力的表现所引起,现代人就把这样的东西视为美。我们在一部艺术作品的造型中所玩味的其实就是我们自己本身,审美享受就是一种客观化的自我享受,一个线条、一个形式的价值,在我们看来,就存在于它对我们来说所含有的生命价值中,这个线条或形式只是由于我们深深专注于其中所获得的生命感而成了美的线条或形式。"①

意象思维是由具体形象思维上升到一般形象思维的重要过程,正是这个过程使形象思维成为文学艺术思维的重要形式。

总而言之,意象思维既表现为思维主体从多方面、多角度、多层次分析认识物象内在属性,获得对物象合规律属性的认识活动,又表现为主体主动移情于物,对物进行人化创造的过程。"我们如果能说意象是变形或者歪曲,那我们也能够说意象把我们从死板的真实再现中解放出来,并且它引出了新的东西:第一个创造力因素。"②

必须强调说明的是,意象思维对物象内在意味的认识不同于理性抽象认识过程,它是对物象的感性直观把握,是指不离开物象形成认识,是对物象的反复推敲,从不同方面去感受、去领悟。应该说直觉的方式是意象思维的突出特征。

其实,探索认知物象自身的含义与移情于物象都是要达到写作主体的理想观念以及情感意志与物象自身意味的统一和共鸣。列宁在《哲学笔记》中说:"人的意识不仅反映客观世界,并且创造客观世界……人是靠头脑,也就是说靠思想站着的,并按照思想创造现实世界。"这就说明了人在意象思维过程中,是按照自己的主观意志赋予物象以特定的观念,以实现主观对客观的加工改造,创造出一个新的世界形象。例如贾平凹的《丑石》,按照物象自身的情况来说,一块陨石没有特殊的社会意义,但是作者把自己对人生的理解与观念赋予了这个物象,实现了作者对客观世界的加工改造,这个陨石物象就具有了人性的内涵,成为"有意味的形式"。

写作就是为了表达主体的观念意志和思想感情,人的主观意图能否实现,与主体对物象意味的探索思考有密切的关系。赋予物象某种概念是在对物象自身某种合规律属性认识的基础上实现的,可以说,这个意象思维过程就是主体观念与物象自身意味的统一达成的共鸣,达成的一致。

没有物象自身的某种合规律属性与主体合目的观念的一致,强行赋予

---

① W·沃林格《抽象与移情》,第15页。
② S·阿瑞提《创造的秘密》,第61页。

物象某种概念是不会成功的，只能造成生硬，只能产生牵强附会。只有主体与客体相符合、相一致，才会自然、生动、形象、感人。例如陶铸《松树的风格》的写作，是作者对松树自身某种属性的认识与对共产党人的风格的认同达成一致，相互共鸣，主体的观念就很自然地赋予了上述这个物象，松树就成为一个典型意象。

再如，人类自身就是善恶、美丑的复合体，所以作家才能赋予某些人物形象以丑恶的意味，而赋予另一些人物形象以善美的意味，或者在一个人物形象身上赋予其既善又恶，既丑又美的意味，从而表达自己的认识观念和人生态度。这就是马克思所说的自然人化的过程。自然物独立于人类社会，就没有什么意义可言，只有相对于人来说，自然物才具有了存在的社会意义。自然物的属性也就有了社会的属性。意象思维之所以能把主体的意志、观念赋予对象，使对象具有自我的情感态度，也就在于对象是因人而成为价值存在的，也因为人而具有了存在的价值和意义。

意象思维的关键是以什么样的意味使物象获得其价值与审美生命力。也就是说物象转化为意象，其价值的大小以及是否具有生命力，关键在于意味。在写作思维过程中，意味的产生是一个复杂的现象，有很多因素制约着意味的形成。

首先是社会背景对意味的规范和限制。

任何一个个体思维主体都是在一定的社会背景下进行思维的，他的思维成果必然受到社会背景的影响和局限。社会背景就像如来佛祖的手掌心，个体思维者就是那个在手掌心翻跟头的孙悟空，谁都跳不出这个手掌心。

不同的社会背景对主体施加不同的影响、熏陶，造成主体对世界的不同认识，影响主体在思维时赋予物象不同的意味。例如老鼠，这个物象在我们这个社会背景下，我们习惯于赋予其丑恶的意味，它在中国人眼中是害人虫，是"四害"之一。可是在美国社会背景下，迪斯尼的米老鼠就被赋予了聪明、智慧、同情心、勇敢无畏的内涵。再比如狐狸，在我们的社会背景下，思维者都赋予其奸诈狡猾的意味，而西方人则普遍认为狐狸是智慧的化身。

社会背景的变化会使人的认识发生变化，思维者的思维认识是随着社会背景的变化而变化的。在"四人帮"时期的社会背景下，人们只能认识到读书无用，造反光荣，于是，张铁生就成了那个社会背景下的英雄。现在的社会背景下，大部分思维主体都认为人应该发财致富，谁能赚到钱谁就是英雄。这些都说明社会背景对在这个社会背景下生活的个体思维者的影响是非常巨大的。虽然我们一再强调写作要突出个人独特的感受和思想，但是，谁都无法超越社会背景的局限，尽管思维个体可以思接千载，视听八方,但他的认识结果只能是这个社会背景的产物。我们的常规思维总是随着社会背景的变化而变化,我们只能在特定的社会背景下思维特定的对象,形成特定的思维成果。

社会背景以一种非常复杂、非常有力的方式影响个体生存者的思维,每个具体生存者在自己的个体思维过程中都不可避免地要受社会政治背景、民族文化背景、家庭教育背景、时代思潮背景的影响。

其次,意象思维的过程还要受到社会思维的影响。意象思维虽然是个体的行为,但是每一个个体都是在特定的社会中思维的,他的思维内容必然要受到社会群体思维的影响。

社会思维是指在一个社会历史阶段上和在特定的社会生活中的人们,在社会关系和协作劳动以及语言交往过程中形成的具有共性特点的思维结构,其中包括特有的思维元素、形式、方法、规律等。

在一个社会中,任何个体的思维都是在社会思维的范围内进行的,因为社会思维是全体社会成员在劳动协作、语言交往、共同的心理素质和思想文化传统的基础上,在思维相互作用、多元融合下所形成的有关世界的概念体系和方法论准则,反映着一个历史时期一个民族对客观对象认识和把握的深度与广度。

在这个范围内,思维个体总是不自觉地受到社会思维的影响,大家都这样思维,你很难做到与众不同。海德格尔在《存在与时间》中把这种别人干啥你干啥,别人说啥你说啥,别人咋干你咋干,别人咋说你咋说的状况描述为"烦"、"沉沦"。但是,谁也无法改变这种状况,因为一、枪打出头鸟啊。二、社会共同认识未必一定就是错的啊。三、只有与人同思,才能被人理解。例如,现在社会思维的中心就是经济建设,就是知识经济,每一个思维个体都得围绕这个社会思维的问题进行,离开社会思维的中心,你将变得不被别人认同和理解。但是,意象思维又不能等同于社会思维,要体现出自己的独创性,就必须在不自觉地受到社会思维影响的同时,又要努力突破这种影响,发挥自己的创造性,创造出具有一定深刻意义的意象,才能使创作走向成功。

再次,决定意象思维内容的因素还有写作主体的人格因素:主体的思想倾向性、情感态度和精神境界。

社会背景、社会思维都在对思维主体施加影响,逼其就范,而思维主体则力求从这些影响中超越出来,充分发挥自己的主体创造性。

这是一个矛盾,因为"意象要出现许多因人而异的改变,只有遗觉象与照像式的再现差不多,意象的这种可变性和易变性使它们有时很难用语言表达出来。它们也可能就是难于表达,因为它们不符合由社会群体或个人社会环境所公认的明确的表达方式;再者,它们所出现的变化使它们与先前发生时的情景不一样,因此很难提交记忆。"①个体思维就是在这种矛盾运动的过程中发展自己的独立思想,建构自己的精神世界的。可以这样说,我们每个人的个体思维都被戴上了重重枷锁,我们的思维就是戴着沉重的镣铐来跳自己的思想之舞的。如果这舞蹈是成功的,它就会给观者带来如醉如痴的满足感,但只有舞者自己知道,跳舞的过程是一个与地心吸引力抗争的过程,其中有着许多艰辛与痛苦。这就是思维的痛苦。感受到这种痛苦,是一种觉悟;感受不到这种痛苦就是混沌。所以有人说:宁与柏拉图同悲,不与槽猪同乐。

个体思维只有突出重围,才能有新的发现,有新的创造,也才能有自己的价值。

3. 语象思维阶段

3.1. 什么是语象思维

语象思维的含义:语象思维是指写作思维过程中语言对意象的描述,或者说是意象转化为语言形象的思维过程。进入到语象思维,就是以一定的语言模式规范意象活动,把意象融入语言模式之中,完成语言艺术形象的创造。

语象思维就是语言与意象的交融过程,这个过程中,一方面是物象与主体的创作意图和思想相互融合,另一方面,这个相互融合的内容必须凝结在语言形式之中,语言作为一种形式因素决定着整个写作思维的结果。

语言也是一种表象,但它是一种特殊的表象。语言作为一个民族的通行证,是以一种集体无意识的形式存在于这个民族每个人的头脑中的,一方面语言以规范的形式约束着人的思维,另一方面,每个个体的人又可以运用语言构筑自己的世界,即逃离大众化的模式而成为个体创造性的独特形式。所以,语言这种表象既是社会的,又是个体的。在通常的情况下对他人封闭,在规范的情况下又超越规范成为个体独特的存在。正因为有这种复杂的现象,语言在使用过程中就出现了人与人的差异。这种差异是由不同的语境造成的,因为在不同的语境中个体能够赋予语言独特的含义。

语境,是语言使用的环境,包括语言使用的自然环境、参与的人们以及具体语句的形式等等。一定的语境会产生出一定的结合具体情景的特殊意义,也就会形成特殊的语言。现代语言学奠基人索绪尔认为:一种语言

---

① S·阿瑞提《创造的秘密》,第60页。

的结构,对于使用这种语言的人来说,本来是不知不觉的,它是在人们的集体活动中无意识形成的,个人的语言必须服从社会的语言结构,才能使说话人的语言成为社会各成员的语言①。

我们一般人都是在社会规范的状态下使用语言,而作家常常是走出了规范,赋予语言独特的生命,所以,与其说语言文字是作家表情达意的工具,不如说语言是作家用来构筑艺术形象或艺术世界的材料,是他们思维活动的最主要的存在形式。

美国现代语言学家萨皮尔和沃尔夫认为,一种语言并不单是一个把我们的想法和需求变成声音的译码过程,相反,语言是一种成形的动力,它通过提供表达的习惯用法,预先安排好人们以某种方法观察世界,因而引导人们的思想和行为。

中国古代诗人曾经感叹:"两句三年得,一吟双泪流","吟安一个字,拈断数根须"。这就表明语言写作思维不仅仅是寻找语词填词凑句的过程,而且是作家与社会、语言与生命、规范与创造相互交融的过程。这个过程是艰难而痛苦的,所以,高尔基曾深深慨叹:"世上没有比语言的痛苦更强烈的痛苦。"中国古代文论家刘勰也感叹:"意翻空则易奇,言征实而难巧。"这就说明语言实现形象创造与意象转化的过程是一种特殊的思维过程,但这个过程却常常被人们忽视了。从来没有人提到过产生一个想法或解决一个问题的阶段可能不同于把它表达出来的语言阶段,而这个意象转化为语象的过程却是写作思维面临的关键问题。

意象转化为语言形象是写作的基本能力,作家们都很注意这种能力的培养。埃米罗尼尔说:"……在写作的时候,我经常停下来大声读出我所写下的东西,尽管这并不是真的必要,这些词语在我大脑里的声音是这样的清楚。"田纳西·威廉斯把体内语言发展得更为高级,他为自己的舞台人物想象出了不同的声音和说话的声调:"我体内的耳朵非常好。我非常清楚一样东西在舞台上的声音是什么样的。我写作是为了满足这个体内的耳朵和它的感觉。"威廉斯把自己的想象发挥到了极致,经常在写戏剧剧本的时候,整部分地在自己的大脑里进行演出。"当我写的时候,每一件事情都是视觉的,就像它们都是在舞台上一般鲜明。我一边写一边谈论这些台词。当我在罗马的时候,我的女房东还以为我精神错乱了。"②

按照诗人埃米罗尼尔的观点,听大声朗读出来的诗歌和文学作品也能

---

① 〔瑞士〕费尔迪南·德·索绪尔《普通语言学教程》(高名凯译),商务印书馆1980年版,第30页。
② 转引自罗伯特·鲁特-伯恩斯坦《天才的13个思维工具》,第76页。

提高想象的技巧。可能这就是给小孩子读书被认为能够激发他们智力的原因之一。听诗歌和故事能够训练他们体内的声音,让他们不必看纸上的东西,这样他们就能够集中精力创造感觉的形象。把这个过程反过来,就可能是语象思维训练的最好方法。

福楼拜曾经告诫过莫泊桑,这个世界上没有完全相同的两个苍蝇、两只手、两只鼻子,作家要分别描写它们,就必须长期观测,找出不同的特点,用准确精练的词语来表达,他说:"我们无论描写什么事物,要说明它,只有一个名词;要赋予它运动,只有一个动词;要区别它的性质,只有一个形容词。我们必须不断地推敲,直到获得这个名词、动词、形容词为止。"①我们必须说明,这种唯一性是思维主体此刻的目的与客体对象规律合一的结晶。如果超出这个范围,这句话就是有问题的。

埃兹拉·庞德认为,写作就是运用语言阐述意象,阐述要精确地传达本意,这是写作的唯一道德观。这里的本意,也是主体此刻的目的性与客体规律性的合一。达到这种合一,才是精确的,达不到这种合一,就不是准确地表达。

3.2. 在写作思维活动中,意象与语言之间的关系

首先,意象可以产生语词,它呼唤着语言去勾画它、完善它、表现它。意象是在思维主体大脑里浮现的东西,尽管它带有形象性、鲜明性的特点,但它毕竟不是一个物质的实体。它只能通过语言从主体的大脑中提取出来,赋予它以一定的物质形式。语言可以把意象由不确定的变成确定的,由流动的变成固定的,由不完善的变成完善的。语言库存丰富的作家,对事物的观察感受能力强,生成意象和再现意象的能力也就比较强。

同时,由于意象在主体大脑中的突出表现,也会引起语言去同化它。在主体的情感、兴趣等诱导下,主体的心理表象活跃起来,它异常清晰、鲜明地呈现在心理屏幕上,语言中枢也就兴奋起来,参与意象的运动,形成新颖的语言表述。许多作家在塑造人物形象时,都曾遇到这种情况。人物的表象在大脑中活灵活现,早就存活在主体的心中,作为人物依托的生活事件和场景,也历历在目,一旦有了外界的刺激,写作的热情就不可阻止地爆发了,大量的语词纷纷涌向脑际,流溢在笔端,于是崭新的艺术形象就在此刻诞生了。

其次,语言可以制约意象、重建意象,甚至产生意象。意象被语词化的过程中,必然受到主体语言操作能力的制约。有的人积累的词汇富足,操

---

① 《中外文艺沙龙精鉴辞典》,中国国际广播出版社1991年版,第565页。

作语言的能力强,在勾画意象时就能得心应手,像一个指挥千军万马的将领,众多的语词俯首帖耳,听从他的调遣支配,生花的妙笔就能把意象形神兼备地描摹出来。反之,就无从下手,勉强写出来也不能使自己满意,更不会让读者满意。在诸多意象互融互化、重新组合新形象的过程中,也必然有大量的语言参与,它能提取意象的一些特征,并把它们粘联在一起,达到重建的目的。另外,语词有时也会像一粒火种,点燃主体的心灵,孕育出一系列新意象。在文学史上,类似的例子并不鲜见。一句古诗、一个谚语、一段富有启发意义的哲理,都可能激发作家的创作冲动,情感、想象等心理元素纷纷融合在一起,产生意象的运动,崭新的意象被孕育、催生,进入创作过程。这是因为,语言一方面积淀着人类的思想,一方面又描述着这个世界,与这个世界的表象具有对应的关系,而这种描述又是观念性的,既具体又抽象,例如"家"这个语词,与世界的表象对应关系是具体的,又是抽象的。它在作者的头脑中出现,可以引起不同的意象思维,虽然作者实际上对"家"的意象是很不满意的,但是在头脑里会产生一个美满的"家"的意象,并且会进一步描述这个"家"的意象。

  语言是社会思维的具体体现者,因为语言凝结了社会思维的成果,它以固定的含义为思维者提供服务,限定思维者的思想发展和认识形成。因此,不管思维者在社会生活中感受到什么,形成什么审美意象,最终只能以规范的语言形式反映出来,只有把自己在社会生活中通过思维形成的独特的内容物化为社会语言形式,才能实现思维成果的转化。而作家如果既能够自觉满意地驱遣语言材料建造艺术符号,又能够通过艺术符号自觉满意地传达和暗示脑中的物象、意旨,那么,从作品的语言形式中他就可以看到自己的能力,从中实现自身力量的对象化,并由这种自我肯定而感到很大的愉快;同样,每个有抱负的作家在创作过程中,也都期望读者能够欣赏他在从语言符号到艺术符号的转换上所付出的劳动和所取得的成功。杜甫说:"为人性僻耽佳句,语不惊人死不休。"(杜甫《江上值水如海势聊短述》)他沉溺于语言的锤炼工作之中,沉溺于用语言符号建造艺术符号的工作之中,他盼望作品的语言形式能够惊动读者的视听,而不仅仅盼望读者了解作品语言传达的理和情。

  再次,意象思维与语言并不存在对应的关系,其中社会规范与个性独创之间存在矛盾,语象思维就是在这种矛盾运动中发展、创造、完形的。

  艺术符号的独立价值在俄国形式主义学派文论家那里受到极度重视,他们理论的基本点是研究文学作品语言同日常语言的差别,也就是研究艺术符号不同于语言符号的特殊性。他们甚至认为,文学作品语言的肌质、韵律和音响超过了从中可以抽取的意义,语言在这里炫耀自己的物质存在，呼唤人们注意到它自身的存在。

语言怎样才能吸引人的注意呢？它怎样才足以惊人呢？那就是它被作家施以人为的暴力，扭曲、变形，显得与现行的语言规范明显不同。于是，文学家在语言问题上被置于两难境地，一方面，他要以语言为材料和手段，就必须遵循社会的语言规范，否则他的话语就不能被别人正确理解；另一方面，他要在语言上显示自己的创造力，就得超越语言规范，只有超越规范的语言才容易引起别人特别的注意，才能让艺术语言炫耀自身的物质存在，才会给读者造成强烈的感受和印象。

这种特点最典型的表现需要在诗歌创作过程和诗歌作品中去寻找。我们知道，无论古今中外，诗歌作品里常常可以看到不合乎通常语言习惯、不合乎一般语言规范的句子。对此，钱锺书认为，语法的宽严因文体而有等差，散文之语法较严而诗歌之语法较宽，"故歇后、倒装，科以'文字之本'，不通欠顺，而在诗、词中熟见习闻，安焉若素。此无他，笔、舌、韵、散之'语法程度'，各自不同，韵文视散文得以宽限减等尔。"格律苛严的诗体，其作品语言不合规范则更为常见，"词之视诗，语法程度更降，声律愈严，则文律不得不愈宽，此又屈伸倚伏之理。"①钱锺书认为，诗歌有诗歌的语言，是超越规范不受约束的。诗歌语言要服从诗的格律，而诗的格律本身是中国古代诗人一种自觉的形式创造，一种美的追求，所以，诗歌语言要服从格律就必须超越日常语言规范。实际上，在很多情况下，超越规范的语言也不完全是出于声律方面的需要，诗人乃是有意要去冒犯语法习惯。例如杜甫《秋兴八首》之八有"香稻啄余鹦鹉粒，碧梧栖老凤凰枝"两句，"香稻"与"鹦鹉"、"碧梧"与"凤凰"平仄相同，诗人为什么还是把它们的位置互换，把宾语提到谓语前头，弄成一种很奇特的句子形式呢？我们推测，主要原因是出于创造奇异化的有意味形式的要求，作者在这里的主要目的不在于运用语言符号报告已发生的事情，而在于用艺术符号渲染一种气氛和传达、暗示一种心绪，作者要用当年长安繁华中的豪情对比眼前夔州萧条中的苦闷。

颠倒词序，打破规范的主要目的，就是要提醒读者注意其语言形式，因为这种超越常规的语言形式具有特殊的表达效果。诗歌作品中常常省略句子成分，有意使句子不完整，再加上词序错动，因而使语意不很明确甚或很不明确。像辛弃疾《西江月·夜行黄沙道中》里的"明月别枝惊鹊，清风半夜鸣蝉"，有人领会成另一根树枝上的月光惊动了这一根树枝上的鸟鹊，半夜里凉风吹动，蝉儿随之鸣叫起来，也有人领会成月光在树枝间移动（告

---

① 钱锺书《管锥编》第1册，中华书局1979年版，第150页。

别树枝),使鸟鹊受惊,半夜里凉风吹醒蝉儿使它们鸣叫起来。又如,"紫崖奔处黑,白鸟去边明"(杜甫《雨四首》之一)。可以领会成雨云飞驰,把紫崖染得浓黑,雨云飘去,使白鸟更显皎洁;也可以领会成紫崖奔来给雨云增添浓黑,白鸟飞去在云边闪耀白色。语句的非规范性造成它的多解,语意非确指,语意朦胧、模糊,反倒加深和拓宽了它所含蕴的内容。

　　英美现代派诗歌的鼻祖艾略特说:"诗的晦涩是由于略去了链条中的连接物,略去了解释性和连接性的东西,而不是由于前后不连贯,或爱好写别人看不懂的东西……读者须让意象沉入他的回忆,这样做时对每一个意象的合理性不抱任何怀疑;到头来,一个总的效果就得以产生了。这种意象和思想的持续的选择毫无一点混乱,不仅仅有概念的逻辑,也有幻想的逻辑。"①

　　俄国形式主义学派的文学理论家认为,诗歌作品和所有的文学作品就是要使语言非同寻常,扭曲变形,对普通规范语言系统进行偏离,他们提出的基本概念就是"奇异化"。奇异化的重要手法之一就是放弃通行的结构方式而采用非规范的结构方式。非规范的结构就能够造成一种特殊的语境,这种语境迫使单词释放出原来并不具有的含义,暗示出词义中原本没有的新的意味。

　　"当我们说话时自以为自己在控制着语言,实际上我们被语言控制,不是'我在说话'而是'话在说我'。说话的主体是他人而不是我。"②

　　这种观点实际上就是对语言规范的反对,这也可以看作是一种语言的痛苦。写作中常常会感到自己写出来的东西不是自己思维的内容,这就是规范化的语言淹没了个性化的思维,语象思维没有实现自己的目的。所以,语象思维一定要突破语言的重围,按照自己思维意象的特点,自由创造,才能真正实现意象的语言转换。从这个角度看,写作正如程德培所说:"作为对话,艺术是发掘意识与潜意识的工作,也就是用活的自由的语言来构梦,依靠非凡的压缩和移植,将心中所有对立的错综的心理力量和冲突的感情加以调遣,使那处于紧张或敌视、近在咫尺或相距遥远而似乎都永不相干的各方面直接面晤,让它们在理想的、回复到自身的静穆高远的图画和音响中和好如初。"③

　　正是由于意象与语言不存在对应关系,在这种关系下,写作思维就处

---

① 艾略特《普鲁弗洛克和其它观察到的事物·序曲》,见《四个四重奏》(裘小龙译),漓江出版社1985年版,第21页。
② 弗·杰姆逊《后现代主义与文化理论——弗·杰姆逊教授讲演录》(唐小兵译),陕西师范大学出版社1986年版,第29页。
③ 程德培《当代小说艺术论》,学林出版社1990年版,第184页。

于规范与打破规范的矛盾之中,而在这种矛盾中,只有以自己内在意象为出发点,忠实于自己的内心世界,按照合目的性原则,书写自己的世界,才能实现写作目的。正是由于这种语象思维的个性自由,写作对我们生活于其中的世界的描述才会出现百花齐放的现象。我们也才能够感受到写作的趣味性和创造的快乐。

3.3. 语象思维的内容

语象思维的核心是语言思维,语言思维是人类思维的基本形式,但是语言不等于思维,思维不能与语言画等号,思维是人脑的一种功能,语言是这一功能运动时使用的工具。同一种思维形式,可以以不同的语言形式来表达;同一个思维内容也可以以不同的语言形式描述。

思维也不只有语言一种工具,还有意象,以及其他符号。

在写作思维过程中,语言是最重要的思维工具,又是思维成果的物化方式。因为思维的最终成果必须以语言的形式表现出来,构成书面形式,完成写作。

在思维运动过程中,一方面是运用语言进行描述,另一方面是始终伴随着意象。离开了意象,言语描述就失去了对象,成为纯粹的抽象,只有伴随着意象进行描述,言语思维才具有生命力和创造力。

意象在这里是写作者与世界联系的纽带,是写作现实感的基础。

意象思维转化为语象思维,是一个完整的思维形态,一个完整的系统,是个体思维的创造性表现。不与具体意象相联系,语言就成为空中楼阁,只是一个语言储存,是抽象的存在。

语象思维是把写作主体头脑中的意象分解开来,以具体化的言语来造型,把思想分割成最小的概念,以词语来组合的过程。

首先是对意象的分解。

意象思维进入语象思维,就是使有意味的表象语言化。作者头脑中创造出来的客观事物的形象,需要转化为语言。换句话说,客观事物本身的形象投射、映入人脑中,以语言的形式出现就叫作语言表象。鲁道夫·阿恩海姆认为,表象或意象是客观事物的结构等同物,是思维活动中一种更加高级的媒介,它最大的优点就在于,它所再现出来的形状大都是二度的(平面的)和三度的(立体的),这要比一度的语言媒介(线性的)优越得多[①]。在写作思维中,语言符号和表象符号是相辅相成共同发挥作用的,它能使主体置身于表象所构成的一种氛围和情境中,从整体上去作情感的把握,并通过对意

---

① 阿恩海姆《视觉思维》,第341页。

象的心理操作产生新的认识和思想。这里的矛盾就在于以一度平面的语言描述二度或三度的意象就会失去一些内容,造成描述的痛苦。

科幻小说作家厄休拉·勒古音认为:艺术家与无法用词语表达的东西打交道。以小说作媒介的艺术家用词语做这件事。他指出,词语可以被矛盾地使用,它们除了符号学的用法,还有象征性或比喻性的用法。换句话说,词汇是内在感情的字面的和修饰性的符号,但不是感情的本质。所以,史蒂芬·斯潘德把诗歌定义为试图用语词表达无法用语言表达而只能用语言暗示的东西。他说:"我能不能想出形象的逻辑?在这里解释我想要写的诗是多么地容易!而真正要把它写出来是多么地困难。因为写诗就意味着需要经历所有那些想法的视觉过程,而它们在这里还仅仅是抽象,并且这种想象经历的努力要求有一生的耐心和观察。"①

但是,语象思维可以通过分解意象实现这种转化,也就是说把意象分解成为与语言最小单位对应的部分,就能够运用语言细致入微地表现对象。写作主体开始进行写作思维时的那种审美冲动是无法言表的,但是,最后它必须变成词汇。一旦写作主体重新感到了灵感或令人不安的感觉、形象,那么他们所要解决的问题就是:怎样把这些内在的感觉翻译为可以感受到的外部语言。每个写作主体都会遭遇到那种试图把活生生的审美感觉翻译成艺术语言的问题。T·S·艾略特被认为是"语言思考者",因为大家认为他能够把许多微妙的感觉转化为语言形式,而一般人却无法做到这一点。他指出:"对于一首诗你可以说,我把感觉变成词汇是为了我自己。现在我有了我所感觉的事情在词汇里的等价物。"

意象思维转化为语象思维是一个非常复杂的过程,每个人都会有自己的独特方式,同时也存在着一般转化规律,这种规律可以说对每个作者都具有一定的适用性。结构主义语言学派曾经试图解释这一规律,并且运用深层结构和表层结构的概念来描述这种转化,但是,他们始终没有找到如何转化的规律。美国诗人卡里·斯奈德这样描述这个意象到语象的转化过程:"我会在大脑里重放全部的经历。我会忘记一切在纸面上的东西,然后接触到它之后的前语词的层次,再后来,通过重新感受、回忆、形象化、重新形象化的努力,我会重新经历整个事件,并且努力更加清楚地看到它。""第一个步骤是节拍,第二个步骤是一组向节拍运动的前词汇的视觉形象,而第三步是用词汇来表现它。"②这三个步骤的描述就是实现意象的分解,

---

① 转引自罗伯特·鲁特-伯恩斯坦《天才的13个思维工具》,第12页。
② 同上书,第10、11页。

"节拍"就是分解,达到与语词节拍和谐一致,就能够实现转化。应该说这种认识具有一定的道理,我们中国古代读书人就有击节咏叹的传统,这种击节咏叹,能够构成一种语音节奏,在这种节奏下,意象踏着舞步,就能够引起心灵的创造活力,从而很容易找到自己的语言寓所。

再譬如《红楼梦》第27回的一段描写:"那黛玉倚着床栏杆,两手抱着膝,眼睛里含着泪,好似木雕泥塑的一般,直坐到二更多天……"在这句话里一共运用了4个动词,"倚着、抱着、含着、直坐到",强调了这些动作都是在同一时间并存的,而且具有一种很明显的节奏,按照这种语言节奏,作者使头脑里的意象固定下来。

从这里我们可以看到作者只有对这种意象进行分解,才能实现意象的语言化。如果语言化的过程伴随着一定的节奏,就会唤起语言来实现意象的转化,在这种节奏下,整体意象被切割成碎片,与语言词语相对应,否则,整体意象是无法实现语言描述的。

语言是普通的词语,但是,如果成为意象的描述,就具有了一种艺术意味,就能够在读者的头脑中唤起这种意象。在这里描述成为一个一个词语,但是,分解开来的词语根据某种需要重新组合,就会产生一种特殊的表现力,使人感受语言艺术的魅力。

其次,语象思维是在语言模式的作用下对意象思维进行语言描述的。在思维过程中,由于思维的对象不同、任务不同,语言是朝着具体的方向运行,还是朝着抽象的方向运行,只能由具体情况具体决定。也就是由具体文体写作情况决定。语象思维就是以一定的语言模式规范思维活动,使言语发挥不同的功能。所以同一意象思维可以通过不同的语言模式实现转化。

在日常的讲话和写作中还存在着更为复杂的模式。在汉语写作中,很多词语都是由两个音节组成,重音在第二个音节上;这两个音节构成了抑扬顿挫的韵脚或者单位,比如在"明月松间照,清泉石上流"这句诗里就是这样。这个旋律在诗歌创作中可能是常见的,因为它模仿了自然界的很多声音,比如心跳和呼吸。怦怦、怦怦、怦怦,这种心跳的节奏就成为文学语言内在旋律的客观基础。中国古代诗词里讲究平平仄仄,上下对应,实际上就是这种旋律的自然表现,而且,当我们把一些单词放在一起的时候,韵脚常常在我们声音的起落之中重复自己。当你能够听出这些模式的时候,你就会到处发现诗歌。

每个人在自己的成长过程中,由于受到艺术和科学中的语言模式与社会习惯的语言模式的影响,从而形成了自己的语言模式偏见。每个人都说着自己喜欢运用的语言模式,这种模式虽能够产生语言的个性化效果,但是,如果局限于这种模式,不接受其他模式,就会影响个人的成长与创造。

所以，语言模式不断需要创新，语言运用者只有不断接受新的语言模式才能不断进步，提高语言表达能力。

每一个人都可以在词语中寻找模式，发现诗歌形式，对词汇进行排列。在词汇的排列过程中找到节奏、意味和表现的方式，就是发现诗意、创造诗意的活动。

弗吉尼亚·伍尔夫明确地表示，自己在写作中"是在把分割开来的部分放到一起……在写作中，我好像是在发现什么东西与什么东西应该放在一起……从这一点上，我达到了我所称之为哲学的东西；不论怎样，它都是我一直有的一个想法；在没有意识的日常事件背后隐藏着模式"①。这种认识是有一定的道理的，因为，文学的目的就是发现这些模式，创造这些模式，表现这些模式。

写作本身就是要找到一种特定的语言模式，来实现自己独特的思维成果的转换，如果没有找到适当的语言模式，那么，这种转换可能就会失败。因为，模式是作者所在的社会共同体验和接受的东西，只有在这种模式里，作者实现的思维转换才能被人们接受、认同。"在纳博科夫早期的小说《玛丽》中，一个简单的故事，即一个年轻男人等待早已失去的爱人的到来，被变成了对于模式化的经历的叙述。情节发生在柏林的一栋宿舍楼里面，有六个房间，每一间都用旧的日历纸的一页来标上号码——这表示他与爱人分手的六个周年纪念日。一个星期里的每一天这个人住在这些房间中的一间，当第七天来到的时候就没有房间了，所以他会离开柏林。离开看到自己过去激情的所有机会。通过把事件压缩在六天和六个房间里，纳博科夫为自己的故事创造了一个反复的模式。通过把记忆和预期并列描写，他创造了一种苦乐参半的对位法。按照仔细研究过纳博科夫对模式使用的阿列克谢·德·琼其的观点，纳博科夫后来探索了人类经历是怎样反映了自然事物的秩序，与此相比，《玛丽》的结构是相对简单的。

不一定是小说家才能理解这些模式。我们的日常对话就是形成模式的练习。就像创造部族音乐一样，我们每个人都只能控制模式的一个部分，而整体的效果是来自于独立的但却相互交叉的目的之间的相互作用。但是要试着把对话当作声音——不是听具体的单词，而是要听音高起伏、交叉分野、加重和减轻时候的模式、节奏。……不论是电子控制的、唱出来的或者记住的，对话音乐都使我们意识到对话是有模式的，而这种模式并不是我们想要听到的词语的交流。"②

---

① 转引自罗伯特·鲁特-伯恩斯坦《天才的13个思维工具》，第156页。
② 同上书，第156—157页。

从写作角度来说，每一个作者都需要找到适合自己的语言模式，在这个特定的语言模式下，才能实现思维成果的转化。所以，意象转化为语象，与写作者的语言模式有很大关系，同样的意象，其语言表达模式会有很大不同。

意象与言语二者之间不是对应关系，不是相等的，而是以有限的固定的语义去描述无限流动的意象。在这个意象与语象融会、转化的过程中，大量的意象信息在思维的瞬间消失掉了。

语言描述意象是一个筛子式的选择过程，写作思维主体的头脑中只是以语言留住了意象的主体内容，而漏掉了大量细致的、微妙的、独特的形象信息。语义不能尽数外化思维内容，这是写作思维的痛苦。

福楼拜说过，写作就是要寻找唯一的词，就是说只有下工夫思索，才可能用最恰当的词语表达自己的思想。但是实际上选择出来的唯一的词也不可能转化意象中的全部信息，而我们也绝对不能依靠唯一的词来表达无限丰富的思想，福楼拜只是表达了自己的一种追求，一种梦想。

写作思维主体在实现意象的语象化过程中，主要使用附加法，即围绕主体意象不断地附加语词，直到意尽为止，写作主体只能以此弥补转化过程中的漏洞。例如："屋"，是一个笼统的意象，需要不断地附加一些语词，使它逐步具体独特。"小木屋"，就具体了，但是，还不够独特。"爬满青藤的小木屋"，那种独特的意味就显示出来了。"半山腰那间爬满青藤的小木屋"，进一步具体化，而且对读者造成了一种悬念，在那里一定发生了什么故事。

语言附加的过程，也就是意象具体化的过程，在这个过程中，意象思维逐渐地成为语象思维，语象化的过程与写作者对语言的掌握程度和悟性有很大的关系，在这里每个人都需要培养对语言的敏感，感受到语言中那种独特的细腻的别人意识不到的内涵。凡是幽深莫测的事物，似乎都有一种激发人不断探询的永恒魅力，所以，文学语言总是追求无限丰富的内涵，以引发读者深入思考，这样，才能写出有意味的文章。

3.4. 语象思维的特点

首先，语象思维具有概括性的特点，因而会导致意象信息的遗失，大量的细腻的感受和想象在语言网里漏掉了。

列宁说："任何词（言语）都已经是在概括。感觉表明实在：思想和词表明一般的东西。"[1]

---

[1] 列宁《哲学笔记》，人民出版社1956年版，第278页。

概括性的语言可以打破感觉器官的局限性,使人的感觉、知觉、表象上升为理性层次,把人的感觉理想化,使人的感觉表现出丰富的理性内容。

概括性的语言可以借助其内涵反映事物的本质和规律。

概括性的语言不仅可以把一代人联系起来,彼此交流思想,传授经验,而且可以把不同时代的人联系起来,继承历史经验,形成知识体系,达到以知识为中介的间接反映社会生活的目的。

概括性语言在描述意象的过程中必然会失去大量具有个性特征的信息内容。例如:"那个人走过来了。"这句话是抽象的,概括的,但是,确实是理性化的描述,既包含着感知,又包含着理性认识,而且包含着一定的用意目的。这是因为语词已经把表象上升到理性认识的高度,能够体现写作主体的意图。

在这个过程中,"那个人"的具体个性特征在语言中遗失了,语言的概括性无法在一个句子里完成对对象的全部表达,只能在不断的附加过程中,补偿误差和遗失。

其次,语象思维具有特指性的特点,使模糊不定的思维意象成为确定的语言形象。

特指是指言语在思维中与意象的联系、指称与描述。巴甫洛夫的信号系统理论说明第一信号系统只有与第二信号系统保持紧密的联系,才能正确反映实际世界。

特指是思维由抽象走向具体的过程。抽象与形象是辩证统一于语言之中的,特指就是走向形象化的思维路线。高尔基在《论文学》里说:"每个人都知道,把语言化为行动,比把行动化为语言困难得多。文学家写作的时候,把行动化为语言,同时又把语言化为行动。""文学就是用语言来创造形象、典型和性格,用语言来反映现实事件、自然景象和思维过程。"①

特指是思维实现其课题求解的思维过程。语言是随着思维对具体问题的求解活动而发挥其不同功能的,随着特指对象的明确,语言或者抽象,或者形象,或者实用,决定了写作思维形式。例如:"人"是抽象概括的,可以泛指所有的人,在词典意义上,这个"人"没有具体的特征,如果这个词应用到某个具体情景中,结合语境,就发挥出它的特指功能,成为"那个人",这时候,"人"就是特指的,马上可以在人的思维中引起具体的联想与想象,就能够使人的思维走向具体化的意境。

再次,语象思维具有情感性的特点,需要作者全身心投入,才能写出打

---

① 高尔基《高尔基论文学》,广西人民出版社1980年版,第58—59页、第8页。

动人心的作品。

语言具有不同的模式,科学理念的追求,需要的是明晰平白;情感生活的追求,则看重委婉曲折。所以,理性追求唯一,语言就可以直说;情感追求复杂的意味,语言就要曲折。因为快言快语,"直抒胸臆",不能描画出情感的轨迹,不能表现情感的魅力。

在语象思维过程中,主体随着对意象的描述会引发一定的情感反应,情感反应又会推动着对意象的语言描述,推动语象思维进入审美意境。

王国维在《人间词话》中说:"诗人对宇宙人生,须入乎其内,又须出乎其外。入乎其内,故能写之;出乎其外,故能观之。入乎其内,故有生气;出乎其外,故有高致。"入乎其内就是设身处地的体验对象,把所有的情感投入对象,饱含情感的语言最能够打动人心。没有情感,语言就会干枯乏味。出乎其外,就是说自觉地与对象拉开一段距离,对贯注了自己的情感的对象又能够冷静地进行审视,使之达到一定的境界。

写作时主体的情感活动是复杂的,它既要全身心地投入,又要进行必要的节制和归隐,正像庞德所说的:"诗人之所以是诗人,就在于他具有一种持久的感情,同时还有一种特殊的控制力。"情感匮乏,就产生不了接近对象的欲望,就不能真正地体悟它。没有清醒的理智,就有可能屈从于一时的情感冲动,被它所蒙蔽,最终也不能正确地感知它、把握它、认识它。况且,情感本身也受到主体理智、思想、信念、道德上的控制和规范。因此,写作主体的情感活动必然具有双重属性,它们相辅相成、互为补充,是情与理的交织、融合,正是这种辩证的能力,共同推动着主体写作思维活动的进程。

情感活动伴随着创作的全过程,它既诱发了写作冲动,又常常是文章所要传达的基本内容,所以,情感缺乏、苍白,不但不能很好地感知客体对象,而且也写不出好的作品。对于主体来说,注重培养和积累丰富的、多层次的情感是至关重要的。

从根本上讲,情感的摇篮是我们的现实生活世界,主体要把自己的全部身心投进生活世界中去感受、去体悟,去逐步扩展自己的情感容量。当代作家高晓声在谈到他度过二十多年的坎坷岁月又重新执笔时,"连许多常用字都忘记了",但农民的思想情感,他却记忆犹新,有着深刻的感受,农民心灵中的每一丝悲欢,都深深地印在他的心头,他提笔为文前,"半生生活活生生,动笔未免也动情",正是由于长期孕育、积蓄的情感,催发了他一篇篇优秀作品的诞生。周克芹在谈创作《许茂和他的女儿们》的体会时说:"我的头一个作品之所以看得过去,是因为写作之前有较长时间的生活积累、感情积累。我体会到,深入生活,积累生活的过程,同时也是积累情感的过程,在'了解人、熟悉人'的过程中,要把几个人物的外貌特征、言谈举止描绘出来,不是太难的事,要熟知他们不同的身世、社会关系、经济状况、家庭琐事等等,也不困难,但是这些还不够,更重要的是感情的长期积累。"①周克芹说的是肺腑之言,深入生活,不仅仅是搜集素材,更重要的是积累情感。在生活中汲取营养,捕捉灵感,做生活的有心人,拥抱真的、善的、美的事物,摒弃假的、恶的、丑的事物,培养一颗敏于感受的心灵,这就是写作主体深入生活的首要任务。

形象思维实现了语象思维,就可以说完成了整个思维过程,也就可以进行文字外化工作了。

本章思考与训练

1. 什么是文学思维?
2. 文学思维的内在逻辑是什么?
3. 如何理解文学思维的系统过程?
4. 意象思维有哪两种情况?
5. 请你谈谈语象思维及其特点。

---

① 周克芹《坚持深入群众的斗争生活》,见《红旗》1980年第18期,第41页。

第八章　小说叙事思维

小说是一种来自民间的文学艺术形式，有着极为深厚的群众基础和生活依据，因而有极其强盛的生命力。小说叙事，主要是叙说人的生活故事，这些故事有神话，有趣闻，有冒险，有闲情逸致，有英雄美人，有才子佳人，有三教九流，有风云人物，有偶像楷模，包罗万象。人们在闲聊中，一方面得到娱乐，另一方面加深了对生活世界的理解。随着社会生活的日益丰富发展，小说作为人们的精神食粮越来越受到欢迎，越来越显得重要。人们通过小说可以了解社会、了解生活、了解自己，发现生活榜样，提高生活的自信心，丰富自己的感情，培养审美水平。小说在今天已不再是满足好奇心的佐料，而是人们日常生活中的一面镜子，人们精神生活的一项内容。

第一节　什么是小说叙事思维

1. 什么是小说

小说作为现代以来文学的主要体裁，最受读者的青睐，但是对于小说的认识却很难界定。最流行的观点认为，小说是一种侧重刻画人物形象、叙述故事情节的文学样式①。实际上，这是对小说文本的一种界定，而小说本身，特别是小说创作和文本是不同的概念。小说叙事进入到现在，已经复杂化了，很难从人物和故事这两个方面来界定了。小说作者的任务是讲述故事，还是塑造人物形象？理论家面对这个问题一直争论不休。这个问题不解决，小说叙事就会失去了方向。同时，小说创作总是在特定的思维场中进行的，不同国家、不同民族的小说有自己的独特规定性，这就涉及小说的社会环境因素，忽视这种因素就可能对小说这种体裁的理解产生偏差。

我们认为，小说是以人物形象的塑造为中心，通过一定的故事情节（意

---

① 童庆炳主编《文学理论教程》，高等教育出版社1998年版，第171页。

识流我们可以看作为心理情节)和具体的环境描写,生动、深刻、广阔而多面地反映社会生活,表现人物命运的一种文学样式。

2. 什么是小说叙事思维

小说是一种文学样式,创作小说的叙事思维就是按照这种样式进行的思维。当代叙事学理论发展很快,但是叙事学理论对小说人物形象塑造却持否定态度,在他们的理论中,人物成为叙事者,成为观察或者叙述故事发展的视角或角色。甚至于叙事学理论把作者都排除在外,只有叙事者,没有所谓的作者。一句话,叙事学把人排除在外,只研究叙事及其形式。

我们不同意当下叙事学对小说中人物形象塑造的轻视。我们认为,文学叙事首先是主体人在叙事,必须按照人的心理发展过程来揭示其叙事奥秘。叙事过程是叙事主体用思维展示事件发展的过程。因此,研究叙事应该重点研究叙事思维。传统叙事学只是从文本本身分析语言现象,是一种逆水行舟,逆推文学创作过程的研究思路。这种研究思路忽视了作家主体的能动性,忽视了思维的创造性,总结出来的叙事形式或者模式是教条的、机械的,甚至是僵死的、无用的。而且,这种研究思路永远落后于创作实际,无法对当前的创作起到应有的指导作用。

如果从思维的角度来看叙事,就不能逆推,只能从主体的思维实际出发,从各种心理活动过程来分析,顺水推舟,顺流而下,自然发展下去,达到叙事目的。这样,就突出了主体的能动创造性。尽管这种内省的方法目前还缺乏科学的实证,但是,根据文本我们只能发现一个思维结果,却无法发现在这个结果形成的过程中,思维的选择和运动过程,被压抑的要素和被发展了的要素是如何进行协调的,这些复杂的思维活动,只能根据内省的方法去描述。

其次,叙事思维是在叙事主体明确的叙事动机促动下展开的。一般叙事理论往往忽视了对于叙事动机或目的的研究。把一种具有明显对话性质的活动当作自言自语来对待,这是非常危险的。我们在此强调,作家为什么叙事?他讲述一个故事想让读者接受什么?

人的思维的发生是需要内在动力的,这个动力就是叙事目的。最原始的叙事通过再现原始人生产生活的过程,达到教育和娱乐的目的。后来的叙事就有了政治目的、经济目的、移情目的、审美目的等等。随着社会生活的发展变化,叙事目的越来越复杂,越来越多元化。但是不论怎么复杂、怎么多元化,任何叙事都是有目的的叙事,只有揭示出叙事目的,才能正确解释其思维过程。

张平在写完《十面埋伏》之后的后记里说:"不熟悉,不了解,感动不了自己的人和事,我根本无法落笔。即使是在写作期间,一旦有拿不准的地方,还是得不断的往下跑。没办法,写现实题材,只要写的不是个人亲身经历过的事情,大概就只能这样,于是越写就越觉得难。……说实在的,写这种现实题材的作品,真正劳心劳力的其实是作品以外的一些东西。对于作家来说,如果你选择了直面现实,直面生活,那就犹如陷入雷区,遭遇十面埋伏一样。……这就是融入自己血液中的叙事文本和思维模式,以自己的这种人生轨迹和生命体验,用那种超前的写作方式进行创作,我觉得几近于无聊和奢侈。为人民大众而写作,也就是为自己而写作。这并不只是一种选择,更多的是出自自己的意志本能。……从这个意义上讲,我觉得写作首先应该是一种责任,其次才能是别的什么。面对着国家的改革开放,人民的艰苦卓绝;面对着泥沙俱下,人欲横流的社会现实,一个有良知的作家,首先想到的也只能是责任,其次才可能是别的什么……也许正因为如此,自己才选择了今天这种创作方式,自己才会在社会生活中找到如此之多的创作素材,也才会让自己在生活中感受到一次次的震撼,从而让自己不断地产生着强烈的创作冲动和创作欲望"①。

正是这种动机,这种特定的叙事目的决定了作家的叙事思维方式和过程,也才产生出特定的叙事作品。如果不研究叙事目的,所有的叙事就成为无本之木,无源之水。

不论作家出于什么样的目的,文学叙事毕竟是审美的、艺术的,是意识形态对社会生活的反映。它与社会政治是并列于社会意识形态的,互相影响,但不是隶属关系,因而相互独立,走的不是一条道。如果文学叙事把政治家的使命作为自己创作的使命,那么,就会使文学创作走向歧途。

再次,叙事是人类为自己树立人生的榜样,为我们寻找人生的出路。因为不论是什么样的叙事,都是在叙述人的故事。即使是动物的故事,也都是拟人化的故事,是借着动物的故事来说人的事情,或者用人的眼光来看动物的故事。所以,叙事的根本就是叙述人的故事,目的也是为了人的生活与未来。

过去,很多人认为,叙事就是为了再现历史;也有人认为,人是在自己的事情中完成自己的,所以,叙事是根本。人是在自己的事情中实现自己的,人是自己事情的结果。这实际上就把人看作是一个被动的产品,看作在整个事件过程中失去了主观能动性,无力自己成就自己,而是被生活事件雕琢而成的存在。在此,叙事就是以故事为中心,人物为辅助。

---

① 张平《十面埋伏》,作家出版社1999年版,第628—631页。

特别是现代派文学和后现代派文学作品,尤其忽视对人物形象的塑造,他们相信在这个物欲横流的世界"人已经死了"。随之,苏珊·桑塔格以及约翰·巴思等人在20世纪60年代就宣布,写人的"小说死亡"了。

其实所谓的人死了,实际上是指人在后工业时代逐渐失去了主体性。一方面人要生存,就必须把自己融入社会之中,成为社会人,那么就必然失去了个体人的独立主体性;另一方面,人要想成为一个独立的个体人,与社会对抗,那么又会失去作为社会人的主体性,面对这种两难境况,没有一个人可以获得自己的主体感觉和主体地位。

生活世界失去了主体,写作就失去了可资模仿的对象,叙事作品中的人物形象也随之淡化。主体是靠人的理想支撑的,主体的死亡意味着理想的破灭。当人缺乏理想时,他就会对一切都持怀疑态度,那些值得人们崇拜的神话英雄,那些一直被人们诅咒的恶魔混蛋,其人格区别都被消解了。写作主体的理性也毁灭了,这一切都使得小说家无法在自己的笔下产生出具有主体性的人,于是,他们就追求故事的离奇荒诞,用事件的叙述取代人物形象的刻画,用叙事理论取代了性格理论。

但是,小说的艺术魅力主要在于说人,即使在一个人被物所淹没的世界中,只有坚持关注人,描写人物形象,才能保持它的存在价值。要塑造人物形象,就必须建立新的是非观念、审美观念、理想观念。小说家的使命就是给人类提供诗意的人生理想、人生楷模,给人类提供诗意的前进方向。那种无视人的存在,无视人的诗意追求,津津乐道于无人的叙事,是不负责任的叙事,只能把人类引向歧途。

人在文学艺术中为自己创造诗意生存的榜样。一般来说,文学艺术中所描写的都是有意思的人,他有一个由生活到审美,由审美再到想象,由想象最后发展为艺术形象的过程,这个过程是人的诗意生存发展过程,也是文学艺术的生成过程、创造过程。文学艺术形象的创造就是为了给人类的诗意生存和发展提供楷模,如果文学艺术忽视了这个功能,就会从根本上失去其存在的意义。

传统的叙事学理论把语言学中的形式因素发展到极点,因而导致对人物形象的忽视,对人的生存意义的忽视。小说是写给读者的,读者都是人,他最感兴趣的当然是人的形象、人的性格、人的命运,而不是与人无关的荒诞故事,离奇情节。因为,阅读也是为了对话,而最有趣的对话肯定是人与人之间的对话。所以,叙事只有坚持以人为主体的方针,才能调动读者积极参与;叙事学只有坚持以人物形象为主要研究对象,也才能对作家的创作发生一定的影响。

我们应该把过去对人物形象的研究成果运用在叙事理论研究之中,运用形象思维的研究成果来破译叙事思维。回避人物形象会导致叙事失去意义,因为纯粹的叙事把人类的生活变成了某种空洞的无人的模式,然而,任何一种无人的模式或形式在人的眼中都是乏味的,没有任何艺术性可言。叙事作为一种艺术,肯定要叙说有意思的事,对人来说,最有意思的莫过于人的事,与人无关的事,人没心思去关注,因此也就没有任何意思可言。

人生的意义就在于人自己不断为自身设计未来,探索未来,创造未来,他永远是其所不是,不是其所是。诗意的人生是面向未来的想象化的人生,他坚信"我想象故我在",因此,他永远处于未完成状态,他的明天充满着悬念,充满让人遐想的广阔空间,这空间的主体和创造者又是人自己。当人把自己当作一个常在常新的创造主体,人也就是各种变化多端的性格和命运故事的主体,也就是各种趣味、意思的主要支撑体。叙事理论只有回到人物形象这个中心上来,才能肯定人类自身,才能满足人的兴趣,才能真正让文学活动变得有意思,才可能把文学建成人类的精神家园。

根据上述认识,我们对叙事思维给出以下定义:

叙事思维就是叙事主体运用特定的媒介,塑造人物形象、揭示人生命运、建构人类精神家园的思维活动。

叙事只有以人物形象为主,并通过人物形象揭示人的命运,建构人的精神家园,才是有意思的叙事。叙事主体的思维只有以此为中心,他的思维才是真正有价值的思维。人生是一个生生不息,变变不已的过程,以人为中心,叙事就会永远充满鲜活的生机,就会常叙常新,永不僵化。读者也会越读越有滋味,越读越有兴趣,从而真正实现写作与阅读的双向对话交流,实现叙事为人类创造精神家园的目的。

第二节 小说叙事思维步骤

从小说叙事思维的角度来探讨小说写作,我们可以把小说叙事思维过程划分为三个阶段,即人物形象触发生成、人物活动展开情节、人物活动完成命运。

1. 小说人物形象萌生或者触发阶段

小说是一种以叙说人的故事为主的文学体裁,小说的第一要素就是人物形象。

每个人都会在头脑中留下千千万万个关于人的表象记录,写小说就是根据这些表象记录,选择符合作者想要表现的对象,根据主观意图构想出一个人物形象。一般的小说人物形象都会有一个原型,作者在此基础上进行加工改造,使之成为能够传达作者诗意生存理想的人物形象。当然,要实现这样的理想仅靠原型是远远不够的,这就需要作家展开联想和想象的翅膀,对原型进行重组和理想化,直至把它变成一个有意思的人物形象为止。

小说创作的首要任务就是选择人物形象。它要求作家从真实生活中的具体原型中跳出来,摆脱现实生活的局限性,虚拟出一个来源于真实社会生活,却又比生活中的人物更有趣,更符合诗意生存理想的人物。虚构想象的过程,就是作家按照自己诗意生存理想重塑人物形象的过程,也是作家为大众树立诗意生存榜样的过程。作家受到怎样的原型触发,用怎样的方式对其进行加工改造,表现着作家具有怎样的诗意生存理想。

其次,确定人物形象的性格。性格是一个人区别于其他人的那种特定要素,性格决定人物的行为方式,也在某种程度上决定人物的命运。在现实主义叙事作品中,性格既是人物能否站立起来的骨骼,又是作品能否形成真正有意义的矛盾冲突的关键要素。确定了人物的性格,也就确定了作品的情节冲突,确定了人物将要完成的命运走向。性格,是一个人在特定的环境中形成的,又与特定的环境相磨相荡相互协调,并且在此过程中创造人物自己的命运,创构读者的悬想期待。

浪漫主义叙事根据作者的需要虚构人物形象。人物按照作者的意图展开人生历程,他的每一次行动都是按照作者的意思设计的,都表现作者的浪漫情调。浪漫叙事中的人物都对现实具有过高或过低估计的倾向,他们最后都走向无视现实,直奔理想的道路。因此,浪漫人物的性格一般都是类型化的,他们不是痛苦的理想主义者,就是无敌的英雄。他们与现实主义叙事作品人物的主要区别是,既没有鲜明的个性,也不会与作者的个性发生对立与冲突。当然,任何虚拟的人物形象都是在众多真实人物形象基础上形成的,完全脱离社会生活的人物形象是不存在的,因为虚拟的是人物形象,而不是妖魔鬼怪。所以,性格设计必然具有一定的现实针对性,他的浪漫人生必然也折射出当代现实的某些方面,对当代人认识现实、认识人生具有一定的作用。

确定人物形象,也需要确定人物的身份、地位、年龄、教养、个性、抱负、理想追求、工作或职业、爱好与特长、处境、家庭、社会关系等等,对于不同创作风格的作家来说,可以根据自己的特点展开工作,不一定要对人物原型的方方面面完全掌握,它可以只对某些最能激发自身想象力的特征进行深入了解。

叙事作品是以人物形象的塑造反映客观世界,表达作者思想感情的,创造生动感人的艺术形象是叙事文学的中心任务。源于社会的小说创作,大致可以分为相互联系循环往复的四个环节:生活、感受、构思、表达。

小说叙事的真正开端是生活感受,特别是对人物的感受。有感受,就能设身处地从人物出发,写出人物的生命激情,画出人物的行为特性,由此,形象就会活起来,给读者一种呼之欲出的感觉;没有感受,从观念出发进行写作,人物就会缺乏血肉,形象就会干瘪,给读者一种空洞抽象的感觉。新鲜强烈的感受既能够激发创作的冲动,又能够赋予人物形象以思想感情。反复多次的人物感受就会上升为意象,通过艺术形象构思,发展成为艺术形象。

感觉印象——意象——形象构思——人物形象形成,这个过程的开始就是感觉印象,就是感受过程。

人物形象是有声有色、有形有态、有情有义、有血有肉的艺术形象,是具体可感的,没有丰富深刻的感受,就不会有丰富生动的艺术形象。感受越丰富,人物形象就越生动,作者创造艺术形象的功力也就越深厚。

对社会现象观察细致入微,感受就会丰富深刻。细致入微地去体会人物形象的复杂心理和表情动作,就能够对人物作出同情的理解,能够通过人物的外部行为理解人物形象的内在世界。反之,若对人物只进行走马观花的了解,就只能写出一些浮光掠影的表象,这样的人物,也有各种行为表现,然而缺乏精神支撑,只能像木偶一样,由人操纵。好作家写作时总要深刻地感受和理解对象,不但观察对象的行为,更要理解对象作出此行为的内在动机,从而挖掘出人物的人性深度。

短篇小说《小镇上的将军》的叙事思维,给我们显示了人物形象的触发定位,由人物引出了故事的过程。

将军,是小说塑造的主要人物形象,性格刚直不阿,疾恶如仇,敢作敢当,与一些阿谀奉承之辈形成强烈对比。

人物形象确定了,故事情节也就围绕人物自然展开了,小说以将军的性格为中心通过三件事情构筑小说的内容。

第一件事情,将军出场,军人的气质、精神、威严震慑了小镇的人。

第二件事情,看病,表现出将军的爱民精神和对丑恶的反抗精神。虽然举起的手杖没有打下去,但是,可以看出内心世界的精神,也表现出人物在现实社会生活中被压抑、被扭曲的痛苦。

第三件事情,祭奠周总理,完成了人物形象的悲剧命运。

作者通过三件事情,塑造了一个有血有肉的典型形象,主人公爱憎分明的性格,他内心的痛苦和压抑,以巨大的能量向不合理的环境喷发,同时也打动了每一位读者的心灵。以人物为轴承展开小说叙事,事件随着人物性格和命运的变化而展开,为塑造人物性格表现人物命运服务,是优秀作家进行小说叙事思维的基本模式。

人物形象是通过人物自身的各种生存活动塑造出来的,包括人物的心理活动、言语活动、行为活动等,活动使人处于动态之中,为了自己的生存理想与他人、与环境进行生命互动,划出鲜明的人生轨迹,创造出诱人悬想的故事情节。

2. 人物活动展开故事情节

人物性格确定了,必须围绕人物设计与他相磨相荡相和谐的生存环境,让他与自己的生活世界互动起来,让人物生存成长的过程变为一个生命里迸发的过程,生命力一旦迸发,必然会与生活世界中的他人他事发生冲突,冲突让人奋斗的历程变得曲折,让性格在奋斗中闪出火花,创造出动人心弦的生存成长的故事情节。

冲突一般包括三个方面的内容:一、心理冲突,这是思想感情的冲突。人是一种会思想的动物,他的一切活动都由思想来主宰。他与他人、与自己的冲突首先表现为思想冲突。思想冲突,表现人物的内心世界和精神。二、行为冲突,这是心理冲突的外部表现,形成故事的重要环节。行为冲突表现为人与他人的摩擦冲撞,具有明显的外在行动特质,观赏性很强,处理好这种冲突,对于增强作品的吸引力很有好处。三、语言冲突。人是会说话的动物,他通过话语和他人进行对话交流,通过话语和他人进行矛盾冲突,这种冲突照样可以推动情节的发展,完成人物形象的塑造。

总之,作家可以通过心理分析,找出矛盾冲突的内在根据或线索,进入故事情节;通过意识流动过程,流出矛盾冲突,把现实社会矛盾内在化,完成人物形象塑造;通过语言描写,直接展现矛盾冲突,表现人物形象的修养、个性、思想感情;通过行为描写,展示矛盾冲突,在行为工程中完成人物形象的塑造。

人际之间的矛盾冲突是故事情节的中心,故事情节由矛盾冲突构成。每个生存者都生活在特定的人际关系中,人际关系最基本的就是矛盾冲突关系,人在矛盾冲突中逐渐发展成熟,并创造出属于自己的故事;不经历各种冲突,人永远长不大,也不会有什么值得玩味的人生故事情节可言。

每个人都有自己的成长故事,然而,并非每一个成长故事都适合于进入小说，小说中有人生故事，但小说并不就等同于一般的人生故事，严格来讲，小说只写有意思的人生故事。因此，进入小说叙事思维中的故事必比日常故事更为紧凑，更加奇特，更具命运感，更具有吸引力。叙事思维的过程就是把散漫的生活紧凑化，把平淡的人生奇特化，给日常琐事赋予人类命运感。比如《半张纸》作者就是把人物在现实中几年的生活内容简化成为半页纸片上的记事内容，这样大量琐碎的没有意思的生活内容都被简化了，只留下几件最具有戏剧冲突，最能体现人物性格，最能引人思考人类命运的事情。

作者创构情节，必须具有两个清醒认识：其一，情节是人物行动的轨迹，情感的节拍，必须从人物出发构思情节。孙犁说得好，"中篇小说的情节，由主要人物为线索，一直贯穿下来；情节就是故事，故事是为完成主角的性格服务的，为充分表现主题服务的。……情节就是主要人物的思想行为的发展，不能预先安排情节的空架子，拉着主角去走一走过场。情节是前进的车所留下的辙，是人物行进的脚印。"[①]不仅中篇小说如此，短篇和长篇也不例外。其二，情节必须有意思。情节既是表现人的，又是吸引人的；它既跟生活原型对话，又跟读者对话。原型要求它真实，读者要求它有意思。一个真实而乏味的情节也许作者津津乐道，但读者绝对不买账。在一个节奏日益加快，压力日益加大，空闲日益变得奢侈的社会，买书读书是要付出极大代价的事。人们之所以作这样的付出，就想获取悦情悦意的回报。如果情节乏味无聊，他当然有权拒绝阅读。

把平淡的人生经历变为有意思的小说故事，方法肯定不止一种，除了简化浓缩人生经历以外，还可以对人生事件进行奇异化。只要这种处理能够反映人类命运，激发读者阅读兴趣。美国早期小说家写了一个人在山上打猎，遇到几个人在山上玩九柱戏，他就在旁边看，那几个人给他喝了一杯酒，他就睡着了，一觉醒来，猎枪已经腐朽了，他的胡子一大把了，回到村子里，没有人认识他了。原来，这一觉睡了二十年。这种奇特的人生经历既具有戏剧感，又能表现一定的命运意味，颇有意思。

因此，写小说就不能局限于现实生活的真实性，只有突破真实局限，大胆想象，有意识地变形、简化、浓缩社会过程，才能够产生奇特的效果。

3. 人物活动完成命运结局

人是动物，他在行动中创造世界，创造自己。在行动之前，他什么也不是，经过行动，他开始"是"什么了。行动既是人的外在作为，又反映出人的内

[①] 孙犁《孙犁文论集》，人民文学出版社1983年版，第192页。

在选择,它最有资格表现人之所"是"。行动不断累加,所是也不断丰富,当它达到一定量的时候,就会创造出一种独特的命运。我们每个人的命运都是自己用行动创造出来的。小说叙事思维既然以人为中心,就要通过人生故事的发生、发展、高潮,为读者展示人物命运,引发读者对人类命运的思考。

每一个能够创造或表现人之所是的行动,都是一个有力的行动,他通过对周围的人、事、物发生作用,在周围世界留下自己存在的痕迹。同时接受周围世界对自己的反作用力,在自己身上留下世界的痕迹。每一次行动,都是自我与世界进行的力的碰撞,每一次碰撞,都会碰出存在的火花。这火花聚集到一定程度,就会燃放出生命的焰火,表现出命运的悲剧、喜剧、滑稽剧、讽刺剧或者正剧,小说叙事思维的最后阶段就是选择人物活动的结局,表现人物的命运。

海明威的《老人与海》是一篇享誉世界的小说。小说的故事情节极其简单:一个老渔夫,孤独地置身于茫茫大海中,与浪、与鱼、与自己的体力和意志进行残酷搏斗,最后,他虽然降服了鱼,但在返航过程中,所捕获的大鱼又被鲨鱼啃吃精光。他最后拖回来的是一具硕大无比的鱼骨架。这个筋疲力尽、一无所获的老人回到海边的茅棚后,梦见了一头狮子。

"梦见狮子"的结尾,使老人超越了普通渔夫的范围,成为不屈不挠与命运和自然作顽强搏斗的美国一代硬汉的象征。作品的主题因而把一个渔夫打鱼的故事深化为一种精神,即一种"一个人你是打不败的,你可以毁灭他,但你却打不败他"的硬汉精神。

文似看山不喜平,好的故事情节一定是曲折变化的情节,表现人物命运转折的情节。人不同于机器,生命运转过程不是机械的运转过程,只要人还有一口气,它就有可能改变自己的思想观念、行为方式,改变自己的性格和命运。因此,在人未停止呼吸之前,别人无权为他的性格和命运下断语,因为,只要还有一口气,命运就还是一个悬念,人就有可能创造或者遭遇全新的他自己。性格、命运的这种突转,特别具有戏剧性,所以,早在古希腊时期,亚里士多德就提出,悲剧应该表现好人由顺境转入逆境,前半部为人物命运打结,后半部解结。只有让人物命运发生突转,才能真正实现引发读者恐惧怜悯的效果。描写人物命运的小说,要想引人入胜,令人信服,也需要借助突转的方式。

海明威的优秀短篇《弗朗西斯·麦康伯短促的幸福生活》,其精彩的结尾便体现了这种"突转"的艺术。

弗朗西斯·麦康伯偕妻子玛格丽特去非洲打猎。第一次打猎,生性胆怯的弗朗西斯·麦康伯竟十分丢脸地从一头狮子面前逃跑了。尽管为此他不断自责但到底还是陷入了难堪的境地。他的妻子——一个对他的弱点了如指掌且善于利用他的弱点的女人以此为借口,竟不知羞耻地公开与陪他们打猎的当地职业猎手通奸。妻子的斥责、蔑视以及她带有挑衅性质的不贞行为刺伤且激怒了弗朗西斯·麦康伯。他决心改变自己,以实际行动证明自己是一个不折不扣的男子汉。于是不顾众人的劝阻执意深入森林腹地打野牛。在他正欲扣动扳机射杀狂奔而来的野牛,以真正男子汉的姿态挺身于世界中,并且彻底改变他在妻子心目中的形象,读者悬想他们夫妻重归于好时,身后突然飞来的一颗子弹击中了他。是他的妻子玛格丽特将他打死了。

这个结局让人感到意外。当麦康伯从狮子面前逃跑后,玛格丽特声色俱厉地斥骂他为"胆小鬼",而当麦康伯终于战胜怯懦即将成为一名勇士时,她为什么反而一枪将他打死。他为何如此命苦,苦得连改变自己命运的一次机会都没有,玛格丽特为何如此多变,变得让我们不知道她究竟是喜欢英雄还是喜欢懦夫。

这一令人惊奇的结尾,给我们一个存在主义的启示,麦康伯之所以遭受悲剧命运,是由于他娶了一个拉他下地狱的妻子玛格丽特。首先,她是一个虚伪的女人:一方面利用麦康伯生性胆怯的弱点,玩其于股掌之间;另一方面,又装腔作势痛斥他的胆小窝囊,为自己与他人通奸找借口。其次,她是一个自私的女人,当她看到麦康伯由懦夫变为猛男时,意识到自己再也不能像以往那样对他颐指气使,并且还极有可能失去他(正是因为懦弱,麦康伯才不能痛下决心离开她),于是,她一不做二不休干脆枪杀了他。最后,她是一个阴险狡狯的女人。她开枪杀了丈夫,但采用的却是遮人耳目的巧妙方式。因为在旁人看来,她并非故意射杀丈夫的,只是打野牛时误伤了丈夫。这不过是个打猎事故而已。利用恰当的时机枪杀丈夫,既暴露了她阴险毒辣的一面,又说明她的杀人决非出于一时冲动,而是蓄意所为。存在主义声称,他人是我的地狱,这在麦康伯和玛格丽特的关系中得到了最典型的证明。

展示人物命运的情节突转,必须具有转化的合理性与必然性,否则,读者会怀疑它的真实性,影响阅读兴趣。从情节上看,妻子杀害丈夫自然是"奇峰突起",但从玛格丽特自私的本性来看,这又是她性格发展的必然结果。

情节的奇峰突起,造成人物发展的必然结局,这样的结尾既引人入胜(突转)又令人信服(符合逻辑),确实值得赞赏。然而,结局的艺术是多种多样的,即使突转结局,也可以写成多种方式,只要读一下欧·亨利的短篇小说就会明白。

本章思考与训练

1. 下面一篇小说,请你分析思考有什么不足?如果修改,应在哪些部分加工,需要补充什么内容?你能否运用小说写作思维方法,按照小说思维步骤完成这篇小说吗?

《老Q当官》

老Q在一个学校混了多年之后,终于当上领导了。

做领导就要像一个领导,老Q太负责任了,好像八辈子没有当过领导,这辈子要好好过把当官的瘾。

监考的时候,老Q在一个个教室外面巡回检查,从玻璃窗缝往里看,他不仅看学生是否作弊,还看监考老师是否负责任,是否说话。一旦发现学生有小动作,他就立刻冲进去,不管三七二十一,勒令学生退出考场;发现老师说话或者打瞌睡,他也不留情面,当场提出批评,事后开会,还要再点名通报。

于是,大家都受不了了,就像看见一个异类一样,看着老Q。因为大家习惯了随便,习惯了官民平等,突然不习惯了,就受不了。如果你独善其身,就会成为与大家格格不入的人。就像大家习惯了腐败一样,谁在位子上不腐败,那就是有病一样。你要是跟大家不一样,大家就不会接受你。

不久老Q四面楚歌,干不下去了。老Q提出了辞呈。

2. 什么是小说叙事思维?
3. 如何理解小说叙事思维的三个阶段?
4. 人物形象在小说叙事思维中起着什么样的作用?
5. 请你根据一个性格内向、家庭贫困的大学生为对象,虚构他的行为活动,展开他的学生生活故事,完成命运结局。

第九章　散文相似思维

散文是一种古老的文体,但是作为文学体裁是在现代白话文运动中确定的。长期以来,我们对散文的认识和理解都存在很多问题,需要深入思考,系统研究。从思维的角度界定散文,揭示散文创作的内在思维规律,是我们的一种尝试。

第一节　什么是散文思维

一般教材都把散文界定为:写真纪实、取材广泛、写法自由灵活、诗意浓郁、抒发情感、语言优美的文学体裁。现在,散文的定义需要辨析,有些内涵可能过时了,有些内涵不能作为散文专利,所以,散文需要重新认识。

"写真纪实"。这不是散文的专利,也就不能成为界定散文的要素。小说也有一种纪实小说,新闻就更加要求写真纪实,戏剧也有纪实性的戏剧,传记文学突出的就是写真纪实。所以,散文区别于其他文体的特点不是写真纪实,而是真实感受,思考见长,思想创新。

"取材广泛",就是不管什么,散文都可以写,或者说不论什么都可以写出散文。这一点确实是散文的长处,小说、戏剧、叙事诗、纪实文学、报告文学都要求一个完整的事件,边角料只有散文可以加工成为文学作品,在这方面,散文的散和杂文的杂,是一个意思,不成系统的杂乱的材料,经过散文家的加工处理,使之成为一片散文作品的内容。

"写法自由灵活"。这是散文的特点,可以叙事、可以抒情、可以议论、可以说明、可以描写,不受情节限制,不追求事件的完整性,闲言碎语都可以成为散文,这是其他文体不可能做到的。

"诗意浓郁"。在改革开放以前,散文确实存在这个特点,中国从20世纪50年代到70年代是抒情时代,但现在不是一个抒情的年代,而是一个实用的年代、一个反思的年代、一个寻求精神家园的年代。诗情画意失去了它的光彩,实实在在的思考,冷峻的反思,追求深刻的哲理正成为当今散文追求的最高境界。所以,散文诗意浓郁的特点被哲理思考所取代。

"抒发情感"。这个特点在抒情散文时代确实存在,而且得到充分发展,似乎狭义散文就是抒情散文。但是随着浪漫抒情年代的结束,散文的抒情色彩渐趋淡化,回归原来思考本色。严格来讲,抒发情感是诗歌的专利,而散文则突出识见、感受、思考。新时期以来的散文,理性意识复活,改变了抒情散文的模式,已经取得了辉煌的成就,得到了世人的普遍认同。

语言优美能否成为散文的特点?这需要分析。因为所有的文学作品,都要求语言优美,那么,这一点就不是散文的特点。应该说,散文追求个性化语言表达,个体思考用个性化语言表达,最能够体现独特性,与众不同。

以上这些,都是从散文写作的现象来总结的,多是外在的特点。不能据此界定散文,我们在这里从散文内在的思维来谈几个特点。

第一,散文表现人的独特感受和思想感悟。早在先秦时期,中国最优秀的散文都是知性散文。这一传统持续了几千年,只有新中国成立后的十七年,散文偏于抒情。新时期以来,散文又回归传统,突出理性的表达,散文美是建立在一种创造性的思想或者精神基础上的理性美。每一篇散文,读者从中能够有所收获,受到一定的启迪,产生审美的快感。没有思想的散文,是缺乏美感的,因为,不论语言多么华丽,多么美艳,如果言之无物,不能给他们以理性的启迪、创造性的思想发现,他们都会感到失望。阿瑞提是这样描述文艺创造的:"努力追求爱情的满足、使命的完成、理想的实现或伦理的要求;人的渴望与人的局限之间的矛盾、社会支配与内在自我的冲突、真理与谬误之间的斗争、旨在追求象征的无限性与人自身的有限性之间的对立——这些都常常成为艺术作品当中的情感内容。"[①]这就说明,真正的文学作品是对人类深层次的思考,是需要思想的。特别是对散文来讲,这种思想性就显得格外重要。因为,散文不能依靠动人的情节吸引读者,不能依靠虚幻故事来迷惑读者,必须依靠实实在在的思想创新打动读者。

我们今天处于一个理性的时代,反思社会、反思人自身成为社会潮流。而散文正是适应了这种反思的需要,所以,人们需要从散文阅读中获得思想创新的美感享受和启迪。因此,一篇散文有深层次的思想,读者就会感到美;散文如果浮泛浅薄,读者就感到丑陋。那种空泛的抒情文字,已经彻底失去了美感,只剩下滑稽与荒诞了。

---

① S·阿瑞提《创造的秘密》,第231页。

第二,散文美表现在写作主体的个性与社会心理保持一定的距离。距离产生美感,散文写作内容应该与人们的常态生活或者传统审美心理保持一定的距离。从人们司空见惯的事物中见出不同,写出不同,就会产生一种美感。完全不同的事物,彼此审美距离越大的事物,作者能够发现其中的相似,就越能够得到一种美感享受。如果完全是社会生活的熟悉的人事物景,其中的审美意味没有与读者的审美心理拉开距离,也就没有美感;相反一旦拉开一定的距离,美感就产生了。在非常熟悉的事物中忽然看到了他以前没有看到、没有感受到、没有想到的内容,这时候就会产生美感。这种距离是作家从心理上造成的,读者的心理与作者的心理距离越大,这种美感效应也就越大;这种距离越小,美感效应也就越小。余秋雨这样说过:"在文章表里关系上,我也不喜欢以现代的文笔,现代的事端,去表述一个耳熟能详的陈旧内核。我觉得,悠久而丰厚的中国散文传统,留给了我们很多手段性的珍宝,今人有可能对它们经过改造提炼,来表述新的文化反思成果。因此,恕我保守,我是比较注重散文的文笔、意境和前后气韵组接的,但又请恕我鲁莽,我想用这一切来说一点前人未曾说过的话,造一点只有现代人才会有的思维境界。"①所以,创作散文的过程,是作家追求自己独立个性的过程,这种个性越独特,与普通读者的心理距离越大,美感也就越强烈,这就是文艺理论里的"陌生化"效应。

第三,散文美在于文本中流露出的自由感。说散文是美文,实际上就是说这种美在于自由的表达。自由表达思想感情、自由进行形式创造,这是散文文体的独特属性。散文写作讲究随心所欲,尽兴而已。古今中外、天南地北、花鸟鱼虫、山水风云都能够因为某种相似性,自由组合起来。而要做到这一点,作者必须不受任何束缚。用天马行空、"心游万仞"、嬉笑怒骂融于一炉的自由境界为读者创造一种自由的美感。

李泽厚说:"自由的形式就是美的形式。就内容而言,美就是现实以自由形式对实践的肯定,就形式言,美就是现实肯定实践的自由形式。所以,美是自由的形式。"②他进一步指出:"自由是什么?从主体性实践哲学看,自由是由于对必然的支配,使人具有普遍形式(规律)的力量。因此,主体面对任何个别对象,便是自由的。这里所谓'形式',首先是一种主动造形的力量。其次才是表现在对象外观上的形式规律或性能。所以所谓'自由的形式',也首先指的是掌握或符合客观规律的物质现实性的活动过程和

---

① 余秋雨《再谈文化苦旅》,见《鄂西大学学报》1989年第2期。
② 李泽厚《美学四讲》,三联书店1989年版,第69页。

活动力量。美作为自由的形式,首先是指这种合目的性(善)与合规律性(真)相统一的实践活动和过程本身。"①从散文创作的实践来说,作者只有在自己的生活实践中有目的地追求真理,揭示生活的本质规律,并且掌握了散文创作的规律,思维达到合目的性与合规律性的统一,才能创造出散文这种"自由的形式",给读者一定的美感享受。

据此,我们认为散文美突出三个特征:一是具有思想创新,突出相似思维的创造性,二是要与一般人拉开审美距离,三是散文具有自由的属性。而思想创新、自由感都是通过创造性相似思维实现的,所以,相似创造思维才是散文的内在思维特性。

如果看见秋天落叶,伤感人生青春易逝,红颜易老,这种伤感是没有创造性的。因为从古到今,类似的人生认识和情感体验早已经不新鲜了。第一个在月亮的阴晴圆缺,四季的冷暖变化与人生情感的变化中发现相似性的人是天才,第一个把这种认识写成散文的,就是创造性的散文。但是,后来人的不断重复表现就让人失去感觉甚或令人生厌了。可是今天一旦有人从落叶中看出来人生的辉煌,而对松树的常年青,常年绿,感受到一种僵化、一种保守不变的表现,这就与传统的读者在心理上拉开了距离,一种陌生的相似性被发现,就意味着一种新思想的诞生。这样的散文就具有创造性,这种认识是新鲜的、独特的,读了这样的散文,我们就会感受到美。

美在创造,而创造就是在不同事物之间建立新的联系,这需要一颗进行相似思维的大脑。我们习惯于把世界上的事物区分开来,看成是完全不同的。但是相似思维却把这种互不相关的事物联系在一起,通过相似性比较,发现某个道理,感受到某种情感,把这个发现的过程表现出来,就能够在文章中建构一种审美的艺术境界,读者进入这个境界,就会领会这种相似联系,就会产生一种意料不到的惊奇,这种惊奇使他感受到一种美的享受。散文的美感就是这样产生出来的。

余秋雨的散文《废墟》里有这么一段话:"废墟有一种形式美,把拔离大地的美转化为皈附大地的美。再过多少年,它还会化为泥土,完全融入大地。将融未融的阶段,便是废墟。母亲微笑着怂恿过儿子们的创造,又微笑着收纳了这种创造。母亲怕儿子们过于劳累,怕世界上过于拥塞。看到过秋天的飘飘黄叶吗?母亲怕它们冷,收入怀抱。没有黄叶就没有秋天,废墟就是建筑的黄叶。

人们说,黄叶的意义在于哺育春天。我说,黄叶本身也是美。"

---

① 李泽厚《美学四讲》,第69—70页。

这里,作者把废墟和大地的关系看作母亲与孩子的关系,同时又把废墟看作是秋天里的一片黄叶,生命来自大地,最终回归大地,秋天的落叶在这里成为美的化身,因为它的存在得到了大地母亲的充分肯定。这些思想都是相似思维的成果,这里的相似思维不是外在形式的相似,而是内在生命的相似,某种生命属性的相似。作者的这种思考与一般人的心理拉开了距离,做了一种独特的思考,建立了一种新的关系,感悟到了一种新的道理,发现了废墟文化的价值和意义,于是,废墟不再是一种悲哀,不再是历史的痛苦,而是我们今天应该珍藏的纪念品。读者阅读到这里,就会在这种相似思维的类比之中获得一种意外的美感。

散文美最主要的还是一种创造美,它是通过相似思维实现的。作者对这个世界互不相关的事情之间的相似性有所感、有所悟,写出来就是一个创造性的散文。因此,我们把相似思维作为把握散文、界定散文、欣赏散文、创作散文的根本出发点,抓住这个出发点,我们就能够真正揭示散文创作的奥秘。

新时期散文创作,最大的成绩就是突出了散文文体内在相似思维的特征,思想解放运动使散文作家突破了禁区,大胆开拓散文思想境界,相似联想,不断创新,刷新了读者的阅读视野,丰富了人们的精神家园,得到了读者的认可和追捧。散文是人类精神的园地,创新思想是散文的生命,而只有正确运用相似思维,才能使散文获得自身的价值,获得审美意味。

结论:散文是写作主体根据独特的人生体验和生活认知,运用相似思维,发现并且建构个性化精神家园及其"有意思"形式的文学体裁。

第二节 散文思维的步骤

创造心理学家阿瑞提说,人的艺术创造具有三个基本的模式,"现在我们可以说,构成一个审美统一体要满足三个认识上的操作模式:(1)对于构成艺术统一体所必需的材料是由外部现实当中彼此有联系的那些因素构成的,或者是由艺术家在作品中汇集结合到一起的那些因素构成的(接近模式);(2)艺术作品是对现实生活的模仿,如亚里士多德所认为;或是把具有相似性的要素汇拢构成一个整体,如隐喻、具体化等等(相似的模式);(3)艺术作品代表了客观事物的某一层次、情境、事件或意义(局部代表整体的模式)。"[1]

---

[1] S·阿瑞提《创造的秘密》,第245页。

阿瑞提虽然是总结绘画艺术的思维模式，但是对散文来说，也非常适合。在散文的写作中，这三个样式是一个相互联系的系统思维过程。由于接近的关系，才能引起相似思维，发现事物之间的相似性；由于事物之间具有某种相似性，才能由局部代替整体。从某种意义上说，接近，实际上也可看作是相似，而局部能够代表整体，也就是因为其内部具有一定的相似关系。如果没有相似关系，局部就不可能代表整体。

在散文创作过程中，作者能够把外部现实生活中那些相互有一定联系的事物组合在一篇文章中，实际上也就是遵循着接近模式和相似模式以及局部代表整体模式，而实现写作目的的。

如果我们深入分析，就会发现，散文创作过程一般具有三个基本环节，那就是：找到触发点；展开相似联想、通过相似比较发现同一与差异；形成认识而实现思想换位。在某种意义上，散文创作过程的这三个环节就对应着阿瑞提所谓的三个认识模式。这是一个相似思维系统工程，或者可以看作是一个相互联系的过程，整个过程就成为散文思维模式。

1. 找到触发点，这是相似思维的第一步

这个环节过去我们主要理解为感悟，所以，谈论感悟的文章非常多，而很少有人从相似思维角度来认识。其实，任何一个事物出现在我们面前，都会引起我们的注意，也就是说我们是在运用过去的图式去同化，去认识。从这个角度看，这就是接近模式，触发本身就是因为接近才会引起相似思维。人面对事物，在头脑里找到能够同化的图式，就是找到了触发点。触发点就是思维发生的出发点，思维活动由此引发。经过一系列由此及彼，相互比较，联系思考，形成某种程度的抽象，就产生了关于对象的某种认识。如果事物与人的内在图式没有相似点，或者不能对这种相似点实现某种抽象，也就无法获得认识。所以，一般来讲，每个人都会通过这种相似思维认识对象。不同的是，作家会把这种相似思维结果，以一种具体感人的方式加以表现，也就是说实现了相似点的抽象之后，仍然能够回到具体情境中，展现这种认识的形成过程，使其具有某种审美意味，引导读者也进入这种审美境界。

例如刘亮程的《城市牛哞》的开头就表现出这种触发思维的特点：

> 我是在路过街心花园时，一眼看见花园中冒着热气的一堆牛粪。在城市能见到这种东西我有点不敢相信，城市人怎么也对牛粪感起兴趣？我翻进花园，抓起一把闻了闻，是正宗的乡下牛粪，一股熟悉的遥远乡村的气息扑鼻而来，沁透心肺。那些在乡下默默无闻的牛，苦了一辈子最后被宰掉的牛，它们知不知道自己的牛粪被运到城市，作为

上好肥料养育着城里的花草树木。它们知道牛圈之外有一个叫乌鲁木齐的城市吗?

作家在城市的街心花园里看见了一堆牛粪,于是一下子就受到某种相似触发,思想全部集中到这堆牛粪上来,由牛粪展开接近联想,引出对牛的思考,并且引起了内心深处的情感共鸣。

由此可见,能够引发作家触发思维的对象,是作家意识深处社会生活的经验积淀,往事回忆。对于一个没有经历过农村生活的人来说,这堆牛粪是没有意义的,甚至是令人厌恶的,它发出的臭味使人远而畏之,不可能走近它,更不可能去用手抓一把,还要放在鼻子底下闻闻,看看是不是正宗的牛粪。这就是为什么西方文论总是谈论作家的童年情结,一个人过去生活的经历是他对外在事物触发思维的根,是思维的出发点。

正因为作家是从农村来到城市,他的思维的基础或者根就是农村社会生活的印象,所有的一切都是用他过去的经验图式去同化,所以,这堆牛粪才引起他的注意,引发了他的相似思维。

我们通过这篇文章的开头,理解了散文相似思维是在触发思维基础上展开的,有了这种触发,思维才能进一步展开,如果找不到这种触发点,思维就是一片空白,也就不会进入相似思维过程。

2. 展开相似联想,这是相似思维的第二步

触发点的发现还不足以形成一种新思想、新认识。如果要达到创造性思维就必须由此及彼,展开思维,举一反三,触类旁通。

在触发思维的基础上,作家的思维开始发散,由此及彼,展开相似联想。通过作家刘亮程《城市牛哞》的思维过程,我们就可以了解这种相似联想。文章接着写道:

> 一次我在街上看到从乡下运来的一卡车牛,它们并排横站在车厢里,像一群没买到坐票的乘客,东张西望,目光天真而好奇。我低着头,不敢看它们。我知道它们是被运来干啥的,在卡车缓缓开过的一瞬,我听到熟悉的一声牛哞,紧接着一车牛的眼睛齐刷刷盯住了我:它们认出我来了——这不是经常扛一把铁锨在田间地头转悠的那个农民吗,他不好好种地跑到城里干啥来了。瞧他挟一只黑包在人群中奔波的样子,跟在乡下时挟一条麻袋去偷玉米是一种架势。我似乎听到牛议论我,我羞愧得抬不起头。

作者通过前面的触发思维,引起了思维的继续发展进入相似联想,联想到牛进入城市来,是用卡车运进来的,由此联想到自己也进入城市中来,这种联想是通过一种感觉描写：

> 我听到熟悉的一声牛哞,紧接着一车牛的眼睛齐刷刷盯住了我：它们认出我来了——这不是经常扛一把铁锨在田间地头转悠的那个农民吗,他不好好种地跑到城里干啥来了。瞧他挟一只黑包在人群中奔波的样子,跟在乡下时挟一条麻袋去偷玉米是一种架势。我似乎听到牛议论我,我羞愧得抬不起头。

这是作者的一种自我感觉,作者通过这种自我感觉描写,把农民和牛之间的相似性揭示了出来,使得牛具有了人的属性,因此文章的意境得到了深化。

接下来,作者进一步把城市市民的劳动与牛的劳动通过相似思维联系起来,由人的胃口联想到城市的胃口,这种相似性是从具体到抽象,摆脱了局部看问题的局限,从整体上把握社会生活,显示牛粪引起的思考不是具体的就事论事,而是对社会生活的一种哲学思考。

3. 第三步是进行相似比较,实现思想换位

这是相似思维的重要环节。如何认识,关键在于比较。只有通过比较,才能发现事物之间的差异和同一,在差异和同一的相似比较中,人就会找到解决面临的问题的途径和方法。刘亮程的文章继续写道：

> 而牛知不知道它们的下场呢？它们会不会正天真地想,是人在爱护它们抬举它们呢。它们耕了一辈子地,拉了一辈子车,驮了一辈子东西,立下大功劳了。人把它们当老工人或劳动模范一样尊敬和爱戴,从千万头牛中选出些代表,免费乘车到城里旅游一趟,让它们因这仅有的一次荣耀而忘掉一辈子的困苦与屈辱,对熬煎了自己一生的社会和生活再没有意见,无怨无悔。

这就是作者的相似比较的结果,牛和老工人、劳动模范以及人民代表的一生进行比较,用这种相似比较来描写牛走进城市,在幽默中体现出作者的讽刺意味：牛实际上就是劳动人民的代表,牛的命运也就是老百姓的命运,这种相似比较就最终实现了思想换位。"我"成为牛,"牛"成为人。

> 牛会不会在屠刀搭在脖子上时还做着这样的美梦呢？
> 我是从装满牛的车厢跳出来的那一个。
> 是冲断缰绳跑掉的那一个。
> 是挣脱屠刀昂着鲜红的血脖子远走他乡的那一个。

多少次我看着比人高大有力的牛，被人轻轻松松地宰掉，它们不挣扎，不逃跑，甚至不叫一声，似乎那一刀捅进去很舒服。我在心里一次次替它们逃跑，用我的两只脚，用我远不如牛的那点力气，替千千万万头牛在逃啊逃，从一个村庄到另一个村庄，最终逃到城市，躲在熙熙攘攘的人群中，让他们再认不出来。我尽量装得跟人似的，跟一个城里人似的说话、做事和走路。但我知道我和他们是两种动物。我沉默无语，偶尔在城市的喧嚣中发出一两声沉沉牛哞，惊动周围的人。他们惊异地注视着我，说我发出了天才的声音。我默默接受着这种赞誉，只有我知道这种声音曾经遍布大地，太普通、太平凡了。只是发出这种声音的喉管被人们一个个割断了。多少伟大生命被人们当食物吞噬。人们用太多太珍贵的东西喂了肚子。浑厚无比的牛哞在他们的肠胃里翻个滚，变作一个咯或一个屁被排掉——工业城市对所有珍贵事物的处理方式无不类似于此。

作者经过比较，认识到自己就是逃出来的一头牛，相似比较实现了人格转化，作者以一个牛的身份出现在我们面前，说我是从车厢里跳出来逃掉的那头牛，我替那些牛在逃，逃到城市里来，发出牛的叫声，这种叫声是独特的，是不同寻常的，于是我就成为人类的天才。这是人类的悲剧，作者进一步进行比较思维，认识到人们这种都应该具有的独特叫声被阉割了，被不合理的社会吞噬了。

由对牛的相似联想进入相似比较，比较的结果是对人类命运的认识，这种认识是深刻的、独特的，是替普天下的劳动人民发出的一声牛哞。

作者接着又对学问作家与牛粪作家进行比较，在自惭形秽中表现出了对农民作家的肯定，实际上强调了作者应该熟悉人们的生活，从生活中来的声音是牛的声音，不是书本里的声音，但却比书本的声音更自然，更本真。

通过相似思维形成认识，实现思想换位，这是相似思维的目的。一般来讲，相似思维只是手段而不是目的，人不是为了相似而相似思维，而是为了由此及彼、由表及里深化自己的认识才进行相似思维。所以，相似思维最终要实现认识转移，转移到自己实际想要实现的目的或者问题中去。这就需要类推，推物及物，推物及人，推己及人，散文创作中的相似思维实际上只有通过这种类推才能构成一个有意思的散文意蕴。

这个城市正一天天长高，但我感到它是脆弱的、苍白的，我会在适当的时候给城市上点牛粪，我是个农民，只能用农民的方式做我能做到的,尽管无济于事。我也会在适当时候邀请我的朋友们到一堆牛粪上来坐坐,他们饱食了现代激素,而人类最本原的底肥是万不可少的。没这种底肥的人如同无本之木,是结不出硕大果实的。

作者在这里以农民的方式来对待社会生活中的一切问题,用给庄稼上肥的方式用来给城市上肥,这就是作者相似联想最后的结果。这种对牛粪的相似认识结果,最后转移到对现代人素质的一种思考和态度。

一般评论者都注意到刘亮程散文运用了大量的新鲜比喻和类推,只是把比喻与类推一般作为修辞手段来认识。实际上,这些比喻和类推是相似思维的表现形式,作者以此来拓宽自己的视域,达到由此及彼的认识目的。散文,作为一种创造性文体,主要突出这种相似思维模式。过去很长一段时间,散文这种创造性思维模式被单纯抒情模式所掩盖,导致散文创作一度走向狭路。新时期思想解放运动逐渐使散文本性回归,这种相似思维模式就好像冰山一样露出了它的本来面目。随着人们思想的进一步解放,创造性写作成为现实,散文相似思维模式也将逐渐被人们所认识。

本章思考与训练

1. 请分析思考下面这段文字是否体现了散文的特点,它有什么不足之处?你能否把它修改得通俗生动一些?

文 化 随 笔

西方文化从某种意义上说就是人性文化,一切以人为本,人在上帝面前是平等的,不管是当官,还是当一名老百姓,都可以堂堂正正的做人。这就奠定了整个社会重视创造,人人都要有所创造,而所有的一切创造都是为了人,服务于人,人人可以充分地享受生活。

在这种情况下,每个人的个性都可以得到张扬,得到充分的表现,所以,形成了一个尊重个性自由的社会。在这个社会里,人权是最高权力,神圣不可侵犯。

人人都要张扬个性,人人都要表现自己,这就形成了竞争的局面。处处都有人竞争,谁甘心落后,谁就没有生存的余地。所以西方人活得都很累,很紧张,都得拼命才能生存。相比之下,中国文化就显示出它的另一面:悠游自在。西方人似乎一夜之间突然发现,原来一直引为自豪的人性文化,并没有以人为本,而中国人的生存方式却体现出来人性的内涵,庄子的《逍遥游》意味着中国人活得逍遥自在,实在是让人羡慕。这就是文化的悖论。

没有绝对的优势文化,每种文化都有自身的长处,中国发现了西方,西方发现了中国,只有互补,才能真正发展人类文化。

2. 什么是散文相似思维?
3. 散文思维的步骤有哪些?
4. 寻找一个自己最熟悉的事物或人物,展开散文思维的步骤,完成一篇散文构想。

第十章　诗歌情感思维

　　诗歌是抒情的艺术，诗歌思维就是情感思维。中国古代诗论就提出："诗者，志之所之也，在心为志，发言为诗。情动于中而形于言，言之不足故嗟叹之，嗟叹之不足故永歌之，永歌之不足，不知手之舞之，足之蹈之也。"可见，情感是诗歌内在的动力。但是，情感转化为诗歌，内在的思维机制需要我们不断深入探讨。

第一节　什么是诗歌情感思维

1. 什么是诗歌

　　一般文学理论给诗歌的定义基本上是："诗是一种语词凝练、结构跳跃、富有节奏和韵律、高度集中地反映生活和表达思想感情的文学体裁。"①

　　很显然，这种定义是从外在诗歌形态观赏而来的，不是从诗人创作诗歌的思维过程中认识的。

　　从写作的角度来看，诗歌是一种抒情的语言艺术，是以抒发情感的方式，高度概括集中地反映社会生活，运用丰富的想象和富有节奏感和韵律的语言分行形式建构抒情意境的文学体裁。

　　抒情，是诗歌的突出特征，是其他文体都无法与之相比的特征。要抒发情感，首先是抒情主体必须具有丰富的情感，其次是提炼情感，再次才是如何抒发情感。这个过程就决定了诗歌内在思维就是情感的发展变化过程，所以，我们认为诗歌的思维方式就是情感思维。

2. 什么是诗歌情感思维

　　从诗人创作诗歌的角度来看，诗歌有三个要素：

　　其一，诗歌抒发人的生命情感。诗歌情感思维起源于生命意志和生活情感，人的生命意志本身也是一种情感态度的体现。

---

①　童庆炳主编《文学理论教程》，高等教育出版社1998年版，第170页。

真正的诗歌永远是居住在诗人的生命之内的。我们不能以诗歌的表面修辞效果去判断一个诗人创造力的高低。诗的价值,要体现在一种烛照的深刻度与表现的犀利度上。诗人对一首诗的发表,不能满足于技术操作的快感之中,真正的诗歌写作,应该是生命的写作,不是经验和知识的写作。人既然选择了诗歌,就要为诗歌自讨苦吃,就要常常苦思冥想。要耐得住寂寞,守住孤独。要有对外在世界的判断和内在世界的组合能力,才能有诗人的神圣与安宁。诗歌不能写得太理性化,太表象化。史蒂文斯说,"诗,是诗人创造的一个自然,诗歌必须是非理性的。非理性是基础。但,无论诗歌或生活通常都未处于动力的最高峰。"因为一首诗的品质代表一个人的品质。一首诗里有诗人的灵与肉,切开诗的肌肤,诗人肯定会感到疼痛。

　　其二,诗歌具有一定的审美想象空间。

　　本雅明说:"诗人的诗担负着一种使命,诗人发现了一个空旷地带并用自己的诗补充了它。""诗歌让我们得以触摸到不可触摸的东西。"帕斯说:"一个诗人如果他不是现实主义者就会毁灭。如果他仅仅是一个现实主义者也会毁灭"。诗歌的写作就是一场较量,是语言与自身的较量。因为,激励诗人的东西并不是实实在在的东西,而是想象。所以,诗人不是画家,他不能把眼前的景致描绘下来,达到栩栩如生、惟妙惟肖的地步。诗歌必须保持一种抒情的质地,要知道,诗歌不是真理。我们是通过语言进入诗歌的,再通过语言离开诗歌,由此可鉴,语言的创造力决定着诗歌的成败与输赢,最终语言使我们回到诗歌本身。而对于那些形式上的诗歌,分行排列的句子诗歌,只能算是深化了的口号在排队。古人云:语不惊人死不休。一首诗要有诗眼,一节诗要有打眼的句子。我们经常说的警句,"卑鄙是卑鄙者的通行证/高尚是高尚者的墓志铭"(北岛),"感时花溅泪/恨别鸟惊心"(杜甫),"黑夜给了我黑色的眼睛"(顾城),"该得到的尚未得到/该丧失的早已丧失"(海子),都让我们过目不忘。作为一个诗人,必须要做到"语不惊人死不休"！因此,诗人必须清醒地认识到,不论在任何时代,与诗人的精神发展同步的读者是少得可怜的。要让读者与你同行,就必须有抓住读者的手——好句子。叫他们自觉地跟你走。追求时尚的写作,其实是一种对读者的伤害,我们不能把时尚写作当作真理来追求,那样是非常可怕和危险的。大师们讲过,炼字不如炼句,炼句不如炼意,这样一个台阶一个台阶的登攀,直到深入象牙之塔。"你的扣子掉了。"这样简单的句子不会在诗人嘴里这样说出来,说出这种句子的不是一个诗人。诗人应该这样说:"你的扣子挣脱了衣服,跑到楼板上了,它奔跑的姿态像飞奔的汽车轮子,驶向了墙角的一块广场。"

其三,诗歌通过节奏化韵律化的语言来抒发情志。"诗实际是一种语言","作为诗的观念的传达手段,文字这个因素也和用在散文里的表现有所不同,它在诗里本身就是目的,应该显得是精炼的"。"诗不能停留在内心的诗的观念上,而是要用语言把臆造的形象表达出来。为此,它必须做两方面的工作:第一,诗必须使内在的(心里的)形象适应语言的表达能力,使二者完全契合;第二,诗用语言,不能就像日常意识那样运用语言,必须对语言进行诗的处理,无论在词的选择和安排上,还是在语言的音调上,都要有区别于散文的表达方式。"①

诗的根本语言是意象语言。意象是具象化了的感觉与情思。意象语言具有直觉性、表现性、超越性等特点,它更应该符合诗人主观的感觉活动与感情活动的规律,而不是客观的语法规律。这是诗性语言与实用语言的本质差别。所以,诗歌艺术无法以日常实用语言为媒介。

诗人只有对实用语言加以"破坏"、"改造",如艾略特所说那样"扭断语法的脖子",才能使之成为诗的语言。为此,作诗必须研究诗的语言修辞,也就是要掌握诗的语言的表现手法。诗的语言表现方法主要有:比喻,起兴,借代,反衬,象征,通感,矛盾修饰,虚实组合等。此外还有其他的一些修饰方法,它们都有助于诗情诗意的表现。习作者唯有通过阅读、研究和多写才能掌握诗的语言修辞技巧。写诗,不仅要重视修辞,还要重视词句锤炼。古今的著名诗人都注意诗句的推敲和锤炼。诗句的推敲,决不是单纯的形式技巧问题,它与诗意、诗味,以及诗的主题密切相关。像"黑夜过去了就是光明"这样一个意思,如果平白地直说出来,会令人觉得淡然无味,臧克家反复寻思,最后把它写成:"黑夜的长翼底下,/伏着一个光亮的晨曦。"诗歌的语言要有节奏感,旋律感,要朗朗上口。诗是最富音乐性的语言艺术,只有借助音乐的方式,才能进行动人的表达。"情发于声,声成文谓之音"(毛诗序),和谐的音韵,鲜明的节奏,是诗歌区别于其他文学样式的一个基本特点。马克思说:"既然你用韵文写,你就应该把你的韵律安排得更艺术一些。"鲁迅要求:"新诗先要有节调,押大致相近的韵。"总之,诗的本质是:通过精心制作的语言,形象地表现独特的思想感情,巧妙地从特殊中显示一般,使自我的感觉世界和情感世界达到和谐与统一。

根据这三个要素,我们可以给诗歌情感思维下一个定义,即诗歌情感思维是写作主体以情感为动力,展开想象,以跳跃的方式捕捉形象化的语

---

① 黑格尔《美学》第三卷下册(朱光潜译),商务印书馆1981年版,第17页。

言表达理想志向的思维活动。

第二节 诗歌情感思维的步骤

苏珊·朗格说:"诗歌总要创造某种情感的符号,但不是依靠复现能引起这种情感的事物,而是依靠组织的词语——荷有意义及文学联想的词语,使其结构贴合这种情感的变化。——在这里,'情感'一词的涵盖要超出一种'状态',因为它是发展的过程,它不仅可以具有连续的环节,也可以具有几条伴随的脉络,它是复合体,其内在关联难于捕捉。"①诗歌是表现情感的——不是静态的抽象的情感,而是动态的形象化的情感,诗人为了达此目的,以心理方式编织事件,诗中的每一事件都有双重身份,既是虚构事件的一个细节,又是情感方面的一个因素。情感始终是诗歌思维的核心,诗人的主要任务就是创造情感的符号,而语词符号本身具有双重身份,一方面指称事物,另一方面蕴含情感,所以,作为情感的符号自然就能够引起相关的事物联想,诗歌思维就是给情感找到美丽的形象及其相应的动人的语言符号,实现情感外化,使内在的情感变为动人的形式。诗歌情感思维的步骤可以分为三个阶段,即提炼情感、捕捉形象、语言完形。

1. 孕育或者提炼诗情,这是诗歌情感思维的第一步

诗歌创作需要情感,提炼情感就是从一般感受中寻觅独特感受,从共同感受中寻觅具体感受。诗歌是一种抒情的文学样式,诗所抒发的情感必须独特具体,才具有吸引力,才能感动人,独特具体的情感是人独特具体的生存体验的表现,又是对人生存体验的概括和提炼。每个人的体验都是独特的,每个人对体验的日常表述又都是共同的,共同的表述适合于认识活动,不适合于表现活动。诗的抒情是一种表现,它要求一种独特而又具体的体验,又要求一种独特具体的表述方式,给读者一种美妙动人的强烈感受。

诗歌情感思维方式就是内心体验。黑格尔说:"诗既然能最深刻地表现全部丰满的精神内在意蕴,我们就应该要求诗人对他所表现的题材也有最深刻最丰富的内心体验。""诗人必须从内心和外表两方面去认识人类生活,把广袤的世界及其纷纭万象吸收到他的自我里去,对他们起同情共鸣,深入体验,使它们深刻化和明朗化。"②虽然,诗人并不是每首诗都把自己当

---

① 苏珊·朗格《情感与形式》(刘大基等译),中国社会科学出版社 1988 年版,第 267 页。
② 黑格尔《美学》第三卷下册,第 54 页。

作抒情主人公来写。但是,每首诗都必须经过他心灵的过滤,留下他心灵的烙印。由于抒情的真正源泉就是创作主体(诗人自己)的内心生活,诗人在写作抒情诗时,就应该只表现"单纯的心情和感想之类,而无须就外表形状去描述具体外在情境"①。诗中所抒发的情感,不是一般的喜怒哀乐,而是代表作家精神旨趣、人格境界的情感元素。黑格尔指出:"首先关于适合于诗的构思的内容,我们可以马上把纯然外在的自然界事物排除在外,至少是在相对的程度上排除。诗所特有的对象或题材不是太阳、森林、山川风景或是人的外表形状如血液、脉络、筋肉之类,而是精神方面的旨趣。诗纵然也诉诸感性观照,也进行生动鲜明的描绘,但是就连在这方面,诗也还是一种精神活动,它只为提供内心观照而工作。"②

人是一种有情有义的存在物,他总是带着情感去体验世界、评价世界,人眼中的世界渗透着人的情感色彩,世界的意义在人眼中也是情感的对应物——一种人情化了的价值存在。情感是一种没有色彩没有形状的存在,它只能感受,无法观赏,要把它变成一种既可感受又能观赏的存在,就必须寻找有色有形的对应物,对其进行移情,用其表现人的内心体验。

我国近代学者王国维认为,诗歌作品中的一切景语都是情语。他没有解释其中的原因,德国哲学家尼采对此作了精彩的解释,他说:"艺术使我们想起动物活力的状态,它一方面是旺盛的肉体活力向形象世界和意愿世界的涌流喷射,另一方面是借助崇高生活的形象和意愿对动物性机能的诱发;它是生命感的高涨,也是生命感的激发。"③在尼采眼中,有作为的艺术家都是身体强健,精力旺盛,充满情欲的。创造艺术就是为作家生育精神后代,因此,创造者的生命中要有一种朝气和春意,把自身变成一个活力四射的挥霍者,用生命激情去肯定、祝福、神化对象,使对象更加丰满、更加单纯、更加强健。作者只有对物像注入情感内容,平凡事物才会显出审美意味。因此,优秀作家总是用一双深情、入迷、沉醉的眼睛观照自然万物和人生万象,把自己一向尊重和真实的品行赋予对象,使对象审美化。只有拙劣的作家采用冷静、清醒、干瘪的眼光看待自然万物和人生万象,他不能移情于物,因此很难写出动人的诗作。

从移情的角度来看,任何客体的形式,都是由自我及自我内在活动所

---

① 黑格尔《美学》第三卷下册,第199页。
② 同上书,第19页。
③ 尼采《权力意志》,转引自刘小枫《诗化哲学——德国浪漫美学传统》,山东人民出版社1988年版,《序言》。

造就的。一个仅被人感觉到而未被人移情的客体,严格地说来是一种非物,一种并不存在而且不会存在的东西,这是所有心理学,更是所有美学的第一个基本事实。任何客体只有与我关联起来才是一种价值存在——我们只能在这样的意义上去谈论客体及其形式。因此,客体是一种渗透着我的活动、渗透着我的内在生命的存在。这样就造成了一种矛盾状况,客体能够与主体的内在生命相一致,那么移情活动就是愉悦的,相反就是痛苦的。所以,人类的移情有两种:肯定性移情活动与否定性移情活动。

移情现象的内在心理基础是人的自我实现的需要,这一需要在实际生活中是无法满足的,通过移情,人就获得了美感。所以,立普斯说:"仅就产生了这种移情活动来看,对象的造型就是美的,对象的美就是这种自我在想象中深入到对象里去的自由活动;而相反,当自我在对象中不能进行这种活动之时;当自我在形式中或在对形式的关照中,内在地感受到了不自由、受阻挠,感受到了一种遏制之时,那么,该对象的形式就是丑的。"①这就是说,移情对象最终的美丑是由移情主体的内在需要是否得到实现决定的。如果对象中移入了人的生命活力及追求,它就成为美的意象;如果对象注入了人生的病象及颓败,它就成为丑的意象;如果对象没有注入人的情感,只是如其所是的呈现出来,它就是与人无关的物象,不具有任何审美与艺术意味。

移情之自我已非现实之自我,这个自我挣脱了现实中那个只关注内容和质料的凡心的羁绊,而用一种审美的眼光去观照形式,用一种审美的心灵移情于形式。于是,那个一向在现实中繁忙烦神的我变成为一个在审美中享受快乐的我。"因为,这种摆脱自我的本能,乃是一切审美享受,乃至于人类对幸福的一切感受的最深层的终极本质。"②因此,主体能否移情于物象,关键在于人能否超越现实的俗务,专注于审美的形式。如果一个人完全陷身于现实事务,心中所生的都是现实的感觉,就无法进行审美移情活动,无法观照审美自我,这样的人没有什么创造力,也就无法进行意象思维。

在意象思维中,意象的出现与写作主体的情感密不可分。主体的情感移植到物象之中,物象便有了主体的审美意识、审美情感、生命意识,并随着主体情感的变化而变化,于是物象便成为写作主体情感的寄托者或者象征物,具有了写作主体的情感内涵,由物象转变为意象。这就是沃林格所说的:"只有在艺术意志倾向有机生命,即接近高级形态的自然之时,移情

---

① 转引自 W·沃林格《抽象与移情》,第 7 页。
② 同上书,第 6 页。

需要才可被视为艺术意志的前提条件。愉悦感就是对立普斯视为移情活动前提条件的那种内在自我实现需要的一种满足,这种愉悦感由对作为有机美的我们自身生命活力的表现所引起,现代人就把这样的东西视为美。我们在一部艺术作品的造型中所玩味的其实就是我们自己本身,审美享受就是一种客观化的自我享受,一个线条、一个形式的价值,在我们看来,就存在于它对我们来说所含有的生命价值中,这个线条或形式只是由于我们深深专注于其中所获得的生命感而成了美的线条或形式。"①

提炼出了情感,也就进入到诗歌的构思过程中。构思是由什么引起的?简单的回答是:创作的冲动——灵感的爆发。

艾青说:"所谓'灵感',无非是诗人对事物发生新的激动,突然感到的兴奋,瞬即消逝的心灵的闪耀。所谓'灵感'是诗人的主观世界与客观世界最愉快的邂逅。"②

主体从生活世界获得灵感,形成作诗的冲动,因此,从创作的角度来看,灵感是主客体之间最愉快的邂逅,经过这次邂逅,创作主体就进入具体的构思。

抒发诗情应选择合适的角度。一般地讲,有两个大角度,一是直抒胸臆,诗人直接站出来抒情,如闻一多的《口供》。用这个角度写诗,应忌空泛,要创造出鲜明的个性化的诗人形象,否则容易直露。另一个角度是象征寄托,借物寄情,借人表意,借景写感。如前边提到的臧克家的《老马》。

2. 捕捉或创造诗的形象,这是诗歌情感思维的第二步

诗是抒情的,情又是飘忽不定难以捉摸的,情要抒发得有形有色、有滋有味,必须借助形色滋味俱全的客观事物,用这些客观事物来造型和表情。换句话说,情感虽然在常人心头是一种剪不断、理还乱的无形无序的存在,诗人却必须把它创构为一种有形有色、有滋有味的存在。诗歌创构的这一过程一般称作形象思维过程。艾青指出:"形象思维的活动,在于使一切难以捕捉的东西,一切飘忽的东西固定起来,鲜明地呈现在读者的面前,像印子打在纸上样地清楚。"③写诗的过程实际就是为难以捉摸的情感寻找和创造与之匹配的形象的过程。

情感是内在体验,形象是外在形态,两者之间如何达到匹配呢?按照格式塔心理学的观点,世间万物都是力的结构,因而具有相同的表现性。

---

① W·沃林格《抽象与移情》,第15页。
② 艾青《诗论》,人民文学出版社1982年版,第4页。
③ 同上书,第6页。

客观世界中那些不具有意识的事物,如陡峭的岩石、落日的余晖、墙上的裂缝、飘零的落叶,甚至抽象的线条、色彩、形状,都像人一样具有表现性。"造成表现性的基础是一种力的结构,这种结构之所以会引起我们的兴趣,不仅在于对它那个拥有这种结构的客观事物本身具有意义,而且在于它对于一般的物理世界和精神世界均有意义。像上升和下降、统治和服从、软弱和坚强、和谐与混乱、前进和退让等等基调,实际上乃是一切存在物的基本存在形式。不论是我们自己的心灵中,还是在人与人之间的关系中;不论是在人类社会中,还是在自然现象中;都存在着这样一些基调。"①我们必须认识到,主与客的区分、内与外的差别,都是人为造成的。从格式塔心理学角度来看,那推动主体内在情感活动起来的力,与那些作用于整个宇宙的普遍性的力,实际上是同一种力,所以,人并不比物特殊、高贵,物也不比人平庸、低贱。人和万物在宇宙中是内在统一的。所以,古人表现离别的感伤就用"昔我往矣,杨柳依依;今我来思,雨雪霏霏",因为两种力都呈下垂之势;表现精神的欢快就用"晴空一鹤排云上,便引诗情到碧霄",因为两种力都呈向上之势。

  为情感捕捉和创造与之匹配的形象需要想象。首先,诗中表现的情感是有意思的情感,它新颖独特,经得起玩味。这种情感既有真实人生体验的成分,又有创造性的成分,现实生活世界中的物象未必能够与之直接匹配,这就需要作家发挥创造性的想象力,运用已有的素材进行新的组合,使其足以表现新颖独特的情感。其次,捕捉创造新颖的形象的过程也是心灵为寻找和创造精神家园,让人进入梦想世界的过程。梦想世界是人信任的世界,有自信生存的世界,能拓宽生存空间的世界。他使人摆脱沉重的现实羁绊,向人展示广阔的未来,让人对宇宙充满信心。对此,加斯东·巴什拉说得好:"诗的梦想是一种宇宙的梦想。他朝着一个美的世界的开口。它赋予我一个非我,这非我是我的财富,我的非我。正是这我的非我使梦想者无限欣喜,它是诗人让我们与他共同享有的。对于进入梦想的我来说,正是这我的非我使我体验到生存与世界的信心。面对真实的世界人们能在自己身上发现那忧郁的本体存在。那时他们感到被抛到世界上,被抛到消极无人性的世界里,这时的世界是杳无人性的虚无。这时,我们的现实机能是我们不得不去适应现实,不得不把自己作为某种现实建立起来,去制造某些本身就是现实的作品。"②梦想中捕捉和创造的形象世界,既是

---

① 阿恩海姆《艺术与视知觉》,第625页。
② 加斯东·巴什拉《梦想的诗学》(刘自强译),三联书店1996年版,第18页。

对人的解放，又是对人的呵护。所以，让人觉得意味无穷。

想象过程是对平常的事物进行加工改造，使其脱离日常形态，以陌生化的样态吸引人们感知体验的过程。培根指出："想象因为不受物质规律的束缚，可以随意把自然分开的东西联合，把联合的东西分开。这就造成了不合法的配偶和离异。"安徒生的童话《创造》中描写了一位热爱诗歌创作的青年人，因为写不出好诗而苦恼，于是去找巫婆。巫婆给他戴上眼镜，安上听筒，他就听到了马铃薯在唱自己家庭的历史，野李树在讲故事，而人群中，一个故事接着一个故事在不停地旋转。这个故事告诉我们，要做一个诗人就必须进入一个奇异化的世界，让想象中的巫婆给自己戴上具有特异功能的眼镜和听筒，让自己看到和听到平常眼睛和耳朵看不见听不到的形象和声音。只有这样的形象和声音才是新颖独特的。当然，诗人用想象去捕捉和创造新想象，目的还是为了表现主体人的生命情感，诗中的想象始终是人的生命情感的象征。例如臧克家的《老马》：

> 总得叫大车装个够，
> 它横竖不说一句话，
> 背上的压力往肉里扣，
> 它把头沉重的垂下！
>
> 这刻不知道下刻的命，
> 它有泪只往心里咽，
> 眼里飘来一道鞭影，
> 它抬起头来望望前面。

这里写的那匹可怜老马的形象，就是 30 年代北方农民忍辱负重、坚韧不拔精神的象征。

3. 锤炼语言，巧妙完形，这是诗歌情感思维的第三步

诗情、形象和语言在诗歌艺术中是三位一体的。诗情需要语言来表达，形象需要语言来塑造，语言是诗中至关重要的因素。在诗歌情感思维过程中极为重要。

首先，诗歌语言是一个特殊的有机信息系统，一个字，能产生神奇效用。如"朱门酒肉臭"中的"朱门"，成了统治阶级的代名词，具有很大的包孕性，它一直为中西读者和理论家所称道。

其次，诗歌语言具有独立审美价值，可以单独把玩。在所有的语言艺术中，诗歌最有资格称作"有意思"的语言艺术。因为，诗歌创作最讲究炼字、炼句,中国古代这方面的佳话非常多,"吟安一个字,拈断书根须","两句三年得,一吟双泪流"可算是代表。经过诗人"语不惊人死不休"的反复锤炼,诗歌语言包含了丰富的审美意味,大体来看可以分为如下三个方面。

一是多义性,既有表层义,又有深层义,更有象征、暗示、双关、婉转等意义。这就要求读者对诗歌进行反复玩味,只有这样才不辜负诗人创作的苦心。

二是跳跃性。诗是最精炼的艺术,它要用最短小的篇幅描画最复杂的情感运动轨迹,这就需要省略许多环节,留下最具有暗示性的关节,从而使得关节与关节之间的链条被省略掉了,激发诱导读者在阅读过程中运用想象力对其进行补充完善。最值得注意的是,诗以运动的时间表象不但暗示此前此后的时间运动,而且暗示静态的空间,让读者在流动的文字中看到具体可感的画面。

三是音乐性。诗的音乐性既表现为内在的情绪律动,又表现为外在的声音的回环(押韵、节奏和声调)。他们从两方面对原始感情进行节制和艺术化。诗歌语言的节奏既是事物的节奏和人的生理节奏的反映,又是音组和停顿的有规律的安排。通过这种安排,使诗歌语言本身散发出一种美的芳香。

3.1. 锤炼语音和节奏,凸现语言的音乐性

诗歌是一种最具有音乐性的艺术,它强化语音削弱语义,让语言释放它的感性美。对此,中西美学理论家都有论述。黑格尔指出,"诗则绝对要有音节或韵,因为音节和韵是诗的原始唯一的愉悦感观的芬芳气息,甚至比赋予意象的富丽词藻还更重要。"[1]黑格尔认为,语言的音韵能给诗歌创立一种声音的框架,一种感性的美。我国清代的李重华也以声音为诗之关键:"何谓音?曰诗本空中出音,即庄生所云'天籁'是已,籁有大有细,总各有其自然之节;故作诗曰吟、曰哦,贵在叩寂寞而求之也。求之果得,则此中或悲或喜,或激或平,一一随其音以出焉。如洞箫长笛各有窍,一一按律调之,其凄铿要眇,莫不感人至深。"[2]感人深者皆出于语音,语音按照节律运动就会赋予原始、粗硬、强烈的感情一种别致悠远的通神力量,它唤起一种遏制不住的求妥协、求调和的欲望,它不但强制和唤起人的脚步,更强制和唤起人的心灵按照节拍运动。于是古人经常向神献诗,诗就用节律强制和呼唤神,给神套上有魔力的套索,使神就范。对此,中国诗人最有体

---

[1] 黑格尔《美学》第三卷下册,第68页。
[2] (清)李华《贞一斋诗说》,见《清诗话》,上海古籍出版社1979年版,第921页。

会,他们写诗,一句之中讲究平仄起伏,两句之间讲究对仗变化,四句的节律必须起承转合。这样就把原本实际粗硬的情感变成为一种有意思的形式。

3.2. 锤炼诗行,创造美的视觉形象感

诗歌语言是分行艺术,无论新诗和旧诗,都讲究分行,其本意是引起审美注意,强调每一行都是最有价值最光彩的语言,必须用诗心来仔细欣赏。但旧诗特重视听觉的乐感,分行的目的主要是为了把视觉间隔化为听觉间隔,显示节奏;新诗虽也重视乐感,却在每行的字数和节奏方面没有旧诗那么严格的规定。这就为诗行的长短、疏密以及参差变化留下了广阔的空间,让诗有了创造视觉形象的巨大潜能。美国著名自由诗创作者惠特曼表现开国时开拓豪放、自由浪漫的情感,诗行很长,犹如新大陆疆界的广阔苍茫。苏联著名诗人马雅可夫斯基表现十月革命的剧变,采用起伏大、参差不齐的楼梯形诗行,使诗行编排的视觉形象与诗歌的情感意味形成异质同构。

诗歌语言的分行要求注意行与行的有机组合,要有发展变化和独创性,还要重视诗的视觉效果,使其最大限度地变成为"视觉艺术"。新诗内在的复杂性和多层性,难以直接通过朗诵来表达,只能用文字排列来保持诗意。卡勒认为,一段文字是否是诗,未必取决于语言本身,而是取决于文字排列即视觉形式。分行更重视诗的视觉效果,从"听觉艺术"变为"视觉艺术"。这是因为新诗内在的复杂性和多层性,难以直接通过朗诵来表达,只能用文字排列来保持诗意。所以,诗歌分行也是一种创造,把诗歌传统的情绪图案,变为象形图案和会意图案。

例如:

中 秋 月
桑恒昌

自从母亲别我永去,
我便不再看它一眼,
深怕那一大滴泪水
落
下
来,
湿了人间。

"落下来"这三个字排列得就好像泪水一样,一滴一滴往下落,汉语言的这种视觉形式是独特的,很形象也很有意味。如果突出语言的视觉效果,利用分行或者突出中心词语,就能够产生诗歌的形象感和诗意。所以,一条新闻也可以排列成诗,例如:

> 昨天在七号公路上
> 　一辆汽车
> 　时速一百公里　猛撞
> 　一棵法国梧桐
> 　车上四人　全部
> 　死亡

诗歌语言重视分行排列,同样一句话,连起来说语言就缺少意味,一旦分开来说,每个词语就能够受到重视,特别是把某个词语凸显出来时,这个词语就被赋予了特殊的意义。这首诗把"汽车"、"猛撞"、"死亡"从语句中独立出来,视觉上加以强调,就包含了较多心理容量。特别是最后"死亡",突兀而至,触目惊心。如果用叙述句式,那么这句话只是传达了一个信息,即车祸。可是用诗歌句式排列,传达的信息就非常丰富,能够引起人们的联想和想象。所以,诗歌就是语言的排列组合艺术,也就是语言巧妙完形的艺术。

3.3. 语言巧妙完形,产生言外韵味

中国传统诗歌讲究含蓄,讲究韵味,讲究言外之意,所以,语言完形就需要巧妙构思,用最少的话表达最丰富的意义,例如唐诗"孤舟蓑笠翁,独钓寒江雪"句,形式是五言绝句,只有十个字,但是,包含了最丰富的意境。这种诗歌审美传统,也是现代诗歌追求的最高境界,例如余光中的《乡愁》:

> 　小时候
> 　乡愁是一枚小小的邮票
> 　我在这头
> 　母亲在那头
>
> 　长大后
> 　乡愁是一张窄窄的船票
> 　我在这头
> 　新娘在那头

后来啊
乡愁是一方矮矮的坟墓
我在外头
母亲在里头

而现在
乡愁是一湾浅浅的海峡
我在这头
大陆在那头

  这首诗最大的特点就是用最简洁的语言高度概括了人一生的经历,选取的每一个人生片断都包含着丰富的言外之意,让人能够充分感受到诗歌艺术的魅力。
  诗歌的语言完形,主要特点表现为跳跃式结构,高度概括人生内容,这样才能省略很多内容,而读者阅读这些诗歌语言又能够引起思考联想,填补这些省略掉的内容,感悟言外之意。
  一般来说,中国传统诗歌运用形象思维,即通过具体可感的事物意象抒发情感,情感或诗意都包含在事物意象之中,言外之意需要读者领会感悟。而白话文诗歌大都采用抒情化议论,即直白胸臆。这种直白直抒胸臆,不追求隐讳曲折,因而很多人认为这种诗歌没有言外之意,诗人该表白的都明明白白说出来了,其实,直白诗歌也追求语言的言外之意,只不过这需要更高的艺术境界。
  首先作者必须达到一个时代最高层次的认识及体验的水平,才能在直白胸臆时暗含更深的意味。例如惠特曼的诗歌、郭沫若的诗歌都有很多直白胸臆的作品,但言外之意非常丰富,能够引起人们的丰富联想,这是因为他们都能够站在时代的最高点感悟社会生活的缘故。
  其次诗歌语言直白是一种有意识的选择,大量无意识内容隐含在诗歌跳跃的语言结构中。例如郭沫若的诗歌最突出的特点就是直白,但是这种直白也包含着深刻的言外之意。在《新月与白云》里,他这样直白抒情:

月儿呀!你好像把镀金的镰刀。
你把这海上的松树斫倒了。
哦,我也被你斫倒了!
白云呀!你是不是解渴的冷冰?
我怎得把你吞下喉去,

解解我火一样的焦心？

这首诗歌语言直白，但是，在诗歌结构过程中，有很大的空间跳跃，省略了很多东西，形成了审美空间结构，能够引起接受者对言外之意的思考和联想。我国最近几年诗坛的大白话诗，一度引起社会大讨论，很多人持否定态度，认为这是对诗歌艺术的亵渎，其实仔细分析，这些诗歌虽然太过直白，但是也包含一定的言外之意。例如赵丽华的大白话诗《一个人来到田纳西》：

毫无疑问
我做的馅饼
是全天下
最好吃的

赵丽华的诗歌引起网络的恶搞，很多人认为这是毫无意义的语言游戏。其实，只要我们联系诗歌标题和内容进行分析，就会发现，赵丽华的诗歌与现代白话诗歌中的直白不一样，现代诗歌中的直白有一种代言人的意味，也就是说诗人是时代的歌手，唱出时代的最强音，所以，那种直白有一种强烈的感召力。而赵丽华的大白话诗可以称为"反传统的直白"。诗人有意识反对诗歌的文化意蕴、审美、个性、理性乃至诗歌的意味，而好像说话一样，其实不过将题材限定在个人生活体验主要是本我感受的圈子里，不要崇高，不要高雅，只要真实。这种直白诗歌多用第一人称，不拘格律，以日常口语直白书写自己对生活的感受甚至隐私，随心所欲，真正实现了自由书写。"直白"诗歌对语言、形式和意味更加强调，甚至写娱乐性的记录性的诗歌，也包含言外之意。作为诗歌整体的一种探索，"大白话诗"可以说有从社会批判意义转为个体生命肯定意义的历史作用。

但是，这是否就意味着诗歌发展的方向呢？张颐武在博客上撰文对此评价说：

二十多年前，"朦胧诗"崛起之时，许多人抱怨的是诗"看不懂"，过于"朦胧""晦涩"。从此之后，诗歌"看不懂"是常常受到抱怨的问题。除了九十年代初汪国真曾经一度走红之外，诗歌在公共生活中的影响力一直相当弱。诗歌界本身仍然相当活跃，诗歌流派的讨论和分歧也一直存在，但诗歌和公众之间却缺少真正切实的联系。除了经典作品之外，今天诗人创作的诗在相当程度上并不对公众的阅读生活产生影响。

但这一次的情况有了让人惊异的变化。赵丽华的诗今天在网上的轰动,所引起的嘲笑和挖苦竟然是由于她的诗都是一些非常浅俗的大白话,也就是她的诗"太好懂"。二十多年过去,诗歌再度进入公共生活的时候居然是被有些人视为荒诞而引起注意的,确实令人感到不可思议。这种可以说是形式相当直白和表现相当琐碎的日常生活经验的诗让许多网友抨击的主要是两个方面:一是觉得这些诗过度浅白随意,没有诗味。二是由此产生了对于诗歌的怀疑。如此写诗,岂不是人人可以为诗人?大量的滑稽模仿的打油诗的出现正是由此产生的情绪和心态的表露。

这段评论说明,诗歌具有自身的内在规定性,也就是说诗歌的语言组合完形应该追求意蕴,追求"有意思"的形式,即既有言内之意又有言外之意,耐人寻味。诗歌从20世纪80年代朦胧诗的看不懂,到现在的太容易懂,说明我们对诗歌的理解需要一个探索的过程,到底什么是诗歌?我们需要重新思考。

我们认为诗歌作为一种文学体裁,应该具有艺术意味,语言形式应该多样化,内在意蕴应该具有美感,言外之意能够启迪智慧。总之,诗歌应该是"有意思"的形式。

本章思考与训练

1. 请分析思考下面这首诗歌的特点:

空 气

好一会屏息静气,
我多想听到你!
可你安然静谧,
你有怎样的话语?

伸出颤栗的手指,
我多想抚摸你!
可你无影无踪,
你有怎样的形体?

睁大渴望的双眸,

我多想看到你！
可你透明无色，
你有怎样的美丽？

可是我清清楚楚，
我一刻也离不开你！
我的生命里有你，
你随着我的一呼一吸……

2. 什么是诗歌情感思维？请分析舒婷的《祖国啊,我亲爱的祖国》的情感思维过程。

祖国啊,我亲爱的祖国

我是你河边上破旧的老水车，
数百年来纺着疲惫的歌；
我是你额头上熏黑的矿灯，
照你在历史的隧洞里蜗行摸索；
我是干瘪的稻穗；是失修的路基；
是淤滩上的驳船
把纤绳深深
  勒进你的肩膀，
——祖国啊！

我是贫穷，
我是悲哀。
我是你祖祖辈辈
  痛苦的希望呵，
是"飞天"袖间
千百年未落到地面的花朵，
——祖国呵！

我是你簇新的理想，
刚从神话的蛛网中挣脱；
我是你雪被下古莲的胚芽；

我是你挂着眼泪的笑涡；
我是新刷出的雪白的起跑线；
是绯红的黎明
　　　正在喷薄；
——祖国呵！

我是你十亿分之一，
我是你九百六十万平方的总和；
你以伤痕累累的乳房
喂养了
迷惘的我、深思的我、沸腾的我；
那就从我的血肉之躯上
去取得
你的富饶、你的荣光、你的自由；
——祖国呵，
我亲爱的祖国！

3. 诗歌情感思维的步骤有哪些？

4. 捕捉自己对社会生活的情感态度，明确自己的人生志向，寻找相应的具体事物现象，展开跳跃性的构想，完成一首诗歌。

第十一章　理论写作思维形式

　　理论写作思维是在一定学科理论范畴下进行的思维,是合乎主体思维目的,按照逻辑规律进行的思维。不同学科的理论思维是有差别的。

　　理论写作思维是建立在抽象思维基础上的思维,是属于一定理论体系的思维,它既要从一定的理论体系出发,又要能够自成理论体系。

　　理论写作思维是与主体接受的理论体系相适应的方法论思维,是运用一定的方法演绎、发展、完善其理论体系的思维。

　　理论写作思维必然涉及基本概念的系统化和术语的规范化问题,涉及思维的内在理论体系选择、理论发展的层次、阶段、角度、方向以及达到的目标等等问题。

第一节　什么是理论写作思维

1. 什么是理论思维

　　"思维"一词,在英语里是 thinking,就是思考,沉思。人是思维的动物,人可以思考自己的生活,并按照自己的思考去生活。《美国哲学百科全书》对思维是这样描述的:思维作为人的本质活动,以两种形式表现出来。第一,人们通过思维可以在实然、必然、或然三种水平上获得对事物的认识;第二,人们通过思维以决定做或不做某件事情。在亚里士多德看来,前一种思维体现了人类的理论理性;后一种思维体现了人类的实践理性。

　　理论思维是人的理论理性的表现,即从实然、必然、或然三种水平上来认识世界并且表现世界的思维活动。实然就是已经发生过的事实,人的思维首先是对已经发生过的事实进行认识,建立自己的知识体系;必然是一定会发生的事实,必然反映了人对规律的认识,是在实然的基础上实现的,体现了人的思维的能动性;或然是可能会发生的事实,是一种可能性的推测,一种不确定性的认识。

　　从人的思维发展过程来看,每个人的思维发展都要经历表象思维、形象思维到抽象思维。达到思维的最高阶段,标志着人的智力的成熟。对抽象思维的认识,又产生了相关的理性思维、逻辑思维以及理论思维。如果不加区分,混为一谈,思维科学理论就无法深入研究,也不能正确引导人们进行思维。从心理学的角度看,理论思维是在具体形象思维基础上形成的,是"在实践活动和感性经验基础上,以抽象概念为形式的思维"。例如房子的表象,从形象思维出发,就是通过房子的表象表现特定的生活,突出房子的独特表现性能;而理论思维则是以房子的感性经验为基础,不思考房子的表象特征,而是深入思考表象的内涵,即房子的性质及功能,形成房子的理性概念,达到认识的目的。概念是对房子表象的抽象概括,有了这个概念就可以由此及彼,推动认识向前发展。"人们进行逻辑思维以反映事物形式,即概念、判断、推理等。……它们反映事物的本质和内部联系。概念、判断、推理等思维形式,都是客观事物的本质及其规律在人们头脑中的反映。但是,一旦形成概念、判断、推理等思维形式,它们就具有相对的独立性。人们可以借助这些思维形式进一步认识客观事物的本质和规律。"①

  思维的理论理性在不同阶段有不同表现,在最初对实然的认识阶段,是运用抽象思维,形成基本概念;对必然、或然的认识,则是进行理论推导或推测。进行推导、推测的根据就是在实然基础上形成的必然规律性认识,这种认识往往以某种理论体系的形式出现。理论体系不是某个人灵光一闪就创造出来的,而是人类经过历史积淀形成的。我们每个人都在理论体系积淀的基础上进行认识活动。在人类认识积淀过程中,需要抽象思维发展理论体系,而在个体认识过程中,则是运用理论思维认识现实问题,解决现实问题。

  理论思维就是在实然的基础上,通过或然的推断,达到对必然的认识,进而按照一定的内在联系使之成为系统的理论,并且在这种系统理论的规范下阐释世界。

2. 什么是理论写作思维

  理论写作思维是指思维主体对所反映的关于被研究对象的具体知识,即某门科学所研究的对象的知识,在实然、必然、或然性这三种知识水平上进行推导,从而产生出概念、判断、推理、假设、理论等,通过写作活动加以表现或介绍推广的思维过程。

  在这里,某门科学知识,实际上就是历史形成的理论体系。每一个理

---

① 许征帆主编《马克思主义辞典》,吉林大学出版社1987年版,第937页。

论写作主体都必然会接受一定的理论体系,并按照这种理论体系来认识世界、揭示世界、解释世界。由于每一个理论体系的知识都在不断地发展变化,需要不断有人去发展,而发展的途径就是在实然、必然、或然三种水平上进行思考、验证,从而产生出新知识。所以,任何一个概念、判断、推理、假说和理论都有一定的内容,相应的也有一定的形式结构。理论写作思维必须具有真实的思维内容,又要有正确的思维形式,一般来说,理论写作思维都采取归纳和演绎、分析和综合、抽象与具体、逻辑与历史相统一等思维方法。这些思维方法既是产生新知识的思维方法,也是理论写作表现新知识的写作方法。

  一个时代的理论思维,对这个时代精神的进步与发展起着重要的作用。理论思维只有与时俱进,勇于争时代之先,才能有所创造。美学家叶朗在北大讲坛说过:"我们要特别注意加强自己的理论素养,锻炼和提高理论思维能力。搞人文学科很重要的条件是要有很强的理论思维,要善于向深处想问题,文章的理论色彩要浓,讲来要有新意有启发。这种理论思维能力表现为一种理论感,即当你读别人的著作时,能一下抓住最有用的东西。自己在写作时,理论感会帮你把握住思想中最有价值的东西,指引你朝某个方向深入。这种理论感需要一种理性的直觉。科学的发展有时不是靠逻辑的思维和推理,而是一种理性的直觉。逻辑是证明的工具,理性直觉是发现的工具。一个搞文科的人若没有这种理论感,其研究很难有大成就。我经常看到有些人读了很多书,但他从书中抓住的常是很一般的东西;有些人写了很多书,却都是平平淡淡,就在于缺乏理论感。"[①]从事理论研究要有理论感,也就是要运用理论写作思维,它要求研究者能从一定的理论高度认识自己在某个学科研究中遇到的问题,或者是针对具体问题,根据事实提升为理论体系,或者是根据一定的理论体系分析研究解决现实生活中的具体问题。

  理论写作思维是建立在抽象思维基础上的思维,没有抽象思维形成的基本概念,就不可能产生实然、必然、或然三种知识或者思想理论体系,没有知识基础或者理论体系,就不可能进行理论写作思维。理论写作思维是从一定的理论高度认识自己在某个学科研究中遇到的问题,或者是针对具体问题,根据事实抽象概括从而把思想认识提升为理论体系加以表现的思维过程。

  概括起来说,理论写作思维是在抽象思维基础上,以特定的概念体系、符号系统为思维材料,以一定的理论框架或体系为坐标,以逻辑为思维方

[①] 文池主编《在北大听讲座》,新世界出版社 2000 年版,第 33 页。

式,以语言符号为思维工具,解决理论问题的思维形式。

3. 理论写作思维的意义

理论思维标志着一个人的成熟,也标志着一个民族的成熟,所以,理论写作思维在一个人的思想形成过程中具有非常重要的意义。

3.1. 理论写作思维能够使人创造和发展独立的思想和自我意识

一个人有没有独立的思想和意识,就在于他能否进行理论思维。理论写作思维的形成标志着一个人独立意识的形成,标志着他能独立地思考人生世界,能产生自己的思想认识,能理智地面对现实。

3.2. 理论写作思维是实现由感性认识达到理性认识的加工过程和方式

人们在实践活动中所获得的直观感性材料,是自我意识的初级阶段。表面上看它们是生动的丰富的,但还未经过抽象思维的加工、改造,未经抽取和概括,它也许是合目的的,但是未必是合规律的,更谈不上合目的与合规律的统一。所以,这种初级的自我意识或感性材料,是贫乏的,不深刻的。对这种感性材料进行初级反思、初步加工形成概念,就获得知性概念,也就是马克思所说的,"完整的表象蒸发为抽象的规定"。这种知性或抽象规定是由感性认识上升到理性认识的中间环节,但它还只是一种自在的、潜在的理性思维,仍需进一步反思加工,才能使知性认识内在的矛盾充分展开,经过运用概念进行归纳和演绎、判断和推理等抽象思维的加工制作,成为集中化系统化理论化的认识,即达到高级的理性自我意识。这种认识,正如马克思所说,使得"抽象的规定在思维行程中导致具体的再现",从而实现"多样性的统一"。"最初确定提出知性与理性区别的"人是康德,黑格尔继承了这一观点,并进一步论述了由知性到理性的辩证发展。在黑格尔看来,知性与理性的区别在于普遍性能否把特殊包括在内,能包括在内的就是理性,不能包括的就是知性。抽象思维对直观感性材料的加工,是从事物的完整表象出发,达到简约化的知性概念,作出抽象的规定,以区分事物的某种本质和现象,但这只是辩证思维的第一阶段,即从表象中的具体到抽象规定阶段,从特殊到一般的阶段;然后,在此基础上综合抽象的规定达到思维具体,包含了事物的丰富的内容,即从抽象到具体的阶段,从一般到特殊的阶段,才算达到了完全的辩证思维。

抽象思维具有两重性。一方面它能按照客观事物的本来面目反映它;另一方面也可能歪曲地反映它。因为人的思维有双重的目的,一是追求对对象世界合规律性的认识,二是追求对对象世界合目的的性的认识。最高境界是对对象世界合目的性与合规律性相统一的认识。具体思维在反映客观事物的过程中,首先表现为对直观感性材料加工的抽象力和概括力。而抽象概括的每一步骤都是客观世界向主观思维的转化,从感性、知性认识上升到理性认识,从个别上升为一般,又从一般概括个别。但人的思维的抽象活动,潜伏着两种可能性,一种是在抽象过程中,所获得和运用的概念、判断、推理等由于能够尊重客观事物,所以达到了对事物的规律性的认识,从而客观地全面地辩证地认识了事物;另一种是在抽象过程中,由于过分追求认识的合目的性,所以脱离了客观性的制约,离开了出发点,或夸大了认识过程中的某一片段,像列宁说的:"即使在最简单的概括中,在最一般的基本观念(一般桌子)中,都有一定成分的幻想。"[①]离开现实事物的主观成分,在认识的曲线上升的每一片段的过程中,只要把它稍许扩大,就可能出现认识上的偏差,造成不顾客观存在的唯意志论,也就是我们通常所说的认识的主观性、片面性。

3.3. 理论写作思维具有超现实的预见性

在抽象思维活动中,不仅能够从个别性上升到普遍性,而且还能够从现实推导出未来。所谓个别性,指的是对事物的表象性、偶然性、单一性和杂多性的感性认识;普遍性指的是对事物的本质性、规律性、必然性和多样性的理性认识。个别性表现在认识还停留在外在的杂多的表面、表层,或感觉、知觉、表象上,普遍性则是深入到事物的本质,得到必然的规律性的认识;个别性靠感知和表象就能把握,而普遍性则只有理性思维才能把握。如列宁所说:"表象不能把握整个运动。例如它不能把握秒速为30万公里的运动,而思维则能够把握。"[②]人们的直观经验所不能把握的诸如宇宙的无限性、时空的无限性、运动的无限性等等,只有抽象思维能够把握它。这就是说,理性思维能够超越直观经验来认识和把握客观对象。它可以超越个别把握普遍、超越现象把握本质、超越偶然把握必然、超越具体把握抽象。普遍性、本质性、规律性、必然性、抽象性等,都是抽象思维所特有的功能,也是人们超越现实、洞察和预见未来的基础。

理论写作思维随着各门科学知识的不断积累而发展,特别是进入信息时代的今天,人类不仅能够认识和把握现实的万事万物,而且还能追溯过去、预见未来。人们可以从出土文物和文字记载资料考察和推断出距离现在几十万年前的原始社会和原始人的生产和生活情景,使之活龙活现的展现在我们思维之中;可以依据岩石层,依据生物的残骸、骨化石描述和再现地球的生长年代和生物进化的历史。同样,人们也可以根据人类社会发展

---

① 列宁《哲学笔记》,人民出版社 1956 年版,第 339 页。
② 列宁《哲学笔记》,人民出版社 1990 年版,第 197 页。

的规律,推导出或预见到未来的社会发展前景,从现实的状况中引申出未来。科学预见性是一种洞察力和想象力,是抽象思维所特有的功能。

3.4. 理论思维的进步有赖于社会进一步改革开放

实际的理论写作思维具有一定的继承性,具体的理论写作思维者头脑中的理论概念体系不全是他自己认识的结果,而是从前人那里继承来的。例如,相对论的理论概念体系、信息论的理论概念体系就是经过几代人的认识形成的。现在,我们运用这些理论概念体系时不需要从头开始论证他们的形成过程,从而节省下许多精力来解决自己遇到的问题。

从这个意义上说,理论写作思维是在用接受来的现成的理论图式和模型去认识问题,而不是自己运用抽象思维形成概念。因而,我们每个人都是在人类整体思维的基础上进行个体思维的,是利用人类整体思维成果来认识世界的。这就是理论写作思维不同于抽象思维的地方,也是我们理论写作思维的现实。由此可见,理论写作思维与一个人接受的理论体系有很大的关系,每个人都在接受不同的理论体系,都是按照自己所接受的理论模式去认识世界、认识社会生活,并且按照这种理论模式去实践、去生活的。

理论写作思维的图式或模型来自于我们通过学习所接受的理论思想体系,我们根据自己所接受的思维图式和模型去同化、认识外界事物,从而把认识变成一种"先行认识",也就是说,你用怎样的图式和模型去认识世界,就只能看到此图式和模型框架允许的世界,任何一种图式和模型都有其盲点,对于盲点,你肯定无法形成认识。如前所述,一个人接受了唯物主义理论体系,他就会从世界是物质的角度去认识世界,认为物质世界是人的生存基础,又是人类改造的对象;而一个人要是接受了唯心主义理论体系,他就会认为世界是上帝创造的,而人是无能为力的。每一种理论体系都可以发现一些相对真理,都不应搞理论霸权,不应片面强调自身的正确性和对方的缺点,在人类过去的历史中,不同理论体系的片面性导致的分裂、战争,曾给人类造成极大的伤害。

进入新世纪以来,改革开放的思想已经深入人心,人们已经认识到各种理论体系并不是截然对立的,而是可以互相包容、互相借鉴的,也就是说,我们不能局限于一种理论体系来解说我们生活于其中的世界,我们必须接受人类全部的认识成果,对每一种理论体系都应该进行批评性的继承与发扬,在这个基础上,才有可能形成对世界的接近正确的理论认识。

过去,我们一直闭关自守,不仅在经济方面,而且在思想方面,我们抱残守缺,唯我独尊,结果使自己明显地落后于世界。这些年,我国的经济有了长足的发展,但是,在哲学、美学、文学艺术、思想领域,出现了严重问题,致使有识之士发出这样的惊叹：我们在世界面前得了"失语症"。之所以"失语"，就是因为我们在理论体系的建设和发展方面落后于世界，世界新的术语、概念体系，标志着世界上其他地方人们的思维有了新的发展，对世界的理性认识有了新的突破，这些新的东西我们没有学到，旧的东西又被我们抛弃了，面对世界，我们失去了对话的资本。例如，在人文科学方面，语言哲学、符号学、接受美学、叙事学等等理论体系表现出世界理论写作思维的进步与发展，而我们现行的基本概念体系则是一些不土不洋、非中非西的怪物，我们的理论体系无法与世界接轨，无法进行平等对话。"理论思维是自然科学成果和社会科学成果的概括和总结。而思维结构包括概念框架和思维方法，则是潜藏于各门科学知识背后的智力，是创造知识的程序性知识。"①这就是说，我们要能够与世界对话，就必须接受各种理论思维成果，与世界同步发展，接受并且建立新的观念体系和理论知识体系，不断接受外来理论思想，丰富自己的理论框架，这样，我们的理论写作思维才能发展。正如张恩宏先生所说的："在社会思维系统中，各个群体思维系统内部和群体思维之间由于不同见解，不同观点的矛盾所产生的引力决定着它们之间要相互交流信息，丰富和发展社会思维。社会思维的开放性和多样性发展，是社会思维不断新陈代谢，获得生机和活力，保持最先进最佳化知识结构和智力结构，从而更有成效地认识世界和改造世界。如果违背了它，势必窒息社会思维的自由创造，束缚人们智力的发展。"②

　　社会的改革开放必然促进每个人理论写作思维的开放，激发人们理论写作思维的创新，每个人的理论写作思维只有紧密配合社会的发展，保持与时代同步，不断接受新知识，开放原有的理论体系，从紊乱无序状态向新的有序状态转化，实现多元化的统一，从而形成完整新颖的理论体系，才能够真正发挥自己的创造性。

第二节　理论写作思维的特点

1. 理论写作思维是建立在抽象思维基础上的思维，因此具有抽象性特点

　　抽象一词，源于拉丁文，原意指分离、排除或抽出。抽象，是思维主体

---

① 张恩宏《思维与思维方式》，黑龙江科学技术出版社1987年版，第203页。
② 同上书，第202页。

对客观事物的比较、分析、综合和概括等活动。主体在进行思维时把对象物中偶然的、变化不定的现象和因素舍弃掉,而将对象物中那些必然的、合目的性与合规律性的东西抽取出来,并用概念、范畴等形式将其固定下来,以解释和反映对象的价值。抽象的目的是让自己的揭示接近绝对价值,把主体从面对变幻不定的世界时所产生的焦虑不安中解脱出来,使精神在现象的流逝中寻得一方安息之地。

理论写作思维的抽象性特点主要在于,它能从纷纭复杂的表面现象中,从直观感性的认识中,抽取和概括出事物存在和运动中合目的性、合规律性的东西,它能超越直观经验的局限性,驰骋于事物之间的深层关系去认识和把握它。

从抽象的不同表现我们可以把抽象思维的抽象分为两个大类:一是逻辑抽象,二是直觉抽象或叫做非逻辑抽象。

逻辑抽象是按逻辑规则达到对事物必然性及合目的性与合规律性认识的抽象,即形成概念,进行判断、推理。在这个过程中,形式逻辑和辩证逻辑起着重要的作用。

非逻辑抽象或直觉抽象是不经过逻辑过程而直接作出抽象判断或抽象结论。例如张旭观公孙大娘舞剑,直接抽象出书法笔画的运行规律;我们看到一个人,并没有形成关于这个人的概念,但从面相就可以直接抽象认识这个人是心地善良还是内心凶狠的人。

非逻辑抽象是人的经验在起作用,可以使人直接做出判断。同时,它伴随着直观对象。

抽象思维的抽象性,可以使人摆脱现实的局限,能够创造和发展自我意识,从事精神生产。任何抽象思维都具有两重性:一方面它能够抽出事物的精髓,反映出客观事物的本来面目;另一方面也可能抽出事物的皮毛,对事物作出歪曲地反映。由于抽象性离开了具体的现实事物,在抽象认识过程中,主观自我意识就会渗透其中,因此,对客观事物的抽象具有很强的主观性。

抽象的主观性成分可能来自两个方面:一是带入了前人的偏见。从前人的思维成果出发进行抽象思维,忽视了客观的发展变化;二是对前人思维成果理解和运用发生偏差,导致思维对现实的歪曲反映。在写作主体的抽象形成过程中,这种现象是普遍存在的。正因此,在理论写作思维中必须注意两点,一是要面对对象世界,二是提倡实践是检验真理的唯一标准。思维直接面对鲜活的世界,就能避免某些偏见的干扰,思维成果拿到实践中去检验,就能避免空幻性,保证有效性。

抽象思维是产生概念的思维,理论写作思维则是运用概念的思维,二者是发生在不同阶段的思维。

由于概念、范畴是主体对客观对象的理性抽象的结果,而逻辑则是客观现象的相互关系及发展过程、规律在主体思维中内化、抽象而形成的产物,因此,抽象思维在主体意识中的展开,其实是由外部事物发展过程及规律作为客观基础的内部思维过程。形成的思维结果则是整体性的概念体系,反映思维主体对客观世界的理性的系统认识。

由于抽象思维脱离了具体的表象世界,具有很大的主观性,所以不同主体对相同的现实事物进行抽象,会形成千差万别的认识,互不相同的概念,而不同的认识和概念就会构造出不同的理论体系,运用不同的理论体系进行思维,就会产生不同的结果。所以,理论写作思维并不像人们所说的那样能够反映世界的本质,它是一个非常复杂的思维现象。

康德认为,我们生活在现象与本质相混杂的世界里,但是我们只能准确地把握现象世界,而无法把握世界的本质或物自体。本质或物自体是看不见、摸不着的,对世界本质的反映只是人的一种美好愿望,本质是永远也达不到的终极目标。人类认识所能够达到的最高成就乃是合目的性与合规律性的统一。人的目的在变,眼中的规律也会变,二者的统一更会变,所以,一切认识都是相对的。人的思维只能达到相对真理的认识,而永远不可能反映绝对真理。这样,世界就在我们的抽象思维中表现出不同的形态,不同的内涵,形成不同的认识,产生出不同的理论体系。

在原始人的意识里,世界的本质就是神或神性;后来人们逐渐认识到世界的本质就是物质,是物质的运动,所以,对世界的理论思维不同,思维的成果也就有差异。现象世界有其存在的规律性,人的思维只能根据自己的目的反映现象世界某方面的规律性,根据规律形成对现象世界的相对认识。抽象思维从表象世界抽取"本质",实际含义是依据主体目的抽取出表象存在、发展、变化的内在规律,主体抽象出来的本质是他对事物合目的性合规律性的认识和总结。这种抽象思维产生的观念认识在人类社会必然会出现分歧,唯心主义与唯物主义就是在这种抽象思维过程中形成的两大基本理论体系。现实生活中的人,接受了其中的一种理论体系,他在进行思维时,就会从这种理论体系出发,他的理论体系就使他的思维远离对实际事物的抽象过程,而直接进入理论写作思维过程之中。

2. 理论思维是一种复杂的思维活动,真理与谬误共存,具有或然性特征

这里所谓或然性,是指理论写作思维在对世界的认识上可能正确,也可能错误。进行理论写作思维并不能保证可以揭示生活世界的规律,不能保证思想表达的正确性。从写作的角度看,运用一定的概念以及符号等抽象信息进行判断、推理、论证,并用语言形式表现,是对表象的概括、蒸发,舍弃了具体、生动的感性内容。所以,概念的正确性,语言的准确性,逻辑推理的合理性决定理论写作思维的正确,反之,就会导致理论写作思维的错误。

理论写作思维在主体意识中的展开,实质上是由外部事物发展过程及规律内化为主体意识的思维过程,它要求与客观过程及规律尽可能相符合、相同一,排斥主观的情绪、情感等因素对思维的干扰,实事求是地形成思维的结果。但是在实际思维过程中,每个人都不可能完全实事求是的思考问题,而是从一定的目的出发进行思维,这就很容易从局部看问题,从主观情绪出发看问题,就会产生理论写作思维的误区。

人的思维一方面关注着世界的外部现象,另一方面关注着世界的内部规律。关注现象时就会运用形象思维形式;关注内部规律时,就会运用理论思维形式。运用抽象信息进行思维,由于脱离了具体的表象世界,就容易造成主观性、片面性。因而理论写作思维并不像人们所说的那样一定能够反映世界的运动发展规律,它是一个非常复杂的思维现象。

现象世界有其存在的规律性,人的思维只能反映现象世界的规律性,根据规律形成对现象世界相对的认识,我们把规律当作本质,这是我们认识论的局限。所以,理论写作思维从表象世界抽取出本质,实际含义就是抽取出表象存在发展、变化的内在规律,是对事物规律性的认识和总结。

由于理论写作思维并不能必然地反映事物的内在发展规律,因此,理论写作思维的结果是真理与谬误并存的。决定理论写作思维结果的关键就在于我们的理论写作思维与表象世界的关系。理论写作思维与表象世界紧密联系在一起,认识就可能接近正确,接近相对真理;反之,理论写作思维远离表象世界,我们的认识就可能是错误的,就可能产生谬误。

严格来讲,直接从表象世界抽象、概括出来的概念,基本上是正确的,而在这些概念基础上派生出来的新概念就可能远离我们的生活世界,可能出现谬误。例如:鬼、神的概念不是表象世界的抽象概括,是从表象世界的概念基础上派生出来的,它没有反映客观世界的规律性,因而是虚幻的、荒谬的。

在理论写作思维过程中,我们要力求使自己的认识建立在严密的逻辑基础上,形成严密无隙的认识系统,不论从概念到判断以至推理论证过程,都尽可能环环相扣、无懈可击,使自己的论证立于不败之地。这就要求理论思维必须同表象世界相联系,必须正确反映表象世界的规律性,接近相对真理。列宁在《唯物主义与经验批判主义》中说过:"任何人都知道(而且自然科学也在研究)观念、精神、意志、心理的东西是进行正常活动的人脑的机能,把这种机能同按一定方式组成的物质分开,把这种机能变为普遍的抽象概念,用这个抽象概念'代换'整个物理自然界,这是哲学唯心主义的妄想,这是对自然科学的嘲弄。"①

所以,人在进行理论写作思维的时候,是从我们生活于其中的现实世界出发,还是从一定的理论体系出发去阐释这个世界、表现这个世界,就决定了理论写作思维是正确,还是错误,意识到这一点就能够客观对待自己理论写作思维的成果。

理论写作思维是一种离开具体现实事物而进行的抽象活动,具有强烈的主观色彩,它所形成的理论认识也具有浓烈的主观性。正如列宁所说:"即使在最简单的概括中,在最一般的基本观念(一般桌子)中,都有一定成分的幻想。"②这种主观性理论成分可能来自两个方面:一是带入了前人的偏见,是从前人思维成果出发进行的理论思维推导,忽视了客观的发展变化,因而出现理论与实际脱离的现象;二是对前人思维成果理解和运用发生偏差,导致理论写作思维本身在展开过程中发生偏差。所以,理论写作思维不可能反映事物永远不变的本质,我们的理论认识可能正确,也可能错误。这一切就在于理论写作思维与表象世界的关系怎样。理论写作思维与表象世界紧密联系在一起,认识就可能接近正确,接近相对真理;反之,理论写作思维远离表象世界,所形成的认识就可能是错误的,就会产生谬误。

同时,由于在社会生活中真理性与谬误性并存,因此也给概念世界造成混乱。我们在接受教育的过程中,可能接受了不同的理论体系,不同体系中的基本概念的含义是极不相同的,当我们对其进行兼收并蓄时,我们的概念体系就是一个正确与错误相混合的体系;同时,每个概念在理论体系中处于不同的层次,需要我们在接受教育的过程中理顺其中的层次关系。当我们运用概念进行理论写作思维时,如果概念混乱就必然导致理论写作思维的混乱;如果概念层次错误,就导致理论写作思维结果的错误。例如,一个人头脑里既有唯心主义思想,又有唯物主义思想,这样就会在他的理论写作思维中出现矛盾,出现混乱,无法进行前后一致自圆其说的思

---

① 《唯物主义和经验批判主义》,见《列宁选集》第二卷,人民出版社1972年版,第234页。
② 列宁《哲学笔记》,见《列宁全集》第38卷,人民出版社1956年版,第246页。

维。因此,任何人想要进行连贯统一的思维,都必须通过系统的理论学习,为自己构建完整的理论体系,这样,他在思维活动中才能够前后统一,清晰明白地表达自己的思想。再如,有人评价人自身的人性与兽性的问题,其实这个问题本身就是由于概念的混乱造成的;其次由于以兽性为人的劣根性来评价人,又是因为概念的错误而产生出要泯灭兽性发展人性的错误认识。正确的思维,首先要求概念层次的正确,人性与兽性不是一个并列关系,而是包容关系。人性是动物性与社会性的统一体,兽性只是人性中动物性的表现,也是人性的部分内容。其次,既然人性是动物性与社会性的统一,那么,人要消灭掉其兽性,它就消灭掉了人的本性,人的本性消灭掉了,人还存在吗?人的社会性是在动物性的基础上形成的,人首先是动物,是兽,然后才是社会的人,没有动物性也就没有了人的社会性。人性的复杂性就在于二者并存,所以,人有时候是狼,有时候是小绵羊。狼性是人的生存动力,羊性是人群居的基础,二者相互依存、相互补充、相互克制,完成着人性的实现,二者处于平衡状态,就是平常人生。当动物性突出时,人就会变得残忍,变成为狼;当社会性突出时,人就会变得柔顺。只有前者会使人成为强盗,而只有后者又会使人成为奴才。由以上讨论可以看出,理论写作思维首先要求概念必须清晰,不能混乱,为此,我们必须对各种概念进行比较、鉴别和整理,排除不能兼容的异质概念,只有这样,思维才能正确进行,产生自圆其说的结论。其次,是保持概念层次的前后统一、一致,在思维过程中概念会发生一定的变化,会滋生、派生新义,这都容易引起思维的变化。上例中讨论的兽性与动物性,尽管内涵相似,但有一定的变化,这个变化就易导致认识的分歧,导致理论写作思维产生错误的结论。唯物主义基本概念是我们认识世界的基础,是理论写作思维的第一步。理论写作思维就是要以正确的概念认识对象,所以,必须把观念建立在客观世界的基础上,才能形成正确的结论。

　　理论来自于实践,又服务于实践,它的真理与谬误需要用实践来检验。在理论写作思维中不断提倡实践是检验真理的唯一标准,才能够避免我们的认识发生错误。这就要求理论写作思维必须同表象世界相联系,必须正确反映表象世界的规律性,接近相对真理。从事理论写作思维的人必须具有两方面的素质,一是同表象世界相联系,保证思维结果接近正确;二是在理论思维过程中,力求使自己的思维建立在完整、统一、科学的理论体系基础上,形成严密无隙的逻辑顺序,从概念到判断以至推理论证过程,都是在一个系统内展开,做到无懈可击,使自己的理论认识立于不败之地。从事理论研究必须既有实践感,又有理论感,才能学会理论写作思维。

3. 理论思维不仅是按照理论体系思维,也是把自己的认识组织成系统的思维,所以,具有系统性特点

理论写作思维是表现人的认识从个别到一般,从相对到绝对,从局部到整体的思维过程,这个过程中的每一个环节都是相互联系的,这就是写作思维的系统性特点。

概念、判断、推理是逻辑思维过程的系统性表现。理论写作思维都要经过概念的生成过程,形成基本概念,再进行判断,由判断才能进行推理。这个过程是一个系统的逻辑思维过程,这个系统的任何一个环节出现了问题都会影响思维的正常进行。

由一点认识扩展到全面认识,也是认识的系统性表现。理论写作思维要达到对事物本质规律的认识,必须由局部到全局、由部分到全部、由点到面一步一步系统进行,从而形成一个系统的认识。由不完整到完整,由不系统到系统,是形成理论体系的必然步骤。认识不系统,就会出现表达上的漏洞,就会使自己的思想出现混乱、矛盾。理论写作思维的目的是为了获得对未知的认识,要实现这个目的,就必须由已知条件进行规律系统的推导。如果已知条件不系统,处于杂乱状态,就无法推出未知。

理论写作思维过程的系统性也表现在对学术问题的研究过程中。要在某个学科内思考学术问题,就必须对学术问题进行系统思维,系统研究,也就是在某个学科知识范围内系统进行理论思维,离开了学科系统,理论思维就成为杂乱的,也就失去了研究的价值和意义。

从理论写作思维的实际情况来看,思维主体都是在一定的理论体系下进行思维活动的,每个人接受的理论体系不同,其思维就会不同。正如我们前面探讨的,理论写作思维必须体现理论体系的系统性,思维过程中不能同时出现不同理论体系的概念和术语,只能在一个理论体系下进行系统思维,如果理论系统出现混乱,那么,就会出现前后矛盾,导致结论错误。

系统性是理论写作思维必须强调的特点,因为理论思维要求严密无隙,不能出现漏洞,这样才能把自己的思想建立在牢靠的基础上,立于不败之地。

系统思维的重要性无论怎么强调都不过分,如果说读书识字是一个人接受知识教育的基础,那么系统思维就是现代人认识世界的钥匙,没有这个工具,认知的大门是紧闭的,我们将看不到隐藏在事实背后的那些复杂的、井然有序的规律,看不到千差万别的世界实际上统一于一个简单的模式结构中。

系统思维的重要性体现在两方面:首先它能极大地简化我们对事物的

认知。现代人缺乏的不是知识,也不是信息。恰恰相反,现代人所拥有的知识、信息已经远远超出实际的驾驭能力,已经成为一种负担,干扰人的正常思考活动。在这种情况下,必须要有一种简化手段来重新规划我们所掌握的知识和信息,使它们精简有序,清理出一定的"内存"让大脑有思维的空间。在这一点上人脑与电脑的工作原理相似,电脑缺乏必要的内存时就会停止运行,人脑缺乏基本的"空间"时同样也不能正常思考。

原始时代,人们通过创造文字的方式来简化对客观世界的认识,一个字或一个概念就可以代表成千上万类似的实物,大大节省了大脑的"内存",让头脑腾出大量的空间可以进行深入复杂的思考。在进入信息时代的今天,人类面临头脑超负荷的窘境,太多的知识和信息充斥着每一个人的大脑,使人们的头脑再也没有"闲余的空间"去深思熟虑。在这种情况下,系统理论的出现为人们简化浓缩"头脑存储"提供了有效的工具。通过练习系统理论,人们认识到以往看似截然不同的事物或学科其实存在着千丝万缕的联系,在它们的背后,在更深的层次上,它们有着统一的模式结构——系统。用系统的思维视角去认识事物和分析问题,可以极大地简化我们的思维,以往那种让人眼花缭乱、不可捉摸的复杂思维图景,可以在瞬间变得井然有序、简洁清晰。

系统思维的另一个重要性是整体观。以往人们不论分析问题还是解决问题,都习惯于将事物割裂开,对其各组成部分进行解析。这种局部观的思维模式固然有利于思维深入到事物的内部进行细致的考察,但却忽视了一点,即在宏观尺度上事物是以整体的形式存在的,对局部的细致研究并不能完全解释事物的整体,要想整体把握事物,就必须将各个局部按照某种结构模式统一起来分析,这样才能得出正确的结论。过去,由于人们对整体性问题缺乏深入的研究,一直找不到可以将事物的局部统一起来的科学模式,在处理问题时一般都采取"头疼医头"、"脚疼医脚"的直接手段,而事实证明,这种直接的办法在处理整体性问题时效果并不显著,有的时候甚至还有可能激化矛盾,起到相反的作用。系统理论的出现让人们第一次拥有了能用整体思维去认识事物的工具,有了这个工具,人们就可以通过调整结构的方式,整体地解决我们所面临的各种问题。这时候在思维的视野里,世界不再是一个包罗万象的空间,而是统一在一个整体结构下的系统。

有一天,系统学专家的儿子突然问道:"爸爸,别人都叫你系统学专家,你能告诉我什么是系统吗?"父亲望着还在上小学的儿子,一时不知该从何谈起,他略微沉思了一下,问道:"那你认为什么是系统呢?"儿子自以为是地说:"我觉得系统好像是一种非常高级的机器。"父亲听了不禁哈哈大笑说:"不错,真不愧是系统学专家的儿子,能想到这一步已经很不简单了。不过,我还是要告诉你,系统不是一种非常高级的机器,它只是一个概念。"儿子听了疑惑地问:"那什么是概念呢?"系统学专家耐心地解释道:"概念是一个词汇,它可概括地表示许许多多具有相似性质的现象。比如说,动物这个概念,它就能概括地表示鱼、鸟、老虎、人等等。而人这个概念,又可以概括地表示大人、孩子、老人、男人、女人等等所有的人。"儿子又问道:"那么系统又是一个什么概念呢?"父亲继续说:"系统是一个特殊的概念,它可以概括地表示许许多多的概念,比如一朵花,一滴水,一条鱼,一辆汽车,一个人,一支军队,一个国家,一个地球,整个宇宙,我们都可以概括地说它们是一个系统。"听到这里,儿子高兴地说:"爸爸,我明白了,系统不是一个高级的机器,它是一个高级的概念,可以管住所有的概念,比它们都大,就像司令一样,我说的对不对?"父亲望着儿子哭笑不得地说:"对于你来说,能理解到这一层关系已经非常难能可贵了,我还能说什么?"

系统是一个概念,这个概念反映了人们对事物的一种认识,即系统是由两个或者两个以上的元素相组合的有机整体,系统的整体不等于其局部的简单相加。如果深究"系统"这一概念,我们会发现这一概念揭示了客观世界的某种高级属性,具有无限丰富的内涵和外延,其内容就是我们常常所说的系统论或者系统学。

系统思维是指以系统论为思维基本模式的思维形态。从思维的属性来看,系统思维是一种模式思维,它不同于创造思维或者形象思维等等思维形态,系统论作为一种普遍使用的方法论是迄今为止人类所掌握的最高级的思维模式,在人类历史上还没有哪一个概念能够像"系统"那样深刻影响现代人的思维方式,也没有哪一种抽象思维方法能够像系统思维方法那样为普通人迅速接受、理解并且应用于指导思维实践活动。一般人经常应用的系统思维方法有:整体方法、要素方法、结构方法、功能方法等等。

4. 理论思维具有明确的思维目标——解决理论认知问题,所以,思维具有单向性特点

理论写作思维是朝着一个未知方向集中思维,求得一个认知目的,在这个过程中思维的针对性非常突出,凡是与此无关的内容,思维都要加以排除,只选择思维合目的性的内容。这是因为理论写作思维的概念是明确的,要认识的目标是确定的,所以,判断、推理是单向前进的,这是他与形象思维的不同点。

由于目标确定,思维就会对头脑中的信息进行有目的的选择。理论写作思维不仅对前人遗留下来的精神产品或思想材料，在新的实践中不断加以比较对照，剔除谬误，补充其不足；而且对现实社会生活中出现的各种新的信息知识，都要根据实际情况进行选择，保留能够实现思维目的的信息材料，剔除无用的信息材料，使思维在选择中朝着确定的目的直线前进。

例如：理论写作思维对文学作品的认识，往往是从一个基本的问题开始，系统展开思维，对作品的各个方面进行比较鉴别，直到找到解决这个问题的答案，思维才能结束。在这个过程中，可能会出现很多的认识方法，但是，只有坚持一种认识方法，单向直线进行思考，才能最终形成结论。

5. 理论写作思维是按照人类认识世界的基本模式进行的，所以，具有模式性特点

理论写作思维反映了人类对思维基本过程的认识，这一过程在人类思维中是一致的，这是人类能够交流思想的基础。尽管人类的语言不统一，但是表达思维成果的写作形式基本上是一致的。这就构成了理论写作思维的基本模式。

简单地说，这种模式有三个环节：提出问题、分析问题、解决问题。

理论写作思维不论多么复杂，这种思维模式是不会改变的。所以，掌握理论写作思维就是掌握这种模式。这种思维模式也是理论写作思维区别于其他写作思维的突出特点。

感觉到了规律就意味着我们对即将发生的事情已经形成了预期。我们识别规律的能力是进行预测和形成预期能力的基础。

在这里，规律就是模式形成的基础，理论写作模式的形成，就是建立在对人们思维发生的规律的认识这一基础上的。没有问题，就不会引起思考，围绕问题进行思考，最终就会产生答案。

这种模式也会在读者中产生阅读预期，读者也是按照这种模式来理解理论文章的。如果理论作家没有能够在读者中造成必要的预期，那么，写作就不可能成功。同样，如果读者没有能够从文章中理解这种模式，没有预期，就不会产生惊奇，也就不会由预期产生阅读的快乐。

理论写作思维的基本模式是按照认识的规律形成的，但是，这种模式又会产生许多变化。这种变化就是写作个性化的体现，也是写作艺术的表现。"我们从我们所知道的模式中衍生出关于我们感觉和行为的一般原则，并且把我们的预期建立在那些模式上。然后我们会努力把新的观察和经历融合到这些模式里面。不管我们愿意不愿意，当我们的观察和经历迫使我们创造另一个模式的时候,就产生了发现。"①

理论写作思维的模式是随着社会生活的发展而发展的,每个时代都会在前代理论写作思维模式的基础之上加进自己的特色,形成适应自己时代的理论写作思维模式。

第三节 理论写作思维的方法

1. 分析与综合

分析和综合是对感性材料进行抽象思维的基本方法。

1.1. 分析,是把对象整体分解为各个部分然后进行认识的一种思维方法

首先,整体是复杂现象的组合,不易把握。分析成部分,就相对单纯,就容易形成认识。

其次,整体组合中,必有一部分为重点、核心,分析就是要找到重点、核心部分加以认识。

分析的方法就是将整体研究对象分为各个部分、方面、因素和层次,并分别加以考察的认识活动。

例如文学分析,就是先把作品主人公的命运历程分析成不同阶段,再对每一阶段的意义进行分别认识。

再如语言分析,就是先把句子分析成词组,把词组分析成词,把词分析成词素,并分别认识其作用与意义。

只有进行了系统、深入地具体分析,我们才能真正认清楚对象的构成。

分析要注意以下问题:

第一,必须分析到最基本的成分,最小因素,这样才不至于出现误解。只有把细节及最小因素分析出来,才能形成正确的知识。因为粗略地分析,容易忽略其中的个别意味,造成思考不周。

如对"父亲"一词的义素深入分析,包含以下义素:人+男性+直接亲属+长辈+有子女的人。

分析必须是对被研究对象的重新认识。这就是说,被研究对象本身的某些因素已经被前人分析过了,我们的分析不是重复前人的劳动,要有新的分析因素,就是要找出别人没有分析或没有分析出的因素来认识。如

---

① 罗伯特·鲁特-伯恩斯坦《天才的13个思维工具》,第114页。

"父亲"一词可能还包括"敬称"、"书面称谓"的义素。

第二,分析是在一定的理论指导下进行的。只有在一定理论的烛照下,我们才能在对象身上分析出相应的因素来,离开了理论,就失去了分析的方向和目的。如:文学分析是在特定文学理论的指导下进行的,我们从文学形象上分析到的内容与自己掌握运用的文学理论有关。唯美理论、形式主义理论、现实主义理论、存在主义理论、阐释学等,不同的理论指引我们在作品中分析到不同的文学元素。

理论写作首先要学会分析,养成理论思维的头脑,不要凭感觉,而要凭理性,要真正把对象内在有价值的东西分析出来,如阿Q的精神胜利法,是从阿Q的行为中分析出来,加以综合概括才认识到的,分析不出来,就形成不了认识。其次是综合,分析出来的内容是零散的,把每个分析综合起来,就会形成明确的集中的认识,综合是在分析基础上进行的,分析的目的就是在于综合,这二者是辩证统一的,都是理论思维的基本方法。

1.2. 综合是将已有的研究对象的各个部分、方面、因素和层次的认识联系起来,形成一个对研究对象的整体认识

综合是在分析基础上进行的,是在思维中把客观上分析出来的思想线索、认识因素再进一步明确、提炼、升华,是从感性认识上升到理性认识过程中的关键环节。

综合可以充分发挥思维的能动性,克服由于分析研究带来的认识上的局限性,从而认识到事物的整体性、联系性、规律性。综合,是在分析的基础上把认识对象的各个部分连接成为一个整体的思维方法。

首先,综合就是要抓住事物的整体性能,即共性,在此基础上才能实现综合。

其次,综合要把一般与个别、本质与现象、规律与其表现形态综合起来把握,形成思维具体,在"诸多关系的总和"、"多样性的统一"上,作整体性的综合考察,才能找出对象的本质和运动变化的规律性。

分析和综合是相辅相成的。

如阿Q性格分析,分析出对阿Q多方面性格特点的认识,自卑、自尊、虚荣、自轻、自贱等等,这些分析、认识各自孤立,难以从整体上把握阿Q性格,综合就把这些认识联系起来,形成整体的"精神胜利法"和"矛盾心理"概念,在此基础上进一步揭示出这种性格深刻的社会本质——阶级压迫的产物。

2. 归纳和演绎

归纳和演绎是理论思维中最一般的推理方法,是从特殊到一般,又从

一般到特殊的认识过程,也是既相对立又相联系的理论方法。

2.1. 归纳法是根据对于某类事物中的全部对象或部分对象必然性联系的分析,推出有关该类事物一般性结论的思维方法

归纳是从特殊到一般,也是从众多不同事物中寻找相同点,归纳就是归纳出相同点、共同性作为一般结论。

如语言现象酷、爽、帅等新词义的产生有没有内在共同性?要归纳出共同性,先要分析这些新义产生的原因,通过分析,才能归纳出结论。

文学形象也是一样的,《人生》中的高加林和《红与黑》中的于连有无共同性?有共同性就可以归纳出一种认识,没有共同性,就无法归纳出共同的认识。

归纳法可分为完全归纳法和不完全归纳法。完全归纳法就是对某类事物的所有对象都一一进行分析,从而概括出该类事物的共性的推理方法。完全归纳法一般在自然科学中使用,但要完全实现有一定的难度,因为在一般情况下,人们很难掌握一个对象的全部事实材料,因此,也不存在百分之百的完全归纳。

不完全归纳法,就是通过对某一类事物中的部分对象所具有的某种属性的考察而概括出该事物的共性的推理方法,如凡鸟皆飞的结论归纳,就属于不完全归纳。由于归纳的基础是对象的部分属性,所以,结论就存在可能正确,可能错误的或然性。如鸵鸟就不飞,是个例外。

研究文学或语言都不可能实现完全归纳,只能是根据不完全归纳来形成结论,这个结论就需要证明,如果有人能找到例外,就可以驳倒对方,真理就是这样发展起来的。同时,这也告诉我们,单纯靠归纳形成结论是不够的。

归纳法虽然有局限性,但却是最基本的方法。首先,归纳法坚持从实践出发,从事实出发,从材料出发,是实事求是精神的体现。其次,归纳法能够培养人的抽象概括能力,是科学理论思维的培养训练途径。再次,归纳法有利于提出科学假说或猜想,有利于创新思维,很多科学发现和伟大的理论设想都是从不完全归纳中提出来的。哥德巴赫猜想、美是自由的象征等等都是不完全归纳的结果。

王力说:"我们搞科研,先要用归纳,再用演绎,不能反过来,一反过来就坏了。"[①]这就是因为,归纳是从事实出发,而演绎是从理论出发,先从事实归纳出理论性的结论,再用这个结论去演绎才能保证科学的正确性。

---

① 王力《谈谈写论文》,见《王力文集》第20卷,山东教育出版社1991年版,第462页。

2.2. 演绎法就是运用一般原理(知识、原则、定律、公理、定理等)推出对个别事物的新认识的思维方法

演绎法是从一般到特殊的认识过程。

例如,语言是社会的产物,这是从语言产生的历史事实中归纳出来的理论结论,用演绎法认识新语言的现象——IT语言、网络语言等语言现象,就会推出这些语言也是当今社会的产物的结论。

演绎法的结构是三段论式,即大前提、小前提、结论。

大前提必须正确。演绎过程不能出现第四个要素。

只有按照严格的逻辑规则推导,才能保证结论的正确性。

总的来说,归纳法是从感性具体上升到理性抽象,演绎法是从理性抽象推演到感性具体,以验证或扩展一种普遍的规律。二者是互相联系,互相补充的。一篇严谨而科学的论文,总是离不开在翔实材料上归纳出来的结论,而深刻有见地的结论又是统帅所有材料的灵魂,它能够演绎所有的具体材料,因此,二者必须综合运用。这就决定了理论写作必须符合三点要求:

其一,要旁征博引,避免孤证。这就是说虽然是不完全归纳,但也要有充分的对象作为思维的材料来认识,不能根据一件事情来归纳认识。

其二,从材料到论点,而不是由论点找材料。归纳的结论是统帅材料进行演绎的前提,不能单用演绎来找例证,也就是说,不能反过来思维。

其三,归纳演绎结合运用,既能抽象出新的认识,又能用演绎说明新的对象。

3. 比较研究法

3.1. 比较的含义

比较,是确定研究对象之间的共同点和差异点的一种逻辑方法,它是从时间的纵向或空间的横向或兼容上探讨研究对象之间的异同、相互关系及影响,探求事物发展规律的研究方法。

首先,比较可以对事物进行定性鉴别和定量分析。一切事物的特质,只有比较才能够显示出来。美、善、真是在与丑、恶、假相比较中才能鉴别发现的。一定事物的进步与落后,又是通过一定的量化比较才能够说明的。事物的质和量是比较的对象。

其次,比较可以揭示事物发展运动的历史动因,也可以显示事物发展的历史趋势。文学史上的种种变化通过比较就可以找到共同的规律,并可以判断其发展趋势。

再次,比较可以鉴别理论同实际的误区,可以澄清是非曲直,从而发展

理论,提高认识。例如传统的文学理论与现实的文学实践相比较,就可以发现理论的不足与缺乏,就可以提出新的理论以修改或纠正、完善原有理论的不足或错误。

比较法可以突破学科范畴,跨越区域限制,给研究者提供诸多参照,有利于激发研究者的内在潜力,充分发挥其创造性思维,取得完满的研究成果。例如比较文学、比较语言学等学科,都是建立在比较研究方法的基础上形成的边缘学科。

3.2. 比较研究法的类型

比较研究法大体可分为两大类,即一般比较法和特殊比较法。

3.2.1. 一般比较法即对同一学科内的研究对象进行比较

大致可以分为三种小类别:

其一,相同点比较。指对两个或两个以上研究对象进行比较,寻找其共同点。这种比较可以使我们认识表面上不同的对象之间内在的共同性。例如《儒林外史》中地方乡绅财主严监生与《欧也妮·葛朗台》的老葛朗台是不同的人物形象,但比较发现,他们的共同性都是爱财如命,因而可以认识不同民族的共同劣根性。

其二,相异点比较,把两个或两个以上的对象进行比较,比照它们之间的相异点,让人们认识到表面上相似的对象之间存在着内在的不同点,即同中有异。例如上述两个吝啬鬼爱财的方式有所不同,葛朗台喜欢听叮当作响的金币声,而严监生则是怕两根灯芯浪费油。葛朗台是要把财富攫为己有,不顾女儿死活,而严监生则是把财富留给后代,这就表现了不同民族的不同心理传统。

再如郭沫若和郁达夫都是现代文学史上的浪漫主义文学家,他们的相同点是以个人对社会的反抗为文学的出发点,但是比较就会发现,郭沫若在表现个人与社会的对抗中保持着个人与社会的和谐,充满理想主义的浪漫激情;而郁达夫则是在个人与社会的冲突中保持着殉情主义的伤感激情。从而形成各自不同的命运,也得到不同的评价。

其三,同异综合比较,指通过对两个或两个以上的对象进行比较,从中发现其相同点和相异点,达到对研究对象较为全面的认识。例如上述两例研究。

一般比较法是学术理论研究常用的方法,人的认识也是在比较中不断发展提高的。运用比较法要注意特定的条件和标准的同一性。

3.2.2. 特殊比较法是指对比和类比

一、对比是把两个截然相反的事物进行比较,从而认识其内在矛盾的研究方法。着眼点是事物的相异点,从不同点入手寻找矛盾原因。如浪漫主义与现实主义、豪放派与婉约派等,人们在对比中发现各自的特点,对这些特点的认识是在对比关系中确立的,和对方的不同就是己方的突出特点,各自的特点是相对提出来的。

对比法是一种富有创造性的理论思维方法,通过古今对比、中外对比、个人与社会对比、人与自然对比,以及不同学科之间的对比等,可以开拓视野,从同类或异类的对比中求得新知,使研究向更深更广的方向发展。

二、类比是从特殊到特殊的推理,根据两个或两类对象之间在某些方面相同或相似而推出它们在其他方面也可能相同或相似的一种逻辑思维方法。

类比思维的优点在于,它从相同或相似点入手展开联想,能突破知识局限,创造触类旁通的效果。

类比思维侧重于从相同点入手,它的推理过程是首先比较两个或两类不同的对象,找出它们的相同或相似点,然后,依此为根据,把其中某对象的已知认识推移到另一对象之中去,从而达到对另一对象的认识。

例如程德培《邓刚的"两个世界"——读邓刚中篇小说》一文中这样类比推理、认识邓刚的创作心理:"迷人的海是静谧的、宽广的,但是在这蓝色的世界下面,充满着湍急刺骨的暗流和冷潮;海湾是温顺的,但它不时露出狰狞的嘴脸,像一锅烧滚的开水。……在邓刚世界的入口处,有的正是不安的躁动,有的正是生与死的考验,内心的阵痛,心灵的震荡,日常生活的烦恼,不谙世事的犹豫,羞惭自怯的心理在种种的矛盾冲突之中,反映了作者对生活的理解,流露出作者对生活热切关注的目光。……

当时代的浪头拍打着生活的大堤时,生活必将以其动荡激越的旋律,层出不穷的雄姿伟态吸引着人们,作为作家的邓刚自然也不例外。"[1]

类比,在学术研究中也有非常重要的作用。康德说:"每当理智缺乏可靠论证的思路时,类比这个方法往往能指引我们前进。"这就充分说明类比是一种探索性很强的创造思维方法。学术研究可以在资料有限的情况下,借类比,用已知的他类材料来比较思维,突破局限,获得认识。同时,类比能使论证生动、形象,打破思维的学科局限,以此类推,获得无限宽广的认识领域。

但是,类比认识的局限性是显然的,他的结论是或然性的,需要验证,因此,在研究中只能做为辅助的方法。

---

[1] 刘锡庆等编《写作文鉴》,中央广播电视大学出版社1985年版,第263页。

比较法是认识事物的基本方法,在运用时要注意两点:一是注意研究对象的可比性,即两事物之间或多或少的存在着某种内在联系,或者处于一定的关系之中,毫无关系或没有联系的事物不存在可比性。二是比较注重抓内在本质,任何比较都不是现象的罗列对比,而是寻找对象内在的相同本质或不同特点,揭示其内在矛盾或内在联系,从而达到认识对象本质及规律的目的,不是为比较而比较,而是为了认识才比较。在论文写作中,也是为了能更突出地表现认识才使用比较。

4. 假说和设想

4.1. 假说是关于事物现象的因果性和规律性的假定解释

假说是主体需要回答特定的问题,却对一定的事实或现象的内在因果性和规律性没有得到清楚的说明和解释之前,先为它假定一个理由,至于这个理由是否能成立,是否能反映客观实际,则需要通过社会实践和科学实验加以验证,这种处理问题的方法,在科学上叫做假说。恩格斯说:"只要自然科学在思维着,它的发展形式就是假说。"例如苹果从树上掉下来,牛顿就是从假说地上可能有吸引力,经过实验产生了地球引力学说。在社会科学研究中,假说也是产生新观点的研究方法,如鲁迅先生关于文学艺术起源于劳动的假说,产生了"杭育杭育"论。

首先,假说是人认识事物的一种思维方法。通过假说与实践的对照,不断地破除与实践不符的假说,最终获得与实践相符的假说。没有假说,就不可能获得认识上的发展。

其次,所有的假说都是人对事物的猜想,猜想是需要证实的。没有假说就没有证明的对象和目标。

假说思维方法的运用是人突破现实局限发挥创造性能力的表现。当我们面临的问题没有足够的材料认识事物的成因或规律的时候,这种方法就是解决人的困境的主要方式。在实际生活中有很多现象我们是无从理解的。例如人类的起源问题,马克思主义唯物观说人是由猴子变来的,这仅仅是一个科学的假说,谁也没有证据(亲眼看到)能够确凿地证明这个假说。现在大量的考古材料只是间接的证据,没有直接证据,考古学人猿头骨的分析认识,也是一种假说。所以,建立在假说基础上的理论知识最终是需要证明的。

课题研究,就是要从某一学科领域中的材料和认识出发,通过一定的逻辑推理,对客观事物做出某种假定性说明,然后,以此为指导,提出新的经验或新的观察,导致新发现,建立新的科学理论。爱因斯坦说:"有经验材料作为引导,研究者宁愿提出一种思想体系,它一般的是在逻辑上从少数几个所谓公理的基本假说建立起来的。我们把这样的思想体系叫做理论。"由此可见,所有的理论都是建立在假说基础上的。

当我们在研究中,对原有的解释发生怀疑,或发现原有的解释存在错误时,就会问道:正确的解释是什么呢?可能是……这时思维就会提出假说。例如新时期开始时,人们发现文学并不从属于政治,于是就有人提出了文学是独立的社会意识形态的假说,这种假说就形成了文学远离政治的理论,可后来,人们又发现这种理论有误,新的假说就又出现了。所以,假说是人们在研究中发现了新的事实,原有理论无法解释,就尝试新解释的一种试错行为。解释通了就形成正确理论,解释不通,就要另外提出假说。假说的过程是一个试错的过程,直到找到正确的假说,这个过程才算结束。

运用假说研究问题,应该注意以下几点:

第一,不要抱住已经证明无用的假说不放,又要不轻易放弃假说。这就是说,假说需要证明,有时证明假说不能成立,就需要改变;但是有时假说证明不能成立是没有证明的条件或事实,这就需要时间。对假说的信念以及坚韧不拔的精神,有时是十分可贵的。坚持的理由只能有一条,即在虽然不能证明其成立,但也不能证明其错误的情况下,绝对不放弃假说,否则就有可能错过一次新发现的机会。

第二,事实证明假说。这就要从实际出发,服从事实。赫胥黎说:"我要做的是教我的愿望符合事实,而不是试图让事实与我的愿望调和。你们要像一个小学生那样坐在事实面前,准备放弃一切先入之见,恭恭敬敬地照着大自然指的路走,否则,就将一无所得。"[1]贝弗里奇认为,常用的方法应是提出一系列的假说,然后用事实来一一试验、证明,最后选出最有事实根据的假说,把它发展成一种理论。

贝弗里奇说:"假说是研究工作中的最重要的智力活动手段。其作用是指出新实验和新观测,因而有时导致新发现,甚至在假说本身并不正确时亦如此。

我们必须十分注意,不使自己对自己的假说过于热衷,应该力求客观的判断,并一旦发现矛盾的事实,就修改它或丢弃它。要提高警惕,不使观察和解释受到假说的影响而歪曲。假说在不被信任的情况下,亦可加以利用。"[2]

4.2. 设想是对研究对象的合理想象,是假设性质的想象

爱因斯坦说过:"想象比知识更重要,因为知识是有限的,而想象力,概

---

[1] 转引自贝弗里奇《科学研究的艺术》(陈捷译),科学出版社1979年版,第53页。
[2] 贝弗里奇《科学研究的艺术》,第55页。

括着世界上的一切,推动着进步,并且是知识进化的源泉,严格地说,想象力是科学研究中的实在因素。"科学想象,就是科学家经常进行的猜想、联想、设想活动。它与空想不同,空想是没有根据的胡思乱想,没有科学知识作基础,是无法也不可能变为现实的,而科学设想是建立在一定的事实和科学知识基础上的,因而有实现的可能。

如研究文学的发展趋势,研究语言的发展趋势,就离不开设想,这种设想是建立在对文学、语言发展变化的规律的认识基础上的合理想象和预测,所以能够产生出正确的结论。运用设想的方法,可以形成有用的思想观点。

例如用设想法提出:鲁迅不死的话会怎样?回答这个问题就是根据对鲁迅精神的认识来推测设想,这种由设想而形成的观点有时是非常有用而有趣的。它能够使枯燥的理论研究显示出新奇的效果。

所以,我们对设想的重要性应从三个方面引起重视:

首先,创造是以设想为先导的,没有设想就没有创造的意向。

其次,设想可以产生假说,每一种假说都是由设想生产出来的。

再次,设想可以激发人的创造力。设想在研究中一旦出现,研究者就会兴奋起来,就会调动一切因素来证明设想,使设想合理化,这样,就使研究有了方向,就会产生意想不到的结果。

设想与假说有一定联系,又有区别。设想是提出问题,提出一个可以思考的问题,为思维指出方向。假说则是试图说明某个问题,是对已经存在的问题作出的假定性回答。

5. 系统论、控制论、信息论方法

"三论"原本是信息技术革命过程的理论,现在被吸收并应用于社会科学研究,拓宽了传统社会科学的理论思维空间,它们从一个新的角度,使社会科学逐步由猜想变为可以运算的科学。

5.1. 系统论方法

所谓系统论方法就是以系统有机联系的整体为出发点,着重在整体与部分、整体与外部环境之间的相互作用、相互制约的关系中,综合地和精确地考察对象以达到最佳处理问题的目的。在理论写作思维中应用系统论的方法,就能够有意识地把离散的思想组合成为相互联系的系统认识。例如林兴宅同志就运用这种系统论方法分析鲁迅的作品,写出了《论阿Q性格系统》[1]一文,把阿Q性格组成一个完整的系统,综合了过去研究的许多

---

[1] 见《鲁迅研究》1984年第1期。

有用的观点,得出了具有一定说服力的结论。

在理论思维中运用系统论方法,可以帮助我们避免认识的片面性和主观性,对于从事理论写作的人来说,运用这一方法能够使我们有意识把自己的思想火花组织起来,发展成为一个系统的认识,形成一个理论体系。

系统论方法的应用原则有:

5.1.1. 整体性原则

客观世界的统一性是系统论方法整体性原则的来源和依据,也是系统方法的基本出发点。系统方法的整体原则,要求人们在研究问题时,树立全局观念,始终把对象看作一个有机整体,用要素或子系统构成系统,从系统整体功能的发挥来判断系统的优劣。如果要素与要素之间,要素与系统之间,子系统和主系统之间出现问题,影响整体功能的发挥,就要调整,以达到整体的最优组合。例如把系统论方法用于研究文学,就要把文学放在社会文化学这个大系统中加以考察,了解其功能及规律性。如对作家进行研究,就要把作家放入整个时代的系统中加以考察,从中了解其创作规律。系统可以无限划分下去,也可以由小到大地归属,逐渐上升到从整体的角度来认识个别现象。

5.1.2. 联系性原则

客观世界是一个联系的整体,所以系统方法的联系性原则是客观辩证方法的普遍联系法则在自然科学和社会科学上的具体运用。因此,系统方法要求在分析问题时,必须以明确的定量方式客观地描述各要素之间相对稳定的相互作用的联系性。例如研究文学作品时,要从作品系统的组成部分的互相依存、相互作用上来评价和研究它的思想和艺术。如林兴宅的《论阿 Q 性格系统》,具体分析了阿 Q 性格的各要素,抓住各要素之间的相互联系和相互作用,形成一个性格系统,从整体上揭示了阿 Q 性格的社会因素,经过定量分析,在科学的基础上来认识阿 Q 性格,解决了关于阿 Q 性格上的诸多争论。

5.1.3. 最优性原则

这是系统方法的出发点和所要达到的总体最优化目标。最优性原则就是从众多可能的方案中,选择出最优的系统方案,使系统具有最优的功能,表现出最优行为。在文学创作研究中,最优性原则是揭示创作者处在何种系统之中,就能最优发挥创造功能。同时,文学形象的发展在思维主体的头脑中也是一个不断选择的构成,作者要在各种可能性中选择最优化的方案使人物形象自我运动,完成自己生命的表现。例如 20 世纪 80 年代流行过小说创作结尾对人物命运常常交代几种可能出现的结局,作者把这种现象写出来,让读者参与选择,每个人都可以根据自己的理解作出最优化的选择。从系统论方法的角度,只有结合小说的系统发展过程,才能作出最优化的选择,离开了系统的理解,就不可能作出最优化的选择。理论写作更是要求运用最优化原则来表述自己的思想,只有经过系统地分析和思考,才能形成最优化的思想观点,诸多杂乱的材料需要写作主体整理出一个系统,然后进行最优化的组合,也就是说把那些最能够说明问题的材料组合在一起,构成完整的文章内容,达到最有效果的表达。

5.1.4. 有序性原则

这是指系统的组织化和层次性来说的。系统的有序性是系统有机整体联系的反映,表现为一般要遵循时间的过程、空间结构以及功能的有序性和层次性。理论思维本身就需要有一定的层次,逐次深入发展一种思想,呈现出一种循序渐进的规律。按照这种循序渐进的规律构思完整的文章,读者也就能够理解写作主体的思想。例如林兴宅在《论阿Q性格系统》中分析了性格各要素之后,进一步揭示性格系统的功能,这种认识表现出循序渐进的规律。首先是揭示性格系统的自然质,然后揭示功能质,最后点出系统质。理论写作的系统有序性原则能够使主体的思想合乎规律的发展演变,也能够使读者循序渐进地接受思维主体的思想发展脉络。思想失去了有序性,就会发生混乱,理论写作思维就会失败。

文学作品的有序性原则是分析作品的依据。文学系统表现为创作——欣赏——批评——创作,后一个现实是承接上一个现实出现的,是按照顺序发生的,必须注意系统的内在联系,进行系统研究。

5.2. 控制论方法

控制论方法是一种研究系统中的控制过程的方法。如果写作思维是一个系统工程,那么,控制论方法也就具有一定的运用价值。

控制论的任务是用比较法和类比法寻求不同系统通讯和控制所共有的特征,揭示机器、生命机体和人类社会这些性质不同的系统所共有的一般规律,从而为科学研究工作者作出假设、形成理论和建立法则提供客观的依据,使科研人员应用控制论的原理来解决实际问题,最终实现对不同系统的进程实现控制的目的。例如黄海澄的《从控制论观点看美的客观性》等论文,就是从控制论方法研究美,从而形成美是客观的观点。

控制论的意义不仅揭示了生命机体、社会与机器系统的共同控制规律,而且在许多方面冲破了传统思维方式和研究方法的束缚,为科学研究提供了新的科学方法。一般来说,控制论方法主要有下面三种。

5.2.1. 黑箱辨识法

人们在认识世界,从事科研时,常遇到所要认识或控制的客体由于某种客观的限制,其内部结构一时不能被人们直接观测到,仿佛是一个不透明而又密封的箱子,其复杂的结构和奇妙的机理,就珍藏在其中,但人们无法直接打开来观察它的内部构造的细节和机理。对于这样一种内部构造还不能直接观察,只能从外部去认识的客体,控制论的创始人维纳称它为"黑箱"。

用控制论方法使"黑箱"的秘密逐渐暴露出来,通常使用以下步骤:

第一步,是用相对孤立的原则去确认黑箱。就是把研究的对象看成是一个整体从其环境中孤立出来,把研究对象所受周围环境的影响看成是通过特定的通道实现的"输入",把研究对象对周围环境对象的作用看成是特定通道实现的"输出"。根据研究对象的性质和研究目的,划定研究对象周围环境的边界,选定对象与环境的相互关系的特定通道,确定对象的一组输入和输出,由此确立一个黑箱。例如人脑思维、理论写作思维,都可以看作是一个黑箱,因为我们都不可能看见一个人头脑内部的思维过程。

第二步,是观测和主动试验、考察黑箱,就是考察对象的输入、输出及动态过程。对黑箱的考察可以采取直接观测的办法,也可以采取主动试验的方法,然后观测对应的输出及其变化。例如写作思维就是通过观察写作主体受到外界信息的刺激,作出一定的语言反映和表现的过程,通过观察和体验,形成一定的认识。

第三步,建立模型,阐明黑箱。就是利用系统输入、输出观测试验的数据以及原有的系统知识,建立关于研究对象的模型(框图、动态登记、数学模型等),然后根据模型对系统功能和特性进行定性、定量和静态、动态的分析评价,对系统的未来行动做出某种预测,对系统的内部机构和机理做出某些推测和假说。我们对写作思维过程三个阶段的认识,即触发思维、继发思维和完形思维可以说就是这样建立起来的,这种假说是符合观察体验,符合系统的输入、输出规律的。

5.2.2. 功能模拟法

功能模拟不是着眼于原型的结构,而是着眼于原型的功能。也就是说,在没有弄清楚原型内部结构和机制的情况下,根据模型与原型在行为和功能方面的相似,实现对原型功能的模拟,这种方法叫做功能模拟法。电子计算机对大脑功能的模拟就采取这种方法。例:对象棋棋谱的输入就是模拟象棋大师的行为功能实现对人脑思维的认识。学习写作,就是模拟范文文本。谁都无法知道作家头脑的内部结构是什么样子,但是,按照写作大师的文本模型来学习写作，大家都会写出一定的文章。理论写作思维就是按照理论文体模式进行思维的，这种理论文体模式是前人创造出来的，我们今天只能模拟这种模式，然后在此基础上进行创新。

5.2.3. 反馈控制法

所谓反馈，是指某一事物输出某一信息产生某种结果后被输送回来，并对信息的输出发生影响的过程。反馈是控制系统中最基本的原理。维纳说："反馈是控制系统的一种方法。"

反馈方法的特性"是根据过去的操作情况去调整未来的行为"。在控制论中应用反馈的方法一般会产生两种不同的结果：当反馈方法倾向于加剧系统正在进行的非定向的动作，或者说反馈如果有利于加强输入信号时，这种反馈就是正反馈。反之，如果反馈的结果可以使控制趋向于反抗系统进行的非定向运动，或者使系统的输入对输出的影响减少，就是负反馈。在控制系统中负反馈可使系统趋向于稳定的平衡状态，而稳定、平衡则是事物发展的条件，由于负反馈具有这种功能，所以它作为科学方法获得了普遍的应用。

从系统论的角度来看，作者构思理论作品的过程就是对自己从各种渠道所获得的理论信息进行编码的过程。作品发表了，就是输出了一种信息，读者收到这个信息后，对它进行欣赏、批评，这些又成为一种新的信息，输送回作家那里，就成为反馈信息，这种反馈信息包括对作家世界观、创作方法，对作品思想和艺术各方面的评价等，它必将在某个角度、某种程度上影响作家信息的再输出，即作家的新构思。

5.3. 信息论方法

信息论方法，就是运用信息概念把系统看作一个信息获取、传递、加工、处理和输出的过程，并且通过这一过程信息流的分析和处理，实现系统有目的性运动的方法。从信息论方法的角度看，写作思维过程就是信息论方法的运用过程。因为写作就是收集信息、传递信息的活动。信息通常是指具有新内容、新知识的消息。在信息论中，信息的发出者叫"信源"，信息的接收者叫做"信宿"，传递信息的媒介叫"信道"，信息量叫"信息熵"。信息熵表明：熵值越小，则信息量越大；系统的无序程度越小，有序程度越高。通过信息熵的概念在更深刻的意义上揭示了信息的最一般含义：信息是任何一个系统的组织复杂的量度，是系统有序程度的标志，也是物质和能量在空间和时间中分布不均的标记。

信息概念的确立和应用，使人们使用信息方法实现系统控制的精确化成为可能。理论写作思维的过程，就是主体从外界获得理论信息，加工处理理论信息，然后通过写作和发表来输出和传递理论信息的过程。

信息论方法是利用数学方法去研究信息的计量、传递、交换和储存，以消除通信中的不确定因素。信息论方法不仅在科学技术领域有着广阔的应用前景，而且与人类社会和每个人的生活也直接相关。我们用这种方法研究文学，就是把系统的有目的性运动抽象为一个信息变换的过程，实际上就是一个信息系统上的完整的输入输出和反馈运动过程。

"三论"是新的科学研究方法，是互相依存的，是不断深入认识事物的结果。但各自又有自己的侧重点，因而又是各自独立运用的方法，都可以与文学创作活动联系起来应用，作为认识文学的新思路和新方法。

6. 抽象与具体相结合的方法

抽象与具体是和分析与综合密切相联系的一种辩证思维方法。

抽象指在思维过程中能动地排除掉客观对象个别的、偶然的、现象的因素，抽出其本质的、必然的、一般的因素的分析。

具体就是具体化，指在思维过程中能动地以一般的、必然的、本质的因素规定个别的、偶然的、现象的因素，使对象形成为一个由许多因素构成的统一体的综合。

在人们的思维过程中，抽象与具体是不可分割的两个阶段。生动的感性直观提供关于事物的具体认识，但这种感性认识不可能揭露事物的本质，因此，认识就要从感性直觉进到对个别的抽象。然而，仅有这种抽象也是不够的，它必须再进一步，由抽象上升到更高一级的理性的具体认识。这种"具体—抽象—具体"的辩证思维方法，在科学研究和专业论文写作中运用得相当广泛。例如，人们对光的认识就是这样的：开始，人们只感知光的强弱、有不同的颜色等表面现象；尔后，人们通过科学实验发现光具有直线运动和波动的特性，这是"从具体到抽象"的思维阶段；但人们对光的种种属性的"抽象规定"，只是分别反映出光的各个单方面的本质属性，还没有达到从整体上对光的全面的深刻的认识，这就要求科学家们运用综合的方法，对光的各种"抽象规定"进行概括和总结，得出光具有波粒二象性的结论。抽象与具体，使人们对光的本质的认识更为深刻、全面，更具有真理性。

文学本身作为一个抽象的话题，是由一个个具体的文学作品体现的。研究文学的过程，就是从具体的文学作品出发，经过概括归纳，形成对文学的抽象认识，然后运用这种抽象认识去分析具体的文学作品，指导文学创作，这整个过程是抽象与具体的统一过程，是互相作用、互相影响的过程。

理论写作思维过程就是抽象与具体相结合的过程，正确运用这种方法,就能够产生正确的研究结果。

7. 历史与逻辑相结合的方法

在人们对客观事物的认识过程中,常常需要追本溯源研究对象的历史,例如生物史、语言史、文学史、美学史、哲学史、科技史等,这就是历史的方法。逻辑的方法,是用概念推演的形式,排除个别的、偶然的、非本质的因素,概括地反映对象发展的本质和规律。"历史的东西"与"逻辑的东西"是密不可分的:"历史"是"逻辑"的客观基础,"逻辑"则是"历史"在理论上的再现。逻辑的发展过程必须反映历史的发展过程,才是科学的、切合实际的。例如,生命现象的发展变化过程是历史的东西,用有关概念推演来反映生命现象发展变化过程的理论体系则是逻辑的东西。我们在科学研究和撰写专业论文时,研究对象的历史,既要以历史的自然进程为依据和前提,又要运用逻辑的方法,除去历史中个别的、偶然的、非本质的东西,这样才能正确地认识客观事物,把握事物的历史发展逻辑即历史发展的必然规律。

例如,研究文学的本质,就要从文学的历史渊源上去思考。通过考察文学历史,了解文学的发生、发展、现状,就会发现一些规律性的东西,这时候就需要运用逻辑的方法,去辨析,去伪存真,去掉外在现象,抓住内在本质。

理论写作思维是对学科问题的研究,事先就要求对学科的历史发展有清楚的认识,然后才能对选题进行逻辑的判断。如果没有历史的认识,就无从作出正确的判断,或者只能作出没有价值的判断;同样没有逻辑的方法,就无法从历史事实中抽象出本质规律,就连一些基本的历史事实都无法连接起来。历史的方法与逻辑的方法相结合是进行科学研究的必经之路。

本章思考与训练

1. 什么是理论思维?
2. 理论思维的特点是什么?
3. 如何理解分析与综合?
4. 如何理解归纳与演绎?
5. 比较分析方法有哪几种类型?
6. 如何理解假说?运用假说应该注意什么问题?

7. 下面有几个说法,请你判断哪几个是假说?

　　　红军一定能够到达陕北。
　　　人是由猴子变来的。
　　　文学起源于劳动。
　　　创造力的源泉是性本能。

8. 假说与设想有什么不同?

第十二章 学术论文写作思维

第一节 什么是学术论文写作思维

1. 什么是学术论文写作思维

国家标准(GB 7713—87)对学术论文所作的定义是:"学术论文是某一学术课题在实验性、理论性或观测性上具有新的科学研究成果或创新见解和知识的科学记录;或是某种已知原理应用于实际中取得新进展的科学总结,用于提供学术会议上宣读、交流或讨论;或在学术刊物上发表;或作为其他用途的书面文件。"(李翰如编著《学术论文国家标准格式及写作方法》)这个定义告诉我们学术论文的产生有四个途径:一是实验研究的纪录;二是经验交流;三是学术刊物发表;四是其他途径。

从另一方面来说,上述学术论文标准实际上包含两个方面的内容:一是理论创新,即通过观测、实验或推导形成新的认识。二是理论应用,即运用已知原理来解决现实生活中的实际问题。由实验产生的科学记录和学术刊物上发表的论文基本上侧重于创新,经验交流和其他方面的论文就以应用为主了。这就为学术论文的写作提供了两条基本思路:创新或应用。

根据学术论文的定义,我们可以概括出学术论文写作思维的含义,即在特定的理论体系框架下,以系统的逻辑思维方式阐释理论创新成果或理论应用成果的思维过程。

2. 学术论文写作思维的特点

学术论文写作思维的性质决定了它与其他文章写作思维具有不同的特点,概括起来有五大特点:论题的学术性、内容的科学性、结果的创新性、研究论证的逻辑性、表述的简洁性。

2.1. 论题的学术性

学术性是学术论文区别于其他议论文的根本特点。

所谓学术,是指较为专门的、有系统性的学问。专门的系统性的学问就构成了科学学科,学术,是对学科问题的科学研究。其基本含义有二:一是研究的对象范围是某一学科领域内的问题,不仅是学科领域中的理论、应用、历史问题,而且包括了与本学科相关的所有问题;二是这种研究必须对某一学科的建设具有直接或是间接的价值和意义。

蔡元培先生对学术做过这样的解释:"学和术可分为二个名词,学为学理,术为应用。"也就是说"学"侧重于纯粹科学的研究,包括文、理,"术"侧重于实际应用,包括法、交、医、工。蔡元培先生是从学术的分类角度理解学术这两个字的,使我们认识到学术的范围和内容,具有一定的价值和意义。这种分类也体现了现代科学的发展,体现了理论和应用相结合的思想。

但是学术还可以从另外的角度去认识,这个词不仅包含着类,还包含着与类的本质密切相关的方法,所以,结合学术的类和本质方法对学术这个词才能有正确的理解。

我们认为,学术的"学"是指学科,也指学问,"术"是指方法。学问即对某一学科的学术问题使用一定的科学方法研究而获得的知识,学术就是用某种科学方法研究学科问题。所以,学术既涉及学科问题,也涉及方法论问题,特别是当代科学的突出特点就是方法论。对一门学科的问题用不同的方法入手进行研究,就会产生不同的结果。学术的创造也包含两个方面:一是结论,二是方法。方法不对,结果就会出错。检验学术论文一般也是一方面看结论是否有价值,一方面看方法是否正确。我们认为对学术作这样的理解比较符合实际。

每个国家对学科的分类都不完全相同,但是几个大的学科基本上都是相同的,比如,数学、语言、文学、哲学、历史、物理、化学等,学科问题就是指所研究的论题是某个学科里的问题,而不是生活中的问题,这是学术性的基本特征。

学术性,就是对某一学科问题的研究表现出有创新、有新见、有价值的特征。其基本特征是:能够在前人已有的基础上提供新的知识——或提出问题,开拓了新的领域;或得出新观点,构建了新理论;或发掘了新资料,做出了新论证;或转换了新角度,运用了新方法,从而产生了新观点。

简单地说,学术性就是在对某一学科问题进行研究,其成果体现出了创新的性质。就是把专门性的知识积累起来,使它系统化,然后加以探讨、研究,产生出新知识,新观点。

一般议论文只要对社会生活的某些问题提出自己的看法,并能说服大家,言之有理就可以了,具有说服性特点。学术论文必然是对某一学科的问题展开研究,围绕学科选题,这是学术论文的突出特点。我国科学院已有正式学科分类,专业169个,对这169个学科专业问题进行专项研究,写出的论文就具学术性特点。

2.2. 结论的创新性

江泽民在中国科学院第十次院士大会和中国工程院第五次院士大会上发表讲话说:"创新是一个民族的灵魂,是一个国家兴旺发达的不竭动力。"他强调说:"面对世界科技进步日新月异的挑战,面对我国现代化建设提出的巨大科技需求,我们要开阔眼界,紧跟世界潮流,抓住那些对我国经济、科技、国防和社会发展具有战略性、基础性、关键性作用的重大科技课题,抓紧攻关,自主创新——希望我国广大科技工作者,牢记自己的历史使命,坚持创新、创新、再创新!"

科学的本质就是创新,创新是科研的生命,创新就是发现和发明,就是由已知推出未知,创造出新的东西。创新性是学术论文的重要特点,标志着学术论文的价值与贡献的大小。具体表现在以下几个方面:

第一,提出一个全新的话题,开创一个崭新的领域。如《写作思维学》就是在写作学科的基础上,结合思维科学的理论产生出来的新的话题,开创写作研究的新领域。对于本科大学生来讲,创新主要在于理论应用,就是能否运用所学的基本原理解释一个新问题,新现象,比如抓住当代文学的新形象展开议论,运用基本理论加以阐述,就可以看作是一个新的话题。提出一个全新的话题一般来说难度是很大的,但是,价值也是很大的,应该鼓励,不宜压制。

第二,否定或纠正前人的某一成说,提出新理论、新观点。如用"文学是社会生活的反映"纠正"文学是阶级斗争的反映"。这一类创新需要辩证思维,需要对学科理论的形成历史有深入的研究。

要否定一个理论比提出一个新的理论难度更大,因为新理论是根据新情况产生出来的,只要形成自己的观点,就可以立起来。而否定一个已经成立的理论,需要从两个方面进行思考,一是原理论的不足或错误在什么地方,二是新的理论应该怎样形成,所以创新难度就很大。

创新思维本身就需要大胆的怀疑精神,敢于向权威挑战的精神,应该对大学生进行这方面的培养。

第三,完善补充前人的理论、观点。如对阿Q性格的认识,以前有精神胜利法、破落户心理、流氓无产者的认识,林兴宅同志在此基础上,用系统论的方法,完善了对阿Q性格的认识,写成《论阿Q性格系统》。

第四,发现、提供新的资料。如考古发现类学术论文。如对鲁迅的研究发现,鲁迅先生的小说创作开始于五四运动以前,也就是在史料中发现了他最早的小说文本,于是就有了新的认识。

第五,理论上虽然没有创新,但由于解决现实生活中的新问题,显示出理论的现实意义。如《实践是检验真理的唯一标准》。这篇论文虽然说的是马克思主义的基本观点,没有提出新的理论观点,可是他让马克思主义的基本观点焕发出新的活力,解决了人们在现实生活中所遭遇的困惑,产生了很好的社会效果。

创新是建立在科学研究的基础上深入探索的结果,既需要勇敢的探索精神,又需要有坚实的证据与合乎逻辑的推导,创新不是凭空想象,不是主观臆测。但现在对创新概念不能狭隘的理解,发现是创新,发明是创新,应用也是创新,把某种成果应用于实际也是创新,科技成果的转化研究也是创新研究,今后这一方面的内容会更受重视。

2.3. 内容的科学性

科学性是学术论文的灵魂,主要指作者研究的对象是科学存在的对象并能用科学的思维方法进行论述,得出科学的结论。科学是反映自然、社会、思维等的客观规律的分科的知识体系,科学性就是学术性的具体体现,强调科学性就是强调内容的理论性,即反映事物的规律与本质。这一点,我们可以从以下几个方面理解:

其一,学术论文的写作对象或内容均为客观存在对象或现象。

学术论文的研究对象必须是客观存在的,必须排除那些不存在的对象,比如,文学作品是存在的,光是存在的,这些都是实体性的研究对象,是客观存在的研究对象,而诸如人的灵魂以及神灵,这些就是虚无的对象,是主观性的对象,是伪科学研究的对象。科学性就是以客观存在为对象进行研究的,它的结论具有可检验性。

其二,学术论文的分析论证有理论根据和事实根据。

学术论文对自己的论点需要分析论证,就是选用一定的理论来分析、解释某事物和某一现象,揭示其本质规律。

分析问题需要运用一定的理论作武器,理论有两个层次:一是宏观理论,二是微观理论。比如,对文学的研究,就有两个理论层次:

基本理论——哲学、美学

学科具体理论——文学理论

分析的结果又可以进一步形成两个理论阶段:

由具体上升为抽象——由文学作品的具体认识形成一定的理论形态,即对文学的基本规律的认识。

由抽象上升为具体——由基本规律来认识具体作品。

事实根据是归纳、提炼理论的根据。分析问题,既要运用理论,又要用事实来印证。事实是理论的基础,所有理论都是由事实归纳出来的,只有建立在事实的基础上,理论才具有可论证性的特点。

事实又是理论的证明,是检验理论的标准。这就要求所引资料全面、准确、可靠。科学性全都是由事实总和及其相互联系中把握真理的,必须以全面占有资料为基础的,所谓全面,就是指把握事实的全部总和,不要孤立片面(孤例与片面例)。在全面占有的基础上选择有代表性的、典型的事实和材料来引用。

所谓准确,就是要抓住引证资料的主要的基本的方面,不能掐头去尾,违背甚至歪曲原意。必须无差错,不能以讹传讹,要求尽量做到援引第一手资料。知识与概念的准确性是科学的具体体现,知识概念具有学科的特殊规定性,必须准确辨析,正确使用。如:"价值"一词,在经济学中的含义与在文学艺术及美学中的含义就不相同。所以,学术论文必须以学科的知识为体系展开论述,不能概念互换,知识杂陈,令人不知所措。

在理解原材料的基础上力求做到真实可靠,一般来讲:

文物资料比文献资料可靠。

档案资料比会议资料可靠。

第一手资料比第二手资料可靠。

自己调查研究得来的比他人提供的可靠。

其三,结论的可检验性。

内容的科学性表现为学术论文的研究结果是科学的结论,是通过实验过程得出来的,或者是从事实分析中归纳出来的,是经得起科学检验与实践论证的。学术论文是对某个事实研究的结论表达,结论是建立在客观基础上的,是有事实根据的,不是想象的结果,不是主观的想象,这是与文学作品的区别。

这里的可检验性不仅是文章的观点有事实根据,论据充分,而且还要经得起社会生活实践的检验,也就是说,用你的观点能否解决实际问题,能否说明社会生活现象。只有在理论上坚持唯物主义,实事求是地进行科学研究,得出来的结论才经得起检验。

学术论文研究的结论是对某个学科问题的认识,这就涉及学科的基本原理,本学科研究的基本方法,以及本学科与实际社会生活的联系,这些都成为检验论文结论的依据和标准。

检验论文,就是要看它是否合乎基本原理,方法是否正确,是否符合社会实际。

3. 论证的逻辑性

学术论文要使自己创新的观点立于不败之地,令人信服的接受,就必须运用科学的概念、判断、推理、证明或反驳的逻辑手段,来分析、表达在实验、理论推导、观测方面的研究成果与见解。这就必须做到:

概念的系统性、判断的准确性、推理的严密性以及论证的逻辑性。

学术论文的结构,必须是逻辑结构,是逐层推导,这就是说,写作学术论文,必须以研究对象的内在联系作为论文的内在结构,体现出语言的逻辑链条。

学术论文的研究思考必须以逻辑思维的方式进行,人的思维有多种方式,在学术论文的写作过程中,逻辑思维是基本的思维方式,它是概念、判断、推理论证的过程。

科学研究和发明创造需要直觉、灵感,学术论文的写作,也要重视直觉和灵感的作用。灵感往往能够形成某个新观点,直觉常常能够形成对材料的某种新理解,但是,任何直觉、灵感获得的结论要进入科学论文,都必须经过理性的检验、逻辑的论证。在通过论文表述自己的观点时,必须使直觉或者灵感产生的观点与材料之间显示出必然的逻辑联系,因为论文必须出自理性又诉诸理性,要让理性感到他说的有理,而不是痴人说梦。这就需要把道理一步一步推导出来,推导过程应丝丝入扣,中间没有出现任何裂隙,没有缺少任何环节,结论既自然又必然。

4. 表达的简洁性

学术论文在说明研究过程及结果时,语言必须明快简洁。

一般来说,学术论文运用专业术语写作,具有表义精确单一、简洁明快的特点。使用专业术语可以使文章避免歧义理解,可以省略不必要的说明,使文章表达简洁。学术论文涉及的是学科内的问题,只有使用学科专业术语,才能做到表述清楚;学术论文面对的是专业读者,只有使用专业术语,才能得到他们的认同。使用简洁明快的专业术语,既可保证学术规范,又可保证交流的顺畅。

学术论文的写作要求实事求是、不事渲染。他向人们展示的是研究过程的步骤和得出结论的逻辑,不进行任何渲染。要求客观表达,反对任何主观煽情,因此简洁。

学术论文是逻辑思维的结果,他向人们展示的是逻辑思维的过程,以逻辑思维的绵密见长。凡是逻辑思维必需的步骤,他一个都不少的保留下来,凡是逻辑链条以外的语句都被当作多余的东西去掉。所以,学术论文中的每一句话都要有一定的学术逻辑意义,都是逻辑推进过程中的某个环节,没有多余度。

言简意赅、语少意丰,不拖泥带水、节外生枝,显示出精辟简洁的文风,这是学术论文追求的最高境界。

简洁,不仅是语言的问题,更涉及作者对问题的认识是否透彻,是否抓住了问题的要害。抓住了本质,就能一语中的、简洁明快。抓不住本质,必然要绕来绕去,啰里啰唆,越说越多。

第二节 学术论文写作思维步骤

1. 论点的提炼与概括

1.1. 什么是论点

学术论文写作思维的展开是在理论创新或者理论应用方面取得了一些结果或形成初步结论之后进行的,因此要求作者明确所要表达的论点。一般来说,论点的形成是在课题研究的基础上产生的。课题是研究的对象、范围和方向,是需要探讨的未知问题。探讨的结果,就是对未知问题的回答,这种回答就是学术论文写作思维展开的出发点。

论点,是课题研究的结论,也是作者在学术论文中要论述的观点,也可以称作主题。形成论点是整个学术研究的目的和指向,围绕一个课题,可以形成一个论点,也可能形成诸多论点,但在论文写作过程中,一次只能选取一个论点作为中心论点构成文章。一个论点是一篇文章阐述的对象,多个论点,可形成多篇文章。在某种情况下,多个论点之间存在着一定的联系,都是对课题不同方面、不同角度的表述,因而可以其中一个论点作为主论点,其他论点作为分论点,围绕主论点构成一篇系统的阐述课题的文章。是分开写,还是综合起来写,要根据实际情况决定。

开始写学术论文,选择一个论点写一篇文章,分别围绕课题作论,形成系列学术论文,最后在此基础上就可构筑一部系统的学术专著。由小文章写起,逐渐深入,形成系统的理论,是学术论文写作的正确途径和方法。

学术研究的目的就是要进行学术创新,创新是学术的生命,它一般表现为推进完善旧结论或者创建新结论。要证明新结论的正确性,就必须寻找新论点。

1.2. 论点的形成

学术论文的论点是在对已有文献资料充分分析认识的基础上形成的,

不是凭空想象出来的。分析认识材料的角度和方法有多种,站在不同角度,采用不同方法,就可能形成不同的论点。任何论点都是客体合规律性与主体合目的性的统一,任何文章在确立论点时都是综合了写作主体和特定社会两方面的需要,都要顾及事物属性的多样性和多面性,都是主客对话交流的结果,都要经受实践的检验,来不得半点马虎。总的来讲,论点的形成过程可以分为下述三个阶段,或者说三级过程。

第一步——发散认识思维阶段。

这一阶段是对研究对象进行大范围全方位的认识。

第一,是对研究对象的内在联系进行全方位分析。任何事物都处于各种联系之中,在联系中发挥作用,体现价值。联系有内在与外在之分,所谓内在联系是指事物自身整体与部分之间、部分与部分之间的联系,它是一事物之所以为此事物的根本,是我们全面整体认知研究对象的基础,也是我们认知事物独特属性的基础。因此,为了揭示事物的价值和作用,我们必须从千差万别的现象中找到内在联系,从不同角度,用不同方法进行全方位的分析,尽量把握事物的自然质。所谓自然质就是事物自身存在的属性,是自在的意义。任何事物都具有多重自然质,从事科学研究,首要的任务就是对事物自身属性进行分析认知。

第二,是对研究对象的外在关系进行全方位的分析。事物不仅处于自身的关系之中,更处于和其他事物的关系之中,它在与其他事物的关系中确立自身的位置,并在特定位置中发挥自己的作用,实现自己的价值。因此,我们必须特别关注事物的外在关系。

第三,必须在研究对象与背景的关系中认识研究对象。任何研究对象都是一个独立存在,有一个位置存在。有位置必然有背景,要想认识他的价值与意义,必须把它放到具体的形象背景关系中,才能对它有一个较为准确地把握。如果让它脱离开具体背景或者给它换一种背景,事物的价值和意义就会发生变化。黑色在白色背景下显得格外醒目,如果换成灰色背景就会变得相对黯淡。结合背景来认识就会打开思维的视野,发现更多的内容,形成更有价值的论点。

背景可分为三种:时代背景、理论背景、现实背景。

第四,对研究对象与现实生活的关系进行认知。任何研究课题都来自于生活,其成果又服务于现实生活。所以每一个研究对象的选定都与现实生活存在一定关系,认知、发现研究对象与现实生活的关系,把对象含义与现实意义结合起来形成论点,就会突出科研的目的,突出研究的价值和意义。

总之，发散思维，就是力求从不同角度全面思考，综合分析和认识研究对象，如果忽视任何一个方面，都会使论点建立在有漏洞的基础上。

第二步——聚敛认识思维阶段。

首先，集中概括、全面综合对材料不同方面、不同属性的认识，形成整体认知。如林兴宅对阿Q性格系统全面分析之后，聚敛思维，把这诸多方面的不同属性的认识，综合成三点自然质认识。

其次，综合概括对材料相互联系的认识。发散思维的突出特点是想得多、广、深，而聚敛思维在此基础上集中概括，把放开的思想收拢集中，统一概括。事物之间的关系是多方面的，聚敛思维就是以这种联系把事物各方面都系统地组成一个整体。

每一方面的联系都可以组成不同的整体，思维的功能就在于根据需要来组织材料，变化角度组成不同的整体。

再次，研究对象与背景关系的聚敛思考。材料与背景的关系可能是多方面的，聚敛思维就是把这多方面的关系集中起来认识，而不是分别认识，避免犯以局部代替整体的错误。

最后，对现实意义的整体把握。事物的现实意义也是多方面的，有生活的、教育的、政治的、心理的、文化的、审美的等等，聚敛思维就是对事物多重意义的全面的、整体的、综合的认识。这样就可能形成对研究对象的功能质、系统质的认识。

第三步——比较选择、确定中心、分辨主次，形成论点体系，即确定论点的阶段。

在发散与聚敛过程中，思维主体会形成很多认识、观点，但这些观点不能全部成为论文的论点。一篇学术论文只能有一个主要论点，再配几个次要论点，这样才能使论文主次分明、中心突出。这就需要进行认真地比较、选择，在此基础上确定中心论点，将功能含义和系统含义综合起来考察比较，最后立定论点。

论点的形成过程是一项复杂的工程。有些人习惯于材料搜集齐全后认真研究归纳，有些人习惯于边搜集边认识，以滚雪球的方式积累认识形成观点，王世德在《怎样写学术论文》一书中说："研究工作不是在搜集完材料后才开始进行的。应该边搜集材料，边思考问题。发现了新的问题和线索，又可以扩大搜集材料的范围。在搜集材料中，随时随地要问一个'为什么'，用时间去检验前人所说的是否符合实际，是否有道理，区别他们：哪些论点对，论据不对；哪些论点错，论据却对。这样做，搜集材料的过程也就是研究的过程，同时也是形成自己观点的过程。"

这个过程因人而异,共同点都是对材料的分析认识,所有的认识只能从材料中产生,从研究对象的自然质中发展形成。不能从某种观念、理论或者信仰出发来解释研究对象,不能想当然的进行主观评论,也不能在头脑中先形成一种观点,然后去找些例子来证明。因为这样确定论点,不是从实际出发,是从主观出发,即使能找到例子来证明,也是可以找到相反的例子来反证,因而是经不起事实的考验的。写论文,应力求使自己的观点建立在研究的基础上,也就是建立在事实基础上,不出现或者尽量少出现反例,尽可能做到无懈可击。

论点集中了研究者对课题的看法和认识,是通过深入研究材料而产生的。但是,我们必须认识到,论点的形成是复杂的过程,也是各种因素综合的结果。

1.3. 论点的提炼

首先,论点必须建立在事物自然质的基础之上。自然质,是事物自身的含义,也是事物自在的特性。进行学术研究,就是要揭示事物的内在本质。但是任何事物的内在特性或本质属性都不会直接呈现给我们,它总是与其他多方面属性一起向我们展示出来,这就需要研究者进行认真分辨,在某一研究对象的诸多属性中,找出主要属性或本质属性。在此基础上形成认识,提炼论点。

其次,论点的提炼应该参照事物的功能质。客观事物中能够体现社会意义、时代精神的属性,就是它的功能质。围绕事物的功能质提炼论点,可以凸显学术研究的时代性和社会意义。学术研究的目的是为了发现真理、服务社会,绝对不是为了建立空中楼阁,因此,根据时代的要求,从事物多方面属性中,寻找最能体现时代精神的属性进行研究,就容易发挥研究的社会作用,学术论点就容易得到社会的重视、时代的认同。

再次,论点的形成要注意对事物系统质的把握。任何事物都处在一定的系统中,在这个系统中,它必然与相关的事物发生种种联系,从不同的联系中会形成不同的属性,人们研究该事物,也要注意该事物在特定关系中的价值和意义,从不同的关系来认识。只有全面、综合、系统的认识,才会使论点建立在科学、真实、全面的基础上,才能够真正揭示规律,辩证论证自己的认识。

最后,提炼论点的角度要独特新颖。任何人都是从一个通孔来认识世界的,通孔如果独特,看到的东西就会新颖,通孔如果平庸,看到的东西就会一般。优秀的研究者往往善于寻找新角度,发现新问题,提炼新论点。角度选得新,看到的东西新,自然可以避免观点上与他人雷同,赋予文章以新意。但要定好角度也不是易事,一方面作者需有丰富的学科知识,懂得怎样把自己的学术论点确定在某个值得讨论的范围内。另一方面要了解所论对象已有的研究成果,懂得学科研究新的增长点在什么地方,尽可能使自己的研究达到学术创新,使自己的学术论文具有更高的学术价值。

2. 论点内在关系的梳理、论证层次的安排

研究阶段使我们获得了对课题的一定认识,形成了论点,论点的产生就使所有的资料从散乱无序走向了集中有序。

中心论点立定之后,就要把其他观点按照其内在联系及其作用分辨主次,排列顺序,以此构成一个系统,完成论点的体系构成。基本观点或中心论点是一篇论文的核心,它必须简洁明了,可以用一句简单的话加以概括。其他论点都是对主论点的补充、丰富和完善。虽然没有主论点重要,但是又绝对不可缺少。它既可以对于主论点的意思进一步展开,又可以让主要的论述缓解变得更加完善。

一篇论文的中心论点能否成立,需要从不同方面和不同角度进行论证,这个过程就是根据材料之间的内在关系来分布论证层次。层次清楚了,逻辑关系就清楚了。一个中心论点系统中不可能包含全部认识成果,凡是不能包含进去的认识和观点,都属于多余的知识,必须坚决排除于系统之外,以后若有机会,让它在另一篇论文中发挥作用。总之,在组织论点体系时,必须严格围绕论点之间的关系来选择。

首先,根据论文的具体要求,确定一个中心论点,把主论点的骨架搭起来,让其他观点围绕主论点显示出自己的作用。论点的产生与论点的表述是不同的,在文章中,必然有一个表述论点的重点章节,突出论述中心论点,影响读者,感召读者,使其产生认同感。这个论点应该重点论述,而其他分论点则根据情况分别作为过渡、铺垫、佐证来处理。确定文章的重点,要了解读者在阅读论文时的求知倾向及知识结构,尽量在文中确立一个读写之间的共鸣点。所谓共鸣,是指读者在阅读论文时,发现自己与论文作者有相同点或相似点,在阅读中获得"证同"效应,即读者与作者智慧间的相互感应。要想达到这种效果,在进行学术论文写作思维时,作者应该从读者的需要出发,使文章的难点解释和表述具有一定的针对性,难点能够找准,那么,难点的解决就可能使读者产生共鸣。因为出现一个难点就会在读者心中产生一种期待,同时也会激发起读者自己思考求解问题的兴趣,这时,文章的表述可能就会与读者的期待和预期设想沟通、证同。共鸣效果就会使读者认可并接受文章观点。

其次,按照中心论点形成的过程,把分论点排列起来,体现出其逻辑顺序和发生顺序。学术论文写作思维进入第二阶段,一定要揭示出论点与材料之间的内在联系。能否把研究过程中形成的材料组织在论点框架里,关键是要看能否把材料和论点之间的因果关系、逻辑关系揭示出来。论点和材料之间紧密配合,严丝合缝,才能显示出思路的逻辑规律。如《李商隐的审美观》一文的开头,作者有这样两段说明:"李商隐的审美观主要是在他的作品中表现的。……要正确了解他的审美观点,就必须对其诗文进行全面、深入和细致的探索。作为诗人世界观中一个侧面的审美观,归根到底自然是受他生平思想制约的;但作为审美观自己本身,也有其特定的形成、发展和变化的轨迹。……"这里作者说明了探讨问题的角度和方法,为文章细致的、多层次的论述展开作了概括的交代,以便让读者沿着作者既定的思路去理解文中之所论。

再次,梳理清楚分论点之间的关系,按照其内在联系或者因果关系排列起来,形成完整的体系。学术论文是理性的结晶,体现着理论思维的严密性和逻辑性,所以,这个写作过程不是靠心血来潮就可以完成的,而是深思熟虑的结果。梳理清楚各个分论点之间的关系就使整个写作过程处于理性控制之中,完全根据思维的顺序进行语言文字转化,不至于发生随机性的变化。

梳理学术论文论点的内在关系,是撰写论文程序中不可缺少、不能马虎的步骤。这个环节反映出作者对论题的基本认识(即观点或见解)、佐证材料和论证步骤,形成一定规模的系统纲目。它起着统领全篇、疏通思路、分清层次、安排结构的作用。关系梳理清楚了,可以帮助作者把那些零乱的材料、混乱的思绪按一定的顺序加以排列、组合、取舍和调配,使之成为一个有序的整体、有关联的论述系统,形成一个结构轮廓。内在层次清楚了,还可以树立全局观念,从写作需要出发,分清主次、突出重点、补充材料、理顺逻辑关系,这样,就可使论文有一个详略得当、层次清楚、逻辑严密、通体匀称的框架,还能培养自己严谨、周密的风格,又便于行文的控制和约束,还可以使章节之间的字数大体匀称。

总之,学术论文写作思维过程中,写作者要不断向自己提问:我的论文是写给哪些读者看的?想给读者讲的中心论点是什么?论点的重点、难点在哪里?能否与读者发生共鸣?用什么语言来表述?怎样体现文章思想发展、过渡的层次?这些问题都清楚了,那么文章的写作就可能顺利的完成。

3. 学术论文写作思维的规范完形

所谓合乎规范,是指学术论文写作要符合有关标准、有关规范。"标准"和"规范"是经公认权威当局批准的一个个标准化的工作成果,是调节人类社会的协定和规定。我们国家对学术论文写作制定了一系列标准和规范,成为各个学术论文刊物选择论文的依据,写作者要进行写作思维就必须按照社会规范了的模式和要求进行完形思维,构想出合乎社会规范的论文。

规范的内容很多,我们只能从文体的规范来谈写作思维规范完形。

首先是结构规范。学术论文的结构规范从论述次序说,应该具有三个部分:绪论、本论、结论。可以按绪论—本论—结论的顺序写,要着重把本论写好。本论是论文最主要的部分,也是作者最有把握的部分,其论述重点也应有所区别。只有把这一部分写好,才能使作者的见解充分表达出来。也可以先写本论、结论,再写绪论。因为绪论的内容毕竟比较简单,先写好本论、结论,回过头来再写绪论,对论文的绪言部分还可写得更切实。如果出现写不下去的情况,就要考虑重新修改写作提纲,对提纲部分,可以做较小的局部变动,也可以做较大的变动,有时甚至得重新考虑全部提纲。这对初学写作论文的人来说,是经常会遇到的。这种情况的出现并不是坏事,说明对问题的研究有了进展。在这个时候,作者要毫不犹豫地抓紧时间,重新考虑提纲;考虑成熟之后再重新执笔。

从论述方法看,结构规范体现了提出问题、分析问题和解决问题的过程。有的先提出主要问题,然后从材料中找论据,进行正面或反面的论述;有的把论述的问题分几部分进行论述,先把它化成几个小问题来探讨,然后加以综合,最后突出主要问题;对含有辩论性的论题,可以先把结论提出来,然后按照事物的规律和内在联系依次加以论述。论文中要有统一完整的规范段,它有助于明确自己的观点,容易被别人所理解。要充分运用段中主句来显示中心思想,使其发挥统帅整个段落的作用。文章中引文尽量要少一些,要精确,不能断章取义。

其次,学术论文的语言规范。学术论文语言文字的运用必须合乎学术规范。学术论文涉及大量的术语,术语的来源和术语的使用范围以及术语的特定内涵都必须考证,严加区别。术语使用不当,或者对术语望文生义都会导致论文起草的失败。比如"完形"、"内化"、"建构"、"编码"、"文本"等等术语都是不同学科领域里产生出来的,有特定所指。现代社会一个突出的标志就是新鲜术语满天飞,很多人并不了解术语的内涵,就在自己文章中使用,会造成笑料。

很多人写文章不注意标点符号,在论文写作中,标点符号标志着作者思维的层次性和完整性,一句话说完了没有?意思表达得全面不全面?这些都是通过标点符号来表示的。是用逗号,还是用句号,还是用分号,是用顿号还是用破折号,这些都是理论思维的体现。论文写作是严密的思维外化过程,这个过程本身就有阶段性和层次性,正确使用标点符号就能正确外化思维成果。

本章思考与训练

1. 下面有几组材料,请你分析概括出其思想共同点和不同点。

(1)《2000—2001年北京青年发展报告》的调查结果表明,有39.6%和53.7%的北京青年对邓小平理论"坚信不疑"或是"基本相信",有62.1%的青年在信仰选择上选择了共产主义、马列主义、毛泽东思想、邓小平理论这四种意识形态理论中的一种或两种,但仍有一些数字要引起我们的注意:在选择"你信仰什么时",有将近两成(17.4%)的青年选择了"什么都不信"。年龄越小,选中这一项的比例越高。在16岁至19岁年龄组青年中,选中这一项的比例为28.2%,还有将近四分之一(23.4%)的青年选择了信仰"实用主义"。此外,选择信仰"宗教"的也占有一定的比例,为4.6%。有必要指出的是,尽管北京青年很关心政治,但他们中对政治活动很感兴趣的比例不高,仅占17%,此外还有17.9%的青年表示都不感兴趣。而另一项调查指标也反映出青年中甚至还有23%的人在上次的区县选举中没有投票。

(2) 中国青少年研究中心开展的一次调查中,被调查青年在回答"在市场经济社会里,你认为最大的幸福是什么"时,列第一位的是"成就自己,造福社会",其次是"获得社会承认和他人尊敬"、"有一个美满和谐的家庭",列第四位的才是"为一种崇高的信仰奋斗"。耐人寻味的是,在14岁至24岁的青年对人生幸福的选择中,"拥有金钱和财富"替代了"为一种崇高的信仰奋斗"而跃居第三。而"北京青年发展报告"对同一问题的调查结果也表明,选择"为共产主义奋斗"和"入党入团"的比例只有8.8%和2.9%。种种数据说明,在当代青年中,世俗化的价值目标正在取代理想主义的价值目标,抽象的、宏伟的理想和信仰渐渐地失去了与青年的亲和力,而功利的、现实的、物质性的目标正越来越被青年所看重。

(3) 中国社会科学院所作的"转型时期伦理道德建设的难点与对策"调查中有关信仰问题的调查结果很令人深思。在回答有无信仰的问题时,36.09%的人明确表示"没有信仰",另有22.24%和13.57%的人分别表示"曾有过信仰"和"不想回答",只有28.10%的人确认自己"有信仰"。而在信仰的选择上更是五花八门,比较集中的选择分别是"社会主义,共产主义"(25.86%)、"科学真理,无神论"(16.75%)、"不要任何信仰"(16.64%)、"命运"(12.51%)、"人道主义"(8.72%)和各种宗教(7.25%)。

2. 什么是学术论文写作思维?
3. 学术论文写作思维有什么特点?
4. 学术论文写作思维的步骤有哪些?
5. 请你根据上述材料分析概括出的共同点立论,写一篇论文。

第十三章 调研报告写作思维

第一节 什么是调研报告写作思维

1. 什么是调研报告写作思维

调研报告又叫调查研究报告,是针对社会生活中出现或存在的问题进行调查研究之后写出的报告。因为它不仅是调查的产物,更是研究的产物。调研报告的主要功能是搜集情况,并通过对调查所得情况的深入研究,提出一定的见解。因此调研报告写作思维是根据某一特定目的,运用辩证唯物论的观点,对某一事物或某一问题进行深入、细致、周密的调查研究和综合分析后,将这些调查和分析的结果系统地、如实地整理成书面文字的写作思维活动过程。调研报告涉及的问题很多,从内容性质分,调研报告可以分为以下六种:

专题型调研报告,就是侧重某个问题进行较深入的调查后形成的报告,这类报告一般常常在标题上反映出来。它能及时揭露现实生活中的矛盾,反映群众的意见和要求,研究急需解决的具体实际问题,并根据调查的结果提出处理意见,或者对策,或是建议。

综合型调研报告,是以综合调查众多的对象及其基本情况为内容、作全面系统的调查和反映的报告。综合型调研报告具有全面、系统、深入和篇幅较长的特点,它与专题调研报告的主要区别点就在于它的综合性上,它使读者可以从报告中看到事物的相对完整的"鸟瞰图"。

理论研究型调研报告,是以学术研究为目的而撰写的报告,它以收集、分类、整理资料并提出问题、报告结论为特点,大多发表在学术刊物上,或载于学术著作中。

实际建议型调研报告,是由于实际工作需要而写的调研报告,其主要内容是为预测、决策、制定政策、处理问题等进行调查所获得的材料及有关的建议。

历史情况型调研报告,是根据需要以历史情况为对象进行调查而形成的调研报告。它可以供人们了解某一事物或问题的历史资料和历史真相。

现实情况型调研报告,是以正在发生、发展的一些现实生活为对象进行调查后所形成的调研报告。人们可以通过它了解和认识某些事物和问题的客观现实情况,以作为其他认识活动的依据或参考。

2. 调研报告写作思维的特点

2.1. 真实性

真实性是调研报告写作思维最大的特点。所谓真实性,就是尊重客观事实,靠事实说话。这一特点要求调研人员必须树立严谨的科学态度,认真求实的精神,彻底抛弃"假大空"的虚伪作风,不仅报喜,还要报忧,不仅要充分肯定工作成绩,还要准确反映工作中存在的问题。只有严谨的科学态度,才能写出真实可靠,对工作具有指导意义的调研报告。

2.2. 针对性

是指调研报告的写作具有很强的工作针对性。一般来说一项调查研究工作,特别是大型调查研究,要花费较长的时间、较多的人力和物力,而且是针对一些较为迫切的实际情况,解决某些实际问题而进行的。因此调查研究具有很强的针对性。调研报告的写作,必须中心突出,明确提出所针对的问题,明确交代这一问题所获得的事实材料,分析出问题的症结所在,提出具体可行的建议和对策。

2.3. 典型性

典型性是指在调研报告的写作过程中所采用的事实材料要具有代表性,以及所揭示的问题带有普遍性。这种典型特点在总结经验和反映典型事件的典型调查中表现得尤为突出。

2.4. 系统性

调研报告的系统性或完整性是指由调查材料所得出的结论必须具有说服力,应把被调查的情况完整、系统地交代清楚,不能只摆出结论,而疏漏交代事实过程和必需的环节,因为这样的疏忽势必造成不严密、根据不足以及不足以令人信服的印象。这里所说的系统性和完整性,并不是要求在调研报告的写作过程中,事无巨细,面面俱到,而是抓住事物的本质和主要方面,写出结论的推理过程。

总的来说,调研报告写作思维就是论证系统,逻辑严密,摆事实,讲道理,具有强烈的说服力,从而使之成为科学决策的可靠资料。

第二节 调研报告写作思维步骤

1. 分析调研资料,发现报告角度的触发思维

调研报告的核心是实事求是地反映和分析客观事实。调研报告主要包括两个部分:一是调查,二是研究。调查,应该深入实际,准确地反映客观事实,不凭主观想象,按事物的本来面目了解事物,详细地占有材料。研究,即在掌握客观事实的基础上,认真分析,透彻地揭示事物的本质。所以,调研报告的写作,除了做好调查、尽可能占有材料以外,重点是分析研究问题和围绕题目进行构思,力求提出深刻新颖的观点。分析的步骤一般是:先拟定提纲,明确分析目的。搜集与调查材料相关的其他补充材料和文献资料。选择适当的分析方法(动笔后即为表现方法),如典型分析、统计分析、比较分析、趋势分析、构成分析、系统分析、综合分析等。然后找出规律,利用分析研究的结果提出解决问题的方法和建议。

具体的分析一般应围绕质与量、点与面、因与果等方面进行,要洞察全局,善于比较。通过上述过程,首先搞清楚反映主体事件的材料所蕴含的基本意义,提出调研者的基本观点和评价,由此明确提出总观点——未来调研报告的中心论点,这是对主要材料作科学归纳的结果,能体现客观事物发展的必然趋势,对准备阐述的分论点起统率作用。调研报告的主题是从调研材料中提炼出来的认识和判断。接下来,思考应该以典型材料、对比材料、统计数字为依据,系统论证并作综合概括。

事物的产生和发展都遵循一定的规律,调研报告的写作过程实际上也是探索事物发生发展规律的过程。报告的论点和论据一定要符合自然规律和社会规律,而不是追随潮流,迎合某些群体的需要。这就需要调研人员非常敬业,具有不懈追求真理的精神。

2. 寻找原因和背景的继发思维

调研报告一般是针对解决某一问题而产生的。报告需要陈述问题发生发展的起因、过程、趋势和影响。如果原因、背景不清,读者就难以了解事物的本来面目,也就达不到解决问题的目的。尤其是政策调研报告,准确地分析出原因、背景,有助于决策者迅速准确地理解调研报告的内容,有利于政策制定和调整的正确性。写作调研报告,必须掌握总的理论背景与工作环境。如写一份涉及反腐倡廉的调研报告,作者就必须联系一系列重大理论问题进行思考:执政党的党风是关系党的生死存亡的问题,惩治腐败、打击犯罪决不能手软,党风廉政建设要靠教育更要靠法制,端正党风、反对腐败要从领导干部做起,中国共产党依靠自己和人民的支持一定能够逐步克服腐败现象,还可联系领袖的言论和中央有关文件精神,有资料条件的还可联系国际国内大事、历史事件,将它们与调查的材料结合起来思考,在某一点上有所悟,就可能写出有分量的调研报告。好的调研报告,是由调研人员的基本素质决定的。调研人员既要有深厚的理论基础,又要有丰富的专业知识。一项政策往往涉及国民经济的许多方面,并且影响到不同的社会群体,只有具备很宽的知识面,才能够深刻理解国家的大政方针,正确判断政策所涉及的不同群体的需要,才能看清复杂事物的真实面目。恩格斯说过:如果现象和本质是统一的,任何科学都没有存在的价值了。调研人员一定要具备透过现象洞察事物本质的能力。这源于日积月累,非一朝一夕之功。

3. 调研报告结构完形思维

一般来说,调研报告的内容大体有:标题、导语、概况介绍、资料统计、理性分析、总结和结论或对策、建议,以及所附的材料等。由此形成的调研报告结构,包括标题、导语、正文、结尾和落款。

3.1. 标题

调研报告的标题有单标题和双标题两类。单标题,就是一个标题。其中又分为公文式标题和文章式标题两种。公文标题由"事由+文种"构成,如《陕北农村中学语文教学情况的调研报告》。文章式标题,如《榆林市的校办企业》;双标题,就是两个标题,即一个正题、一个副题。如《为了造福子孙后代——榆林市治沙造林调研报告》。

3.2. 导语

导语又称引言。是调研报告的前言,简洁明了地介绍有关调查的情况,或提出全文的引子,为正文写作做好铺垫。常见的导语有:①简介式导语。对调查的课题、对象、时间、地点、方式、经过等作简明的介绍;②概括式导语。对调研报告的内容(包括课题、对象、调查内容、调查结果和分析的结论等)作概括的说明;③交代式导语。即对课题产生的由来作简明的介绍和说明。

3.3. 正文

正文是调研报告的主体。它对调查得来的事实和有关材料进行叙述,对所做出的分析、综合进行议论,对调查研究的结果和结论进行说明。正文的结构有不同的框架。①根据逻辑关系安排材料的框架有:纵式结构、横式结构、纵横式结构。这三种结构,纵横式结构最常为人们采用。②按照内容表达的层次组成的框架有:反映基本情况的调研报告多用"情况——成果——问题——建议"式结构;介绍经验的调研报告多用"成果——具体做法——经验"式结构;揭露问题的调研报告多用"问题——原因——意见或建议"式结构;揭示是非的调研报告多用"事件过程——事件性质结论——处理意见"式结构。

3.4. 结尾

结尾的内容大多是调查者对问题的看法和建议,这是分析问题和解决问题的必然结果。调研报告的结尾方式主要有补充式、深化式、建议式、激发式等。

3.5. 落款

调研报告的落款要写明调查者——单位名称和个人姓名,以及完稿时间。如果标题下面已注明调查者,则落款时可省略。

本章思考与训练

1. 毛泽东在《关于农村调查》一文中谈到调查方法,有这么一段话值得我们学习:"怎样开调查会? 一个调查会不仅提出问题,而且要有解决问题的方法。参加调查会最好有三、五人。例如我在兴国调查中,知道地主占有土地达百分之四十,富农占有土地达百分之三十,地主、富农所共有的公堂土地为百分之十,总计地主与富农占有土地百分之八十,中农、贫农只占有百分之二十。但是,地主人口不过百分之一。富农人口不过百分之五,而贫农、中农人口则占百分之八十。一方面以百分之六的人口占有土地百分之八十,另一方面以百分之八十的人口则仅占有土地百分之二十。因此得出结论,只有两个字:革命。因而也益增革命的信心,相信这个革命是能够获得百分之八十以上人民的拥护和赞助的。"

试分析:这段话运用了什么思维方法? 最后的结论是根据什么得出来的? 你能否运用这种方法去从事调研,了解今天的社会生活?

2. 什么是调研报告写作思维?

3. 调研报告写作思维有哪些步骤?

4. 请调查一下当代大学生的生活状况,写一篇调研报告。

第十四章 评论写作思维

第一节 什么是评论写作思维

1. 评论写作思维的含义与特点

1.1. 什么是评论写作思维

评论写作思维是写作主体对社会生活中带有倾向性的思想观念、社会生活、文化风俗以及文学艺术进行分析、阐释、议论和评述的写作思维活动。这种写作思维活动涉及的对象大致可以分为两大类,即社会评论和文艺评论。

社会评论是以社会生活思想问题作为评论对象的写作活动,也是社会生活中带有明确政治色彩的写作活动,是政治的风向标,也是社会政治生活的导向。一般是抓住社会生活中带有普遍性的思想问题或者思想倾向,分析利弊,辨别是非,弘扬正气,批评谬误,用正确的思想引导读者,保持社会生活的秩序化、稳定性。思想评论的主要目的和任务就是用正确的思想引导人、教育人,用先进的思想武装人、提高人。

文艺评论是对各种文艺现象——包括文艺创作、文艺作品、文艺运动、文艺思潮和文艺流派——进行分析、评价的一种文章体裁。评价、批评、论证,是文艺评论的基本内涵,要进行文艺评论,首先要能够进行欣赏——情感——抽象的三步转换。首先是观照,即透过艺术的形式符号初步感受艺术意象;其次是体验,就是在观照的基础之上,对作品进行"以身体之,以心验之"的活动,它包括设身处地的体贴艺术,由浅入深的体察艺术,仔细用心的体会艺术三个阶段;再次是抽象,是主体从理论角度对艺术体验进行反思,从哲学、美学和文学理论的高度对艺术进行观照和评价。文艺评论的目的在于正确解释文艺作品的内涵或作家的创作倾向,帮助读者、观众准确地欣赏文艺,提高鉴赏能力和水平。

1.2. 评论写作思维的特点

1.2.1. 时代性

时代性,写评论要抓住社会生活中最新出现的思想问题或者文艺问题,及时引导社会大众正确认识社会问题和文艺问题。评论家必须目光锐利,嗅觉灵敏。抓住新出现的问题及时予以评论,就能对时代发生影响。如果目光迟钝,嗅觉不灵,就不宜于写评论。

首先,评论写作的题材决定了评论写作的时代性。评论必须针对人们现实社会生活中出现的新现象、新思想、新潮流、新文学、新艺术发表自己的看法,及时捕捉生活世界发展变化的新动态,用新的思想引导人们正确面对生活世界,及时调整自己的思想认识,与时俱进。评论的题材都是生活世界发展变化过程中当下出现的新情况新问题,普通大众对其说不清道不明,需要评论家对其进行引导。

其次,评论的时代性也是由评论写作的目的决定的。评论的目的就是为了让读者及时认识生活世界的发展变化,用新思想新理论武装自己的头脑,进而正确面对生活世界,尽量使自己的行为与生活世界保持一致。

正是由于评论具有现实性、时代性,才对读者具有一定的吸引力。

1.2.2. 针对性

针对性是说评论写作都是有的放矢,针对具体问题具体现象而展开的。特别忌讳空对空放大炮。失去了评论的具体对象,也就失去了评论的出发点。

首先,针对评论对象。一般来说,评论是针对生活世界中出现的新现象新问题而展开的,没有亟须解决的新问题,没有令人迷惑的新现象,也就没有进行评论的必要。

其次,针对特定读者。思想问题是面对社会大众,文艺问题是针对文艺爱好者,问题出现在什么样的读者群,就应该有针对性地发表评论。要用读者喜闻乐见的形式和语言说服读者,对普通读者就应该用普通事例来说理,对文化读者就应该用文化事例来讲道理。高明的评论家心中肯定会存在明确的读者意识,他知道,评论是一种对话,是针对评论对象的对话,也是针对读者的对话,在评论过程中,绝对不允许自言自语。

1.2.3. 论辩性

是非不辨不明,道理不论证不清,不清不明的东西不能说服人。论辩,就是要用辩证法的眼光来看问题。首先,分清是非,需要辨析,通过辨析让人明白。正确与错误都是相对的,把正确与错误绝对化不符合辩证法;其次,揭示内因,客观全面。现象与内因,需要分析才能联系起来,只有把内在的原因揭示出来,才能让人心服口服;再次,站在正确理论的高度,运用正确的理论方法,才能以理服人。评论写作的整个过程就是以理服人的过程,不能强制性地要求他人接受自己的道理。

1.2.4. 通俗性

评论写作是对广大读者讲道理,不能进行学究式的推论,也不能以空洞的道理、刻板的教条吓唬人,只能以通俗的语言启发人、平易近人的态度感染人、鲜明的观点诱导人。即使批评错误思想和观点,也宜于用生活化的方式进行点评,切忌扣帽子打棒子。因为评论的读者是广大的群众,他们没有高深的理论修养,不懂三段论式的推理,讨厌抽象的说教。要想对他们进行说服教育,话语必须真切、自然、诚恳,他们才愿意接受。如果评论者以精英自居,咬文嚼字,附庸风雅,普通读者绝不买账。只有用通俗的方式晓之以理,动之以情,突出评论通俗性特点,才会得到普通读者的欢迎。

第二节 评论写作思维步骤

1. 选好评论的对象,确定论题——这是评论写作思维的第一步

思想评论的对象必须是人们当下在思想上很重视,或者人们有所忽略但是必将引起严重后果的问题。只有这样的对象才有评论的价值,才值得进行评论。细说起来可分为以下几点:

首先,人们迫切需要解决的思想认识问题。在历史发展的重要关头,人们必须把脚步向前迈进一大步的时候,首先必须解决思想问题,否则,落后的思想会拖人们的后腿。新时期的思想解放运动中出现了一批好的评论文章,对于人们迈开大步搞经济建设发挥了重要的推动作用。

其次,带有某种普遍性的思想认识问题。特定时期人们会形成某种普遍的思想认识,然而,思想认识的正确与否,不以拥有这种思想认识的人数来决定,当一种错误的思想认识统治大多数人们思想的时候,就需要评论家及时站出来进行评论,提醒人们改变错误的思想观念。

再次,某种被掩盖的思想倾向或者思想认识苗头。思想本来就是一种隐蔽于心中的东西,如果某些思想是大多数人的思想时,就有可能表现于外,如果某些思想只属于一小部分人的思想,往往就会隐蔽起来。好的思想隐蔽起来不能充分发挥作用,坏的思想隐蔽起来就会长期腐蚀人的精神。这就需要评论家用敏锐的眼光去发现它,用犀利的思想去解剖它。只有这样,才能发挥较好的社会效果。

2. 第二步继发思维,探寻评论对象内在关系——展开具有说服力的分析评论

有说服力的分析是进行评论的基础。评论要有说服力,必须在深入分析的基础上对某种思想现象的利弊、得失,做出有理有据的分析;对这种现象的美丑、真假,做出旗帜鲜明的判断,必须以理服人,才能产生预期的效果。

判断需要内在的标准。我们每个人都在根据自己内在的价值尺度来做判断,每个人内在的价值尺度,就是自己接受的理论体系或者理论思想。如果一个人自己的理论体系完整、严密,他所作出的评判就具有说服力;如果理论体系不完善,有缺陷,就难以说服别人。

分析评论要入情入理,平易近人,态度真诚,突出晓之以理,动之以情的特点。自己思想中的道理,只有让别人产生同感,才能发挥作用。因此,不能把自己的道理绝对化,要给对方一定的思想空间,否则,就会引起别人的反感。

掌握具体的评析方法

一是摆事析理。把事实作为由头,引出论题,展开分析;或者举出事例,作为论据,证明论点。这种方法需要用事实来说话,把理融于事中,或者从事中抽出理。

二是正反对比。任何问题都存在正反两个方面,只看一个方面肯定会形成片面认识,难以说服别人,只有通过正反对比分析,才能形成全面正确的认识。

三是析因论果。引出评论现象后,深入分析产生这种现象的原因,找出来龙去脉,推论结果,这是根据因果关系进行评论。

四是辩证论理。就是宏观把握客观事物之间的外部联系,微观地把握构成事物内部诸因素的主次,不把评论对象看作孤立、静止的事物,而是看作运动、发展的现象,运用对立统一的规律,对客观事物进行一分为二的分析思考。

五是一事一议。抓住一件事情,不进行旁逸斜出的联系,集中笔力,深入分析,造成深刻动人的评论效果。

六是比喻说理。把抽象的道理通过具体形象的比喻加以说明,这种方法形象生动,诗味浓郁,让理性的思想感性化,容易起到说服打动读者的作用。

七是类比论理。类比是人类最基本的思维方式,有些道理直说出来别人无法接受,通过类比方式曲折地表达出来,却能达到说明事理说服别人的目的。

3. 第三步评论完形——安排严密的结构,要体现评论的三个基本环节:提出问题——分析问题——解决问题

引论——分论——结论,是一般思想评论的结构模式。引出问题,让人们注意;展开分析,让人们觉得该问题确实值得关注;最后得出结论,让人们心服口服。这种结构模式符合人们认识事物的基本规律,也是人们接受某种思想的过程,违背这种模式,就会造成接受的困惑。

当然,思想杂谈随意性较大,结构可以自由灵活,类似杂文。新闻评论、生活评论、文艺评论都要体现出理论思维的特点,问题——分析——解决,是所有理论思维的内在逻辑思路。

第三节 评论写作思维训练

文学是社会生活的反映,文学评论能够充分体现评论的特点,加强文学评论写作思维训练,就能够掌握评论写作思维的规律。从文学评论入手进行写作思维训练,应该把握以下四个方面的问题。

1. 怎样评论作品的思想内容

一看作品总体倾向,不因为细节而掩盖全局。任何文学作品,都为我们创造了一个有意思的形式,它的意思往往是浑整的、多元的。对它进行评论,要看主导性的方面,不能以次要的局部的意思来掩盖整体的意思。

二看作品的历史背景。作品都是特定历史境遇中的产品,都打着历史的印记,所以,评论家必须有历史眼光,进行历史的批评。

三看作者的思想感情,不看写什么,而是看怎么写。严格来讲,文艺作品的题材是没有禁忌和边界的,作品的思想倾向也不以题材来论定。一个负面题材,也可以表现正面的意思和倾向。所以,评论一定要看作者的倾向。

2. 怎样评论人物形象

叙事作品的核心是人物,作品的价值和意义主要是通过人物形象的塑造表现出来的。评论人物形象的目的就是要读者充分理解人物形象的本质和社会意义。评价人物形象要注意以下几点:

一是要抓住人物形象的核心——人物性格。为此,首先看人物性格形成、发展的线索和过程;其次通过不同人物的对比看性格特点;最后是关注人物生活细节,通过细节揭示人物性格。

二是要搞清楚人物性格形成的历史背景和社会背景。人是在特定境遇中诞生、成长起来的。他在特定境遇中追求自由，进行自我实现。他的性格中必然有着明显的社会历史烙印。因此，分析人物性格，必须结合特定社会历史背景。

三是要揭示出人物形象的社会现实意义。文学是写人的艺术，又是为人服务的艺术。评论就是为了让文学服务于人的功能最大限度地发挥出来，让文学在现实中充分地实现应有的价值。

3. 怎样评论情节艺术

由一系列生活事件构成的情节，是人物性格发展的历史。能够显示出人物和人物、人物和环境之间的错综复杂的关系，流露出作者的思想感情和态度倾向。评论情节艺术要把握以下几点：

一、要把曲折的故事情节和深厚的细节描写结合起来进行分析，既要透过曲折的故事看到社会生活现象之间的联系和演变，又要透过深厚的细节看到作者对于社会生活的独到观察、认识以及表现，从而全面把握作者写作社会生活事件的意图和倾向。

二、要抓住中心事件。表现人物需要一系列事件，中心事件突出了人物之间的矛盾焦点，有助于把握人物性格核心，能够对比出人物不同个性，有助于全面把握作品结构，准确概括作品主题。

三、要从场面分析入手看作者构思。场面是作品情节发展过程中的基本单位，分析情节主要是通过分析一系列的场面来完成的。一般来说，按照作品的层次顺序抓住几个场面来分析，就能够显示情节的发展过程。

4. 怎样评论意境和抒情主人公形象

意境是形象鲜明、情景交融、寓意深远、富有强烈感染力的艺术境界（生活画面）。要分析评论意境，首先必须用敏锐的感官感受景中所蕴涵的情，抒情作品中一切景语皆是情语，要想把握景中之情，必须把握景物所表现的力的结构样式，判断景物所含的力本身的运动方向、节奏，然后以完形心理学理论，对其情感蕴涵作异质同构的评价。比如伤感的情感力量，其运动方向、节奏是舒缓向下的，所以古人写离别之情用"昔我往矣，杨柳依依；今我来思，雨雪霏霏"。欢愉的情感力量，其运动方向、节奏是急速向上的，所以古人写亢奋之情用"晴空一鹤排云上，便引诗情到碧霄"。

抒情主人公形象是抒情作品（通常是指抒情诗）中并未明显写出来的抒发情感的人物形象。抒情主人公情绪的变化构成了抒情作品的情感节奏，只有把抒情作品中情感的抒发者看作是一个典型人物——抒情主人公来分析，才能够准确、全面理解作品的思想感情及其发展的内在线索和情感节奏。

本章思考与训练

1. 什么是评论写作思维?
2. 评论写作思维有哪些步骤?
3. 自选一篇文学作品,写作评论文章。

第十五章 实用写作思维形式

第一节 什么是实用写作思维

1. 实用写作思维的含义

实用写作思维是在一定的现实条件规定下,根据规范的文体模式以适应实用目的而进行的写作思维活动。

实用写作思维是一种社会思维形式,我们这里用社会思维这个概念,主要是为了区别它与文学写作思维、理论写作思维之间的不同,形象思维与理论思维在某种意义上都是突出思维的个体性,是在个体感知、体验、认识社会生活的基础上进行的独立自主的思维。实用写作思维则不是以个体的意志进行思维的,一般要求在社会共同的意志基础上进行思维。实用思维的对象是现实面临的社会问题,思维的目的是为了社会的协调、统一行动,思维的方式是社会约定俗成或社会规定的方式,这样,思维个体的独立性就相对处于次要地位,而社会性就处于思维的主导地位。

2. 实用写作思维的意义

首先,从写作思维的目的来看,实用写作是为传递一定的知识或社会生活信息,进而影响社会群体的思想和行为的写作。思维的这种目的性,决定了思维的社会性特点。

其次,从写作思维的体制来说,实用写作是根据社会规定的范式加工信息、传递信息的思维。突出思维的社会内容而不强调个体自我的思维内容。个体的主观意志要服从社会的意志,个体的感知、体验、认识都要统一到社会思维中来,使个体的思维与社会思维达成一致,只有这样才能实现社会交际的目的。

再次,从思维的针对性和专指性来说,实用写作思维是针对社会化的内容,在特定社会圈中、特定范围内进行的思维,这就要求他接受社会的限制,不允许有主观随意性。

无论是新闻写作,还是公文写作,以及任何应用文写作都要体现这种社会思维的性质。

第二节　实用写作思维的特点

1. 思维的社会性

实用写作思维实际是社会思维。所谓社会思维,就是指一个社会在特定历史时期由于劳动协作和语言交往而形成的具有某种共性的思维结构、思维方法、思维要素、思维形式和规律。

每个个体都是生活在特定的社会中,社会是由各种复杂的关系所组成的一张大网,按照一定的社会制度组织并运行,每个个体都处于这个关系网中,站在这张网的某一点上,按照整个社会关系和社会规定思考问题,只有合乎社会思维的构思完整的文章,才能被社会接受,才能符合实用写作的目的和要求。

社会思维的关键因素是语言文字。社会思维作为整个社会全体成员共同的精神财富、共同的概念体系和方法论准则以及思想文化传统,制约和影响着每个个体思维者。而每个个体思维者又用自己的创造和发明,思维成果的物化、对象化和社会化,丰富并推动着社会思维的形成和发展。个体与社会的这种相互影响与促进,就是靠语言文字作为中介和手段来实现的。

要正确理解和进行社会思维,就应该坚持个体与社会的统一,也就是说,社会思维是个体与社会交融互渗的思维方式。

语言文字以及各种约定俗成的符号,不仅是社会成员之间交流思想、情感、经验和知识的工具,而且也是社会思维形成的重要手段。因为只有语言文字才能使人的内在思想活动物质化,才能把个体的思维成果组成社会意识,成为社会共有的精神财富。同时,语言又是连接每个个体的有力工具,是把每个个体联结成群体、类、社会的纽带,从而实现社会的协调与运转。

每个社会既要突出个体思维,又要重视社会思维,没有社会思维,那么我们的社会就会成为一盘散沙,没有社会组织与制度,个体也就难以在社会中生存发展。

实用写作思维是社会思维在写作领域里的反映。一个社会要维护统一,就应通过一定的实用写作,交流思想,统一认识,实用写作思维就是以此为基础形成的。

在阶级社会中,社会的主导思想是统治阶级的思想,社会的主导性实用思维范式也是统治阶级的思维范式。实用写作思维都是按照主导性的思维范式进行的写作思维活动。特定社会主导性的思维范式是人们普遍采用,而且已经被人们广泛接受的思维形式,用它进行思维并写作,容易达到协调思想、统一行动的目的,违背它,容易招致人们的非议,虽能标新立异,却难达到实用目的。

实用思维强调思维的社会规范性,要求思维在社会制度、法律、政策基础上进行活动,按照社会的主导性思维方式进行思维,只有这样,实用思维才能走在统一人们思想、协调人们行动的道路上,才能真正发挥实际效用。

我们把实用写作思维界定为社会思维,一是强调社会规定,二是突出集体智慧,三是要善于驾驭社会知识和社会理论,综合利用社会现存的一切精神财富实现社会统一发展和协调合作的目的。这就要求实用思维必须符合现实生活的需要和发展变化。

从事实用写作思维,一定要认识到这种思维形式是社会思维的体现,准确把握社会思维,才能很好地运用实用写作思维为社会服务。同时,还要认识到社会思维是不断发展变化的,具有一定的内部发展规律,掌握这种规律,才能与时俱进。

第一,社会思维是建立在社会生活基础之上的,它随着社会生活的发展变化而发展变化。任何一种社会思维,都是社会生活需要的反映。社会生活的需要,实际上就是人们物质生活需要和精神生活需要的体现,它不仅为社会思维的形成和发展提供推动力,而且也为社会思维提供发展空间。与此相联系的是人们社会实践活动的广度和深度,规定着社会思维客体对象、范围以及思维内容,并提供思维真理性检验标准。

第二,一个社会的民主与法制是社会思维存在与发展的保证。社会思维的存在与发展需要一定的环境和条件,这就是社会的统一和稳定,而实行统一和稳定的手段就是民主与法制。没有民主,社会思维就会陷入僵死的局面,就会腐朽退化。民主就是集思广益,它能使大家的智慧充分发挥出来,促进社会的进步发展。离开法制,社会思维就不会稳定,就会出现混乱,就不能很好地协调发展,而法制能够规范社会思维,能够使社会思维朝着正确的方向前进。

第三,吐故纳新是社会思维内在的发展规律。任何一个历史时期的社会思维,都需要不断从外界接受新知识、新信息,包括自然科学信息和社会文化艺术信息,同时又不断耗散信息才能维持有序结构。社会思维总是在非平衡系统中从紊乱无序的状态向新的有序状态转化。在社会思维系统中，各个群体思维系统内部和群体思维系统中由于不同见解、不同观点的矛盾所产生的引力决定着它们之间要相互交流信息，丰富和发展社会思维，改变原有的思维内容，保持最先进最佳的知识结构和智力结构，从而更有效地认识世界和改造世界。

第四，科学技术的发展是推动社会思维发展的内在动力。一个国家的社会思维形成具有一定的稳定性，也就是说，由无数人的努力所形成的认识论准则和方法论准则是轻易不会改变的，除非科学技术的发展改变了人们的观念，社会思维才会发生改变。例如，因特网的出现，使得相对封闭的社会思维不得不走向开放，因为你再也封闭不了了，只能开放。所以，由于科学技术的不断发展，每个国家的社会思维最终都将走向某种统一，实现人类的世界思维。

实用写作思维必须随时注意社会思维的变化，正确运用社会思维，在社会思维的规范下，积极发挥自己思维的社会功能，用自己的思维成果促进社会的进步和繁荣统一。

2. 思维的规定性

规定性是指实用写作思维不论是内容还是形式都是由社会或者委托人规定的，思维主体只能在规定的范围内展开写作思维活动。

一是内容的规定性。实用写作思维的内容是由现实生活中特定的社会实用目的和特定的权限范围决定的，是由社会需要或者委托人的需要决定的，不允许表达思维个体的思想和个体思维的内容。例如：你在单位接受领导的任务写作公务文书，就必须在领导授意的情况下进行思维，是按照领导的授意完成写作构思的，不是按照自己的思想去思考的。你要代替他人写作书信或诉状，就要按照他人的委托，按照他人的意思去进行写作思维。

一般来讲，社会思维内容就是社会现实面临的社会问题，应根据社会形成的认识论准则和方法论准则去寻求解决的方法和途径。这种问题可能是写作主体自己发现产生出来的思维内容，也可能是接受他人的任务，由他人规定的。自己选出的思维内容应该服从社会的规定。例如，社会现在需要解决经济高速发展的问题，个体思维就必须在社会规定的这个大前提下进行，在这个大范围内展开思维，使自己的思维统一到社会思维中来，这样，个体思维的成果才能得到社会的认可。再如，精神文明建设是我们这个社会思维的核心内容，每个个体思维者都要在这个规定的范围内进行个体思维，这个个体思维内容就被纳入社会思维内容，成为社会思维规定的内容。新闻写作服从于这个社会规定，就能够得到社会的传播，违背这个规定,就不能得到传播。

公文写作必须服从行政机关的规定,科技专业写作必须服从科技专业的规定,社交文体写作必须服从社交规定,每个实用领域里的写作思维活动,都必须服从该领域的特殊规定。

二是写作程序、形式、格式的社会规定性。实用写作是社会交际、社会活动的产物,为了交流传播的方便,每个社会都对这一类写作的程序、形式、格式作出了明确的规定,甚至以法规的形式固定下来。每个写作思维个体都必须按照这些社会规定下来的程序、形式、格式进行写作思维。只有按照这些规定展开写作思维,产生出来的作品才能被社会接受、认可,否则,社会不予发表和接受。

实用写作思维的社会规定性可以从三个方面来看,首先是国家通过法律对一些文体作出规定,例如法定行政公文。其次是专业事务公文,是由各个机构的特殊领域习惯作业形成的一种规定,例如专业文书。再次就是民间规定的文书,例如书信、婚俗礼仪等等。

程序的规定是指,实用写作思维要遵照社会规定的顺序和格式进行,它要求程序化思维,一般是推演性思维,由浅入深、由表及里,先请示,后汇报,摆事实讲道理等等。公文写作还有一套规定的程序,即交拟、拟议、撰拟、审核、定稿、打印的一套规定。

形式则随着实用写作对象的不同而有不同的规定,在新闻领域内,就要运用新闻的形式,在公文领域内,就要用公文的形式。

格式也是由不同领域实用的目的性规定的,公文有公文的格式,新闻有新闻的格式,法律文书有法律文书的格式,书信有书信的格式等等。

实用写作思维要求每个写作者都必须掌握各种文体的基本格式,把这些格式内化成为一种思维模式,成为一种思维习惯,这样就能够适应社会生活的需要,能够胜任实用书写工作。

三是概念体系和理论体系的规定性。实用写作思维只能在社会规定的概念体系中思考与解题,只能按照社会规定的理论体系去思考分析社会实践。理论体系的变化以及概念体系的变化,也就连带着社会思维的变化。每一个社会的理论思维是整个社会构成的基础,实用写作思维就是运用这些理论和观念去实现社会的统一管理和统一领导,实现社会的协调与运作。因而,在这里不允许个体自由发挥,不允许随意改变观念体系和理论体系,而只能在现行的概念和理论体系中思维。

3. 思维的实用性

这是实用写作思维的突出特点。思维的一切过程、内容和结果都要体现实用性，从实用目的出发，达到实用的效果。实用写作必须促进沟通，促进信息传播，促进社会协调，充分实现写作的现实功能。所以，整个思维过程要求简洁，直接揭示思维内容，表达思维对象，达到通俗、明了，正确易懂的效果。

实用性还表现为这类写作思维最终将导致公众的思想变化和行为变化。整个写作思维是围绕着怎样才能使这些变化成为可能进行的，思维的目的就是要产生直接的社会效果。

文学写作思维和理论写作思维只是间接地影响公众的思想，没有直接的实用效果，而实用写作思维的目的就是要产生直接的实用结果。所以，这是实用写作思维与这两种写作思维的区别之处。

第三节　实用写作思维的具体方法

1. 分类

分类就是当概念的外延反映许多事物时，可以按照一定的标准把一个概念的外延分为若干个小类，从而明确其外延。

分类是进行科学研究的基本方法，在实用写作思维中，首先要求作者对所要涉及的问题按照性质进行分类，然后形成比较明确的认识，最后，理顺其中的关系，这样才能实现准确地表达。明确规定的思维内容，就必须详细区分，把规定的内容的全部外延思考清楚，才能正确认识思维对象，也才能正确完成社会或者委托人交付的任务。

对规定的内容不进行分类理解，就不能组织材料，就无法思考，就不能实现社会目的。例如：单位领导要求文秘人员写作一份工作总结，文秘人员就要对工作总结的外延进行全面思考，然后，对工作进行分类，不分类就无法进行总结。

接受他人的委托，也需要对他人的思想或委托问题进行分类，分出几个方面，然后才能进行写作思维的发散和聚敛，完成写作构思。

2. 列举

列举是明确概念部分外延的一种方法。为了说明某个问题，需要列举一类事物的部分对象，证明某个道理，达到说服读者的目的。实用写作思维在思考写作问题上，为了让读者理解接受，就需要寻找事例，列举事实，达到社会统一认识的目的。

通俗地说，列举也就是举例说明，这种思维总是企图用具体的实际事例来说明某个比较抽象的道理。在实用写作思维中,由于分类,各种事实材料都会集中到意识中来,这时候就需要思维从中选择出典型的材料作为举例的对象,所以,列举的关键是选择出典型,只有选择出典型材料,才能具有说服力。

3. 比较

比较是确定研究对象之间的共同点和差异点的一种逻辑思维方法。实用写作思维为了突出或者宣传某个规定的内容,通过比较就能很好地实现这个目的,比较能使事物的优劣显示得非常充分,给读者留下深刻的印象。

在公文写作活动中,比较的思维方法是最常用的方法。因为每一项公务活动都有一个前后衔接的问题,只有通过比较,才能够发现问题。所以,总结、述职报告、经济分析报告等等文体,都需要运用比较的方法来形成对工作的认识,没有比较,也就看不到差异,没有差异,也就分不出优劣。工作中的先进与落后只有在比较中才能认识清楚,从事实用写作必须学会比较的思维方法。

4. 概括

概括,是在思维中把从某些具有若干相同属性的事物中抽取出来的本质属性,扩大到具有这些相同事物属性的一切事物,从而形成关于这类事物的普遍概念。

思维的概括活动就是形成概念以及从较为具体的概念走向较为普遍的概念的过程。实用写作思维最基本的一个层次,就是确定概括的范围和界限,这是与科学认识所要规定的概念的内涵和外延相联系的,反映了概念的内涵和外延之间的对立统一的运动。

实用写作会涉及许多材料,这些材料的内在联系以及内在含义都需要通过概括的思维方法来认识,公文写作的基本能力就是对材料的抽象概括力,要从大量的事实材料中概括出能够反映工作规律和社会生活本质的认识,譬如说一个单位在一年里做了六件实事,这六件事反映了什么样的工作规律,反映了什么样的社会生活本质,这些就需要从具体实例出发进行概括,抓住内在性质,才能组织材料,完成写作。

5. 直述

直述,就是直接陈述规定的内容。在思维中把规定的内容按一定的关系逐次排列表述。实用写作思维不允许思维个体独立思考,只能在规定的范围内直接思考内容的关系,直接阐述规定的内容。

在实用写作思维中,一直需要贯穿一个思想,那就是明明白白把事实真相告诉读者,不允许虚构,不允许绕弯子,实事求是,直截了当。

6. 揭示

揭示,就是对实用写作对象规定的内容及其性质予以概括说明。实用写作思维是对社会或者他人委托的写作内容的内在关系和内在本质进行解释,揭示其中的道理,让读者能够正确理解,整个思维过程就是围绕着怎样解释内在的本质进行的,必须思考清楚,才能正确揭示。

揭示就是要把事物内在的东西通过思维进行阐明,并且通过概括性的语言表现出来,使大家对这种事物都能够有正确的认识。

事物的内在属性是多方面的,它的表现形式也是多样化的,因而常常会造成人们思想认识的复杂化,揭示实际上就是以某种需要或者目的为前提,对事物内在某方面的性质加以说明,达到对读者引导或者说服的目的。

第四节 实用写作思维方式

实用写作是一种实用性极强,使用范围很广的写作活动。是一种亟须深入研究却又缺乏深入研究的写作活动。千百年来,由于人们的偏见所致,把文学写作、理论写作抬得很高,对于他们的研究也就用力较大,成果较丰。把实用写作看得较低,对它的研究也就相对看轻,成果较少。因此,实用写作过程中究竟是什么样的思维方式在活动,目前还没有系统研究,可以说还是一个较难描述的课题。但是,我们还是可以初步将其描述为以下几种思维方式。

1. 对象化思维方式

一般思维都是个体主观意志的体现,思维者是根据自己的意愿进行思考的,是为了解决自己思想中的问题展开思维过程的。但是,实用写作思维却不是以自己的需要为触发点,而是以对象的需要为触发点,是根据社会需要去认识对象的。对象化思维是一种抑制或者淡化个体意志的思维,也就是说思维个体的主观意志要服从客体对象的需要,由对象决定思维的发展方向和思维的结果。这是一种被对象全部占有思维空间,并围绕弄清对象的形状、性质、规律进行思维的活动方式。对象化思维的目的是把握对象的内在规律性,以及合乎社会目的性。客观社会需要是应用写作的起因,这一需要制约着作者的思维过程,对象化思维的本质是作者有意识地将自我转化为对对象的关注,作者只能根据对象的实际情况并且按照对象自身的要求来组织,形成系统结构。比如,作者因某种需要,去调查某一事实的真相,这时候,不管写作者个人自己愿不愿意,都必须按照社会的需要去进行。在根据调查的实际结果来完成写作内容的构思,或根据某种需要或"事由"写作"通知"或者报告,或根据对象制定出规章制度时,作者都必须运用对象化思维,全力关注对象的特点,有意识地消除自我表现。因此,实用写作者应重视客观调查,注意掌握第一手材料,并以此作为思维的起点,时刻把握写作对象的特征。实用写作者不仅要根据客观事物的特征去思考,而且要根据特定的对象来写作,把握对象心理,达到办事的目的。

2. 格式化思维方式

文学写作是一种创造性的思维活动,写作的成品在最大限度上要满足读者的新奇感,他要求作者展开艺术想象的羽翼,突破那些规范和模式的束缚,创造崭新的虚拟的艺术境界,给读者以"陌生化"的审美享受。实用写作虽然也是一种精神生产,但是,这种写作目的是为了社会规范,为了社会的统一领导和管理。所以,思维的启动一般都是接受明确的指令,有意无意地受某种文体规范的制约,往往按照某种文体的格式去"构想",先按照某种格式去想清楚,然后,再按照某种格式去遣词造句。当然,作者也可以发挥个人的独创性,灵活处理材料,寻求最佳的办事方法,但是,毕竟是在框框里跳舞,最终受某种规范性的制约,应把写作的应用价值放在第一位,把真实地传达信息放在至关重要的位置,所以说这种思维的运行方式,是一种格式化的思维。格式作为"内在尺度"制约着作者的思维。比如,某一作者需写作一则通知,一般都沿着这样的思维展开:为什么要发通知,通知的事由是什么,有什么要求。作者沿着"格式"思考下去,往往能迅速成文,满足了应用写作应"时"而作的需要。因此,写作者必须掌握多种实用写作格式,在思维上有格式化意识,自觉地按照某种格式去想、去写。当然,格式不是僵化固定的东西,应用写作随着时代的发展,某些格式也会变化、发展,但与文学写作相比,实用写作的格式相对稳定,对作者的制约性也就相对较大。

3. 换位思维方式

换位思维是一种站在他人的立场上,设身处地,替他人着想的一种思维方式。应用写作中,作者构成较为复杂,作为代言人的作者在写作中往往需运用换位思维方式,即站在被代言人的立场上去思考问题,设想被代言人对这个问题是如何想的,他有什么看法,他会如何表达等等。秘书代某领导起草讲话稿,就需要运用换位思维,设想领导在这样的场合应该说什么话,应该用什么样的方式说话,甚至连讲话的语气也要体现出领导者的语言风格。当然,换位思维必须建立在对被代言者的语言风格、个性特点以及写作意图充分了解的基础上才能进行,而不是想当然。如果脱离了被代言人的实际情况,这种换位思维就会牛头不对马嘴,导致实用写作思维不能实现目的。代言作者实际上是以撰稿人的身份参与写作活动的人。代言人与被代言人之间往往有两种关系:一是被代言人指定代言人以助手的身份参与写作,如秘书代领导拟写公文、代领导写讲话稿等。这就要求代言人必须熟知领导性格和拟文意图,熟悉与工作相关的各个方面的情况,并在调查研究过程中帮助被代言人验证写作意图的正确性,还要熟练地掌握公文写作格式,准确无误地传达法定作者的写作意图,把法定作者的决策和意图形成文字。写作成品的署名只能写被代言人或被代言组织,代言人不能署名。二是代言人以执笔服务者的身份帮助他人完成写作任务。他根据服务对象的要求,记录"作者"口述的内容。如代他人写合同、拟起诉状、写书信等。这种代言,同样也要熟知被代言人的实际情况和写作意图,而且,这类代言作者不仅在写作内容上出谋划策,在遣词造句上也发挥自己的参谋作用。代言人的角色成功与否,取决于他对自己所扮演的角色的理解,取决于他对被代言人写作意图和提供的材料的准确把握。

　　写作应用文时,必须首先明确自己是什么角色,并了解各个角色的工作任务,了解自己在写作活动中所能发挥的主观能动性的程度。只有进入角色,把握好角色,才能写好应用文。

　　任何一种思维方式的运用都服从于目的之需要,在应用写作中不仅需要灵活地运用上述三种思维方式,还需用逻辑思维去加工和组织材料,用创造性思维去寻求办事的最佳方法。因此,在一次写作活动中,有时需要用多种思维方式和方法去把握对象。

　　现代人类正处在一个"走出产业而进入思想行业"的时代,美国著名社会预测学家约翰·奈比斯特在《大趋势——改变我们生活的十个新方向》一书中指出:由工业社会向信息社会过渡中,有五件最重要的事情应当记住,其中之一就是"在这个文字密集的社会里,我们比以往任何时候更需要具备基本的读写技巧。"读写技巧实际上就是掌握信息、处理信息的技巧。这种技巧不仅关系到一个人怎样表达自己,而且关系到一个人今后怎样立足于社会,怎样找到自己的工作。因为,我们进入到知识经济时代,任何一个职业都需要这种读写技巧,都需要把知识转化为基本技能,转化为生产力和创造力。所以,写作成为今天我们每个人都必须学习、必须掌握的一种技能和才能。

　　我们这个时代已经由空谈理论转而进入到一个讲究实用的科技时代,所以,在写作领域里也发生了很大的变化。这就是文学写作正面临着挑战,越来越多的人没有时间阅读文学作品,而实用文章却受到广大读者的重视。这是因为文学需要相应的特殊天赋,自由变化,一般人很难掌握;而实用文体具有固定的模式,便于人们掌握运用。同时,文学写作作用于人们的精神世界,与人的实际生活有一定的距离,不直接影响人的社会行为;而实用文体写作,直接作用于人的社会生活,直接影响人的行为,与每个人的生活密切相关,所以,实用文体写作已成为我们每个人社会生活中不可缺少的生活内容。

本章思考与训练

1. 什么是实用写作思维?
2. 实用写作思维有什么特点?
3. 什么是分类?
4. 什么是列举?
5. 什么是对象化思维?
6. 什么是格式化思维?
7. 如何理解换位思维方式?
8. 请你以一个公司老板的身份拟定一份对员工的讲话稿。

第十六章 公文写作思维

第一节 公文写作思维的含义和分类

1. 公文写作思维的含义

公务文书是古往今来人们在公务活动中经常使用的文书。公务文书又称文书材料，或简称文件。我们现在习惯上把国家机关系统的公务文书叫公文，把党的系统的公务文书叫做文书或文件。一般来说，文书的外延比较大，公务文书次之，文件的外延最小。实际上，我们所有的公务文书都可以称作文件，而红头文件则是指具有固定规格、文头用红字印刷并且编号的正式文件。

公文一词古已有之。最早见于西晋陈寿所著《三国志》中《魏书·赵俨传》："公文下郡，绵绢悉以还民，上下欢喜，郡内遂安。"其后南朝宋范晔所著《后汉书·刘陶传》说："州郡忌讳，不欲闻之；但更相告语，莫肯公文。"这两段文字所说"公文"，都是指官府具有法定效力的文书。历朝历代所制定的公文规章，其公文种类的规定也总限于具有权威性的公文，而不包含种类繁多的事务文书。如为整个封建时代沿袭的西汉初年制定的公文法则，其下行文主要有四种："一曰策书，二曰制书，三曰诏书，四曰戒书。"其上行文也主要有四种："一曰章，二曰奏，三曰表，四曰驳议。"（东汉蔡邕《独断》）。南朝梁刘勰所著《文心雕龙》也把事务文书与公文的诏策、章表等区分开来，而专辟《书记》篇，其中列举了谱、籍、簿、录、方、术、占、式、律、令、法、制、符、契、券、疏、关、刺、解、牒、状、列、辞、谚等24种文书。在古代，公务文书主要是指官府文书，所以称"官书"或"官文书"。如《周礼·天官》说："六曰史，掌官书以赞治。"赞治是帮助治理的意思。这就说明，从事公文写作，就是代表官方，表达国家意愿，达到治理目的。

到了现代，国家机构和各种社会集团日益增多，公务文书的使用范围也随之扩大。在我国，党、政、军等机关，工、青、妇等群众团体，教、科、文等事业单位,工、农、商等企业单位,都在各自的活动中形成和使用公务文书。因此我们把现代公务文书的定义表述为:各机关、团体、企事业单位在行使职权和日常公务活动中形成和使用的具有固定格式和体式的文字材料。也有的称公务文书为"机关应用文"或"机关实用文"。

从公务文书定义可以看出,公文写作具有社会规定的格式和体式,是为公务活动服务的。

所以,公文写作思维是在社会规范基础上,代表机关或单位行使职权,表述公务活动目的或任务的写作思维活动过程。

2. 公务文书写作分类

公务文书写作内容广泛,形式多样,是文章中的一个大家族。为了了解它们的全貌,掌握它们不同的用处、格式和写作要求,有必要对林林总总的公务文书进行分类。现在一般把公务文书划分为两大类:行政公文和事务公文。

第一类是机关行政公文。指机关、团体、企事业单位根据各自的职权范围、隶属关系制发的具有法定效力和规范体式的文书。

这类公务文书的主要特点是具有法定效力。所谓法定效力,就是由法律、行政法规或章程明文规定的效力。具体说来,行政公文具有以下几个特点:

第一,行政公文体现制发机关意志。行政公文的制发者(或称作者)是机关,而不是个人。它发出的命令、提出的意见、反映的情况等,不是代表个人,而是机关集体意志的体现。正因为如此,它才具有法定效力。也正因为如此,它的成文必须履行规定的程序,即起草公文应当完整、准确地体现领导意图,重要的公文应当由领导人亲自动手或主持、指导,进行调查研究和充分论证,征求有关部门意见;公文稿应当由本机关办公部门进行校核;最后由本机关领导人审批签发,并加盖机关印章或由机关领导人署名。这样的程序规定,保证了公文能体现制发机关而不是任何个人的意志,从而使公文具有了发文机关行使法律、法规或章程所赋予职权的效力。

第二,行政公文需要行文。凡公文成文后,都不只是用来存档备查的,而是要根据各自的隶属关系和职权范围行文,或发表、张贴出去,使有关单位或公众办理执行。只有行文才能使特定的单位或广大公众知晓,才能实现其法定的效力。因而公文又有下行、上行和平行的区分。

第三,行政公文需要办理。收文机关对所收公文要按规定程序进行办理。办理公文的程序主要有签收、登记、拟办、请办、分发、传阅、承办和催办等,最后要立卷、归档。收文机关如不按规定办理公文,或推诿,或阳奉阴违,要受到法纪处分。

第四,行政公文具有规范体式。由于公文是公务机关行使有关法律、法规或章程赋予的职权,需要行文、办理,所以应当具有规范的体式,包括规定的种类和格式,以保证每份公文的权威性、完整性和有效性。各个机关、团体和企事业单位必须严格按照规范的体式制作发送公文。

从以上特点可以看出,公文是国家机关和各种社会集团行使职权、处理公务的最为正规、有效的工具,是公务文书的主体部分。因此为了保证其科学化、制度化和规范化,我国党、政、军等各重要机关都制定了各自的公文规章,国家质量技术监督局还于1999年12月27日发布了《国家行政机关公文格式》。现行的党的公文规章是《中国共产党机关公文处理条例》(中共中央办公厅1996年5月3日印发),行政公文规章是《国家行政机关公文处理办法》(国务院办公厅1987年2月18日发布,1993年11月21日修订),军事公文的规章是《中国人民解放军机关公文处理条例》(中央军委办公厅1992年3月30日印发)。这些公文规章对有关公文的作用、种类、格式、行文规则、发文和收文处理程序等都做了明文规定。

第二类是机关事务文书。指机关、团体、企事业单位在日常公务活动中形成和使用的文书。

这类公务文书包括各种公文规章规定的行政公文种类之外的一切公务文书。它们也各有各的作用,如记录、大事记具有记载作用,简报、调研报告具有参考作用,证书、介绍信具有凭证作用,等等。但它们一般都不是用来行使职权的具有法定效力的文书。有的事务文书,如计划、规章制度等也可以成为具有约束力的文书,但这些文书则须履行公文成文的程序,并用相应的公文印发。

正由于事务文书不是用来行使职权的文书,所以它们一般不行文,大多只用来参考、存照或证明等。有的也需要发送,如简报,但不需要办理。事务文书的体式也无明文规定,只有惯用的种类和格式,具有较大的灵活性。如计划、总结、调研报告等,都是按一般文章的常规写法由标题、正文和署名构成,前无公文文首部分的种种标识,后不加盖印章,更无公文版记部分的各个项目,它们与公文的格式大不相同。再如项目比较完备的简报,其种类和格式也多种多样,并无明文规定,只是约定俗成的。

新中国建立以后,1951年9月29日颁布的第一个公文规章《公文处理暂行办法》,规定行政公文7类12种,后来几经修订,1993年由国务院发布《国家行政机关公文处理办法》(国办发[1993]81号),明确规定,我国行政公文现行12类13种。

综上所述，历代公文规章所定的公文种类都不包括事务公文，可见，行政公文与事务公文不能代替，也不能等同。

第二节 公务文书写作思维步骤

1. 公务文书写作思维特征

公务文书写作是为国家统一管理服务的，是代表国家的意志和权力的，所以，就决定了与其他文书的写作具有不同的特点。

第一，公务文书写作具有鲜明的政治性。公务文书产生于阶级、国家出现之后，其基本内容是国家政权机关的指挥意志、行动意图、公务往来的系统记录，直接反映国家政权的政治意向和根本利益。所以，公务文书的政治性是非常明显的。今天，我们国家各个机关、团体、企事业单位的公文，与党和国家的政治事务和人们的社会生活密切相关，它是传达贯彻党和国家的方针、政策、法令、法律，推进现代化建设的重要武器。

第二，公务文书写作具有法定的作者。这是指公务文书必须有法定的作者，即依法成立并能以自己的名义行使权利和承担义务的组织。党政机关、团体、企事业单位等，都是依据法律、条例、章程、决定、决议等建立和合法存在的，它们都是法定的作者。公文就是这些法定的作者根据自己的职能和权限制发的。

公文主要以机关或机关某一部门的名义发布，有时也以机关首长和国家领导人的名义发布。如1980年9月10日第五届全国人民代表大会第三次会议通过的修改后的《婚姻法》，就是以全国人大常委会委员长叶剑英的名义发布的。有的是机关首长对所属工作人员的任免令或任免通知等。以领导人名义作为公文的作者，并非以私人身份出现，而是以他所在机关的领导人、负责人的身份发布的，是领导人、负责人行使自己职权的一种表现。而领导人、负责人的职务，又是经过委任或选举程序，报请上级机关批准的，因此，他们也是公文的法定的作者。

第三，公务文书写作有法定的权威和特定的格式。作为机关的喉舌，公文可以代表机关发言，代表制发机关的法定权威。例如，中共中央文件代表了党中央的意见，经过第五届全国人民代表大会常务委员会第二十二次会议通过，由人大常委会委员长叶剑英发布的《中华人民共和国民事诉讼法（试行）》，是加强法制的法律依据，具有法律权威。再如，国家行政领导机关发布的文件，代表了人民政府的职权和意图，具有行政领导和行政指挥的权威。

正因为公文代表了制发机关的法定权威,所以制发公文是一件非常严肃的工作。为了维护公文的权威性和严肃性,党和国家规定了统一的公文格式,任何机关不得另搞一套,自行其是。

第四,公务文书写作具有现实的效用。由于公文是在现实工作中形成和使用的,为推动现实工作而服务,因此,它的作用有时间的限制。这项工作一旦完成,由这项工作所形成并使用的公文的作用也随之结束。只是各件公文的寿命不等,有的时效长些,如法律性公文;有的时效短些,如某件具体事情的通知,在事情办过之后,公文的效用也就结束了。但是,这些公文既然已经发生过效用,在它失效后也就依然具有查考的价值,因此,它又需要立卷归档保存,转化成为机关档案。

2. 公务文书写作思维步骤

2.1. 换位思维,确定发文的出发点和发文关系

公文写作是将各级机关在按照党和国家的统一意志进行活动的过程中需要交流的精神意图、情况、要求记录下来,传达开去,以沟通上下左右之间的联系。例如,中央党政领导机关在制定与发布各项方针、政策、法令时,就常利用公文传达到全国各个地区、各个机关、各级干部和广大人民群众中间去,组织与动员广大干部和群众贯彻执行。再如,下级机关经常以请示、报告、总结等,把工作中的情况和问题反映给上级领导机关。这对于上级机关了解下情,行使权力,推动工作,是一种必不可少的手段。所以,从事公文写作,首先就是要把个体思维转换为社会思维,确定发文机关的立足点和出发点,就是要明确发文权限。属于全面的、重要的、方针政策性的问题,以领导机关的名义行文。属于在既定方针政策范围内的日常业务工作问题,应以有关业务部门的名义直接行文。公文内容要符合制发机关的职权范围,否则就无权威性和约束力。应由中央决定的问题,地方行文无效,应由其他部门决定的问题,本部门行文无效。公文力求精简,可发可不发的不发,通过面谈、电话协商解决的问题,就不要行文,以减少程序,提高效率。

确定发文的关系,指的是发文机关与收文机关之间的关系。这也是在拟写公文时所必须注意的。下级机关一般应按照直接的隶属关系而不要越级行文,以免打乱正常的领导关系。如遇特殊情况或紧急事宜必须越级行文时,应当抄报所越过的机关。上级机关如有必要越级向下行文对,应当同时抄送受文机关的直接上级机关。拟制涉及几个部门职权的公文,主办机关要主动与有关部门会商,取得一致意见后联合行文。联合行文的机

关应当是同级机关。

要分清主送机关与抄送机关。向上级机关的请示，不要同时抄送下级机关。向下级机关的重要行文，可以抄送直接上级机关。受双重领导的单位向上级机关的请示，应当根据内容写明主送机关和抄报机关，由主送机关负责答复所请示的问题，上级机关向受双重领导的单位行文时，应当抄送另一个上级机关。

2.2. 第二步继发思维——明确发文缘由和主要任务、内容

公务文书写作需要明确发文缘由，实际上就是要了解公文写作背景，也就是在什么背景下写作公文。许多公文在传达贯彻党的方针政策和布置工作时，一般都要阐明其指导思想，讲清道理，提出要求。它既是推动工作的工具，也是向干部群众进行宣传教育，使他们提高认识，统一思想的武器，如1982年10月20日党中央、国务院《关于制止乱砍滥伐森林的紧急指示》，就是通过介绍各地存在的乱砍滥伐森林的情况，说明它的严重危害性和必须坚决予以制止的重要性，这也就对广大干部和群众进行了宣传教育。从这里，我们可以看出，公文写作缘由有两个方面：指导思想和实际情况。不论哪一种类的公文，其缘由首先就是党和国家的方针、政策、法律、法令和上级机关的有关规定。党和国家的方针、政策、法律、法令，体现了全国人民的根本利益，各级机关必须遵照执行。这是我们的事业不断发展壮大的根本保证。各级机关制发的公文，从根本上说，都是为了更好地贯彻执行党和国家的方针、政策、法律、法令和上级的有关规定。下级机关的公文的权威性和约束力也在这里。从横向上说，一份公文往往涉及许多方面，受着多方面方针、政策的约束，因此必须注意与各方面的政策相一致，防止互相牴牾。这就要求公文的起草人必须认真学习政治理论，学习研究党和国家的方针、政策、法律、法令，不断提高理论水平和政策水平，以马克思主义的立场、观点和方法分析问题、解决问题。其次，公文写作缘由就是客观实际，符合工作规律。公文是用来办事的文章，是据以解决问题的文章，必须实实在在。事实要真实可靠，数据要确实无误，结论要符合实际，办法要切实可行。公文的内容必须从实际出发，符合客观实际，符合工作规律。因此，公文起草人不能闭门造车，生逼硬挤，必须深入实际，调查研究，切实掌握新情况，分析研究新问题，同时，要精通本行业务，学习有关知识，避免拟写公文时说"外行"话，抓不到点子上，说不到要害处。只有内行，才能真正运用唯物辩证法观察问题，有针对性地提出解决问题、指导工作的意见和措施，实事求是地答复和处理问题，踏踏实实地推动工作。

公文的任务和内容根据机关和单位需要解决的实际情况来决定，写作

者需要在交拟过程中,向有关领导问清事由和任务,根据掌握的大政方针政策决定公文写作的内容。上级机关的公文,对下级机关具有领导和指导作用,下级机关根据上级机关的公文所制定和传达的方针政策、工作任务和部署开展工作,上级机关根据下级机关的公文掌握情况,解决问题,指导工作,平行机关和不相隶属的机关之间,也可根据往来的公文知照情况,洽商工作。离开了公文的依据和凭证作用,各级机关将无所遵循,难以开展正常而有秩序的工作。

在机关公文中,有相当一部分内容,是用以制定和发布各种法规和政令的,如刑法、刑事诉讼法、婚姻法、逮捕拘留条例等等。这些公务文书本身就具有法律效力,一经发布,就必须积极执行,任何人都不得违反,这就成为人们在某一方面的行为规范。

一份公文的内容清楚明了,文字简练确切,解决问题的措施得力,就能促进党和国家各项方针、政策的贯彻执行,推动各项工作的开展。反之,一份公文思路不清、冗长杂乱、前后矛盾、不切实际,必然使人费解或发生误解,以致失时误事,影响工作,甚至造成严重损失。

党和国家极为重视公文的撰写工作。毛泽东、周恩来等老一辈革命家,在日理万机的繁忙工作中,经常亲自起草和修改公文,从内容到文字、标点,总是一丝不苟,并曾多次作过指示,极力倡导新的文风。我们应该以老一辈革命家为榜样,发扬良好的文风,努力提高公文质量,使它成为党和国家机关组织、领导人民群众同心协力建设两个文明的一种有力工具。

2.3. 第三步完形思维——按照不同公文文种格式和体式完形处理材料

不同种类的公文,有不同的具体要求和写作方法,也有不同的格式和体式,这就要求写作者在组织公文材料的时候,按照不同格式和体式安排结构。机关行政公文格式是由国家以法律的形式固定下来的,这就要求写作者必须完全按照规范的格式进行写作。

公文格式是指一份完整的公文一般应当具备的项目、各项目的标识规则和用纸、排版等的要求。

为了保证公文的完整性、权威性和规范化,并便于撰写、办理和存档备查,《公文处理办法》对公文格式做了明文规定。根据这一办法,国家质量技术监督局发布了《国家行政机关公文格式》,注明此格式"其他机关公文可参照执行"。公文的构成项目很多,公文的用纸尺寸和排版形式等也有严格规定。为了便于了解和掌握,下面分成三部分加以说明。

第一部分:文头部分

文头部分，位于公文首页上方，约占首页的 1/3，由发文机关标识、发文字号、签发人、份数序号、秘密等级和保密期限、紧急程度等项组成。其下方加一红色分线（与版心等宽），作为该部分与下面主体部分的界线。

发文机关标识由发文机关名称（全称或规范化简称）后加"文件"组成。如"国务院文件"、"国家安全部文件"。对一些特定的公文可只标识发文机关名称。

联合行文时应把主办机关名称排列在前；"文件"二字置于发文机关名称右侧，上下居中排布；如联合行文机关过多，必须保证公文首页显示正文。

发文机关标识上边缘至版心上边缘为 25 mm，上报的公文则扩大为 80 mm（供上级机关批示用）。发文机关标识推荐使用小标宋体字，字号自行酌定，用红色标识。

发文字号由发文机关代字、发文年份和发文顺序号组成。如"陕政办发（2006）9 号"，其中的"陕政办"是陕西省人民政府办公厅的代字，"（2006）"是发文年度，"9 号"是发文顺序号。发文机关代字与发文年度之间一般加"发"字，也有的加"字"字，还有的省略此字。议案、批复和函，一般在发文机关代字之后加"函"字，如国务院这三种公文的发文字号便写作"国函（19××）×号"。联合行文，只标识主办机关的发文字号。

年份、序号用阿拉伯数字标识。年份应写全，用六角括号"〔 〕"括入（不用圆括号）；序号不编虚位（即 1 不编为 001），不加"第"字。

发文字号位于发文机关标识下，两者之间空 2 行，用 3 号仿宋体字，居中排布。

在报刊上发表或翻印公文时省去文头部分，因而把发文字号移到公文标题之下居中或偏右。

上报的公文，应当标明签发人姓名，即在发文字号右侧标识"签发人：×××"。这时发文字号应居左空 1 字，签发人居右空 1 字。

如有多个签发人，主办单位签发人姓名排列在上，最后一个签发人姓名与发文字号处在同一行。签发人用 3 号仿宋体字，签发人姓名用 3 号楷体字。所有的公文都需要由本机关领导人签发。重要的或涉及面广的，必须由正职或者主持日常工作的副职领导人签发；经授权了的公文可由秘书长或办公厅（室）主任签发。但领导人是在发文稿纸的"签发"栏内签署意见，并写上姓名和审批时间，只有上报公文才在正式行文上标识签发人。

同一公文稿印制若干份时每份公文的顺序编号叫份数序号。需标识份数序号，用阿拉伯数字顶格标识于版心左上角第一行。份数序号一般应根据该公文印刷的份数来决定编几位，但至少不应少于两位，如"1"，应编为"01"。《公文处理办法》规定带有密级的公文应编制份数序号。不加密级的公文是否编份数序号，由发文机关自行掌握。

如需标识秘密等级，用3号黑体字，顶格标识在版心右上角第一行，两字之间空一字；如需同时标识密级和保密期限，用3号黑体字，顶格标识在版心右上角第一行，两者之间用"★"隔开，这时密级两字间则不空一字。密级的确定应按国家有关规定如《国家秘密保密期限的规定》、《文献保密等级代码》等执行，既要防止因未标明密级而失密，又要防止随意扩大密级。

紧急公文应当标明紧急程度，其位置也在版心右上角第一行，用3号黑体字，两字之间空一字；如需同时标识密级与紧急程度，则应密级居上，紧急程度居下。确定紧急程度应根据公文送达和办理时间的实际需要，严格掌握，非紧急公文不能填写这一项目，紧急公文也应恰当选用紧急程度，防止漏标和随意提高。

第二部分：主体部分

主体部分是每份公文的内容部分，由公文标题、主送机关、正文、附件说明、成文时间、发文机关印章、附注等项组成。

公文标题位于红色分线之下，与线之间空2行，用2号小标宋体字，可分一行或多行居中排布；回行时，要做到词意完整，排列对称，间距恰当。

公文标题的写法与绝大多数文章标题的写法不同，按规定一般应标明发文机关名称、事由（正文的主要内容）和文种，用介词结构"关于……的"把这三部分连接起来。个别情况下可以省略发文机关名称或事由，但这二者不能都省略。文种在任何情况下都不能省略。公文标题有三种写法：

三项式标题。由发文机关名称、事由和文种组成。这是公文的常规标题，大部分公文都采用这种标题。如《国务院关于加强水土保持工作的通知》，其中的"国务院"是发文机关名称（规范化简称），"加强水土保持工作"是事由，"通知"是文种。不加"第"字。

两项式标题有两种。

一是由发文机关名称和文种组成，省略了常规标题中的事由。如《中华人民共和国国务院令》、《陕西省人民政府通告》。

在什么情况下可以采用这种省略事由的两项式标题呢？应该是在正文极短的情况下。正文只有几句话或极为简短的几条，内容一目了然，虽然标题中未标明事由，仍不影响表达的开门见山。如果内容较长而在标题中却不标明事由，则显然是不妥当的。

一是由事由和文种组成,省略了发文机关名称。如《关于白条不得报销入账的通知》、《关于开展青年志愿者活动情况的报告》。

在什么情况下可以采用这种省略发文机关名称的两项式标题呢？有两种情况:一是内容不太重要的事务性公文,二是各机关、团体、企事业单位的内部行文。凡重要公文,为体现郑重性和权威性,其标题都不应省略发文机关名称。

公文标题写作的难点在于如何概括好事由。概括事由的方法大多采用动宾结构,如《中共中央宣传部、新闻出版署关于禁止"买卖书号"的通知》,其事由中的"禁止"是动词,"买卖书号"是宾语。概括事由的要求是准确、简要,防止题文不符、意思含糊、文字过多。

主送机关是发文机关要求对其公文予以受理和答复的机关,其位置如同书信对收信人的称呼,放在正文上方(标题下空1行),用3号仿宋体字顶格排布,回行时仍顶格。

主送机关如果只有一两个,应当用其全称或规范化简称。如果主送机关有多个,则可用同类型机关的统称,如国务院一份公文的主送机关便写作"各省、自治区、直辖市人民政府,国务院各部委、各直属机构"。

主送机关应写机关名称或统称,而不应写领导者个人。如果是周知性公文,则应省略这一项目,而不必写"全厂职工"、"全校教职工"之类的公众称呼。

正文位于主送机关下一行,用来表达公文的具体内容。正文每个自然段左空2字,回行顶格。数字、年份不能回行。

如何写正文,应根据每份公文的实际需要和惯用体式来确定,有话则长,无话则短,没有适合一切公文正文的统一模式。

附件说明

有附件的公文,应在正文下空一行左空2字用3号仿宋体字标识附件的顺序和名称,以提醒阅者注意并使主件和附件连成一体。序号用阿拉伯数字,附件名称不加书名号,其后也不加标点符号。写法如下:

附件:1. ××××××××××
    2. ××××××××××

附件置于主件之后,与主件一起装订,并在附件左上角第一行顶格标识"附件"二字。

应当说明的是,附件是用来说明正件的材料,处于从属地位。而发布令所发布的行政法规和规章,通知所印发、批转、转发的文件,以及议案之后的方案,都不处于从属地位,不能视为附件,因此不能在正文之后加附件说明。

成文时间直接关系到公文的时效,因此应完整写出年、月、日。为了便于盖章,成文时间的数字应使用汉字;年份中的"零"写为"〇"。

成文时间以领导人签发的日期为准,联合行文以最后签发机关领导人的签发日期为准;电报以发出日期为准;会议通过的公文以通过日期为准。

加盖发文机关印章,这是发文机关对公文生效负责的凭证,也是公文区别于其他文章的显著标志。

单一机关制发的公文加盖印章,应上距正文2mm—4mm,端正、居中下压成文时间,印章用红色。成文时间右空4字,其上不署发文机关名称。

联合行文需加盖两个印章时,应将成文时间拉开,左右各空7字;主办机关印章在前;两个印章均压成文时间。两个印章应整齐排布,互不相交或相切,相距不超过3mm。

联合行文需加盖3个以上印章时,为防止出现空白印章,应将各发文机关名称(可用简称)排在发文时间和正文之间。主办机关印章在前;每排最多排3个印章,两端不得超出版心;最后一排如余1个或2个印章,均居中排布;在最后一排印章之下右空2字标识成文时间。

大多数公文都应加盖发文机关印章。《公文处理办法》规定:"公文除会议纪要外,应当加盖印章。联合上报的非法规性文件,由主办机关加盖印章。联合下发的公文,联合发文机关都应当加盖印章。"

《中国共产党机关公文处理条例》对此项目有不同规定:第一,它除了要求加盖发文机关印章外,还要求有发文机关署名,即把印章盖在发文机关名称的正中位置;第二,它规定不加盖发文机关印章的公文,除会议纪要外,还有印制的有特定版头的普发性公文。

当公文排版后所剩空白容不下印章位置时,应采取调整行距、字距的措施加以解决,务使印章与正文同处一面,不得采取标识"此页无正文"的方法解决。

公文如有附注,用3号仿宋体字,居左空2字加圆括号标识在成文时间下一行。附注一般是对公文的发放范围、使用需注意的事项加以说明,如"此件发至县团级"、"此件可见报"等,不是对行文内容作出解释或注释。对公文的解释或注释一般在正文中采取句内括号或句外括号的方式解决。

第三部分:版记

公文末页下方是版记部分,由主题词、抄送机关、印发机关、印发时间等项组成。

主题词用3号黑体字,居左顶格标识,词目用3号小标宋体字,词目之间空1字。

主题词是反映公文内容的一组标准化词语,最少2个,最多7个。主题词应根据公文内容从上级机关制发的公文主题词表中选择。标引次序应按主题词的含义由大到小、从内容到形式。

主题词是为了适应办公现代化特别是使用计算机管理而新增加的一个项目。它可以提高公文检索的速度,提高办事效率,为实现办公自动化奠定基础。

抄送机关位于主题词之下,其上下用反线(与版心等宽)与主题词和印发机关隔开,形成一个栏。

"抄送"左空1字用3号仿宋体字标识,后用冒号;抄送机关间用顿号或逗号隔开,回行时与冒号后的抄送机关对齐;在最后一个抄送机关后标句号。

抄送机关与主送机关不同,它不是受理或答复本公文的机关,而只是需要告知公文内容的上级、下级和不相隶属机关,简称"抄送"。按《公文处理办法》规定,向下级机关的重要行文应同时抄送直接上级机关,向上级机关的请示不得同时抄送下级机关。抄送机关应当是确实需要了解公文内容的机关,防止太多太滥,增加不相干机关的负担。

位于主体部分正文之上的主送机关,如果太多而使公文首页不能显示正文时,可移至这里,居于主题词之下、抄送机关之上,形成一个栏,标识方法与抄送机关相同。

印发机关和印发时间位于抄送机关之下(无抄送机关在主题词之下),占1行位置,用3号仿宋体字。印发机关左空1字;印发时间右空1字,用阿拉伯数字标识。

印发机关不是发文机关,而是发文机关印制公文的主管部门,一般应是该机关的办公厅(室)或文秘部门。如果发文机关没有专门的办公厅(室)或文秘部门,也可标识发文机关。

印发时间是为了反映公文的生成时效,它一般略晚于领导签发的时间,应以公文付印的日期为准。

印发机关的名称如果字数太多,可以自行简化,以使它和印发时间只占1行的位置。印发时间应完整地标明年、月、日。这一栏之下也应加一反线,与版心等宽。

版记部分置于公文最后一页(封四),最后一项置于最后一行。

公文写作思维进入完形阶段,就是要求严格按照规定的格式和体式组织材料,内容要有主有次,有纲有目,层次分明,中心突出,一目了然。即使是较长的公文,也应开门见山。一开头就要提出要点,用极简要的文字点出全文的中心,以唤起阅者注意,并有一个总的概念,然后再分段陈述。长文分若干段时,每段也应采用这种办法。公文有几层意思或几项要求时,要注意按条理分清层次,以数目字标明段落和项目,使眉目清楚。

本章思考与训练

1. 分析下面这段公文内容,理出其思维顺序。
《关于会计人员职称条例中"总会计师"是行政职务或是技术职称的请示》

财政部:

  国务院1987年国发〔1987〕××号通知颁发的《会计人员职权条例》规定,会计人员技术职称分为总会计师、会计师、助理会计师、会计员四种;其中"总会计师"既是行政职务,又作为技术职称。在执行中,工厂总会计师按《条例》规定,负责全工厂的财务会计事宜;可是每个工厂,尤其大工厂,授予总会计师职称的人有四五人,究竟由哪一位负责全厂的财务会计事宜,执行总会计师的职责与权限呢?我们认为宜将行政职务与技术职称分开。总会计师为行政职务,不再作为技术职称;比照最近国务院颁发的《工程技术干部技术职称暂行规定》,将《条例》第五章规定的会计人员职称中的"总会计师"改为"高级会计师"。

  以上认识是否妥当,请迅速指示。

××省财政厅
19××年×月×日

2. 什么是公文写作思维?
3. 公文写作思维的步骤有哪些?
4. 公文写作需要遵守的规范格式可以分为几个部分?
5. 请代表你所在的单位向上级机关写作一份请示,请求审批你们单位需要引进高级人才的请求。

第十七章　新闻写作思维

第一节　新闻写作思维的含义和分类

1. 新闻写作思维的含义

要理解新闻写作思维的含义,首先需要理解新闻的含义。什么是新闻？这个问题由于背景不同、文化不同、国度不同就会有不同的答案。我们可以通过比较,形成正确的理解。

西方社会关于新闻的解释是多种多样的,在美国,麦尔文·曼切尔著的《新闻报道与写作》一书,引述了过去和现在新闻学家对新闻的一些解释。例如：

前《纽约太阳报》的主管达纳说,新闻是"社会上大多数人感兴趣,而且在此以前从未对它注意过的那些事情"。

达纳的一个编辑提出了一个经典性的新闻概念："狗咬人,不是新闻；人咬狗,才是新闻。"[①]

前《纽约先驱论坛报》的采编主任斯坦利·瓦利克尔提出,新闻是建立在三个"W"的基础上："妇女(Women)、金钱(Wampun)和坏事(Wrongdoing)"。

以上关于新闻的表述并非科学意义上的下定义,却集中地代表了西方新闻学的基本立场,即一切反常的、有刺激性的、人们好奇的事才是新闻。这种观点有其深厚的人文背景及经济基础,他们对新闻定义的认识侧重在"读者兴趣"上,但其实质仍不能脱离"利润"的操纵。

在中国,"新闻"这个词最早出现在《新唐书》。《新唐书》记载,初唐神龙年间(公元705年前后),有一个叫孙处玄的文人曾说过："恨天下无书以广新闻"。孙处玄是个很关心时事政治的人,曾投书当时执政的大臣恒彦

[①] 这是达纳1883年办《纽约太阳报》时,他属下的采访主任约翰·B·博加特对一个青年记者说的。

范,评论时政得失,未被采纳,他就挂冠而去。这样的人对没有书刊传播新闻(当时印刷术尚未应用于书籍)表示不满,是理所当然的事。孙处玄这句议论竟被载入《新唐书》,说明尽管唐代还未完全具备传播新闻的条件,但人们已意识到需要报道这类新闻的传播工具。"新闻"一词在这里是指"最近消息"。

《现代汉语词典》释"新闻"为:①报纸或广播电台等报道的国内外消息;新闻广播、采访新闻。②指社会上最近发生的新事情。

《辞海》对新闻的解释是:①报社、通讯社、广播电台、电视台等新闻机构对当前政治事件或社会事件所作的报道。要求迅速、及时,真实,言简意明,以事实说话。形式有消息、通讯、特写、记者通信、调查报告、新闻图片、电视新闻等。②指被人当作谈助的新奇事情。如《红楼梦》第一回:"众人当作一件新闻传说。"

1943年9月陆定一提出:"新闻就是新近发生的事实的报道。"

1981年8月中宣部在京召开全国18大城市的报纸工作座谈会,其会议纪要对新闻定义作了新的诠释:"新闻反映新发生的、重要的、有意义的、能引起广泛兴趣的事实,具有迅速、明了、简短的特点,是一种最有效的宣传形式。"

现在,我们国家进入改革开放深入发展的历史时期,新闻作为社会舆论或者大众传媒的主要形式,其含义需要重新界定。

综合上述种种看法,我们不妨把新闻定义为:

新闻是对新近发生或发现的有社会意义的能引起广泛兴趣的事实的传播。现代新闻借助各种媒体影响现代人的生活,所以,新闻成为我们当今社会生活的主要构成部分。

对新闻定义的不同见解,尤其是社会主义新闻学与西方新闻学对新闻定义的根本分歧,归根到底是由于对新闻价值的不同认识所决定的。

西方新闻界认为,测定某一事件和某种思想所具有的新闻价值的因素有以下六个方面:①时间性:报道最近发生或正在发生的事实,时间愈近,价值愈高;②显著性:报道对象要有声望或出名,人、地、物等愈出名,价值愈高;③接近性:事实与读者在空间、关系等方面愈接近便愈能引起兴趣;④新奇性:冲突、异常、冒险、变动等能满足读者的猎奇心理;⑤重要性:能引起震动,影响很多人的事件;⑥人情味:悲欢离合、幽默、悬念等带有人情味的生活事件。在诸多的因素中,"读者兴趣"是衡量新闻价值的唯一标准。

我国的新闻学认为,新闻价值就是选择和衡量事实是否报道及如何报道的标准。它包含两层意思：一、事实本身所具有的价值，即事实本身的重要性、影响力和新鲜程度等；二、读者接受新闻后的受益程度，即新闻所引起的社会效果。前者是先决条件，但没有后者前者也会失去意义。概而言之，我国的新闻学认为，判定事实新闻价值的因素主要有以下几个方面：①指导性与思想性：坚持社会主义方向，宣传党的方针政策，以正确的舆论引导人；②重要性与显著性：内容重要，社会影响大；③普遍性与迫切性：反映群众呼声，关注社会热点；④知识性与趣味性：传播高尚、健康、大众的知识与情趣；⑤时效性与真实性：坚持新闻的"真"，突出新闻的"新"。

明确了新闻定义，我们再来界定新闻写作思维的含义，即新闻工作者及时发现或捕捉社会生活中有意义的最新事实，迅速写出新闻稿件以影响社会生活的写作思维过程。

2. 新闻写作分类

新闻一词是概括性的，在具体写作过程中，由于报道的事实不同，篇幅不同，就有了文体区别，即人们常说的广义新闻与狭义新闻。

狭义新闻专指消息，所以，新闻写作分类实际指的就是广义新闻分类。具体来说包括消息、通讯、特写、调查报告、新闻评论等，是报纸、广播、电视等媒体中常见的报道体裁。

2.1. 消息

消息即狭义的新闻，它是对新近发生的有社会意义并引起公众兴趣的事实的简短报道。因此，真实性、时效性、文字少、篇幅小是消息的基本特征。

消息根据报道的内容和性质不同，可以分为动态消息，也称动态新闻；综合消息，也称综合新闻；典型消息，也称典型新闻；述评消息，也称新闻述评。

2.2. 通讯

通讯是以叙述、描写为主要表达方式，将具有新闻价值的人物或事件及时、具体、生动地予以报道的新闻体裁。通讯根据报道内容可以分为人物通讯、事件通讯、概貌通讯、工作通讯等。

通讯作为报刊、电台等媒体最主要的体裁之一，新闻性显然是基本的特征。而新闻性中，真实、时效、思想性及典型意义构成了它的不同层面。就报道对象言，或是人物、事件，或是经验、成果、工作情况、社会风貌等，都必须是真实的，不允许虚构或"合理想象"，而且报道对象应该具有必要的思想性和典型意义。就报道时效言，通讯虽不及消息这般快速敏捷，有时为将人物、事件报道细致完整需时较长，但也必须及时，仍须有很强的时效概念。

2.3. 特写

新闻特写是反映新闻场景、事件等内容的特写形式。它把新闻事件中最生动、最感人的部分加以放大,让读者有亲临其境,亲闻其声的感觉,从而获得最深刻的印象。

特写的种类十分丰富,依不同眼光看来,特写的种类构成不尽相同。

美国德州大学瑞狄克教授将之分为十一类——典型新闻特写、奇异事物特写、人物特写、冒险性特写、历史性特写、商业特写、"如何做"特写、地方风味特写、"自我改进"特写、争论性特写、亲身经历特写。

美国新闻界名人柏德则之将分为六类——特写人物、自白、访问、散文式特写、程序式特写、集合性特写。

美国新闻学教授阿伦森则将之分为三类——解释性特写、知识性特写、新闻特写。

美国著名记者杰克·海敦将之分为小特写和大特写两类。

丹尼尔·威廉森将之划分为新闻特写和趣味性特写。

中国学人以为可以划分为八大类——事件特写、场面特写、人物特写、景物特写、工作特写、旅途特写、杂记性特写、个人经历特写。

2.4. 新闻评论

新闻评论是大众传播媒介就当前重大问题、新闻事件发表议论、进行评价、提出解析、畅谈意见的论说文体。新闻评论种类繁多,一般分为社论、本报评论员文章、短评、编者按和编后记、专栏评论等。

第二节 新闻写作思维步骤

1. 新闻写作思维特点

新闻写作思维的步骤是由新闻的性质决定的,主要凸现以下几个特点:

第一是新鲜性,这个特点要求新闻突出时效性,要在最新的时间报道最新的内容。新闻界有句俗话:当日的新闻是金子,隔日的新闻是银子,过时的新闻是废纸。这就要求新闻写作者思维敏捷,及时反映社会生活中的事件,讲究时效性。党和各级政府的方针、政策、法令、号召、重大政治事件、政治活动都要及时告诉读者;各行各业在工作中的成功经验都需要及时交流;人民群众生活中的新事情、新风尚、新创造、新问题、新要求、新意见都要及时反映,才能收到应有的效果。如果过时,就不会产生预期的效果。新闻写作就是要把握时间和效果的关系,做到时间与效果的统一。

第二是重要性,新闻只有对大众具有一定的重要性,才会吸引广大读者,影响广大读者,这就说明,并不是所有的事实都能够成为新闻,只有那些关系大多数人生活的事情才能成为新闻。新闻写作要影响大众,突出重要性,就要服从国家的大政方针,要维护国家的统一完整,维护社会安定团结,维护大多数人的利益,这是新闻写作的出发点。

第三是真实性,新闻与大多数人的生活密切相关,它的传播会影响大多数人的生活,虚假的新闻就会给人们的生活造成意想不到的伤害或者巨大的损失,所以,真实是新闻的生命。如果哪个媒体传播虚假新闻,就会失去读者,真实性是媒体传播新闻的第一要求。所以,新闻写作思维应该坚持实事求是的态度,真实的报道社会生活事件,深入生活,接近生活,热爱生活,坚持真理,报道生活,这是新闻工作者的职业道德和工作原则。

第四是可读与可视性,新闻需要传播,所以,易读、易视,清楚明白,具有趣味性是新闻传播的关键。新闻写作要体现鲜明、准确、明白、朴素、生动的文风。这是我们国家新闻写作的基本要求。

鲜明,就是以国家和人民的利益为标准,旗帜鲜明,赞成什么,反对什么,都要立场坚定,不折不扣,态度分明,使新闻体现导向的作用。

准确,就是文字表达准确无误,真实具体,恰如其分。新闻的真实体现在语言表达上,就是叙述事实、运用数字、遣词造句都要准确,对一些问题的提法、评价也尽可能恰如其分,做到客观、公正、不偏不倚。

明白,就是要求新闻写作应该通俗易懂。新闻写作面对各行各业、各种文化程度的人,所以,表达要做到浅显、明白、通俗、易读,让大多数读者都能够理解而不会发生误解。

朴素,这是由新闻的性质决定的,新闻报道事实,事实是不需要修饰、虚构、夸张的。实事求是,朴素自然,这是新闻写作的优良传统。

生动,就是要把新闻写得生动、活泼、精彩、吸引人。所谓生动,其一就是选写的新闻事件本身要生动,不写那些琐碎无聊的事情;其二就是报纸编排也要变换花样,不能永远一个模式;其三就是新闻语言要精彩、凝练、有趣味,讲究文采、修辞,要有表达技巧。

2. 新闻写作思维步骤

2.1. 第一步触发思维——发现新闻事实,发掘新闻价值

新闻写作首先是要发现新闻事实。在我们的社会生活中每天都会有很多事情发生,但是,新闻事件需要敏锐的思维去发现、判断、捕捉,并予以

报道。新闻事实需要根据新闻的性质去寻找、发现。据说有两个记者一起到农村去采访,在乡镇值班室睡了一夜后,一个记者问另一个记者:"你发现什么新闻没有?"被问的记者摸不着头脑,说:"昨晚我们两个人睡在一起,不是没任何人来打扰吗?哪来的新闻?"提问的记者笑着说:"这就是新闻!"于是,他在采访基础上迅速写出了《两家子公社干部睡上安稳觉:夜无电话声,早无堵门人》的消息,从一个新的角度表现出党的十一届三中全会以后,农村实行生产责任制,干部不再夜守电话,等候上级指示,清早也不必担心农民堵门要粮、要钱、要救济了。所以,有人说新闻就像空气,一般人抓不着,新闻写作思维者就好像是魔术师一样,伸手就能够从我们习以为常的社会生活中抓住有价值的新闻事件。

其次是要对新闻事实的价值进行发掘。对新闻写作的主体来说,最重要的是必须具有发现和发掘新闻价值的敏感。新闻价值不在于新闻事件的重大,因为不可能人人都能够有机会采集到重大事件,但是人人都可以从普通的社会生活事件中去发现和发掘价值。要想写出事件的新闻价值,必须做到小处着眼,以小见大。例如,1999年12月5日《人民日报》发表的新闻《千人小村已有75台电脑 水龙村21家企业上网建主页》,就是通过农民买电脑、上网表现出中国农村在改革开放后翻天覆地的巨大变化。农民买电脑、上网,在网上谈生意,这不仅是从未有过的新鲜事,更是中国农村日新月异变化的一个缩影,新闻工作者让读者通过这一新闻看到了中国改革的新面貌。

2.2. 第二步继发思维——寻找报道角度,深入背景分析

任何一件事情都可以从不同角度去观察、认识,新闻报道并不是毫无目的的对生活中发生的事件进行直接传播,而是有目的的引导生活沿着健康有序的方向向前发展,所以需要对任何新闻事件进行思考,寻找到最佳报道角度,达到报道目的。所谓最佳报道角度,就是最能体现时代发展形势,最能代表大众心声,最能体现大政方针政策的报道角度。例如菜农的芹菜丰收了,却因销路不畅大量积压,为之愁眉不展。记者及时报道了这件事,马上有采购者找上门去,销路问题很快解决了。这个报道角度就是直接为菜农的生产服务,从另一个角度看,这也反映了我们目前农村生产市场的不完善,市场信息不畅通。再从另一个角度看,这也涉及政府职能的转变问题,政府如何发挥市场管理的作用等等。一个新闻事件可以有很多个报道角度,寻找什么角度,就看你想实现什么报道目的。

新闻写作要求:摒弃虚假现象和表面现象,透过现象洞察事物深层本质和内在规律,报道现象却不停留在现象上,而是努力在更深的层次上把

握事物。这就需要对新闻事件的背景进行深入分析,明确了背景,才能透过现象抓住深层本质。列宁对本质真实有过精辟的论述:"如果从事实的全部总和,从事实的联系去掌握事实,那么,事实不仅是胜于雄辩的东西,而且是证据确凿的东西。如果不是从全部总和,不是从联系中把握事实,而是片面的和随便排列出来的,那么事实就只能是一种儿戏,甚至连儿戏都不如。"①任何事物孤立看,很难发现深刻的内涵。只有放在特定的背景之中,相互联系的去看,才能显现出深刻的内涵。

新闻背景,指事件的历史背景、周围环境及与其他方面的联系等。写新闻有时要交代背景,背景可以帮助读者深刻理解新闻的内容和价值,起到衬托、深化主题的作用,也就是回答五个"W"中的 Why(为什么)。

西方新闻学界有人认为,背景就是对新闻事件作出的解释。美国新闻学家赖斯特说得很清楚:"我看不出新闻背景与解释有什么区别。""解释,在我看来,就是新闻报道的深入化。就是把单一的新闻事件放到一系列的事件中去写","就是提供新闻的背景知识,从而使读者能够对新闻事件作出客观的判断"。

但是,解释不是议论,解释本身就是事实,就是说用事实去解释。所以,新闻背景又称之为"事实背景"。例如新华社 1947 年 10 月 15 日播发的那篇著名通讯《西瓜兄弟》:

> 记者随军路过淮阳县李楼村时,听到群众间流传着西瓜的故事。当地有李姓西瓜兄弟两人,每人每年种一亩左右好西瓜,这方圆一二十里地内,也只有他们俩种西瓜,因此大家都叫他们"西瓜兄弟"。西瓜老大的地在村东大路边上,今年虽然雨水多,可是他们的瓜地高,西瓜还是长得又大又甜。瓜刚熟的时候,村东走过了一队蒋匪保安团,那些饿狼一看见老大的西瓜,顿时你抢我夺,不一会,一亩多地西瓜就一个也不剩了,地里只留下一片踩烂的瓜藤瓜叶与吃剩的瓜皮瓜子。在蒋匪过去二十天后,村里忽然来了八路军,巧的是这回八路军从村西南西瓜老二的瓜地边过。"我这瓜地完了!"西瓜老二想:"我这命也不要啦,我就躺在瓜地里,看他八路军摘我的瓜吧。"西瓜老二灰心丧气地往西瓜棚底下一坐,看着八路军过来。谁知道队伍有多少呢?往北看不见尾。"这西瓜长得好呀!"领头的一个兵说。"还有三白瓜哇!""这瓜一个怕有三十斤。""吃上两个才解渴呢。"路过的兵你一句

---

① 《列宁全集》第 23 卷,人民出版社 1984 年版,第 279 页。

我一句地接连赞叹不已。一听见说西瓜两个字,西瓜老二的心就痛得像刀扎;但是他却奇怪,这些人说说就完啦,连脚都不停,一股劲往前走。西瓜老二把头偏西边一看,南已看不见队伍的头,北还不见队伍的尾,他自言自语地说:"这八路军就是怪呀!"说着就站起来,提着瓜刀,跑到地里抱起一个大西瓜,往路边一放,刺刺地切开了,"吃西瓜,弟兄们!"西瓜老二向八路军叫,但都没有人应他。"走路渴啦,来吃块瓜?"西瓜老二又向另外一些士兵叫着,但回答都是:"谢谢你老乡!俺不吃。"这一下西瓜老二可急了,大声嚷起来:"看你们八路军!把瓜切开了怎得不吃呀?"这时有个十六岁的小司号员问:"老乡!你这西瓜多少钱一个?""不要钱,随便吃吧。"西瓜老二边说,边拿起瓜往小司号员跟前送,小司号员连说:"俺不吃,俺不吃!"脚不停地朝前走了。西瓜老二捧着瓜,直愣愣地在瓜地边站着。队伍还是肩并着肩地往南走,前不见头,后不见尾。

这个新闻稿件主要是报道八路军不扰民的事迹,但是,如果没有扰民的国民党军队的背景事实的对比,也就很难突出八路军的优良传统。我们应该认识到新闻是以语言为媒介的信息载体,不是事实本身。在新闻中语言是表达现实生活的工具,但语言和现实生活毕竟是异质的东西,不可能完全等同起来。西方有学者说:"事实上,在叙事中什么也没有发生,所发生的只是语言而已。"由于语言和现实生活的异质性,当我们把现实生活转变为语言的时候,绝对真实就只能是一种愿望了。新闻不可能是对现实的复制和还原,只能是对现实的摹写和表现。所以,新闻文本和它的表现对象之间,只能是相近、相似的,而不会是完全相等、相同的。所以,背景的选择、角度的选择、新闻价值的思考等等都会与事实本身产生一定的距离,在这里,就是新闻写作思维发挥主观能动作用的地方,也是新闻写作实现目的的关键之处。如果我们不愿停留在浅尝辄止的层面上,就自然对新闻真实要有正确理解,要达到事实与目的相统一,背景与现象相统一,不能完全教条化。

2.3. 第三步完形思维——根据读者需求,快速定体完形

对于新闻写作来说,时间和速度就是效益,要快速报道,就需要按新闻体裁模式来完形组织材料,完成写作。所以,新闻写作思维的最后步骤就是按照新闻模式完成新闻写作。

新闻写作思维模式化,既有利于作者观念的传达,也有利于读者从模式之内和之外分析出自己的观点、立场。因此,新闻模式不仅不会限制新闻写作者,相反,这种模式化快速定体完形,给了新闻写作者一个创造的平

台、展现才能的平台,而要能够达到这一点,新闻写作者必须具备在第一时间及时、快速反应的能力。

新闻写作模式的出现可以使我们更容易的把不同的新闻写作结构的各种组合用不同模式来分门别类。倒金字塔式的写作模式是最早形成的新闻写作模式,即把最重要的内容放在导语部分,把新闻的段落按照重要性依次排列。金字塔模式则相反,是把最重要的信息放在最后,这种模式要求新闻事件本身具有很强的吸引力。而钻石式写作模式与倒金字塔式不同,这种写作模式并不需要把最重要的内容放在导语内,也不需要把新闻的段落按照重要性依次排列。钻石式模式由于它的结构类似于钻石的菱形结构而得名,也就是说,这种模式如果用图来表示的话,将会是两头小、中间大的菱形结构。随着社会生活的发展变化,新闻写作思维模式会越来越丰富,需要新闻写作者与时俱进,不断掌握新发展产生出来的新闻模式。

新闻报道写作一方面体现时代精神,另一方面也要体现读者的需要,满足读者对社会生活信息的了解愿望。对新闻写作思维来说,最后一个思维阶段就是按照读者的需求进行写作,把需要报道的事实写得让读者喜欢接受,愿意阅读。所以,既要按照模式快速组稿,又要按照读者的需求和社会生活的新问题、新特点发挥写作者的创造性,写出独具特色的新闻稿件。

受众有一个共同的口味,那就是"尝鲜"。因此,新闻界有"抓活鱼"的说法。刚离水的活鱼才有新鲜味,意思是说,社会生活中最新出现的事实最能够吸引读者。而老生常谈的事实只能让人倒胃口。有一幅漫画表达了人们对新闻不新的嘲讽:画面上是一家出售新闻的商店,几位顾客在问售货员:有新闻吗?售货员指着"今日供应"的牌子说:"有!"可是都有些什么呢?牌子上写的是:陈年秘藏新闻酱,各地名产新闻干,精工特制腌卤新闻,最新进口新闻罐头……就是没有新鲜的新闻。顾客只好失望地走了。新闻写作思维要满足读者需求就要追求新颖的形式、新鲜的语言,不拘一格、生动活泼、引人入胜。"鲜"跟"活"是分不开的。只有活的东西才有新鲜感。要做到"活",除了事实新鲜、角度新颖以外,行文时还要注意做到形象生动,让读者如闻其声、如观其行、如睹其物、如临其境。一个3岁的小女孩居然收到了入伍通知书,这事虽然有趣,不过一句话也就说完了。而合众国际社为此发的一则消息,却写得更为生动有趣:

《三岁娃娃将被征入伍》(合众国际社纽约电)谁也搞不清楚这是怎么一回事儿——本星期五,居住在纽约市约克城高地的3岁小女孩皮丽·夏普洛收到了应征入伍通知书。昨天,她像平时那样吃早餐,她边吃边看一张华盛顿征兵处寄来的通知单。根据这张通知单,她得在"从18岁生日那天起30日内报到入伍。"尽管小皮丽仍有许多年时间考虑这件事,但她已明确表示:"我不去!"

这篇新闻报道尽管没有展开详细描绘,但是这个3岁小娃娃边吃早餐边看通知,以及最后声明"我不去"时的神态表情,还是跃然纸上,令读者忍俊不禁。就是这两个小小的细节,把整个消息带活了。新闻能让读者看不完不愿撒手,不管怎么说都是一种成功。这首先来自事实本身的魅力,其次还要看作者组织材料和表达的功力。

为什么新闻一定要快?因为新闻只有快,才会获得好的效益。领导部门要及时了解基层的情况,以便及时制定措施、指导工作。人民群众要及时了解上级的各项最新政策,以便根据政策调整安排自己的行动。我国的新闻曾在没有竞争的状态下维持多年,各地的报纸、电台、电视台都是"只此一家,别无分店",连竞争对手都没有。没有竞争机制,也就没有压力,没有动力,各家都有些迟钝、疲沓、死气沉沉。现在,报纸、刊物、电台、电视台越办越多,谁办得不好就没有读者和观众,于是大家的积极性被调动起来了,彼此展开了竞争,新闻的大局面也活了起来。不过,我国新闻的竞争还主要表现在栏目的新鲜多样和形式的推陈出新上,在时效性上表现得还不太明显。随着改革的深化,在时效方面的竞争也会逐渐强化,因此而推动我国新闻事业的发展也是指日可待的事情。

新闻写作思维快速定体需要写作者做好心理和材料两个方面的准备。心理准备就是作者"时刻准备着"的精神状态,一旦有新闻事件发生马上就能放手捉住。材料准备是对可能发生的新闻在事先所作的必要的了解。譬如第23届奥运会上许海峰夺得第一块金牌的报道,由于平时许海峰在这一项目上就很有优势,曾打出过583环的好成绩,夺得金牌有较大可能,记者就可以事先做好准备,一旦事实真的像预料的那样发生了,立即就可以写稿发稿了。

新闻写作思维快速定体需要具有出口成章、出手成篇的能力。出口成章,就是来不及写,直接面对镜头叙述新闻事实。据说一些西方国家早就出现了"不动笔的记者",他们的新闻学校也训练学生口述新闻。口述其实也是一种写作,只不过是在头脑中进行,没有书面形式罢了。随着科学技术的普及,随机采访、随机写作将成为发展趋势,这就要求写作者练就一身出口成章的本领。"出手成篇"就是写稿快,要练就曹植七步成诗的功夫,能在几分钟或十几分钟内写成一篇短新闻,能在一小时或几小时之内写完一篇较长的通讯或专访。

新闻写作思维既要快速,还要有艺术性,让读者喜欢阅读,留下深刻印象。古人说:"文似看山不喜平"。清代的金圣叹还提出要"极力摇曳,使人心痒无挠处"。这虽然是金圣叹对《水浒》的批语,但是对于新闻写作思维来说,也值得借鉴。一个事件是不是曲折多变、跌宕起伏,一方面要看事件的本来面貌如何,一方面也要看作者处理的手法如何。作者处理得好,可以让事件多出一些波折来——只要不是故弄玄虚,就值得提倡。例如《钱被风刮跑以后》:

1月20日,长春,北风刮得很猛,我骑自行车,只顾低着头,往前紧蹬。临近和平大路口,把一个边走边低头数钱的老大爷撞了个趔趄,他手中的一把人民币"哗啦"一声掉在地上。我慌忙跳下车,想赶紧把钱给老人家拾起来,可是来不及了,散落在地上的钱已经被呼呼的北风刮了起来,纷纷向四处飞扬。正在这时,只见过往行人都不约而同地向钱飘去的地方跑去,有的还高喊着:"钱跑了,快抢啊!"霎时间,整个路口喧腾起来。这突如其来的情况,使老人大为吃惊,随后便焦急地拍着大腿说:"风刮人又抢,这可怎么得了,钱又要没了。"我本想安慰老人几句,可说什么好呢? 没有多久,风似乎有些小了,"抢钱"的人们从四面八方陆续向老人走来,把"抢"来的钱一一交到他的手里。老人喜出望外,不停地向众人点着头。人们聚集在老人周围,一再关切地要老人数数。看得出来,老人有点情面难却,便用微颤的双手数了起来,旁边还有人帮着数。数完,只见老人略为迟疑了一下,接着又数了一遍。还是26张。老人抬头用疑问的目光瞅着围在四周的人们,并自言自语地说:"不对……"老人的话还没说完,一个戴红领巾的小学生抢着喊开了:"谁还没把钱送来!"老人接着说:"不是少了是多了。""怎么会多呢? 是您记错了吧?"有人诧异地问。老人肯定地说:"没错,我在家数得清清楚楚,明明是25张,都是5元一张的。"人们不解地互相对视着。那个小学生又喊开了:"谁又多送了!"话音刚落,只见一个中年妇女不好意思地说:"是我的,我拿着一张5元的钱准备到商店买东西,刚才光顾帮老大爷'抢'钱,忘了自己手里还拿着钱,一起交给了这位老大爷。"说完,人群中爆发出一阵欢快爽朗的笑声。我沉重的心一下子变得轻松了。(1980年2月9日《吉林日报》)

这是一篇十分生动的新闻小故事,文中有几次跌宕起伏。老人的钱被撞落在地,又被风刮跑,情节发展的态势跌落下去。众人把"抢"来的钱送还给老人,情节发展又上升回来。可是数过之后,老人说钱不对,按着常规的情况，读者会判断为钱少了，情节又跌落下去。老人却说不是少了是多了，读者也跟着纳闷，直到那位中年妇女说出真情，人们才恍然大悟，情节再次上升回来。试想，如果作者在叙述到别人"抢"钱的时候就让老人把钱数说出来，回收的时候再把交回的钱数也大致上交代一下，后面的波折还会有吗？作者有意先不说出刮跑了多少钱，后面的情节才更有趣味。古人写作讲究笔法的"藏露"，该"藏"的先不急于说出，该"露"的时候说出来就有可能出彩。快速定体完性思维，就是要根据事实的具体情况来决定。有故事性的就按照新闻小故事的体裁完成作品；有概括性的就要按照概貌新闻来组织材料；需要议论的就应该按照述评新闻来写作。不同的新闻体裁，有不同的表现方法，不能一味追求趣味性。

本章思考与训练

1. 分析下面新闻稿件的写作思维特点

　　欧战结束！德国无条件投降！

　　丘吉尔今天将宣布"欧洲胜利日"，美联社法国兰斯1945年5月7日电，德国于今天法国时间上午2时41分（即美国星期日东部战争时间下午8时41分）向西方盟国和苏联无条件投降。投降仪式在德怀特·D·艾森豪威尔将军总部所在的一幢红色校舍内举行。代表盟军总部在受降书上签字的是艾森豪威尔将军的参谋长沃尔特·贝德尔·史密斯中将。伊万·索斯洛帕夫将军代表苏联，弗朗索瓦·塞书茨将军代表法国也在受降书上签了字。艾森豪威尔将军没有出席签字仪式，但是，这个仪式一结束，这位盟军最高统帅就接见了约德尔将军和另一个德国代表汉斯·格奥尔格·弗里德海军上将。盟国代表严肃地问德方，他们是否理解德国应遵从的投降条款。他们答复称是。德国在投降时请求战胜国对德国人民与军队宽大为怀。德国无情地进攻波兰，从而挑起了这场世界大战，继而不断地进行侵略并建立惨绝人寰的集中营。约德尔将军在无条件投降书上签字后说，他想讲几句话，当即获准。他用低沉的德语说："签字之后，德国人民和军队的福祸吉凶，就由胜利者决定了。"他说："在这场延续五年多的战争中，他们得到的也许比其他任何国家和人民多，但同时遭到了更多的苦难。"盟国的官方通告将于星期二上午9时颁布，届时杜鲁门总统将在广播电台宣读一项声明，丘吉尔首相将发表"欧洲胜利日"公告，查尔士·戴高乐将军也将同时对法国人民发表讲话。

2. 什么是新闻写作思维？
3. 新闻写作思维有什么特点？
4. 新闻写作思维步骤可以分为几个环节？
5. 如何理解新闻背景的重要性？

参考文献

马克思《1848年经济学哲学手稿》,人民出版社1972年版。
恩格斯《自然辩证法》,人民出版社1957年版。
列宁《哲学笔记》,人民出版社1956年版。
〔美〕詹姆斯·埃·亚当斯《如何突破你的思维障碍》(张令振、鲁忠义译),科学普及出版社1991年版。
〔日〕高桥浩《怎样进行创造性思维》(未申、王晶译),科学普及出版社1987年版。
〔俄〕列夫·谢苗诺维奇·维果斯基《思维与语言》(李维译),浙江教育出版社1997年版。
〔美〕S·阿瑞提《创造的秘密》(钱岗南译),辽宁人民出版社1987年版。
〔美〕罗伯特·鲁特-伯恩斯坦《天才的13个思维工具》(李国庆译),海南出版社2001年版。
〔美〕阿恩海姆《视觉思维》(滕守尧译),光明日报出版社1986年版。
〔法〕列维-布留尔《原始思维》(丁由译),1981年版。
〔美〕杰拉德·那德勒、〔日〕日比野省三《超越创新思维》(李保华等译),光明日报出版社2002年版。
〔英〕特伦斯·霍克斯《结构主义和符号学》(瞿铁鹏译),上海译文出版社1987年版。
〔美〕欧文·拉兹洛《系统、结构和经验》(李创同译),上海译文出版社1987年版。
〔德〕W·沃林格《抽象与移情》(王才勇译),辽宁人民出版社1987年版。
朱智贤、林崇德《思维发展心理学》,北京师范大学出版社1986年版。
邓聚龙《灰色系统基本方法》,华中理工大学出版社1987年版。
孙万鹏《表现学》,山东人民出版社1991年版。
马正平《高等写作思维训练教程》,中国人民大学出版社2002年版。

马正平《高等写作学引论》，中国人民大学出版社 2002 年版。
张恩宏《思维与思维方式》，黑龙江科学技术出版社 1987 年版。
章沛《思维规律论》，湖南人民出版社 1981 年版。
田运《思维科学》，浙江教育出版社 1988 年版。
张文木《思维艺术论》，西南财经大学出版社 1988 年版。
张掌然、张大松《思维训练》，华中理工大学出版社 2000 年版。
苏越主编《新编思维表达基础知识》，上海人民出版社 1998 年版。
陶伯华、朱亚燕《灵感学引论》，辽宁人民出版社 1987 年版。
刘奎林《灵感——创新的非逻辑思维艺术》，人民出版社 2003 年版。
李春青《艺术直觉研究》，辽宁大学出版社 1987 年版。
王先霈《文学心理学概论》，华中师范大学出版社 1988 年版。
杨春鼎《文艺思维学》，东南大学出版社 1989 年版。
傅修延《讲故事的奥秘——文学叙述论》，百花洲文艺出版社 1993 年版。
鲁枢元《超越语言》，中国社会科学出版社 1990 年版。
王一川《语言乌托邦》，云南人民出版社 1994 年版。
严杰《写作心理学》，吉林文史出版社 1991 年版。
金长民、陈登报《写作感知学引论》，陕西人民教育出版社 1991 年版。
刘建军、段建军《文学与生命》，陕西人民教育出版社 1992 年版。
周冠生《梦之谜探索》，科学出版社 1990 年版。
王春泉《最新应用文写作大全》，敦煌文艺出版社 1997 年版。
李伟、文莉《毕业学术论文设计与写作》，中国华侨出版社 2001 年版。
路德庆主编《普通写作学教程》，高等教育出版社 2001 年版。
童庆炳主编《文学理论教程》，高等教育出版社 1998 年版。
段建军、李伟《写作思维学导论》，中国社会科学出版社 2004 年版。
段建军、李伟《新散文思维》，商务印书馆 2006 年版。

图书在版编目(CIP)数据

新编写作思维学教程/段建军,李伟著. —上海:复旦大学出版社,2008.1(2020.9重印)
ISBN 978-7-309-05518-4

Ⅰ. 新… Ⅱ.①段…②李… Ⅲ. 写作学-教材 Ⅳ. H05

中国版本图书馆 CIP 数据核字(2007)第 065159 号

新编写作思维学教程
段建军　李　伟　著
责任编辑/陈　军

复旦大学出版社有限公司出版发行
上海市国权路 579 号　邮编:200433
网址:fupnet@fudanpress.com　http://www.fudanpress.com
门市零售:86-21-65102580　团体订购:86-21-65104505
外埠邮购:86-21-65642846　出版部电话:86-21-65642845
上海四维数字图文有限公司

开本 787×960　1/16　印张 20.75　字数 349 千
2020 年 9 月第 1 版第 4 次印刷
印数 6 281—7 380

ISBN 978-7-309-05518-4/H·1112
定价:52.00 元

如有印装质量问题,请向复旦大学出版社有限公司出版部调换。
版权所有　　侵权必究